目 录

U0816475

McGraw Hill Education

Sunyo Translation Series in Accounting Classics

FUNDAMENTALS OF ADVANCED ACCOUNTING

Third Edition

Joe B.Hoyle   Thomas F.Schaefer   Timothy S.Doupnik

三友会计名著译丛

"十二五"国家重点图书出版规划项目

高级会计学

（第三版）

（美）乔·B.霍伊尔　托马斯·F.谢弗　蒂莫西·S.多普尼克 ◉ 著

王鑫　戚艳霞 ◉ 主译

东北财经大学出版社
Dongbei University of Finance & Economics Press

大连

图书在版编目(CIP)数据

高级会计学:第3版/(美)霍伊尔(Hoyle,J. B.),(美)谢弗(Schaefer,T. F.),(美)多普尼克(Doupnik,T. S.)著;王鑫,戚艳霞主译.—大连:东北财经大学出版社,2012.1
(三友会计名著译丛)
书名原文:Fundamentals of Advanced Accounting
ISBN 978-7-5654-0565-5

Ⅰ.高… Ⅱ.①霍… ②谢… ③多… ④王… ⑤戚… Ⅲ.会计学 Ⅳ.F230

中国版本图书馆CIP数据核字(2011)第191924号

辽宁省版权局著作权合同登记号:图字06-2008-408号

Joe B. Hoyle, Thomas F. Schaefer, Timothy S. Doupnik: Fundamentals of Advanced Accounting (Third Edition)
Original ISBN: 0-07-337946-8

东北财经大学出版社出版
(大连市黑石礁尖山街217号 邮政编码 116025)
教学支持:(0411)84710309
营 销 部:(0411)84710711
总 编 室:(0411)84710523
网 址:http://www.dufep.cn
读者信箱:dufep@dufe.edu.cn
大连图腾彩色印刷有限公司印刷 东北财经大学出版社发行

幅面尺寸:185mm×260mm 字数:535千字 印张:24 插页:1
2012年1月第1版 2012年1月第1次印刷

责任编辑:李季 刘东威 刘佳 责任校对:赵楠 毛杰
封面设计:冀贵收 版式设计:钟福建

ISBN 978-7-5654-0565-5
定价:48.00元

第1章 长期股权投资——权益法

本教材前几章主要介绍如何对企业的投资业务进行会计核算和报告。我们将重点介绍，当一个公司通过持有具有表决权的股份而对另一个公司拥有重大影响或控制时投资业务的核算。当一个公司拥有足够多表决权的股份而能够影响另一公司的决策时，投资业务的会计核算和报告就变得复杂起来。该情形造成复杂会计处理的原因是，公司之间的交易因所有权上的关联关系，不能视为独立正常的交易。财务报告中如果涉及这种非独立交易，我们的计价基础就得变为，与独立第三方发生的类似交易。另外，如果多个主体共同投资一个公司，根据会计的客观性原则，我们要用一定方法来区分各个投资主体间的权责关系。

1.1 股权投资的报告

JB Hunt 运输服务公司在最近一份年报中披露，其参与成立了一家名为 Transplace 的公司——一家基于互联网的全球性物流企业（简称 TPI）。JB Hunt 运输服务公司以其所有物流部门的实体资产、相关无形资产及 5 000 000 美元现金作为对价，取得了 TPI 公司 27% 的股权（后来增至 37%）。JB Hunt 运输服务公司对该项投资采用权益法核算，并在报告中指出："TPI 公司的经营成果在合并利润表中通过非经营性项目'在被投资单位的利润中享有的权益'单独列示。"

在商业领域，这样的信息披露并不罕见。企业和个体投资者都经常持有国内外企业的股份，这样的投资可以是只购买少量几股，也可以是购买 100% 的控制权。虽然股权购买现象（如 JB Hunt 运输服务公司）比较普遍，但其会计处理仍存在很多争议，特别是在投资者对被投资单位未形成实际控制，而仅与其建立了密切关系的时候。如今，权益法解决了这些问题。本章将对适合采用权益法核算的股权投资的会计处理进行介绍。

目前，会计准则中对公司股权投资有三种不同的处理方法，分别是：

- 公允价值法
- 合并财务报表法
- 权益法

对某项特定投资采用哪种核算方法主要取决于投资者（股东）对被投资单位拥有的影响程度，这个影响程度通常由该投资者拥有的所有权的相对比例[①]决定。

1. 公允价值法（*SFAS 115*）

在很多情况下，投资者仅持有被投资单位发行在外的股票中的小部分，甚至是仅仅几股。由于所有权份额的限制，投资者不能对被投资单位的经营和决策产生重大影响，他们购买股票仅是为了获得现金股利或股票市场价值增值。此类投资应以成本计量，并根据财务报告准则委员会（Financial Accounting Standard Board，简称 FASB）颁布的《财务报告准则公告第 115 号》（Statement of Financial Accounting Standards

---

① 所有权的相对比例常是评价一个公司对另一公司影响程度的关键因素。然而，其他因素（如合同关系），不论拥有股份的多少，也能影响或控制公司。

No. 115，简称 *SFAS 115*）“关于股权投资和债权投资的会计处理”定期将其调整为公允价值。

由于 *SFAS 115* 的完整内容在中级财务会计教材中已有详细介绍，此处仅就其基本原则加以说明：

- 股权投资的初始计量以成本计价，当其公允价值可容易地确定时应调整到公允价值，否则，仍以投资成本计价。①
- 持有以备在短期内出售的股权投资划分为交易性金融资产并以公允价值计价，相应的未实现的利得和损失计入当期损益中。
- 未作为交易性金融资产的股权投资，被划分为*可供出售金融资产*，以公允价值计价，未实现利得和损失不反映在当期损益中，而是单独计入所有者权益中，作为其他综合收益的组成部分。
- 从交易性金融资产和可供出售金融资产中收到的股利都确认为投资收益。

以上处理程序是针对那些既未对被投资单位实施控制也未产生重大影响的投资而言的。对被投资单位产生重大影响的投资业务的处理，尽管有些复杂，却更加遵循传统的权责发生制会计。

2. 合并会计报表法

许多企业投资者通过持有足够多的股份以取得对被投资单位的实际控制。财务会计上认定，当累计持有的被投资单位发行在外、具有表决权的普通股的比例超过这些流通股 50% 时，该投资者将取得这种实际控制。这时，投资者可以支配，而非仅仅影响，整个被投资单位的决策过程。纵观美国大型企业的财务报表会发现，对一个或多个子公司实施法定控制是十分普遍的现象。举个例子，百事可乐公司就是通过持有上百家公司的多数表决权股份而控制着它们。

投资者对被投资单位实施控制的情形没有在 *SAFS 115* 中得到充分考虑。通常，当投资者拥有被投资单位大部分表决权股份时，二者关系就极其密切，会计中将它们作为一个实体进行财务报告。因此，应使用一套完全不同的会计处理程序。根据后来颁布的 *SAFS 141R*“企业合并”和 *SAFS 160*“非控制性权益及合并财务报表”要求，一般将控制情形下关联公司各自独立编制的会计信息进行合并。于是，为了对外报告的需要，控股公司应编制合并财务报表，将母子公司的资产、负债、收入和费用合并在一起反映。② 合并过程中应用的各种具体程序将在本教材的后面几章详细介绍。

FASB 第 46R 号（FASB *Interpretation No. 46R*，简称 *FIN 46R*，2003 年 12 月修订）解释“变动利益实体的合并——对 ARB③ 第 51 号的解释”将合并财务报表范围扩大到包括那些通过合同条款规定（而非表决权）实施财务控制的实体。在 *FIN 46R* 之前，很多公司（如安然）未将其仅拥有少量或没有表决权股份，但通过特殊合同

---

① FASB Staff Position No. 115-1（2005 年 11 月），“非暂时性减值的含义及其在特定投资中的应用”指出投资以成本为基础计价的两种例外情况：

第一种：收到的股利中超过自投资取得日起被投资单位所实现收益的份额的部分，确认为投资收益并以减少投资成本。

第二种：被投资单位的一系列经营亏损或其他因素可能表明投资发生非暂时性的减值，这时应当对其进行相应的会计处理。

② 正如下一章中将讨论的，持有被投资单位大部分表决权股份并不一定都导致合并财务报表。

③ 《会计研究公告》，*Accounting Research Bulletin*，简称 ARB。

能够实施控制的实体纳入合并范围。这些实体常被称为“特殊目的实体（special purpose entity，简称 SPE）”，是一些公司将大量资产和负债置于其合并财务报表之外的工具。

3. 权益法

最后，有一种投资关系应采用权益法核算。JB Hunt 运输服务公司拥有 TPI 公司 37% 的表决权股份，该比例不足以获得控制权。尽管如此，JB Hunt 运输服务公司在被投资单位中仍占有很大的利益。通过所有权，JB Hunt 运输服务公司毫无疑问能够影响 TPI 公司的决策和运营。

重要的是，投资者具有影响被投资单位股利分配数额和时间的能力。基于这种影响力，投资者从被投资单位中取得的股利不能作为确认投资收益的客观依据。因此，*为了提供报告投资收益的客观依据，权益法要求投资者从被投资单位取得收益时（而不是发放股利时）就确认投资收益。*

因为管理者薪酬补偿合同通常以本公司净收益为基础，所以管理人员就有动机运用各种可能的手段来操纵报告的净收益。权益法可以有效地防止管理者通过影响被投资单位的股利分配数额和时间从而提高当期收入（或将收入推迟至将来确认）。在权益法下，投资者在被投资单位取得收益时（而不是被投资单位发放股利时）确认投资收益。

在当今商业社会中，许多企业对其他企业拥有重大所有权而未实施控制。可口可乐公司拥有几十个公司 20% ~ 50% 的所有权。很多其他投资是两个或更多的公司通过设立合资企业，成立一个新公司以实现一个特殊的经营目标。举个例子，微软和美国全国广播公司以各持 50% 股份的形式成立了 MSNBC——一个与 NBC 广播网络相配的有线电视频道和在线网站。

就上面的各项投资来说，因为投资者都未持有绝大多数的表决权股份，没有取得绝对控制权。所以，编制合并财务报表是不适当的。然而，较大比重的所有权表明投资者有能力影响被投资单位的决策过程。为了反映这种影响关系，这些投资就采用权益法来核算，具体处理见会计准则委员会（APB）1971 年 3 月发布的《意见》第 18 条“普通股投资的权益法”和 2001 年出台、旨在对权益法进行调整的 *SFAS 142*“商誉和其他无形资产”。

最后，正如本章末将提到的，2007 年 2 月 FASB 发布了 *SFAS 159*“金融资产和金融负债的公允价值选择”。该公告允许企业选择以公允价值报告许多金融资产，包括目前已采用权益法核算的投资。

1.2 关于权益法的应用

为了更好地理解权益法，我们先看看 APB 对以下两个问题的处理：

1. 适用权益法时，占所有权比例是多少？
2. 投资者应如何报告该项投资及其收益以反映两个公司之间的关系？

1.2.1 采用权益法的标准

在颁布权益法时，会计准则委员会（Accounting Principles Board，简称 APB）认

为随着所占有的所有权份额增加，投资者将对被投资单位的决策过程产生重大影响。根据《会计准则委员会意见第 18 号》（第 17 段），使用权益法的唯一标准是产生重大影响的能力，“即使占有的有表决权的股份少于 50%，仍可对被投资单位的经营和财务决策实施重大影响的能力”时，也应当应用权益法。

显然，“实施重大影响的能力”是一个非常模糊的概念，且在实践中需要一系列主观判断和理解。在哪个临界点上时，再取得一些股份就可以使投资者获得实施重大影响的能力呢？因为该公告只要求披露能够实施重大影响的能力，而没有具体规定投资者对被投资单位已产生的实际影响程度，这一决策变得更加困难。

《会计准则委员会意见第 18 号》列举了几种表明存在重大影响的情形，为会计人员提供指导：

- 投资者是被投资单位的董事会代表；
- 投资者参与被投资单位的政策制定过程；
- 企业之间发生重大的交易；
- 管理人员互换；
- 技术依赖；
- 考虑被投资单位的其他投资者的持股比例和股权集中程度，该投资者拥有的所有权的影响程度。

不能单独用以上某一情形为标准来判断权益法的适用性，而是要将以上各项结合起来判断是否符合标准：对被投资单位实施重大影响的能力。

这些指南并不能消除投资者在确定权益法适用与否时的不确定性。为了保证此标准应用时的一致性，APB 建立了一个所有权测试：*如果投资者拥有被投资单位 20% ~50% 有表决权的股份，那么通常认为投资者拥有对被投资单位实施重大影响的能力并可以使用权益法核算。*

会计准则委员会认为，判断投资者是否有实施重大影响的能力并不总是那么清晰，所以评价各项投资的具体情况时进行权益法的适用性判断是必要的。为了使适用达到合理的一致性，委员会总结：如果一项（直接或间接）投资拥有被投资单位的 20% 或更多的表决权股份，在没有反面证据的情况下，就假定该投资者对被投资单位拥有重大影响。反之，如果投资者占有的表决权股份少于 20%，除非重大影响确实发生，否则就假定该投资者没有对被投资单位实施重大影响的能力。①

1. 权益法的局限性

首先，20% ~50% 规则是一个武断选择的界限，只是为了给会计人员提供一个一致方法来报告投资。然而，最重要的标准仍然是对被投资单位实施重大影响（而非控制）的能力，而不是 20% ~50% 的所有权。如果有证据表明投资者对被投资单位确实没有实施重大影响的能力（或存在控制），则不论其拥有的股份多少都不能使用权益法。

例如，对有以下特征的投资，无论所有权份额有多少，皆不宜使用权益法

① 《会计准则委员会意见第 18 号》（*APB Opinion* 18），第 17 段。

核算:[①]

- 投资者与被投资单位之间存在合同约定投资者放弃重大影响的权力;
- 被投资单位股权集中，可以不考虑该投资者的意见;
- 投资者试图但未能成为被投资单位董事会代表。

在以上情形中，由于投资者未能对被投资单位实施重大影响，权益法并不适用。

其次，不论股权比例，如果可以对被投资单位实施控制，合并报表（而非权益法）才是合适的。FASB *Interpretation*（解释）*No. 46R*（*FIN 46R*）"变动利益实体的合并"通过扩大财务控制的定义范围限制了权益法的使用。*FIN 46R* 声明了存在财务控制而无重大所有权比例的情形。在这些情形中，控制通过合同或变动利益等其他形式实现。

举个例子，一个公司可以创建一个独立的法人实体，并在其中持有小于 50% 的表决权股份，但通过治理文件条款和其他合同具体规定了决策权力和损益的分配，从而对其实现控制。以这种模式实现的实体称为"变动利益实体（variable interest entity)"，尽管所有权小于 50%，其投资公司仍可能被要求将其纳入合并报表范围。很多公司（如迪斯尼公司和米尔斯公司）最近都将原来用权益法核算的投资重新分类为变动利益实体，并将其纳入合并报表范围之内。[②]

2. 权益法的延伸

对一些小于 20% 或超过 50% 投资，使用权益法核算仍然是合适的。举个例子，国际纸业公司在其最近的一份年度报表中披露，尽管对 Scitex 公司的投资只占 13% 的所有权，其仍然采用权益法核算。引证具有实施重大影响的能力，其在年报中指出"因为公司与其他两个公司签订了所有权协议，这样公司占有 Scitex 超过 39% 的股份"。

拥有大部分表决权股份采用权益法核算的情况也是存在的。在一些情况下，小股东拥有的赞同权或者否决权会对大股东产生限制。这样的小股东权力包括对企业的薪酬补偿、雇佣、解雇和其他重大的经营和资本支出决策的表决权。如果小股东权力限制性很强，足以让人质疑大股东是否掌握控制权时，应采用权益法而不用合并报表法编制财务报表。

例如，在 2005 年年报中，AT&T 公司报告："我们采用权益法报告对 Cingular 公司的 60% 的投资，因为我们与拥有 40% 表决权的股东共同对其控制。"

综上，下表总结了各种股权投资适用的会计核算方法：

标准	通常的所有权比例	适用的会计核算方法
没有实施重大影响的能力	<20%	公允价值法（*SFAS 115*）或初始价值法
具有实施重大影响的能力	20% ~50%	权益法（《会计准则委员会意见第 18 号》）或公允价值法（*SFAS 159*）
通过表决权具有控制能力	>50%	合并会计报表法（*ARB 51 SFAS 141 and 142*）
通过变动利益（治理文件、合同）具有控制能力	主要受益者（没有所有权比例要求）	合并会计报表法（*FIN 46R*）

① FASB *Interpretation No. 35*"普通股投资中权益法应用标准"，1981 年 5 月。该公告主要处理投资者拥有被投资单位 20% ~50% 发行在外普通股时使用权益法核算的局限。

② 第 2 章和第 6 章将进一步讨论 *FIN 46R*。

1.3 投资的核算——权益法

既然适用权益法的标准已经很明确了，下面我们就看看权益法的核算程序。对投资方的财务报表使用者来说，了解权益法的核算程序是十分重要的，因为权益法不仅影响收益的确认时间，还影响投资账户的数额。

*应用权益法的目的在于，通过报告投资者的投资和投资收益反映出公司之间的密切关系。*在记录合并成本后，我们使用两个权益法科目来定期调整并记录投资的影响：

- *被投资单位取得并报告收益时投资者的投资账户数额随之增加。*同时，投资收益的确认采用应计法，即在被投资单位取得收入时就确认投资收益。如果被投资单位报告了100 000美元的收入，那么拥有30%股权的投资者就应立即确认并增加其收益30 000美元。这种应计法通过强调两公司之间的联系体现了权益法的本质：随着在被投资单位中投资者权益的增加，投资账户的账面价值也随之增加。虽然投资取得时以成本计价，但是资产余额应随着被投资单位获利立即向上调整。如果被投资单位报告了亏损，就要相应地减少投资的账面价值。
- *不论在何时收到股利，投资者的投资账户都应相应地减少其数额。*由于现金股利的分配减少了被投资单位的账面价值，投资者要减少投资账户数额以反映这种变化，而不能确认收入。再说一遍，投资账户与被投资单位的活动建立了一种平行对应关系：被投资单位所有者权益的减少会引起投资者投资账户数额的减少。更进一步地说，由于投资方在被投资单位获利时已经确认了投资收益，如果其将随后收到的现金股利又作为收入记录，那么将会造成收益的重复记录。更重要的是，在现金股利取得时确认收益并不合适。因为投资者可以影响被投资单位股利分发的时间，所以收到股利时确认收益不能客观反映由该项投资产生的收入。

权益法的应用

被投资单位活动	投资者的会计核算
取得收益	按照所有权比例确认投资收益
分发股利	根据收到股利的数额减少投资账户账面价值

采用权益法会导致投资者资产负债中的投资账户数额随着被投资单位权益的变化而变化。作为说明，假设投资者取得某个商业企业40%的权益。如果该投资者对被投资单位有实施重大影响的能力，就应当采用权益法核算。如果被投资单位报告了50 000美元的净收益，投资者就要按该收益的40%（20 000美元）增加其投资账户的账面价值。相反，若被投资单位派发了20 000美元现金股利，对投资者而言，必须按所分派股利的40%，即8 000美元减少投资账户的账面价值。

与权益法不同的是，公允价值法在公允价值可确定时应以公允价值记录投资。同时，只有在收到股利时才确认投资收益。因此，财务报告结果可能因所采用的核算方法不同而不同。

举例说明，假设2008年1月1日，Big公司以200 000美元取得Little公司20%的股权。Little公司在未来的3年报告的净收益分别为200 000美元、300 000美元和

400 000美元，并分别支付50 000 美元、100 000 美元和200 000 美元股利。根据市场价格确定，Big 公司对 Little 公司的投资在 2008 年、2009 年及 2010 年的公允价值分别为235 000 美元、255 000 美元和320 000 美元。

图表 1—1 对 Big 公司在 Little 公司的投资采用两种方法核算进行了对比。公允价值法下，投资以市场价值计量（本例假设市场价值可以取得)。由于该投资被分类为可供出售金融资产(*available-for-sale security*)，公允价值超过成本的部分在所有者权益中记录。① 收益在收到股利时确认。

图表 1—1　　**公允价值法和权益法对比**

			当影响不重大时 Big 公司的会计核算（可供出售金融资产）			当影响重大时 Big 公司的会计核算（权益法）	
年份	Little 公司实现的收益	Little 公司派发的股利	股利收入	投资账户的账面价值	对股东权益的公允价值调整	投资收益	投资账户的账面价值
2007	$ 200 000	$ 50 000	$ 10 000	$ 235 000	$ 35 000	$ 40 000 *	$ 230 000 +
2008	300 000	100 000	20 000	255 000	55 000	60 000 *	270 000 +
2009	400 000	200 000	40 000	320 000	120 000	80 000 *	310 000 +
	确认的总收入		$ 70 000			$ 180 000	

* 投资收益按 Little 公司报告收益的 20% 计算。

+ 权益法下投资账户的账面价值等于初始成本加上确认的收入减去收到的股利。如 2008 年，余额 230 000 美元等于成本 200 000 美元加上投资收益 40 000 美元减去收到的股利 10 000 美元。

然而，在权益法下，Big 公司在 Little 公司取得收益就确认了投资收益。如图表 1—1 所示，Big 公司在 3 年里确认 180 000 美元的收益，投资账户的账面价值调整到了 310 000 美元。由于存在对被投资单位实施重大影响的能力，收取股利不再是衡量收益的方法。Big 公司对 Little 公司决策能力的影响会改变股利的分发时间。因此，收到的股利不能客观衡量 Big 公司对 Little 公司的投资的收益。然后，在权益法下，一旦 Little 公司确认收益，Big 公司就根据其所有权比例（20%）确认投资收益并增加投资账户价值。权益法体现的是一种应计制：投资收益在收益取得时确认，而不是在收到现金股利时确认。

图表 1—1 显示了在权益法下投资账户账面价值每年的波动，这样就与被投资单位报告的净资产变动相对应。如果被投资单位所有者权益因收益而增加，那么投资账户的价值也相应增加；被投资单位的损失和股利发放而造成的所有者权益减少则会导致投资账户价值的减少。所以，权益法描述了由于投资者对被投资单位有重大影响而发生的关系。

1.4　权益法应用过程中的会计处理程序

一旦适用权益法的方针已经确定，对一些基本交易的核算过程就很简单了。投资者每期按所有权比例记录被投资单位报告的收益。股利一经宣告就减少投资账户余额

① 交易性金融资产的市场价值波动在其发生当期确认为损益。

以反映投资账面价值的减少。

让我们再看一下图表1—1，Little公司在2008年报告了200 000美元的收益和派发了50 000美元的股利。这些数字表明Little公司净资产在2008年增加了150 000美元。因此，Big公司采用权益法在会计记录中作下列分录：

对Little公司的投资	40 000	
投资收益		40 000
记录投资者拥有被投资者20%的股份所享有的收益（200 000美元×20%）。		
现金	10 000	
对Little公司的投资		10 000
记录从被投资单位取得的现金股利（50 000美元×20%）。		

在第一个分录中，Big公司根据Little公司报告的收益预计了投资收益，其数额远大于现金股利。第二个分录反映了实际收到的现金股利和Little公司净资产相应的减少。Big公司投资账户中30 000美元（40 000美元-10 000美元）的增量代表Little公司账面价值增加额150 000美元中的20%。

虽然这两个分录说明了使用权益法的基本步骤，充分理解权益法还有必要关注一些其他问题。具体地说，在以下核算中要用到特定的程序：

- 转换至权益法。
- 报告被投资单位非持续经营活动来源的收益。
- 报告投资损失。
- 报告权益投资的出售。

1.4.1 转换至权益法

在许多情况下，投资者对被投资单位实施重大影响的能力并不是单纯地通过一次股权并购而取得的。投资者最初可能只拥有很小比例的所有权，几年之后才购买更多的股份而达到使用权益法的标准。在投资者取得对被投资单位实施重大影响能力之前，任何投资应当采用公允价值法核算。在投资比例达到适合使用权益法时，就产生了从一种核算方法转换成另一种核算方法的技术性问题。[①]

《会计准则委员会意见第18号》（第19段）对此陈述：“投资者的投资、经营成果（当期及以前期间）以及留存收益应当进行追溯调整。”*因此，要对所有账户按权益法进行调整，以使投资方的财务报表视同股权第一次取得时就已使用权益法核算一样。*会计准则委员会通过强制采用追溯调整，以保证投资单位财务报告各年度间的可比性。[②] 例如，Frequency Electronics——一个专于设计、开发和制造卫星通信设备的公司，最近报告了对Morion公司（位于俄罗斯的水晶钟制造商）股权投资的增加，如其在2006年年报中所述：

本公司对Morion公司发行在外普通股的投资从19.8%提高到了36.2%。相应的，公司根据公认会计原则的要求从初始价值法转换为权益法核算……以2005年4月30

---

① 被投资单位回购部分自己的股票作为库存股可能导致投资者的投资转向权益法核算。这个交易可以提高投资者占有的发行在外股票的比例。

② *SFAS 154*，“会计变更和差错更正”最近引进了“追溯”一词来描述追溯调整在会计原则中的应用。*SFAS 154*（第3页）给出了追溯的定义：将新的会计原则应用到前期就好像该原则以前一直被应用一样。

日为截止日的会计年度中，核算方法上的这种改变的影响是：提高了收入税前利润，并增加了315 000美元的净利润（每股稀释0.04美元）。会计核算方法的变化导致了以前会计年度的财务报告也发生变化……由于应用权益法的追溯调整，2005会计年度年初留存收益增加了207 000美元。

为了进一步说明追溯调整的程序，假设Giant公司在2008年1月1日取得了Small公司10%的股份。Giant公司管理层认为自己对Small公司没有实施重大影响的能力，将此项投资视为可供出售金融资产，采用公允价值法核算。之后，2010年1月1日Giant公司又购入Small公司30%的发行在外有表决权的股份，因此取得了对其实施重大影响的能力。从2008年到2010年，Small公司报告的净收益、股利分派及每年1月1日的公允价值情况如下：

年份	净收益	现金股利	1月1日的公允价值
2008	$ 70 000	$ 20 000	$ 800 000
2009	110 000	40 000	840 000
2010	130 000	50 000	930 000

在Giant公司2008年和2009年原来的财务报告中，股利收入分别是2 000美元和4 000美元（根据10%的所有权）。因为公允价值可取得，投资账户始终以公允价值表示。同时，公允价值的变动形成未实现收益的贷方数在2008年和2009年分别为4 000美元和9 000美元，累计13 000美元应在Giant公司2009年所有者权益中予以报告。然而，在2010年1月1日转换为权益法后，Giant公司必须重述以前年度至今的投资，以使其看起来像第一次取得股权时就已使用权益法核算。最后，在比较报表中应分栏表示前期情况：2008年和2009年应分别显示权益收益7 000美元及11 000美元。

以前年度收益的重述可计算如下：

年份	投资收益（10%）	收到现金股利	追溯调整
2008	$ 7 000	$ 2 000	$ 5 000
2009	11 000	4 000	7 000
留存收益调整总额			$ 12 000

Giant公司2008年报告的收入会增加5 000美元，2009年报告的收入增加7 000美元。为了进行权益法的追溯调整，Giant公司2010年1月1日编制以下会计分录：

对Small公司的投资	12 000	
留存收益——以前年度调整——投资收益		12 000

调整2008年和2009年的会计记录以使权益法得到一贯运用。

未实现持有利得——所有者权益	13 000	
公允价值调整（可供出售金融资产）		13 000

按投资者所有权比例计算的公允价值变动（10% × $ 130 000）从股东权益和可供出售金融资产组合价值账户中抵销。

这13 000美元的调整冲回了*SFAS 115*所要求的取得重大影响能力之前的投资账户。因为这项投资已不再是可供出售金融资产，采用权益法而不是公允价值法核算。因此，公允价值调整账户必须减少，作为重分类处理程序的一部分。

继续用上面的例子，Giant公司在2010年年底还做了另两条分录，但它们只与该期的经营和分配有关。

对 Small 公司的投资	52 000	
投资收益		52 000

调整 2008 年和 2009 年的会计记录以使权益法得到一贯运用。

现金	20 000	
对 Small 公司的投资		20 000

报告 2010 年从 Small 公司收到现金股利（$50 000×40%）。

1.4.2 报告源于被投资单位非持续经营活动的收益

传统上，收益的某些部分在财务报表中是单独列示的，如一些非正常项目（详见《会计准则委员会意见第 30 号》，“经营成果的报告”，1973 年 7 月）和前期调整（详见 FASB *SFAS 16*“前期调整”，1977 年 6 月）。在采用权益法时应关注的是：对于在被投资单位的利润表单独列示的项目，投资者是否也要有类似的处理。

为了解释这个问题，假设 Large 公司拥有 Tiny 公司 40% 的表决权股份并采用权益法核算该项投资。2008 年，Tiny 公司报告净收益 200 000 美元，由从日常经营活动中取得的 250 000 美元利润和 50 000 美元的非经常性损失组成。Large 公司根据 200 000美元净利润的 40% 确认了 80 000 美元的投资收益。然而，为了恰当地披露，被投资单位发生的非经常损失应在投资者的财务报告中单独列示。这样处理也是为了反映两个公司之间的密切关系。

根据所有权比例，Large 公司确认 100 000 美元经营收益（Tiny 公司日常经营活动取得的收益 250 000 美元的 40%）和 20 000 美元的非经常损失（50 000 美元的 40%）。其对 Large 的总影响仍是 80 000 美元收益的净增加，但它已被分配到日常经营活动取得的收益和非经常损失两个项目中去了。

反映 Large 公司在 Tiny 公司的权益收益的会计分录：

对 Tiny 公司的投资	80 000	
非经常损失	20 000	
投资收益		100 000

确认从投资收益中取得的经营收益和非经常损失。

此项核算应注意的另一点是，即使被投资单位已确认非经常损失，除非该数额对投资者自身的经营而言是十分重大的，Large 公司可以不单独披露这 20 000 美元。

1.4.3 报告被投资单位的损失

虽然前文的讲述都是基于盈利的会计处理，但其实被投资单位发生的亏损也是以类似方法处理的。也就是说，投资者应确认适当比例的每项损失并减少投资账户的账面价值。即使这些步骤是与权益法概念一致的，但没能考虑到所有可能的亏损情形。

1. 永久性减值

《会计准则委员会意见第 18 号》认为，投资的公允价值可能面临永久的减值，而权益法不能恰当地反映这种情况。减值可能是由于主要客户的流失、经济形势的改变、重要专利或其他法定权利的丧失、公司声誉受损以及诸如此类的事项。这些不利事件引起的公允价值永久减值不可能通过前文所述的投资者采用权益法得到立即反映。因此，《会计准则委员会意见第 18 号》（第 19 段）提供了以下指导：

投资公允价值的非暂时性减值造成的损失应同其他长期资产减值一样进行确认。价值减低的迹象可能包括但不限于：缺乏将投资恢复到原值的能力，或被投资单位不能维持盈利状态以保持该项账面价值。

因此，当以权益法核算的投资发生了永久性减值，投资者必须确认减值损失并将资产价值降低至公允价值。然而，《会计准则委员会意见第 18 号》强调只有减值是永久性的才有必要确认损失。在权益法下，投资的公允价值暂时性减值是被忽略的。

举个例子，Hess 公司在其 2006 年度报表中披露如下：

当出现任何表明非暂时性减值的事项或有变化发生时，公司要对采用权益法核算的投资进行复核。减值的数额基于市场价格（可取得时）或其他估价技术。

2. 投资账户余额降低至零

通过对亏损和公允价值永久性减值的确认，投资账户余额最终可能为零。这种情况最可能在被投资单位发生巨额亏损或初始购买价格很低时发生。不管什么原因，投资账户的账面价值可能被完全抵销。

当投资账户的账面价值减至零时，投资者应该停止使用权益法，不能使余额为负。余额一直为零，直到被投资单位随后的盈利抵销了所有未确认的损失。除非投资者对被投资单位的利益拥有其他承诺，一旦初始投资成本减为零，投资者就不应再确认其他的损失（既然所有成本已经抵销）。

例如，Noise Cancellation Technologies 公司在最近的财务报告中披露了其投资账户余额为零时停止采用权益法：

当公司的累积损失份额等于投资账户余额时，公司没有义务且没有意向去承担额外的损失，这时就暂停使用权益法……直到被投资单位后来的盈利相对应的份额足以弥补完所有未记录的累积损失，公司才能确认与被投资单位有关的投资收益。

1.4.4 报告投资的出售

任何时候，投资者都可以选择卖掉其持有的一部分或全部股份。若销售事项发生，权益法需应用到交易发生日为止，以便合理确定投资的账面价值。然后投资者根据卖出的份额减少投资账户余额。

举个例子，假设 Top 公司拥有 Bottom 公司 100 000 股发行在外股份的 40%——一项以权益法核算的投资。虽然这 40 000 股是多年以前用 200 000 美元买进的，因采用权益法已使这项投资在 2008 年 1 月 1 日增值到 320 000 美元。2008 年 7 月 1 日，Top 公司以 110 000 美元现金出售了其中的 10 000 股，因此所有权比例由原来 40% 降低至 30%。Bottom 公司报告了 2008 年前 6 个月的净收益为 70 000 美元并派发了 30 000 美元的现金股利。

作为投资者的 Top 公司，在 2008 年 7 月 1 日做了如下会计分录来确认收益和确定正确的投资余额：

对 Bottom 公司的投资	28 000	
投资收益		28 000
确认 Bottom 公司报告的 2008 年前 6 个月收益的 40%（700 000×40%）。		
现金	12 000	
对 Bottom 公司的投资		12 000

报告从 2008 年 1 月到 6 月取得的现金股利（30 000×40%）。

这两个分录使 Top 公司的投资账户账面价值增加了 16 000 美元，使其 2008 年 7 月 1 日的余额为 336 000 美元。销售 1/4 的股份时可作如下分录：

现金	110 000	
对 Bottom 公司的投资		84 000
出售投资利得		26 000

记录出售对 Bottom 公司投资的 1/4（336 000×1/4＝84 000）。

销售完成之后，Top 公司基于 30% 而不是 40% 的股份继续采用权益法核算该项投资。然而，如果出售的股份足够多而使 Top 公司丧失了对 Bottom 公司实施重大影响的能力，权益法就不再适用了。例如，如果 Top 的持有比例从 40% 下降到 15%，减持后权益法可能就不再适用了。剩余股份的账面价值作为其新的成本数额，并不等于其原来的初始成本，采用公允价值法核算。

如果投资从权益法转换为公允价值法，不需要进行追溯调整。虽然如前文所述，从公允价值法转换为权益法时需要对前期进行追溯调整，但是从权益法转换为公允价值法时这种处理方式不合适。

1.5 投资成本超过所取得权益的账面价值时的处理

在掌握了权益法的基本概念和程序后，下面介绍更加复杂的会计问题。在采用权益法时，投资成本大于被投资单位账面价值相应份额的情况是最普遍的问题之一。①

除非投资者在被投资单位刚设立时就获得其所有权，支付的成本与账面价值一致的情况是很少见的。举个例子，戴尔电脑公司报告其 2006 年 10 月 31 日的账面价值大概为每股 1. 38 美元，但那天公司普通股在纳斯达克交易所的价格是每股 24 美元。为了取得戴尔电脑公司的股份还有其他企业的股票，需支付超过账面价值的溢价。

导致账面价值与股票交易价值之间显著差异的原因有很多。任何时候一个公司的价值都是基于许多因素确定的，如公司的盈利能力、新产品的引入、预期的股利分配、计划的经营成果及宏观经济环境。并且，股票的市场价格是基于（至少部分依赖于）公司净资产的预期价值——其数额经常与账面价值不相等。资产负债表上的资产和负债账户都是以历史成本而非现值计价的。另外，公司报表中的这些数据会受到其选择的具体会计处理方法的影响。举个例子，对存货采用后进先出法和先进先出法会使其账面价值截然不同，折旧方法也是如此。

如果一项投资的取得成本超过了其账面价值，逻辑上我们应该对投资者付出的额外成本做出解释。取得成本超过账面价值的原因是十分重要的。根据收益确认原则，从投资中取得的收益应与投资成本相匹配。与存货相比，分配到固定资产上的超额成本将可能在更长的时间内摊销掉。采用权益法时，导致超额支付的原因可以归结为以下两类：

① 虽较少遇到，投资可以成本小于被投资单位账面价值取得，这种情况的会计处理将在后面章节介绍。

1. 被投资单位某些特定的资产项目和负债项目的公允价值可能与其当前账面价值不等。超额支付可直接在个别账户中予以确认，如存货、机器设备、特许经营权等。

2. 投资者可能愿意支付额外的资金，因为其预期可以从未来的收益中得到补偿。此类预期可归因于一些因素，如估计被投资单位盈利能力或者两公司之间的关系。在这种情况下，额外的支付要确认为无形的未来价值——通常认为是商誉，而不是被投资单位的个别资产或负债项目。举一例，在最近的一份年报中，Ameritech 公司披露了它对 Tele Danmark 公司以权益法核算的投资包括了 14 亿美元的商誉。

举例说明，假设 Big 公司正在谈判获取 Little 公司 30% 的发行在外股份。Little 公司资产负债表上显示资产 500 000 美元，负债 300 000 美元，净资产 200 000 美元。经过调查后，Big 公司认为 Little 公司的机器设备在财务报告中低估了 60 000 美元，某项专利也低估了 40 000 美元。把这些低估调整到 Little 公司的账面价值，Big 公司估计 Little 公司的净资产值为 300 000 美元。基于以上计算，Big 公司出 90 000 美元购买了 Little 公司 30% 的发行在外股份。

Little 公司账面价值（资产减去负债，或所有者权益）	$ 200 000
机器设备的价值低估	60 000
专利的价值低估	40 000
净资产	$ 300 000
购买比例	30%
购买价格	$ 90 000

虽然 Big 公司的购买价格超过了 Little 公司账面价值的相应份额，该超额的支出可以分配到具体的账户：机器设备和专利。没有超额的支出摊到其他预期未来利益中。因此，Big 公司投资的成本分配如下：

投资者支付的价格		$ 90 000
账面价值份额（200 000×30%）		60 000
支付价格超过账面价值份额的部分		30 000
超额的支出分配到具体资产		
机器设备（60 000×30%）	$ 18 000	
专利（40 000×30%）	12 000	30 000
超额的支出不能分配到具体资产的部分——商誉		0

投资者超额支付的 30 000 美元中，18 000 美元分配到机器设备上，12 000 美元分配到专利上，没有额外的购买支出要分配给商誉。

更进一步，假设 Little 公司的所有者拒绝了 Big 公司提议的 90 000 美元的价格。他们认为公司作为一个持续经营主体，其价值高于其公允价值。由于 Big 公司的管理层也认为此项购买会产生协同价值，最后的成交价格是 125 000 美元。新的购买价格分配如下：

投资者支付的价格		\$125 000
账面价值份额（200 000×30%）		60 000
支付价格超过账面价值份额的部分		65 000
超额支出分配到具体资产		
机器设备（60 000×30%）	\$18 000	
专利（40 000×30%）	12 000	30 000
超额的支出不能分配到具体资产的部分——商誉		\$35 000

从这个例子中可以看出，*任何不能分配到具体资产或负债项目的额外支付都分配到无形资产商誉*。虽然实际购买价格可以通过一系列不同的技术计算出来或者只是简单地通过谈判确定，不能分配到具体资产或负债项目的额外支出总是作为商誉。

在权益法下，投资者把总成本记入投资账户，不考虑任何超额支付的分配。如果双方同意了 Big 公司 125 000 美元的出价，此项投资将以该数额入账而不管机器设备、专利及商誉等的内部分配。也就是说，共支付了 125 000 美元取得该项投资，就按 125 000 美元记录该投资。

1.5.1 摊销程序

前述的超额支出是与具体资产项目（机器设备、专利、商誉）相联系的。即使按实际支付的金额记入了投资账户，但是这些资产仍以确定的历史成本表示。对于一项有成本和确定使用年限的资产，投资者支付的与其（除了商誉及其他年限不确定的无形资产）有关的价格都应该在合理的期间内摊销。

以前，在采用权益法时商誉可以在不大于 40 年内摊销。然而，2001 年 6 月，FASB 通过了一项有关商誉会计处理的重大且基础性规定。*SFAS142*“商誉和其他无形资产”规定：从 2001 年 12 月 15 日开始的会计年度及之后，商誉的使用年限被视为不确定。因此，财务报告中不再存在商誉的摊销问题。① 在投资出售或发生永久性减值之前，对商誉中任何未摊销的部分不做任何调整。

后来，FASB 注意到商誉可以保持原值甚至随着时间升值。商誉使用年限不确定的观点认可了这样一个论点：在人为判断的期间内摊销商誉不能反映其经济实质，从而不能提供有用信息。商誉寿命不确定这一假设形成的最初原因与企业合并（第 2 章到第 7 章讨论）的会计处理有关。FASB 推理说，采用权益法核算投资时，所形成的商誉的处理要与企业合并时形成的商誉处理方法一致。然而，有一点不同的是：企业合并中形成的商誉要每年复核减值情况，而采用权益法的投资中形成的商誉不需要。权益法核算中，对投资整体进行复核以判断其是否发生了永久性减值。②

为了说明，假设机器设备的可使用年限为 10 年，专利的可使用年限为 5 年，商誉的可使用年限不确定。如果采用直线法且无残值，投资者的取得成本摊销

① 除非使用寿命可以确定，其他无形资产（如许可证、商标）也可被认为使用寿命不确定从而不需要摊销。在第 3 章将对使用寿命确定的无形资产作进一步讨论。

② *SFAS 142*“商誉和其他无形资产”得出结论：由于采用权益法核算下的商誉与投资有关，不应对商誉单独进行减值测试。（第 B170 段）

如下：①

账户	成本分配	可使用年限	每年摊销
机器设备	$ 18 000	10 年	$ 1 800
专利	12 000	5 年	2 400
商誉	35 000	不确定	0
每年摊销总额（5 年，直到专利的成本摊销完）			$ 4 200

在记录这个年度费用时，与处理其他使用寿命一定的资产的摊销一样，Big 公司减少投资账户的账面价值。所以，第一年年末，投资者根据权益法作以下会计分录：

投资收益	4 200	
对 Little 公司的投资		4 200

记录分配到机器设备和专利上的超额支出的摊销。

因为该摊销涉及被投资单位的资产，投资者没有建立一个具体的费用账户。相反，如上述分录所示，摊销费用是通过减少投资收益的方式来确认的。

为了解释整个程序，假设 Tall 公司以 200 000 美元购买了 Short 公司 20% 的股权，且 Tall 公司对 Short 公司有实施重大影响的能力，因此采用权益法核算此项投资。购买发生在 2008 年 1 月 1 日，当时 Short 公司的净资产账面价值为 700 000 美元。Tall 公司认为，被投资单位的建筑物（尚可使用 10 年）被低估了 80 000 美元；机器设备（尚可使用年限 5 年）被低估了 120 000 美元。任何由此项购买形成的商誉被视为使用年限不确定。2008 年，Short 公司报告净收益 150 000 美元，分派股利 60 000 美元。

毫无疑问，Tall 公司 2008 年三个基本会计分录如下：

2008 年 1 月 1 日

对 Short 公司的投资	200 000	
现金		200 000

记录取得 Short 公司 20% 的发行在外的表决权股份。

2008 年 12 月 31 日

对 Short 公司的投资	30 000	
投资收益		30 000

确认 Short 公司报告的 2008 年收益的 20%（150 000×20%）。

现金	12 000	
对 Short 公司的投资		12 000

记录收到的现金股利（60 000×20%）。

为了确定是否需要其他调整分录来确认与超额支出有关的年度摊销，有必要对 Tall 公司 200 000 美元的购买价格进行如下分配：

① 除非特别说明，所有的摊销计算都采用直线法且无残值。

投资者支付的价格		$200 000
2008 年 1 月 1 日账面价值份额（700 000×20%）		140 000
支付价格超过账面价值份额的部分		60 000
超额支出分配到具体资产		
建筑物（80 000×20%）	$16 000	
机器设备（120 000×20%）	24 000	40 000
超额支出不能分配到具体资产的部分——商誉		$20 000

可以看出，购买价格中 16 000 美元分配到建筑物，24 000 美元分配到了机器设备，剩余的 20 000 美元就形成了商誉。对于使用寿命确定的资产，需要周期性的摊销：

资产	分配的成本	可使用年限	每年摊销
建筑物	$16 000	10 年	$1 600
机器设备	24 000	5 年	4 800
商誉	20 000	不确定	0
2008 年摊销总额			$6 400

2008 年年末，Tall 公司还需进行以下与成本分配相关的调整：

投资收益	6 400	
对 Short 公司的投资		6 400

报告超额支出中建筑物（1 600 美元）和机器设备（4 800 美元）的摊销。

虽然为了更好地理解我们分开了这些分录，但是 Tall 公司可能将确认的收益（30 000 美元）和摊销（6 400 美元）合并只用一个分录来增加投资账户账面价值并确认投资收益 23 600 美元。因此，Tall 公司第一年的投资报酬率（定义为投资收益/年初投资余额）为 11.80%（23 600 美元÷200 000 美元）。

1.6 存货未实现收益的抵销[①]

很多股权的购买都是为了方便存货的购买和销售而在公司之间建立联系。这样的内部交易可能经常发生也可能只是偶尔发生。例如，可口可乐集团最近披露其向控股 36% 的被投资单位可口可乐股份公司销售了 5 125 000 000 美元的果汁。

不论交易频率如何，投资者和被投资单位之间的存货销售需要遵循特殊的会计处理程序，从而恰当地确定收入确认时点。其隐含的会计原理是“收入要在收入取得时确认……只有企业完成了其必须做的从而有权获得与收入相关的利益时，收入才被认为已经取得”[②]。当存货销售给无关联关系的第三方时，收入的确认不是问题。除非合同上有特殊条款，交易已经发生时销售即实质上完成。

但是，关联方之间发生的销售中，收入的确认过程并不那么简单。由于投资者

① 未实现利得可能包括存货以外的项目的销售。公司间需摊销的固定资产及土地的转移将在后面章节讨论。

② FASB，《财务会计报告概念第 6 号》，“商业企业财务报告的确认和计量”（Stamford CT：December 1984），第 83 段。

和被投资单位形成的关联关系，只要货物还在买方的手里，货物的卖方就可能仍保留与存货有关的部分风险。因此，在初始销售时收入并没有完全实现。为了进行正确的会计核算，收入的确认就应予以推迟。所以，当投资者使用权益法时，与内部交易有关的利润应推迟到买方彻底处理货物后才能确认。当存货在经营中被消耗完或者重新销售给无关的第三方时，初始销售才实现，利润才可全部确认。

会计上，关联企业之间的交易分为顺销和逆销。顺销指投资者销售货物给被投资单位的交易；逆销则指被投资单位销售货物给投资者的交易（见图表 1—2）。虽然顺销和逆销不影响权益法下存在重大影响时的投资余额，当控制存在而要求采用合并财务报表法时就有很明显的不同，这将在第 5 章详述。因此，这两种类型的内部销售在本章引入时就分开阐述。

图表 1—2 **顺销与逆销**

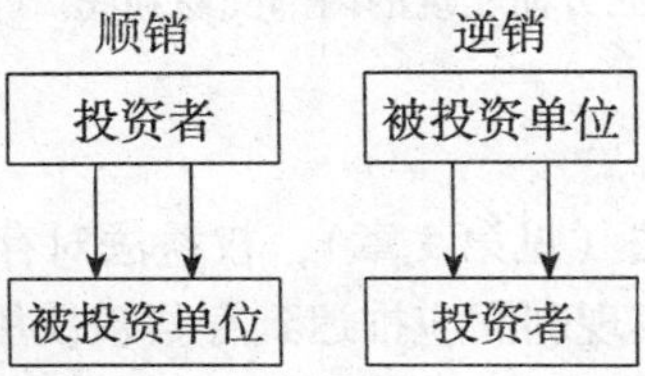

1.6.1 存货顺销

假设 Big 公司拥有 Little 公司 40% 的股权，采用权益法核算该投资。2008 年，Big 公司以50 000美元的价格将一批存货销售给 Little 公司，售价包含了 30% 的毛利率 即 15 000 美元。2008 年年底，Little 公司已将其中 40 000 美元的存货销售给第三方，剩余的 10 000 美元存货第二年才卖出。

投资者将存货顺销给了被投资单位。采用权益法时，有关的利润必须在买方处理了存货时才能确认。尽管 2008 年公司间交易总额是 50 000 美元，其中 40 000 美元的存货已销售给了第三方，因此对应的利润可以确认。对于剩余的仍在被投资单位存货中的 10 000 美元，销售并没有完成，计算投资收益时，这部分利润应在 Little 公司处理这部分存货后才能确认。

初始销售的利润率为销售价格的 30%；因此，Big 公司有关剩余部分存货的利润是 3 000 美元（10 000×30%）。然而，由于投资者仅持有被投资单位 40% 的股份，只有 1 200 美元（3 000×40%）的利润是未实现的。Big 公司占有的所有权比例反映了内部交易利润的占有比例。期末存货余额中总共 3 000 美元的毛利并不是推迟确认的数额，这个数额的 40% 才是未实现的收益。

年末剩余存货	毛利率	年末存货毛利	投资者所有权比例	内部交易未实现利润
\$ 10 000	30%	\$ 3 000	40%	\$ 1 200

在计算了推迟确认的合理数额后，投资者减少当期投资收益 1 200 美元以反映内部交易的未实现利润。这一处理暂时减少了投资者 2008 年账面上的利润，直到被投资单位 2009 年处理了存货。年末，Big 公司通过以下分录达到推迟确认的效果：

推迟确认未实现利润

投资收益	1 200	
对 Little 公司的投资		1 200

将销售给 Little 公司的存货中未实现利润推迟确认。

第二年，当这部分存货最终被 Little 公司耗用或者出售给无关的第三方时，就不再需要推迟确认了。收入的过程已经全部完成，Big 公司应确认 1 200 美元的利润。只要简单地做与上面分录相反的会计分录，会计人员就可以成功地将投资者的利润移到合理的时间确认。收入的确认从存货转移当年转到了销售过程真正实现的那年。

随后确认的内部交易利润

对 Little 公司的投资	1 200	
投资收益		1 200

确认通过将存货出售给第三方而实现的内部交易利润。

1.6.2 存货逆销

不同于合并财务报表法（见第 5 章），权益法对存货逆销的处理方法与顺销是一样的。因此，内部交易的未实现利润应推迟到存货被使用或销售给第三方后确认。举例说明，假设 Big 公司拥有 Little 公司 40% 的股份，采用权益法核算投资。当年，Little 公司将成本 40 000 美元的商品以 60 000 美元的价格出售给 Big 公司。该年末，Big 公司仍有这些存货中的 15 000 美元在库。Little 公司报告当年净利润为 120 000 美元。

为了确认被投资单位的收益，Big 公司在年末作了以下分录：

对 Little 公司的投资	48 000	
投资收益		48 000

确认被投资单位收益的 40%（$120 000×40%）。

年末未实现毛利按销售价格的 33 1/3%（$20 000÷$60 000）计算：

年末剩余存货	毛利率	年末存货毛利	投资者所有权比例	内部交易未实现利润
$15 000	33 1/3%	$5 000	40%	$2 000

根据以上计算，年末投资者还需要作另一个分录。再一次，为了保证收入确认时点的正确性，内部转移存货的未实现利润的推迟确认是十分必要的。*在投资者对被投资单位具有重大影响而采用权益法的情况下，投资者和被投资单位之间销售的方向（顺销或逆销）对财务报表的最终结果没有影响。*

推迟确认未实现利润

投资收益	2 000	
对 Little 公司的投资		2 000

将销售给 Little 公司的存货中未实现利润推迟确认。

调整之后，作为投资者的 Big 公司报告投资收益 46 000 美元（48 000-2 000）。确认的投资收益由于内部交易毛利润未实现而减少。投资者最终耗用或售出了 15 000 美元的存货时，就做一个与前面分录相反的分录。这样，当利润通过销售给无关第三方而实现时，收入在合理的会计期间予以确认。

在逆销中，投资者自身的存货账户包含了未实现的利润。虽然前面的分录，通过减少投资账户而不是存货项目的余额推迟了利润的确认。但是，1971 年 11 月，《会计准则委员会意见第 18 号》解释公告第 1 号“权益法下内部交易利润的抵销”，允许投资者直接减少存货余额作为核算未实现利润的一种方法。虽然这种选择是可接受的，减少投资账户余额仍然是推迟利润确认的传统方法，即使对逆销而言也是这样。

不论顺销还是逆销，投资者的销售和购买仍然要视同与第三方的交易来报告。只有未实现的利润推迟确认，且其数额需通过投资收益账户进行调整。进一步，既然公司间没有合并，被投资单位个别财务报告的余额就不可以改变，以反映销售或购买的实质。显然，财务报表的使用者需要关注利润表中包含的这些数额。因此，FASB 在 1982 年 3 月发表第 57 号声明“关联方披露”，要求公司披露关联方交易的某些信息。这些披露包括公司间关系的实质、交易的描述、交易金额，以及年末关联企业之间的债权债务情况。

1.6.3 决策与权益法

商业决策（包括权益投资）是公司考虑众多因素的结果，认识到这一点很重要。例如，经理人员对财务报告如何反映其决策所产生的影响很感兴趣。之所以要关注商业决策对财务报表的影响，是因为财务绩效的衡量通常对以下方面产生影响：

- 企业的融资能力；
- 管理人员的报酬；
- 清偿债务和利息的能力；
- 管理者的声誉。

管理者也敏锐地察觉到，每股收益的衡量方法可以强烈地影响到投资者对公司公开交易股票内在价值的预期。因此，在进行投资决策之前，企业会研究和评估采用权益法对财务报告中利润的预期影响。此外，这种分析会影响投资者对被投资单位想要的影响程度，以及是否投资的决策。例如，管理者可能对初始投资有个预期的报酬率。这种情况下，对预期收益的分析就有助于确定销售价格。

举个例子，Investmor 公司正在考虑对 Marco 公司进行 25% 的权益投资，使其对被投资单位拥有实施重大影响的能力。Marco 公司预期未来每年能实现的收益为 300 000美元。Marco 公司的账面价值为 450 000 美元，还有一项未报告的新开发技术值 200 000 美元，估计使用年限为 10 年。在考虑对 Marco 公司的 25% 权益投资的出价时，Investmor 会做如下投资收益预期：

预期收益（$300 000×25%）	$75 000
专利摊销（$200 000×25%÷10 年）	(5 000)
预期的每年投资收益	70 000

Investmor 公司要求这类投资第一年的报酬率（税前）为 20%。因此，为了满足第一年的报酬率意味着最大价格是 350 000 美元（70 000÷20%）。如果这些股票是公开交易的（企业是价格接受者），这样的收益预期可以为企业提供建议，使其等到股票价格在一定水平时再购买股票。

1.6.4 权益法的缺点

自从《会计准则委员会意见第 18 号》出台以来，在过去几十年里，成千上万的企业采用权益法核算投资。然而，最近权益法也遭到了以下批评：

- 在判断是重大影响能力还是控制时，过分强调20%～50%的股权比例；
- 允许表外融资；
- 是潜在的扭曲业绩指标。

权益法的适用标准认为，20%～50%的发行在外表决权股份表明对被投资单位有重大影响的能力而非控制。但在没有达到50%所有权比例的情况下，一些企业是否能对被投资单位实施控制呢？很显然，如果一个企业控制另一个企业，合并财务报表法才是合适的报告投资方法。然而，这些年来，虽然拥有少于50%表决权股份，企业学会了利用其他方法来控制另一个企业。比如，通过公司间的合同，若未获得投资企业的准许，被投资企业的行为受到限制。这样的合同控制可以在诸如债务安排、长期销售和购买合同以及有关董事会成员的协议等情况中出现。所以，控制可以通过各种合同安排来实现。然而，出于财务报告的需要，如果所有权比例为50%或更少时，企业可能辩解说控制能力并不存在。

与合并财务报表法相比，在采用权益法时，被投资单位的资产和负债不会与投资者的相关账户合并。相反，投资者的资产负债表单独列示投资项目的数额，而利润表单独列示从被投资单位中取得的投资收益数额。如果合并，被投资单位的资产、负债、收入和费用与投资者相应的账户合并体现在一份财务报表上。

因此，对那些想要操纵资产负债表数据的公司，权益法提供了一个很好的途径。通过将股权比例控制在50%以下，公司可以在理论上使投资满足采用权益法使用标准，而将被投资单位的资产和负债排除在表外。于是，相对合并而言，采用权益法的企业将报告更低的资产和负债价值。因此，其资产和销售就有更高的回报率以及更低的债务对权益比率。举个例子，《会计视野》对可口可乐采用权益法做了如下讨论：

> 即使在今天，如果可口可乐公司将其拥有超过40%发行在外表决权股票的权益投资进行合并，它的总负债将会增加300%，债务对权益比率也由原来的1.24上升至4.79。媒体报道显示，债务评级机构是在合并的假设下计算可口可乐的每股负债情况的。①

从表面上看，企业似乎可以通过将投资比例维持在50%以下来避免资产负债表中对负债的披露。然而，《会计准则委员会意见第18号》要求“适当地总结被投资单位的资产、负债和经营成果，单独或按组披露在附注中或单独报告中”。因此，权益法下可能取得合并法下不单独提供的补充资料。不管怎样，一些公司还是存在以财务报表项目的比率为基础的合同条款（如债务契约、管理层薪酬协议）。满足这类合同条款使管理者有动机尽量使投资保持在适用权益法的规定范围内，以避免完全的合并报表法。

1.7 权益法核算的投资可选择采用公允价值核算

2007年2月，FASB公布了*SFAS 159*“金融资产和金融负债选择用公允价值计量”，该公告给出了公允价值选择：对某些金融资产和金融负债，企业能不可撤销地选择公允价值作为其初始或后续计量属性。在该公允价值选择下，特定金融项目的公

① A. Hartgraves and G. Benston，“特殊目的的实体和合并的会计准则演变”，载《会计视野》，2002年9月。

允价值变动反映在损益中。在众多可以被选择采用公允价值来计量的金融资产中，原先使用权益法核算的投资就是其一。*SFAS 159*（第3段d部分）强调在财务报告使用公允价值：

财务会计准则委员会认为，金融资产和金融负债的公允价值属性比成本或以成本为基础的计量属性能提供更加相关且可理解的信息。特别是，委员会认为，在评价一个企业当前财务状况时，由于公允价值反映与企业金融工具等价的流动资金量而不是过去交易的成本，公允价值属性比成本属性对财务报告使用者更有用。委员会也相信，随着时间推移，在评价企业的财务状况时历史成本变得无关。

采用权益法核算的企业，可以选择转换成采用公允价值核算投资。然而，这种选择是不可撤销的，企业不能再转回使用权益法。在公允价值选择下，企业将投资的公允价值作为资产，公允价值的任何变动反映在损益中。虽然没有明确表述，从被投资单位中取得的股利也应包括在损益中。由于股利分配降低了投资的公允价值，从股利中取得的收入增加被投资公允价值的降低所抵销。

除了在财务报告中越来越强调使用公允价值外，资产负债表中各个项目之间计量一致性的需要也促进了公允价值选择。特别是当一些项目基于成本属性而另外一些基于公允价值属性时，上述公允价值选择可以限制利润表中收益的波动性。正如*SFAS 159*（第A3段a部分）所述：

公允价值选择能使企业减少由于报告相关的金融资产和金融负债采用不同计量属性而产生的收益波动性。GAAP在美国使用混合计量属性不能反映企业活动的经济实质。

小　结

1. 对投资采用权益法核算反映了投资者和被投资单位之间的密切关系。更具体地说，一旦投资者对被投资单位的经营和财务决策实施具有重大影响能力时，权益法就适用了。重大影响能力存在通常意味着投资者拥有被投资单位20% ~50%的所有权比例。然而，不管所有权比例是多少，会计人员还要考虑各种情形来判断是否拥有此能力。

2. 为了反映公司间的关系，权益法要求投资者在被投资单位取得收益时就确认投资收益。在记录利润或损失时，投资者要将非经常性损益以及前期调整单独列示以突出其非持续性。现金股利减少了被投资单位的所有者权益，因此，投资者在收到现金股利时要减少投资账户的余额。

3. 在取得投资时，投资者通常要支付超过被投资单位账面价值份额的价款。在会计核算中，这些超额支付必须分配到具体的资产或负债项目上（如土地、建筑物）或者作为商誉分配到无形资产中。然后投资者在这些资产和负债的使用寿命内摊销超额支付（分配给土地和商誉的除外）。摊销将减少报告的投资收益数额。

4. 如果投资者出售其投资的全部或一部分，权益法还要一直使用到处理日为止。利得或损失是根据当时调整的账面价值计算出来的。剩余的股份根据投资者对被投资的影响能力决定使用权益法还是公允价值法。

5. 存货（或其他资产）可以在投资单位和被投资单位之间转移。由于两公司间的关系，投资收益可能因为包含在这些内部转移的部分利润中推迟确认而减少了投资收益，这部分利润要在这些货物出售给第三方或耗用完才能确认。因此，年末存货的内部交易利润减少了当年确认的投资收益，尽管这种影响会在以后年度中消除。

综合讲解题

A 部分：2008 年 1 月 1 日，Big 公司以 70 000 美元获得 Little 公司 10% 的股权，当天，Little 公司的账面价值为 600 000 美元，其中尚能使用 5 年的设备账面价值被低估了 100 000 美元，Little 公司的股权被几个投资者集中持有，且只是偶尔进行交易。由于公允价值不可持续获得，该项投资只能以成本核算。

2009 年 1 月 1 日，Big 公司又以 264 000 美元另外取得 Little 公司 30% 的股权，再次购买使得 Big 公司对 Little 公司拥有实施重大影响的能力，因此 Big 公司转而采用权益法核算该项投资。此交易发生时，Little 公司的设备还能使用 4 年，账面价值被低估了 80 000 美元。

在这两年里，Little 公司的经营成果如下：

年度	净利润	支付的现金股利
2008	$ 210 000	$ 110 000
2009	250 000	100 000

其他信息：

- 现金股利总是在每年的 7 月 1 日支付；
- 所有商誉都被视为使用寿命不确定。

要求

a. 2008 年 Big 公司报告的收益是多少？

b. 在 2008 年与 2009 年的比较财务报表中，Big 公司投资账户报告的数额是多少？

B 部分（接着 A 部分）：2010 年，Little 公司报告了 400 000 美元从日常经营活动中取得的收益以及 60 000 美元非经常性收益。同时，当年支付了 120 000 美元的股利。在本会计年度，Big 公司将成本为 80 000 美元的存货以 100 000 美元转移给 Little 公司。到 2010 年年末为止，Little 公司仍持有这部分存货的 30%。整个期间 Big 公司始终持有 Little 公司 40% 的股权。

要求

编制 Big 公司 2010 年的所有分录。

答案

A 部分：

a. 2008 年，Big 公司以成本核算其对 Little 公司的投资。由于 Big 公司仅持有 Little 公司的 10% 的股权，显然对其不具有重大影响的能力。由于 Little 公司股票不是活跃交易的，其公允价值不能持续取得从而投资账户始终以成本计价。因此，初始投资当年 Big 公司只将收到的股利 11 000 美元（110 000×10%）作为收益进行报告。

b. 为了使比较财务报表具有一致性，转换为权益法时应进行追溯调整。因此，当 2009 年 1 月 1 日取得对 Little 公司实施重大影响的能力时，Big 公司 2008 年和 2009

年的财务报表都必须采用权益法核算。

首先，Big 公司对其初始投资进行估价，以判断采用权益法时是否需要确认商誉或者资产增值。

2008 年 1 月 1 日取得 10% 表决权股份时	
投资者支付价款	$ 70 000
取得的被投资单位的账面价值份额（600 000 美元×10%）	60 000
支付的价款超过账面价值份额的部分	10 000
超额部分分配给具体资产	
设备（100 000 美元×10%）	10 000
超额部分未能分配给具体资产的数额——商誉	0

如上所述，10 000 美元的超额支付被确认为设备的低估价值。当时该设备尚可使用 5 年，因此，投资者每年应确认的摊销费用为 2 000 美元。

在 Big 公司第二次购买股权时，同样采用类似的计算方法。

2009 年 1 月 1 日取得 30% 表决权股份时	
投资者支付价款	$ 264 000
取得的被投资单位的账面价值×份额（700 000 美元×30%）	210 000
支付的价款超过账面价值份额的部分	54 000
超额部分分配给具体资产	
设备（80 000 美元×30%）	24 000
超额部分未能分配给具体资产的数额——商誉	$ 30 000

* Little 公司 2009 年 1 月 1 日的账面价值等于上一年的账面价值 600 000 美元加上 2008 年的净利润 210 000 美元，减去其支付的股利 110 000 美元。

在第二次购买中，24 000 美元被分配给设备而 30 000 美元被分配给商誉。由于该设备还剩下 4 年使用寿命，每年摊销费用为 6 000 美元（24 000/4）。

在 2009 年 1 月 1 日再次买进股权后，应对 Big 公司 2008 年的财务记录进行追溯调整，视同权益法在初始投资取得时就被采用一样。

财务报告——2008 年	
投资收益（利润表）	
Little 公司报告的收益	$ 210 000
Big 公司的所有权比例	10%
2008 年确认	$ 21 000
减：设备摊销（第一次购买）	(2 000)
投资收益——2008 年	$ 19 000
对 Little 公司的投资（资产负债表）	
初始投资成本	$ 70 000
2008 年投资收益	19 000
减：收到的股利（110 000 美元×10%）	(11 000)
对 Little 公司的投资——12/31/2008	$ 78 000

财务报告——2009 年		
投资收益（利润表）		
Little 公司报告的收益	$ 250 000	
Big 公司的所有权比例	40%	
Big 公司享有的收益	$ 100 000	
减：摊销费用：		
设备（第一次购买）	(2 000)	
设备（第二次购买）	(6 000)	
投资收益——2009 年	$ 92 000	
对 Little 公司的投资（资产负债表）		
账面价值——12/31/2008（由上转入）	$ 78 000	
2009 年并购成本	264 000	
投资收益（由上转入）	92 000	
减：收到的股利（100 000 美元×40%）	(40 000)	
对 Little 公司的投资——12/31/2009	$ 394 000	

B 部分：

2010 年 7 月 1 日，Big 公司收到 Little 公司的股利 48 000 美元（40%×120 000），根据权益法，收到的股利应减少投资账户的账面价值。

	借	贷
现金	48 000	
对 Little 公司的投资		48 000

报告 2010 年从被投资单位收到的股利。

直到 2010 年年末，Big 公司没有作与该投资相关的任何其他分录。2010 年年末，公司进行了收益的确认与摊销的调整（费用的计算见 A 部分），被投资单位持续经营收益与非经常性收益应分开报告。

	借	贷
对 Little 公司的投资	184 000	
投资收益		160 000
非经常性收益		24 000

基于 40% 的股权报告被投资单位 400 000 美元经营性收益和 60 000 美元非经常性收益。

	借	贷
投资收益	8 000	
对 Little 公司的投资		8 000

报告超额支付分摊到设备上的年度摊销（2 000 美元来自第一次购买，6 000 美元来自第二次购买）。

2010 年 Big 公司还需要再作一个分录。发生了公司之间内部销售且 Little 公司还持有部分存货。因此，未实现的收益必须推迟确认。该销售的毛利率为 20%（20 000/100 000 美元），由于被投资单位仍然持有 30 000 美元存货，相关的总毛利为6 000美元（30 000×20%）。然而，Big 公司拥有 Little 公司 40% 的股份，因此内部交易未实现利润为 2 400 美元（6 000×40%）。这个数额应予以推迟确认，直到 Little 公司后来将其全部消耗或者出售给无关的第三方。

	借	贷
投资收益	2 400	
对 Little 公司的投资		2 400

推迟确认未实现的内部交易利润。

问答题

1. 一个企业对另一个企业拥有相当大的一笔投资，如何判断投资者是否应以权益法核算该投资？

2. 怎样判断投资者对被投资单位的决策过程实施重大影响的能力？

3. 为什么收到股利时，权益法下将其作为投资的减项而不是确认投资收益？

4. Jones 公司拥有 Sandridge 公司 25% 发行在外表决权股份，在什么情况下，Jones 公司可能不采用权益法核算该投资？

5. Smith 公司投资 Watts 公司已经有很多年了，这项投资一直采用权益法核算，什么交易能使 Smith 改变其对 Watts 公司投资的核算方法？

6. 虽然权益法是一个公认会计原则，投资收益的确认方法一直受到批判。权益法反对者的理论依据是什么？存在什么样的管理者动机能够影响到企业的投资比例决策？

7. 由于再次购买被投资单位的股份，投资者可以选择从公允价值法转换成采用权益法核算投资，这一转换的程序有哪些？

8. Riggins 公司采用权益法核算其在 Bostic 公司的投资，在过去的一年里，Bostic 公司在利润表中报告了非经常性收益。这一非经常性项目如何影响投资者的财务报表？

9. 本年，Davis 公司的普通股遭遇了重大减值。过去，Davis 公司销售大量产品给其中一个客户，最近，该客户宣布不再从 Davis 公司进货，这一行为导致了 Davis 公司股票市场价值减值。Hawkins 拥有 Davis 公司 35% 的股权，以权益法核算。这项减值如何影响投资者的财务报告？

10. 由于预期 Andrews 公司开发新产品市场时会失败，Wilson 公司以折价买入 Andrews 公司 40% 的股权。Wilson 公司只支付了 100 000 美元，而 Andrews 公司的账面价值高得多。在合并后一年，Andrews 公司亏损了 300 000 美元。采用权益法核算，Wilson 公司应如何处理？

11. 在采用权益法核算的投资中，经常将部分购买价格分配给商誉或某项具体资产或负债。如何确认这项账户的价值？这些账户如何进行后续计量？

12. Princeton 持有 Yale 公司 40% 发行在外表决权股份，当年 6 月 19 日，Princeton 将部分股权转让，当日如何进行会计处理？之后又如何？

13. 顺销和逆销有何区别？这一区别如何影响权益法的应用？

14. 公司之间内部交易未实现利润如何计算？如果采用权益法，未实现利润如何影响投资的报告？

15. 如果投资者采用权益法，公司之间内部交易在被投资单位个别报表中如何报告？

习　题

1. 如果投资者采用权益法核算普通股投资，那么投资者从被投资单位处收到的现金股利应当确认为(　　)。

a. 投资者应享有被投资单位利润的份额中的减少

b. 股利收入

c. 股东权益账户（分配给股东的股利）的减少

d. 投资账户的减少

2. 以下情况中，不能反映投资企业对被投资企业具有重大影响的是(　　)。

a. 重大的公司间交易

b. 投资企业拥有被投资企业 30% 的股份，但另一投资企业拥有剩余的 70%

c. 公司间的人员调动

d. 技术依赖

3. Sisk 公司拥有 Maust 公司 10% 的股份。这一所有权使得 Sisk 公司对 Maust 公司不具有重大影响。最近，Sisk 公司又取得 Maust 公司 30% 的股份，并采用权益法核算。那么投资者应当如何记录该项变动？(　　)

a. 在利润表中反映该项变动的整体影响

b. 不记录该项变动；从新的合并日开始采用权益法

c. 采用权益法追溯调整，对以前年度进行重述

d. Sisk 公司有权选择用以反映该项变动的方法

4. 1 月 1 日，Puckett 公司以 1 600 000 美元购得 Harrison 公司 50 000 股普通股，占 Harrison 公司股份的 40%。没有对商誉或其他特定账户进行分配。该合并使得 Puckett 公司对 Harrsion 公司具有重大影响，因此 Puckett 公司适用权益法。Harrison 公司当年分配的每股股利为 2 美元，报告净收益 560 000 美元。12 月 31 日，在 Puckett 公司的财务报告中记录的对 Harrison 公司的投资为多少？(　　)

a. 1 724 000 美元　　b. 1 784 000 美元

c. 1 844 000 美元　　d. 1 884 000 美元

5. 2008 年 1 月，Wilkinson 公司以 700 000 美元获取 Bremm 公司 20% 的发行在外普通股股份。该投资使得 Wilkinson 公司对 Bremm 公司具有重大影响。合并日，Bremm 公司所记录的资产为 3 900 000 美元，负债为 900 000 美元。任何超出投资账面价值的成本将分配到剩余使用年限为 10 年的专利权中。

2008 年，Bremm 公司报告净收益为 170 000 美元。2009 年，Bremm 公司报告净收益为 210 000 美元。两年分配的股利均为 70 000 美元。2009 年 12 月 31 日，采用权益法记录的 Wilkinson 公司对 Bremm 公司的投资为(　　)。

a. 728 000 美元　　b. 748 000 美元

c. 756 000 美元　　d. 776 000 美元

6. 1 月 1 日 Ace 公司以 500 000 美元购买 Baskett 公司的股份。尽管 Ace 公司没有利用该权利，但其对 Baskett 公司的经营和财务政策具有重大影响。在合并日，Baskett 公司记录的资产为 1 400 000 美元，负债为 500 000 美元。在 Baskett 公司账上，一栋楼房（使用年限为 7 年）的账面价值被低估了 14 000 美元。同时，一个商标（使用年限为 10 年）的账面价值被低估了 210 000 美元。当年，Baskett 公司报告的净收益为 90 000 美元，支付股利为 30 000 美元。采用权益法，12 月 31 日记录在 Ace 公司财务报告上对 Baskett 公司的投资为(　　)。

a. 504 000 美元　　b. 507 600 美元

c. 513 900 美元　　d. 516 000 美元

7. Goldman 公司每年报告的净收益为 140 000 美元，同时每年支付现金股利 50 000美元。2008 年 1 月 1 日，该公司持有净资产 1 200 000 美元。当日，Wallace 公司以 600 000 美元购买其 40% 的发行在外的普通股，从而对 Goldman 公司具有重大影响。在购买日，Wallace 公司支付的超过其持有 Goldman 公司账面价值份额的成本将分配到商誉。采用权益法，2010 年 12 月 31 日记录在 Wallace 公司财务报告上的对 Goldman 公司的投资为(　　)。

a. 600 000 美元　　b. 660 000 美元

c. 690 000 美元　　d. 708 000 美元

8. Perez 公司持有 Senior 公司 25% 的股份，采用权益法进行记录。在 2009 年，Perez 公司向 Senior 公司出售商品，毛利率为 40%。Senior 公司当年将所有商品对外出售。在 2009 年的利润表上，Perez 公司将如何报告该项公司间销售带来的影响？(　　)

a. 商品销售的收入及成本应当扣除公司间销售额

b. 商品销售的收入及成本应当扣除 25% 的公司间销售额

c. 投资收益应当扣除 25% 的公司间销售毛利润

d. 无需调整

9. Panner 公司拥有 30% Watkins 公司的股份，适用权益法。当年，Panner 公司购买成本为 54 000 美元的存货，并以 90 000 美元的价格出售给 Watkins 公司。年末，Watkins 公司仍持有 20 000 美元的商品。采用权益法，Panner 公司在报告该投资时推迟确认的毛利润为(　　)。

a. 2 400 美元　　b. 4 800 美元

c. 8 000 美元　　d. 10 800 美元

10. 2008 年 1 月 1 日，Alex 公司以 530 000 美元购买 Steinbart 公司 40% 的股份，采用权益法进行记录。当日，Steinbart 公司的净资产为 1 200 000 美元。任何超过账面价值的成本将分配到剩余使用年限为 20 年的商标权中。Steinbart 公司对 Alex 公司出售的存货记录如下：

年份	Steinbart 的成本	转移价格	Alex 公司年末持有的数量（以转移价格计量）
2008	$ 70 000	$ 100 000	$ 25 000
2009	96 000	150 000	45 000

每年年末 Alex 公司持有的存货在下一年年初出售。

Steinbart 公司 2008 年报告净收益为 80 000 美元，2009 年报告净收益为 11 000 美元，每年均支付 30 000 美元的股利。2009 年，Alex 公司从 Steinbart 公司处取得的投资收益为(　　)。

a. 34 050 美元　　b. 38 020 美元

c. 46 230 美元　　d. 51 450 美元

11. 2009 年 1 月 3 日，Haskins 公司以 990 000 美元取得 Clem 公司 40% 的发行在

外普通股，使得 Haskins 公司能够对被投资单位产生重大影响。所获得股份的账面价值是 790 000 美元。超过账面价值的额外支付分配到专利权中，而这一专利权在 Clem 公司的资产负债表中被低估了。该专利权尚有 10 年的有效期。在 2009 年 12 月 31 日，Clem 公司报告其净利润是 260 000 美元，分发的现金股利是 80 000 美元。在 2009 年 12 月 31 日，Haskins 公司在权益法下应该如何报告其作为对 Clem 公司的投资？

12. 2008 年 1 月 1 日，Alison 公司以 60 000 美元取得 Holister 公司 40% 的股份。被投资资产的账面价值为 200 000 美元，负债的账面价值为 75 000 美元，其持有的一项账面价值为 5 000 美元的专利实际价值 20 000 美元，这项专利尚有 6 年使用期。其他与此项合并有关的成本确认为商誉。2008 年，被投资单位实现利润 30 000 美元，并分配股利 10 000 美元。2009 年，实现利润 50 000 美元，并分配股利 15 000 美元。

假设 Alison 公司拥有对 Holister 公司产生重大影响的能力，采用权益法核算该项投资。2009 年 12 月 31 日，Alison 公司的报表中对 Holister 公司的投资余额是多少？

13. 2009 年 1 月 1 日，Ruark 公司以 210 000 美元获得 Batson 公司 40% 的股权。同日，Batson 公司披露的资产负债表中净资产数量是 360 000 美元。2009 年，Batson 报告的净利润是 80 000 美元，分发的现金股利是 25 000 美元。2009 年 Ruark 公司将成本为 30 000 美元的存货以 40 000 美元的价格出售给 Batson 公司。Batson 公司在 2009 年的经营中耗用了所有这些存货。权益法下，请编写 Ruark 公司这一投资的日记账分录。

14. 2008 年 1 月 1 日，Waters 公司以 210 000 美元取得 Denton 公司 10% 的股份，Denton 公司的账面价值为 1 700 000 美元。Denton 公司持有的土地价值被低估了 100 000美元。2008 年 Denton 公司实现净利润 240 000 美元，并支付现金股利 90 000 美元。2009 年 1 月 1 日，Waters 公司又以 600 000 美元购买了 Denton 公司 30% 的股权，Denton 公司的土地价值仍旧被低估了 120 000 美元。支付的超额成本分配至商标，第一次购买时该商标尚有 10 年的使用期，第二次购买时剩 9 年。由于公允价值无法取得，第一次购买的 10% 股份以成本计价。如今，应转换成采用权益法核算。2009 年，Denton 公司报告了 300 000 美元利润，并分配了 110 000 美元股利。

请编制 Waters 公司 2009 年与该投资有关的所有分录。

15. 2008 年，Tiberand 公司将成本为 150 000 美元的存货以 225 000 美元出售给 Schilling 公司。Schilling 公司在 2008 年转让了成本为 105 000 美元的存货，剩余部分在 2009 年中处理。假设 Tiberand 公司拥有 Schilling 公司 25% 的股权，并采用权益法，那么它在 2009 年底应如何记录分录来延缓确认未实现净利润。

16. 略。

17. 2007 年 1 月 1 日，Monroe 公司以 250 000 美元获得 Brown 公司 10 000 股股票，从而拥有 Brown 公司 10% 的股权。2008 年 1 月 1 日，Monroe 公司用 590 000 美元又获得 Brown 公司 20 000 股（20%）股票。最新的购买使得 Monroe 公司能够对 Brown 公司产生重大影响。假设在所有的并购中没有涉及商誉，并且最初 10% 的股权投资被归类为可供出售金融资产。

Brown 公司净收入和红利的报告如下。假设下面的数量在这些年份内是平稳发生的。

	净收入	现金股利（按季分发）
2007	$ 350 000	$ 100 000
2008	480 000	110 000
2009	500 000	120 000

2009 年 1 月 1 日，Monroe 公司以每股 46 美元的价格出售这一投资中的 2 000 股，因此股权比例从 30% 下降到 28%。但仍然能对 Brown 公司产生重大影响。权益法下 Monroe 公司 2009 年的收入表会显示多少数目呢？

18. Collins 公司 2008 年 1 月 1 日以 345 000 美元购买了 Merton 公司 10% 的股权，并将该投资划分为可供出售金融资产。2009 年 1 月 1 日，Collins 公司又以 580 000 美元购买了 Merton 公司 15% 的股权。这样，该项投资就应开始采用权益法核算。两个公司之间未发生其他交易。

a. 2008 年，Collins 公司应如何报告 Merton 公司实现的利润？

b. 2009 年，哪些因素影响了 Collins 公司采用权益法核算的决策？

c. 在第二次购买后，哪些因素可能使 Collins 公司不能采用权益法核算该投资？

d. 权益法核算的目的是什么？

e. 人们对权益法都有哪些批评？

f. 在 2008 年和 2009 年的比较财务报表中，Collins 公司应如何报告 2008 年其对 Merton 公司的投资所实现的收益？

g. Collins 公司的合并成本应如何分配？

h. 如果 Merton 公司支付现金股利，在权益法下，这会对 Collins 公司的财务数据产生什么影响？为什么？

i. 2009 年的财务报告中，Collins 公司对 Merton 公司的投资账户余额是多少？从 Merton 公司取得的投资收益是多少？

19. 略。

20. 几年前，Einstein 公司购买了 Brooks 公司 40% 的发行在外具有表决权的股票，采用权益法核算。在今年的 8 月 1 日，Einstein 公司出售了一部分股权。

a. Einstein 公司在 8 月 1 日应如何计算投资账户的账面价值，以判断出售股权时的损益？

b. Einstein 公司在 8 月 1 日以后应如何记录这笔投资？

c. 如果 Einstein 公司只拥有 Brooks 公司 2% 的股权，它就不会对 Brooks 公司产生重大影响，那么当年 Einstein 公司的收入表会显示多少数目呢？

d. 如果 Einstein 公司只拥有 Brooks 公司 2% 的股权，它就不会对 Brooks 公司产生重大影响，那么 Einstein 公司是否需要调整之前报告过的数据呢？

21. Russell 公司拥有 Thacker 公司 30% 发行在外的股份，对被投资单位的经营和决策能够产生重大影响。2009 年 1 月 1 日，公司的资产负债表中对 Thacker 公司的投资是 335 000 美元。与并购相关的摊销数目是每年 9 000 美元。2009 年，Thacker 公司赚得收入 90 000 美元，分发现金股利 30 000 美元。在之前的 2008 年，Thacker 公司将成本为 24 000 美元的存货以 40 000 美元出售给 Russell 公司。Russell 公司在 2008

年耗用了其中的75%，2009年用完剩余的部分。Thacker公司在2009年又将成本为28 000美元的存货出售给Russell公司，获现金50 000美元。到2010年，Russell公司使用了2009年购买存货中的40%。

a. 采用权益法，Russell公司在2009年应在对Thacker公司的股权中确认多少收入？

b. 采用权益法，2009年底Russell公司的资产负债表中对Thacker公司的投资应是多少？

22. 2008年1月1日，Ace公司以52 000美元获得Zach公司15%的股权，并将其归类为可供出售金融资产。2009年1月1日，Ace公司又以43 800美元获得Zach公司额外10%的股权。第二次购买使得Ace公司能够对Zach公司的决策产生重大影响，因此Ace公司现在采用权益法。

2008年至2009年间，Zach公司报告如下：

年度	收入	红利	市场价值
2008	$ 80 000	$ 30 000	$ 60 000
2009	100 000	40 000	117 000

每一次购买中，Ace公司把账面价值中成本的增加归因于Zach公司的选举协议，而这一协议从2008年1月1日起有10年的有效期。到2009年12月31日Zach公司报告中的净账面价值为390 000美元。

a. 在Ace公司2009年12月31日的资产负债表中其对Zach公司的投资是多少？

b. 2009年Ace公司应报告多少的股权收入？

c. 编制2009年1月1日对Zach公司的投资转换为采用权益法核算时的追溯调整分录。

23. 2007年1月1日，Anderson公司以92 000美元取得Barringer公司10%的发行在外普通股，并将其划分为可供出售金融资产。2008年1月1日，其又以210 000美元取得另外的20%股份，这使得Anderson公司具有对Barringer公司产生重大影响的能力。Barringer公司2007年1月1日的账面价值为800 000美元，当年的净利润为180 000美元，并支付了80 000美元的股利。除了一项版权外，Barringer公司的资产和负债的账面价值和公允价值相等，Anderson公司所有的超额支付都分配至版权，2007年1月1日，该版权尚有16年的使用寿命。

2008年，Barringer公司报告了净利润210 000美元，2009年净利润为230 000美元，这两年每年都发放了100 000美元的股利。Anderson公司采用权益法核算该投资。

a. 2009年，在Anderson公司的2007年和2008年比较利润表中，与Barringer公司有关的收益是多少？

b. 如果2010年1月1日Anderson公司将其对Barringer公司的所有投资以400 000美元出售，这将对Anderson公司的收益产生什么影响？

c. 假设Anderson公司2008年和2009年对Barringer公司的存货销售情况如下，则Anderson公司2009年确认的投资收益是多少？

年度	Anderson 公司的成本	销售给 Barringer 公司的价格	年末余额（基于售价）
2008	$ 35 000	$ 50 000	$ 20 000（将在下一年售出）
2009	33 000	60 000	40 000（将在下一年售出）

24. 2007 年 10 月 1 日，Smith 公司以 7 475 美元购买了 Barker 公司 5% 的发行在外股份；2008 年 7 月 1 日，Smith 公司又以 14 900 美元购入了 Barker 公司 10% 的股份。这两笔投资都被划分为可供出售金融资产。2009 年 12 月 31 日，Smith 公司又以 34 200美元取得 Barker 公司 20% 股权。至此，取得对 Barker 公司实施重大影响的能力，从而采用权益法核算。

Barker 公司 2007 年 1 月 1 日的账面价值为 100 000 美元，其 2007—2009 年的有关信息如下表。假设所有的收益在年度内均匀地取得，且每个季度末支付年度股利的 1/4。

年度	报告的利润	股利
2007	$ 20 000	$ 8 000
2008	30 000	16 000
2009	24 000	9 000

25. Hobson 公司在 2008 年 1 月 1 日用现金 210 000 美元获得 Stokes 公司 40% 发行在外的具有表决权的股票。Stokes 公司当日净资产的账面价值是 400 000 美元，其中账面价值为 60 000 美元的建筑的真实价值为 100 000 美元。这幢建筑尚有 10 年的使用寿命。Stokes 公司还拥有一份在 20 年内价值被低估 85 000 美元的特许权使用协议。

Stokes 公司在 2008 年将成本为 60 000 美元的存货以 90 000 美元的价格出售给 Hobson 公司。Hobson 公司在 2008 年 12 月 31 日仍拥有价值 15 000 美元（交易价格）的存货。这些商品将在 2009 年被出售给第三方。

Stokes 公司在 2008 年报告损失 60 000 美元，其中 40 000 美元来自持续经营损失，20 000 美元来自非经常性损失。而公司在这年仍然能够分发 10 000 美元的现金股利。

2009 年，Stokes 公司报告中净收入是 40 000 美元，分发现金股利 12 000 美元。在这期间，它又将价值为 80 000 美元的存货出售给 Hobson 公司，存货的初始成本是 50 000 美元。在 2009 会计年度末，70% 的存货被交易给非关联的第三方。

假设采用权益法，编制 2008 年和 2009 年 Hobson 公司与此投资相关的分录。

26. Penston 公司拥有 Scranton 公司 40%（40 000 股）的股权，它是几年前用 182 000美元购买获得的。采用权益法核算，2009 年 1 月 1 日投资的账面价值是 248 000美元。每年确认的额外专利成本摊销额为 12 000 美元。2009 年，Scranton 公司报告的净收入是 200 000 美元，其中全年的经营收入是 320 000 美元，10 月 1 日的非经常性损失是 120 000 美元。当年没有分发股利。Penston 公司在 2009 年 8 月 1 日出售 8 000 份股票获得现金 94 000 美元。但是，Penston 公司仍能对被投资公司产生重大影响。

2008 年的最后一个季度，Penston 公司出售价值为 50 000 美元（购买时的初始成本仅为 30 000 美元）的存货给 Scranton 公司。在当年的会计年度末，Scranton 公司持有价值为9 000美元（以交易价格）的这种存货，最后这些存货在2009年的第一季度被出售。

在Penston公司2009年12月31日财务报表中，对Scranton公司的所有权对收入会产生什么影响?

27. 略。

28. 2007年1月1日Plano公司以192 000美元取得Sumter公司8%（16 000份）的发行在外的具有表决权的股票，这一资金相当于Sumter公司的账面价值及公允价值。Sumter公司在每年9月15日分发100 000美元的现金股利给它的投资者。Sumter公司2007年报告中的净收入是300 000美元，2008年是360 000美元，2009年是400 000美元，2010年是380 000美元。每年的收入金额假设在各个年度中是平稳发生的。此外，这16 000股股票的公允价值是不确定的，因此投资仍存在风险。

2009年1月1日，Plano公司以现金965 750美元获得Sumter公司额外32%（64 000股）的股权，并开始采用权益法。这个价格包含着大于Sumter公司净资产账面价值的50 550美元额外支付。Plano公司之所以愿意付出额外的支付，是因为Sumter公司拥有一个15年有效期的最近发明的专利。Sumter公司其他所有的资产账面价值都被认为是公允的。

2010年7月1日，Plano公司用现金425 000美元获得Sumter公司10%（20 000股）的发行在外的股票。虽然它出售了这一股权，Plano公司仍能对Sumter公司的决策产生重大影响。假设Plano公司使用加权平均成本系统。

编制Plano公司2007年到2010年的分录。

29. 略。

第 2 章　合并财务报表

编制并提供给股东、债权人和其他利益相关者的财务报告，看起来只反映某个企业的经营和财务状况。实际上，这些财务报告反映的经常是许多独立组织通过共同控制（企业合并）而紧密联系所形成的实体。只要财务报表不只基于一个公司，我们就称之为合并财务报表。

母公司	企业合并
子公司	

合并财务报表在当今商业世界中非常普遍。多数大公司、许多小公司都控制着一些其他公司。举个例子，从 2000 年到 2007 年，思科公司报告了 60 起合并事项，现在这些子公司都纳入其合并财务报表范围。另一个例子，百事可乐公司每年都将大量公司的数据合并成一份财务报表。通过获取这些公司（通常称为子公司）的控制权——包括纯品康纳公司和菲多利公司——百事可乐公司（母公司）成为一个企业合并主体和独立的报告实体。

在会计核算程序中，合并财务报表是最复杂的程序之一。完全领会这个程序需要理解企业合并暗含的理论逻辑。并且，为了完成对单一实体进行适当的会计核算，必须掌握一系列的程序步骤。本章内容介绍合并过程的这两个方面。

在过去的几年中，企业合并的财务报告问题经历了数次变化。2007 年 12 月，FASB 发布了对企业合并的会计处理产生重大影响的以下声明：

- *SFAS 141R*“企业合并”（取代 *SFAS 141*）
- *SFAS 160*“非控制性权益与合并财务报表”（取代《会计研究公告第 51 号》）

SFAS 141R 和 *SFAS 160* 涉及了企业合并中的公允价值计量属性，这也反映出 FASB 认为公允价值是评价企业活动的有效度量。以前，*SFAS 141* 和其他准则都采用历史成本原则计量和报告企业合并对财务的影响。从历史成本模式到公允价值模式的这一转变将导致对企业合并的会计计量和报告发生重大改变。这些改变体现为新的并购法（*acquisition method*），代替之前要求的购买法(*purchase method*)。

除少数例外情况外，那些发生在 2008 年 12 月 15 日之后的企业合并，将按上述声明中的规定处理。因此对大多数公司而言，新的规定将在 2009 年的财务报告中第一次实施。FASB *Interpretation No. 46R*（2003 年 12 月修订）“变动利益实体（Variable Interest Entities）合并”是对 *ARB51*（*FIN 46R*）的解释，它陈述了企业合并会计核算的进一步变化。对于不是通过持有表决权股份，而是通过与在被投资单位中拥有财务利益的多方签订治理协议和合同安排等来获得控制权的企业合并，*FIN 46R* 提供了解决办法。我们把这种实体放在本章的控制性权益问题中讨论。之后，第 6 章，我们将介绍更多有关 *FIN 46R* 的内容。

在本章中，我们首先讨论通过企业合并而进行的扩张问题，并概括一下企业合并程序。接着，我们会介绍并购法，处理 *SFAS 141* 关注的合并方取得被合并方全部股份的企业合并问题。最后，我们单独对购买法和权益结合法进行介绍。

2.1 通过企业合并而进行的扩张问题

2.1.1 企业合并的原因

两个或更多企业合并成一个单独实体进行共同管理和所有权控制是一种普遍的经济现象。最近几十年来，美国和全世界都经历了大量的企业兼并或接管，从而一个企业对另一个企业实现控制。根据汤姆逊金融（Thomson Financial）公司的统计，2006年全球发生的企业合并超过34 785起，合并金额超过35 000亿美元，如图表2—1所示。最近合并的数量仍在增加。

图表2—1 **最近著名的企业合并**

合并方	目标企业	成交价（10亿美元）
AT&T	BellSouth	$67.0
J. P. Morgan Chase	Bank One	58.8
Procter & Gamble	Gillette	53.4
Sprint	Nextel	35.2
Wachovia Bank	Golden West Financial	25.5
Walt Disney	Pixar	7.4
Adidas	Reebok	3.8
Adobe Systems	Macromedia	3.4
Verizon	MCI	8.5
Google	YouTube	1.6

与其他任何经济活动一样，企业合并也是最大化股东价值总体管理战略的一部分。作为企业的所有者，股东通过雇用管理者来配置企业资源以使企业价值不断上升。这样，所有者就能得到投资回报。成功的企业通过股票价值增值来获得大量利益。同时，成功的企业管理者也通过工资等形式得到不少利益，尤其是当他们的薪酬合同有一部分是基于股票的市场表现时。

如果商业活动的目的是最大化企业价值，那么企业合并是如何有助于实现这一目标呢？显而易见，许多企业朝着合并的方向发展的目的在于，企业合并是企业成长和提高竞争力的一种战略。在当今市场中，企业规模的大小明显越来越关键。如果大型企业能更有效地提供商品和服务，它们就能在竞争中获得有利地位，并为所有者赚取更多的利润。企业规模的扩大能通过销售量的增加获得更多利润，即使单位产品利润空间较小（价格低更具竞争力）。例如，如果能够合并一体化产品的生产和销售，就可以有效地协调原材料的购买、加工和运输，从而节约大量成本。比如，福特汽车公司对赫兹租车公司（其最大的客户之一）的兼并不仅保证了对福特汽车的需求，而且使其能更紧密地将汽车租赁业务的生产与需求相协调。此外，重复性工作的减少也能带来成本节约，如数据处理和市场营销，企业合并可以使企业集团比过去分离的母公司和子公司更具盈利能力。

虽然每一起合并事项的情况都不完全相同，很多企业合并都有下面一个或两个特征从而潜在地增强了企业的盈利能力：

- 使企业的产品与另一个企业的销售或进一步加工实现纵向一体化；
- 通过减少冗繁的设备和员工来节约成本；
- 使新老产品快速进入国内、国外市场；
- 通过规模经济效应提高企业的效率，同时增强企业的谈判力量；
- 使企业能以更优惠的利率融资。随着企业规模扩大，与金融机构的谈判能力也随之增强；
- 经营风险的分散化。

企业合并还源于很多企业寻求可持续性扩张，通常是经营多样化。对不同行业的企业实施控制一直是许多公司（有时称为集团公司）几十年来采用的战略。母公司可以不用购置设备、开发产品、培训管理层或者开发市场知名度就可以立即进入一个新的行业。很多公司已经运用这个策略产生巨大的盈利部门。但是，也有些公司发现管理一个多样化的企业集团并非易事。甚至，本来能产生经营协同和成本节约效应的企业合并也可能因为整合不慎而失败。[①]

总之，大多企业合并的主要动机都可归于日益激烈的竞争环境。最近的三个大型企业合并提供了不同合并动机的例子：Google 和 YouTube、Procter & Gamble 和 Gillette、Sprint 和 Nextel。下面作简短介绍：

2.1.2 Google 和 YouTube

2006 年 10 月 9 日，Google 宣布了其有史以来最大的收购计划，收购对象是备受欢迎的消费者媒体视频共享网站——YouTube。该收购以价值 16.5 亿美元的股票交换实现。Google 打算将 YouTube 作为独立的经营单位并保持其商标。[②] 许多人认为，Google 这一举动是为了在新兴技术领域占领先地位，因为包括微软和雅虎这样的大企业也曾经表示了对 YouTube 的兴趣。雅虎最近收购了社会关系网 Facebook.com，News Corp 收购了 MySpace.com 都可能促进了 Google 对 YouTube 的兴趣。

2005 年 2 月成立以来，YouTube 迅速成为互联网视频市场中最杰出的企业之一。然而，截至并购日，它还几乎没有盈利。将市场爆发力强的 YouTube 与互联网行业最强大的公司之一合并，Google 希望通过更有效的管理模式实现 YouTube 的潜在盈利。例如，Google 计划大幅提高 YouTube 的广告力度，这是 YouTube 之前的所有者不能做到的。前任所有者力所不及而 Google 能够帮助 YouTube 解决的另一个难题在于：由于侵占版权而引发的一系列法律问题。此外，Google 希望其知名度可以为 YouTube 带来更高的信任度，从而吸引更多新顾客。

---

① Mark Sirower, "What Acquiring Minds Need to Know," *The Wall Street Journal—Manager's Journal* Feb. 22 1999.

② "Google to Acquire YouTube for $1.65 Billion in Stock," Press Release, October 9, 2006 Mountain View, CA.

这项收购反映了企业成长和战略的一个普遍现象：资深的网络公司收购刚起步的公司。正如 Google 对 YouTube 的例子，这样的收购对双方都有益处。YouTube 需要有经验的、精明的所有者来使利润最大化，而 Google 需要在网络视频行业保持领先地位。像 Google、雅虎和微软这样的公司，它们已经进行了许多并购，并且还将继续通过收购小公司以保持其竞争优势。市场对这一收购消息的反应是正面的，因为 Google 的股价在合并宣告后一周内上升了 8.5 美元。①

2.1.3 Procter & Gamble 和 Gillette

2005 年 10 月 1 日，Procter & Gamble（P&G）宣布以大约 570 亿美元完成对 Gillette 公司的收购，这是其至今为止最大的收购。根据协议，P&G 将会针对 Gillette 的每股发行 0.975 股普通股作为对价。P&G 和 Gillette 都制造和销售一系列消费产品，包括个人护理产品、家庭清洁用品和食品。在交易之前，Gillette 和 P&G 分别在多于 30 个和 80 个国家经营。P&G 在开发、制造以及分销旗舰品牌方面具有专业特长，其中 16 项品牌每项创造销售额都超过 10 亿美元。而对 Gillette 的兼并将增加 5 个这样的品牌。②

P&G 计划利用扩大的规模加速新产品和现存产品的市场推广。P&G 的国际化经营包括在诸如中国、俄罗斯、墨西哥和土耳其等发展中国家的市场和零售网络。通过利用 Gillette 已有的产品市场和零售能力，P&G 期望 Gillette 多种产品的销售量有所增长。通过企业合并，P&G 希望实现规模经济效应，包括与广播公司和其他媒体谈判争取更高广告价值的能力及与供应商的议价能力。③

最后，由于 P&G 和 Gillette 之前都是经营消费产品的公司，它们具有很多相似的商业功能。通过减少重复成本和创造其他效率可以实现协同效应。具体地说，P&G 在报纸上发布这项合并时说："预期招聘人员将会减少大约 6 000 人，或者减少总劳动力 140 000 中的 4%。这些节约大多来源于消除管理层的重叠和企业行政功能的合并。"④

2.1.4 Sprint and Nextel

2005 年 8 月，Sprint 公司宣布以 350 亿美元兼并 Nextel Communication，Inc.，此合并只是无线通讯行业一系列合并活动中的最新案例。很多人认为，Sprint 对 Nextel 的兼并是对其他国内大型无线公司最近竞争性动向的回应。在过去的几年中，Verizon Wireless 和 Cingular 分别建立了大约 47 000 000 名和 42 000 000 名的顾客群。近来 Cingular 通过合并 ATT Wireless 扩大了其市场占有率。随着对 Nextel 公司的合并，Sprint 公司在原来约 35 000 000 名顾客群的基础上增加了 15 000 000 名客户，从而能够迅速与 Verizon Wireless 和 Cingular 争夺市场份额。

据 Sprint 所言，合并后的 Sprint Nextel 在营运和资本投资协同效应上预期节省净

---

① Associated Press, "Search Giant Google to Buy YouTube for $1.65B," October 10, 2006.
② "P&G Acquires The Gillette Company," *PR Newswire—First Call*, January 28, 2005.
③ "P&G to Buy Gillette for $57B; Stock Merger Would Link Some of the World's Best-Known Household Brands Could Spur More Deals," *CNN/Money*, *January* 28, 2005.
④ "P&G Acquires The Gillette Company," *PR Newswire—First Call*, January 28, 2005.

现值 120 亿美元。这些预期的协同作用包括以下内容：

- 通过减少网点和交换机的数量来节约营业费用；
- 通过将 Sprint 公司的技术应用到合并后的顾客群以减少资本支出；
- 通过经营成本、基础设施成本及管理费用的合并使顾客服务、制单（billing）和计算机等方面的成本支出最优化；
- 使总的销售成本和营销成本降低；
- 在设备、库存、手续及产品分销方面享受更多的折扣。①

除了成本协同，合并后的研究和开发使公司能为市场及时地提供新的通信服务，这将会最终决定企业在这个高度竞争的行业中的成败。通过企业合并，无线通信公司不仅集中了大量资金资源来开发新技术，而且将自身置于市场从而为更多顾客提供产品。例如，Sprint Nextel 合并后增强的无线多媒体、网络浏览、音乐和数据传输能力使其能与该行业中最大的无线公司竞争。②

2.2 合并程序

当两个或更多公司通过企业合并形成一个经济实体时，将财务信息合并为单独的财务报表也就十分必要了。1959 年 8 月《会计研究公告第 51 号》（*ARB 51*）“合并财务报表”（第 2 段）中陈述道：“存在这样一个假设，合并财务报表比分开的报表更有意义；而且，当一个公司对其他公司有直接或间接的控制性权益时，合并财务报表对于报告的客观公正而言也很有必要。”

大约 30 年后，这种观点在 FASB 1987 年 10 月第 94 号公告“对占有其多数股份的子公司的合并”（第 30 段）中得到重申：“当企业集团由一系列关联企业组成并且作为一个经济与财务整体进行运营时，独立公司实体（译者注：指一系列关联企业）之间的界限应当被忽略，编制合并财务报表就成为普遍的做法。”

最近，2007 年 12 月，FASB 再一次强调了合并财务报表的重要性。正如所修订的，在 *SFAS 160*（取代 *ARB 51*）“非控制性权益与合并财务报表”中，FASB 毫不犹豫地坚持（*ARB 51* 中）与合并目标和政策有关的条款，仍要求母公司将其拥有控制性权益的所有子公司纳入合并范围。

因此，在编制对外的财务报表时，报告主体超越合并界限将所有其具有控制权的公司包括进来。即使其中的一些公司可能在法律上保持着独立地位，对于外部使用者而言，合并后的财务报表所提供的信息更有意义。

为了更好地说明企业合并中编制合并财务报表的步骤，我们先解决下面三个问题：

- 企业合并是怎样形成的？
- 控制性权益由什么组成？
- 合并步骤如何进行？

① Sprint Corporation SEC Registration Statement S-4 Amendment No. 1, April 28, 2005.
② “Sprint and Nextel to Combine in Merger of Equals,” Sprint press release, December 15, 2004.

2.2.1 企业合并——产生单一经济实体

企业合并是指两个或更多组织通过共同控制而联合起来。*SFAS 141R* 对企业合并作了如下定义：

企业合并是指一个企业获得对其他一个或更多企业的控制权的交易或事项。

企业合并可以通过不同形式以多种交易实现。举例说明，以下情形尽管各自的法律形式大不相同，但都是企业合并。下列的每个例子中，都有两个或更多企业被合并成一个经济实体，从而需要编制合并财务报表。

1. 一个公司以现金、其他资产、负债、股票或者它们的组合取得另一个公司的资产，通常也包括负债，且被合并的公司通常解散。因此，只有合并企业仍然存在，并且直接吸收了被合并企业的净资产。法律上将这种只有合并企业存在的企业合并称为吸收合并(*statutory merger*)。

2. 一个公司以现金、其他资产、负债、股票或者它们的组合取得另一个公司的股本。在取得控制权之后，合并企业可以决定将其所有资产和负债转移到自己的财务记录中，而解散被合并企业。① 由于法律形式上只剩下一个公司，这种合并也是吸收合并。然而，这种吸收合并是通过取得权益而不是通过购买目标公司的资产实现的。由于是购买股份，合并企业必须在解散子公司之前取得其100%的控制权。

3. 两个或更多的公司将其资产或股本转移到一个新成立的公司，原有公司都解散，只有新成立的公司存在，这种合并方式称为新设合并（*statutory consolidation*）。此处“合并”一词不能跟会计处理方法上的“合并”相混淆。会计上，“合并”指将两个或更多组织的财务记录合并编制形成一套财务报表。新设合并则指一种具体的企业合并类型，即两个或更多公司通过拥有一个新成立的公司联合起来。

4. 一个公司通过取得另一个公司大部分表决权股份而获得其法定控制权。*虽然控制权存在，公司没有解散；每个公司仍然作为单独的运营主体而存在*。举个例子，全国广播公司（NBC）在被通用电气公司合并后仍然保留其作为一个公司的法律地位。被合并企业继续作为持续经营主体而存在，能充分利用无形资产利益，因而这种合并更受欢迎。当子公司保留其自身的法律地位时，就能更好地利用诸如许可证、商标、员工忠诚度以及公司的声誉等要素。

这种合并形式值得注意的一个重要方面在于：由于资产和负债的账户余额没有像吸收合并和新设合并那样合并到一起，每个公司保留着独立的会计核算系统。为了反映合并事项，合并企业通过建立投资账户来单独核算这项交易。然而，被合并企业没有作任何与这项交易有关的记录；它的股票只是从股东的手里转移给了母公司。因此，子公司的财务记录未受合并的影响。

可以看出，企业合并可以通过不同的形式来完成。由于合并形式是影响之后财务信息合并的关键因素，图表2—2对以上合并类型作了总结。

---

① 虽然被并公司法律形式上被解散，但它还经常作为独立的分支机构进行经营。

图表 2—2 **企业合并**

合并类型	合并企业的行为	被合并企业的行为
通过收购资产的吸收合并	取得资产和负债	解散，退出市场
通过收购股本的吸收合并	取得所有股票，然后将资产和负债全部转移到自己的账上	解散，通常作为合并企业的一个部门
通过收购股本或资产的新设合并	新设立一个公司来接收原来公司的资产或股本	原有公司可能被解散，新创立公司作为独立部门
通过购买不少于 50% 表决权股份的控股合并	将股份记录为投资，控制被合并企业的决策	虽作为一个子公司，但仍保留其法律形式
通过变动利益（variable interests）进行控制（见第 6 章），风险和报酬常转移至设立公司而不是股东	设立公司成立一个实体——通常称为特殊目的实体（SPE）——进行特殊活动	作为一个独立法人实体继续存在——通常是信托或合作伙伴

2.2.2 控制——从 *ARB 51* 到 *FIN 46R* 和 *SFAS 160* 都难以确定的概念

1. 通过表决权实施的控制

如前文所述，*ARB 51* 中指出：当一个公司在另一公司中拥有控制性的财务利益时，合并财务报表通常是必要的。然而，没有哪个官方会计公告对“控制性的财务利益”作明确定义。在美国，传统上如果一个公司拥有另一个公司不少于 50% 的表决权股份，则认为控制存在。因此，控制直接与所有权相联系。通过拥有大多数表决权股份的控制解释了大多数的“控制性的财务利益”。然而，自从 *ARB 51* 发布后的这几十年以来，企业合并已经变得复杂得多，使得控制不再可以轻易地定义。

2. 通过变动利益实施的控制

对控制进行定义的困难性在 FASB 2003 年 12 月的 *Interpretation*（解释）*46R*“变动利益实体的合并”作了例示。最普遍的变动利益实体被广泛称为特殊目的实体（SPE）。特殊目的实体通常以信托、合作伙伴、合资公司或者公司的形式存在。比如说，企业可能建立一个特殊目的实体来为大型资产的兼并进行融资。特殊目的实体运用债务或者权益融资购买这些资产，然后将其回租给设立公司。当这些活动受到严格限制且资产要作为抵押品时，债权人通常认为特殊目的实体的风险低于设立公司。因此，这种安排可以使设立公司以更低的利率进行融资。

战略性地对特殊目的实体实施控制通常并不意味着拥有权益性投资。相反，控制通常是通过与该实体的设立公司的合同安排实现的，设立公司成为“最终受益者”。这些合同可以以租赁、参与权、保证或者其他保留利益的形式出现。通过合同，最终受益者不需持有任何表决权股份就承担了该实体大部分的风险和报酬。因此，单看表决权股份并不能识别出在特殊目的实体或类似实体中的控制性财务利益。

20 世纪 90 年代以来，特殊目的实体等变动利益实体越来越普遍。特殊目的实体的利用受到有些人批评的原因在于其允许设立公司进行表外融资。其他批评者认为，通过与特殊目的实体进行交易，设立公司确认了一些可疑的销售利润。许多特殊目的实体被认为只是隐藏负债和操纵利润的工具。在 *FIN 46R* 发布之前，不少设立公司故意安排特殊目的实体不满足控制性财务利益的定义，从而未将其纳入到合并报表中。

为了防止财务报告滥报，*FIN 46R* 扩展了控制的定义，不再局限于持有另一实体的多数表决权股份的情况。控制权为最终受益者所有的实体（如特殊目的实体）被称为变动利益实体（*variable interest entity*）。最终受益者被认为拥有控制性的财务利益，承担变动利益实体的风险，并获取其收益。最终受益者并未持有表决权股份这一事实变得无关紧要，因为这样的股权并不能让股东实施有效的控制。*FIN 46R* 在其总结中提出：如果“一个商业企业对一个变动利益实体拥有控制性财务利益，则变动利益实体的资产、负债及经营成果应当在该商业企业的报告中予以反映”。

最近，*SFAS 160* 比 *ARB 51* 更进一步指出：控制性财务利益是指持有另一个公司多数（多于50%）发行在外的表决权股份。然后，FASB 和国际会计准则委员会（IASB）都已将建立一套关联企业会计处理的指引提上议事日程，并将其作为一项长期工程。这两个委员会已经同意制定出合并政策的共同准则，其中也许会包括有关财务控制的新定义。根据 IASB：

> 委员会已经暂时决定，当一个母公司对另一个实体的资产和负债具有独占权利，使其能享受这些资产和负债所带来的利益，且有能力提高、保持或保护这些利益的数额时，母公司对该实体拥有控制性财务利益（IASB 项目：合并）。

值得注意的是，这一定义并没有将多数表决权股份作为控制的标准。随着公司间安排的复杂性提高，对财务报告准则制定者而言，定义一个公司何时控制另一个公司依然是一个挑战。

在本教材中，我们首先讨论通过表决权股份实现的控制。持有多数表决权股份仍然是一个公司控制另一个公司的主要手段。在第 6 章，我们将扩大范围，将企业合并拓展至通过变动利益实现的控制。

2.2.3 财务信息的合并

当一个公司取得了对另一公司的控制权时，企业合并就产生了，各公司的财务数据需要合并形成一套合并财务报表。虽然程序可能很复杂，但合并的目标是非常明确的。各公司的资产、负债、权益、收入和费用账户都简单相加。作为这个程序的一部分，需要调整和抵销相互往来账户和内部交易，以保证报告的余额真实地代表合并整体。

进行企业合并时的法律形式不同，合并程序也会有很大差别。对于吸收合并或新设合并，被合并企业依法解散，会计处理上就只需要进行一次合并工作。在合并日，存活下来的公司记录每个解散公司的各个账户余额就可以了。由于通过这种方式所有的账户都永久地合并了，以后就不再需要合并程序了。在所有余额都转移到存活企业之后，被合并企业的财务记录就作为解散工作的一部分而注销。

相反，当所有的公司都保持法人地位时，应采用的合并程序就完全不同了。由于保持其自身的法人地位，每个公司要继续保持其独立的会计记录，因此，未发生永久性的账户余额合并，而是出于对外报告的需要，报告主体每次在编制财务报表时都要重新执行一次合并程序。

当母子公司分开设置账簿时，会计人员面临一个这样的问题：周期性地合并财务信息，且不破坏各公司的会计系统。由于合并工作在财务记录之外进行，企业常用工作底稿来加速合并程序。工作底稿既不是公司会计记录的一部分，也不是财务报告的结果，而是用来组织和调整编制合并报表所需的信息的有效手段。

因此，企业合并的法律形式特征对合并程序的各个方面都有重大影响：

合并什么？

- 如果发生解散，所有账户余额都要合并到存活公司的财务记录中。
- 如果被合并企业保留了独立的法律形式，只合并财务报表信息（而不是确切的记录）。

何时进行合并？

- 如果发生解散，只在合并日进行永久性的合并。
- 如果被合并企业保留了独立的法律形式，每次编制财务报表时都要实施合并程序。

会计记录受到怎样的影响？

- 如果发生解散，调整存活公司的账户使其包括解散公司的所有账户余额。解散公司的会计记录则被注销。
- 如果被合并企业保留了独立的法律形式，每个公司继续保留自身的账簿记录。在不破坏各自会计系统的情况下，利用工作底稿周期性地进行合并程序。

2.3 企业合并的财务报告——*SFAS 141R*

2.3.1 并购法特征：所有权进行了转移

所有权的转移是任何资产购买的基本特征——不论是单一资产项目还是价值几十亿美元的公司。企业合并后，财务会计报告要求新的所有者（并购方）恰当记录交易中获得的各个项目的价值。正如下文所示，在企业合并中，交付和得到的项目的公允价值可用来确定购买方对被合并方的估价。

SFAS 141R 要求对企业合并采用并购法进行会计处理，代替 *SFAS 141* 中要求的购买法。并购法的使用主要包括确认和计量以下方面：

- 支付给被合并企业的对价；
- 进行单独识别的取得的资产、承担的负债及任何非控制性的权益；
- 商誉或折价购买中产生的利得。

与以历史成本为基础的 *SFAS 141* 截然不同，*SFAS 141R* 强调对被合并企业基于公允价值计量属性。因此，在探讨新准则所要求的程序的应用之前，我们对企业合并中公允价值的概念做简单介绍。

2.3.2 支付给被合并企业的对价

支付给被合并企业前所有者的对价的公允价值是企业合并估价和记录的起点。在描述并购法时，FASB 在 *SFAS 141R* 中指出：

企业合并中转移的对价应当以公允价值计量，即等于在合并当日合并方转移的资

产、合并方对被合并方前所有者承担的负债以及合并方所发行的权益证券三者的公允价值之和。(第 39 段)

因此，并购法以所转移对价的公允价值作为衡量合并方在被合并企业中的权益。[①] 公允价值，是指有秩序的交易中市场参与者在计量日出售资产或清偿负债所支付的价格（*SFAS 157*）。因此，市场价值通常是企业合并中所转移对价的公允价值的最好证据。所转移的对价可包括：现金、证券（股票或债券）和其他财产或义务。

或有对价也能作为合并对价的补充。[②] 在合并合同中，经常存在基于特定未来业绩指标而为企业原所有者提供一定补偿的条款。例如，2006 年 12 月的财务报告中，Google 披露了如下或有事项：

我们取得了 dMarc 广播有限公司（一个为广播行业提供数码方案的公司）的所有表决权股份，这一交易作为企业合并处理。购买价格为 97 600 000 美元，于 2006 年 12 月以现金支付。此外，如果到 2008 年 12 月我们能实现一定的产量、净利润、广告及存货目标，我们有义务支付额外的现金，最多 11.36 亿美元。由于这些或有支付基于业绩目标的实现，实际支付的数额可能会少得多。

并购法将或有支付义务看成合并中经谈判确定的对价的一部分，这与公允价值计量属性是相一致的。或有未来支付的确定主要是基于合并当日的情况进行概率估计。

2.3.3 所取得的资产、承担的负债及非控制性权益的公允价值

并购法的一个基本原则就是：合并方必须确认企业合并中取得可辨认的资产和承担的负债。并且，除少数例外情况[③]外，一旦确认就必须以合并当日的公允价值计量。正如后面的例子所示，取得的资产和承担的负债以公允价值确认和计量这一原则适用于所有企业合并。

在第 2 章和第 3 章，我们集中讨论由于合并方取得被合并方全部所有权的企业合并（也就是说，不包括在其中拥有非控制权益的情形）。正如在第 4 章开头所述，在低于 100% 的合并中，非控制性权益仍然以公允价值进行初始计量。然后，母公司转移的对价和非控制权益的公允价值之和就成为编制合并报表时被合并企业的计价基础。

2.3.4 商誉和折价购买中产生的利得

如上文所述，对于所转移的对价、取得的资产和承担的负债，母公司都以合并当日的公允价值计量。然而，很多情况下，这两者可能是不相等的。*SFAS 141R* 要求对差额采用不尽相同的处理——在有些情况下合并方确认资产，在另一些情况下确认利得。

对于合并方取得全部所有权的企业合并，合并方应当将支付的对价超过取得的资产和承担的负债之和的部分确认为商誉。商誉是指企业合并中产生的不可单独辨认和确认的未来经济利益。特别地，商誉代表合并方希望通过控制被合并方的资产而实现

---

① 存在这样一个例外情况：在折价购买中，被并企业取得的净资产的公允价值作为被并公司价值的基础。正如本章后面将讨论到的，其他例外情况包括：控制不是通过支付对价实现的，或以转移的对价的公允价值计量企业合并的价值没有其他计量手段可靠。

② 或有对价在企业合并中并不罕见。*Merger & Acquisitions* 最近观察到，154 个包含或有对价的合并中有通用电气、太阳信托银行等，或有对价将在本章后文和第 3 章继续讨论。

③ 公允价值计量的例外情况包括：递延税金、某些员工利益、补偿的资产、重新取得的权利、基于股票的奖励及持有待售的资产（见 *SFAS 141R*，26-33 段）。

的期望协同效应。

相反，如果取得的可辨认资产和承担的负债公允价值之和大于合并方支付的对价，合并方应确认折价购买利得。在这种情况下，取得的净资产价值取代支付的对价成为被合并企业的计价基础。折价购买可能产生于监管机构的强制拍卖或其他形式的紧急出售。在确认折价购买利得之前，合并方应重新评估其是否已经正确地识别并计量了所有取得的资产和负债。下一部分将对商誉和折价购买利得作进一步说明和讨论。

2.4 合并财务信息的程序

法律规定和会计惯例将企业合并划分为至少四种类型。为了便于介绍合并的会计处理，我们首先介绍解散发生时的并购法，然后再介绍被合并企业保留了独立的法律形式的并购法。

假设 Smallport 公司拥有电脑、通信设备及允许顾客通过网络进行结账和订货的软件。电脑和通讯设备的账面价值是 400 000 美元，但它们当前市场价值为 600 000 美元。由 Smallport 公司开发的软件账面价值只有 100 000 美元，其开发成本在发生时已经费用化。然而，软件的可辨认公允价值为 1 200 000 美元。另外，Smallport 公司有几个未入账的长期客户合同，BigNet 估计这些客户合同的公允价值为 700 000 美元。Smallport 公司还有为软件开发所融资的 200 000 美元的应付票据。因为当前利率比较低，这项负债（在较高利率时发生）的现值是 250 000 美元。

BigNet 公司拥有与 Smallport 公司互补的互联网通讯设备和其他商业软件。BigNet 公司想要扩大经营，因而计划于 12 月 31 日兼并 Smallport 公司。图表 2—3 列示了那天双方的账户余额以及 Smallport 公司的估计公允价值。

图表 2—3　　**基本的合并信息**

	12 月 31 日	12 月 31 日 Smallport 公司	
	BigNet 账面价值	账面价值	公允价值
流动资产	$ 1 100 000	$ 300 000	$ 300 000
计算机及设备（净值）	1 300 000	400 000	600 000
资本化的软件（净值）	500 000	100 000	1 200 000
客户合同	0	0	700 000
应付票据	(300 000)	(200 000)	(250 000)
净资产	**$ 2 600 000**	**$ 600 000**	**$ 2 550 000**
普通股（面值 10 美元）	$ (1 600 000)		
普通股（面值 5 美元）		$ (100 000)	
资本公积	(40 000)	(20 000)	
留存收益（1 月 1 日）	(870 000)	(370 000)	
支付股利	(110 000)	(10 000)	
收入	(1 000 000)	(500 000)	
费用	800 000	380 000	
所有者权益（12 月 31 日）	**$ (2 600 000)**	**($ 600 000)**	
留存收益（12 月 31 日）	(960 000)*	(480 000)*	

* 留存收益余额为结转收入、费用和支付股利后的余额。

Smallport 公司的净资产（资产减负债）的账面价值是 600 000 美元，但其公允价值为 2 550 000 美元。这里只评估了资产和负债的价值，股本、留存收益、股利、收入和费用账户都采用历史成本而不是未来价值计量。虽然权益类和损益类账户可以反映企业整体价值，但是它们不是企业的财产，没有在合并中转移。

2.4.1 *SFAS 141R*：解散发生时的并购法

在通过取得全部所有权而实现控制时，并购法主要确认：

- 合并方对被合并企业原所有者支付的对价的公允价值；
- 取得的资产和承担的负债的公允价值。

然而，合并时所作的分录取决于对价的公允价值与取得资产和承担负债的公允价值净值之间的关系。因此，我们讨论三种情形，分别讲解每种情况下如何进行合并的处理。每个例子中都假设合并为兼并，被合并企业解散。

1. 支付的对价等于被合并方净资产的公允价值

假设经过与 Smallport 公司原所有者谈判之后，BigNet 公司同意以 2 550 000 美元（550 000 美元现金和面值 10 美元的普通股现在售价为每股 100 美元的 20 000 股未发行股份）购买 Smallport 公司的所有资产和负债。Smallport 公司将被解散。正好，BigNet 公司支付的对价等于 Smallport 公司的净资产公允价值。

所支付的对价 2 550 000 美元将作为这项合并的计价基础。BigNet 公司也将 Smallport 公司的所有可辨认的资产和负债以各自的公允价值入账。由于支付的对价正好等于被合并方净资产公允价值 2 550 000 美元，会计处理并不困难。

由于 Smallport 公司将被解散，BigNet 公司（存活公司）直接编制合并分录。在并购法下，BigNet 公司对 Smallport 公司的资产和负债以公允价值入账而不管其账面价值是多少。收入、费用、股利和权益账户不能转移至母公司账户中，而是直接被省略。

2. 并购法：支付的对价等于被合并方净资产的公允价值

BigNet 公司会计分录——12 月 31 日

流动资产	300 000	
计算机及设备	600 000	
资本化的软件	1 200 000	
客户合同	700 000	
应付票据		250 000
现金（BigNet 支付）		550 000
普通股（BigNet 发行面值 10 美元的普通股 2 万股）		200 000
资本公积		1 800 000

记录对 Smallport 公司的合并，取得的资产和承担的负债皆以公允价值计量。

现在，BigNet 公司的报表中显示的计算机及设备账户余额为 1 900 000 美元（原来余额 1 300 000 美元加上取得 600 000 美元）；资本化的软件 1 700 000 美元（1 200 000美元加上 500 000 美元）等。值得注意的是，虽然 Smallport 公司没有将客户合同入账，但 BigNet 公司将其作为合并中取得的资产确认入账。这些项目都以公允价值（见图表 2—3）记入 BigNet 公司的账中。然而，BigNet 公司的收入账户仍然报告其自身的1 000 000美元，费用仍保持800 000美元，股利仍为110 000美元。在并购法下，子公司发生的收入、费用和权益类交易只有在合并日之后才能影响合并数额。

3. 支付的对价大于被合并方净资产的公允价值

这个例子中，我们假设BigNet公司以3 000 000美元购买Smallport公司的所有资产和负债。BigNet公司支付给Smallport公司原所有者1 000 000美元现金和20 000股公允价值为每股100美元的普通股。支付的对价3 000 000美元比Smallport公司净资产公允价值2 550 000美元多了450 000美元。

可能导致BigNet公司出价3 000 000美元的因素有许多。首先，BigNet公司可能希望其自身的资产与Smallport公司的资产能够相互补充，产生协同效应，使合并后的利润大于两公司单独经营时的利润之和。在前面的例子中，Google、Procter & Gamble和Sprint显然都企图通过并购产生协同效应。其他因素包括Smallport公司过去的盈利性、声誉、员工素质或行业运营的经济环境。总的来说，如果预期目标公司能够创造相对其资产而言的高盈利，合并方会很乐意支付溢价。

当支付的对价大于被合并方净资产的公允价值时，超过部分作为无形资产（如商誉）。[①] 与其他资产不同的是，我们假设其他资产组合在一起使预期的盈利能力提高而产生商誉，因此商誉是不可单独辨认的资产。所有不能单项分配到取得的资产或承担的负债的公允价值都在商誉中得以反映。

回到BigNet公司3 000 000美元的收购，其中450 000美元是超过Smallport净资产公允价值的部分。因此，该金额作为商誉与其他的资产和负债一起记入到BigNet的会计系统中。BigNet公司在合并日作如下会计分录：

4. 并购法：支付的对价大于被合并方净资产的公允价值——子公司被解散

BigNet公司会计分录——12月31日

流动资产	300 000	
计算机及设备	600 000	
资本化的软件	1 200 000	
客户合同	700 000	
商誉	450 000	
应付票据		250 000
现金（BigNet支付）		1 000 000
普通股（BigNet发行面值10美元的普通股20 000股）		200 000
资本公积		1 800 000

记录对Smallport公司的合并，取得的资产和承担的负债皆以公允价值计量，支付的对价中超过被合并企业净资产公允价值的部分计入商誉。

同样，BigNet公司的报表中显示的计算机及设备账户余额为1 900 000美元（原来余额1 300 000美元加上取得600 000美元）；资本化的软件1 700 000美元（1 200 000美元加上500 000美元），以此类推。唯一不同的是，BigNet公司将支付的

① 在企业合并中，这种高价购买并不罕见。Oracle对PeopleSoft的并购中，取得的净资产的公允价值为45亿美元，而商誉就达到65亿美元。

对价中超过被合并企业净资产公允价值的部分450 000美元计入商誉。[1]

5. 折价购买——支付的对价小于被合并方取得的资产和承担的负债的净公允价值

偶尔，合并方取得的净资产公允价值会超过支付的对价的公允价值。*SFAS 141R* 指出：

委员会认为，折价购买是罕见的交易——企业及其所有者不会故意并且乐意以低于公允价值的价格出售资产或整个企业。然而，折价购买曾经发生过且以后还会发生。强制清算或被迫拍卖（例如，在企业的创立者或关键管理人员去世后）中，所有需要尽快出售企业时就可能导致折价购买，导致销售价格小于企业的公允价值。(第 B372 段)

委员会声明，合并方在折价购买中存在着利得。在合并日，合并方赚取了所取得资产的公允价值与支付的对价的公允价值之间的差额部分。(第 B373 段)

为了说明折价购买，我们来看第三个例子，假设 BigNet 公司支付了 2 000 000 美元给 Smallport 公司原所有者。BigNet 公司未支付现金只发行 20 000 股公允价值为每股 100 美元的普通股。

对这项合并进行会计处理时，至少出现了两个公允价值。第一，支付给 Smallport 公司的 2 000 000 美元对价，代表了谈判后企业的交易价格。第二，被合并企业的净资产公允价值为 2 550 000 美元。此外，基于 Smallport 公司将产生的协同效应，BigNet 公司的管理层认为 Smallport 公司的公允价值还大于其净资产的公允价值。因此，由于支付的对价小于净资产的公允价值，折价购买就发生了。

*并购法下，对取得的资产和承担的负债以其各自的公允价值计量。*在折价购买的情形下，被合并企业净资产的公允价值有效地取代了对价的公允价值成为财务报告中被合并企业的估价基础。只有在对价的公允价值等于或者大于被合并企业净资产的公允价值时（如在前两个例子中那样），对价的公允价值才能作为财务报告中被合并企业的估价基础。本例中，对价 2 000 000 美元小于净资产公允价值 2 550 000 美元，表明这是一起折价购买。因此，净资产的公允价值 2 550 000美元作为收购价格。由于以 2 000 000 美元的支付得到了 2 550 000 美元的报告价值，产生了 550 000 美元折价购买利得。合并发生日，合并方在利润表中确认这项利得。

6. 并购法：支付的对价小于被合并方净资产的公允价值——子公司被解散

在企业合并的会计处理中，采用公允价值概念的结果之一就是在折价购买中确认了未实现的收益。对这一做法的批评在于，合并方在收购活动中确认了利润，这比传统的（如日常销售）按权责发生制确认收入时间要早。尽管如此，*SFAS 141R* 仍然要求，把罕见的折价购买作为例外情况，不再将支付对价的公允价值作为合并价格。因此，折价购买时，所取得的资产和承担的负债的公允价值比对价的公允价值更具有相关性。

---

[1] 正如第 3 章将讲到的，企业合并中取得的资产和负债（包括商誉）常被指定给合并后实体的一些报告单元。报告单元是指一定的业务范围（通常为一个部门），取得的资产和承担的负债在其中被使用。将取得的资产和承担的负债指派给报告单位是为了方便定期地进行商誉减值测试。

BigNet 公司会计分录——12 月 31 日

流动资产	300 000	
计算机及设备	600 000	
资本化的软件	1 200 000	
客户合同	700 000	
应付票据		250 000
普通股（BigNet 发行面值 10 美元的普通股 20 000 股）		200 000
资本公积		1 800 000
折价购买利得		550 000

记录对 Smallport 公司的合并，取得的资产和承担的负债皆以公允价值计量。被合并企业净资产公允价值超过支付对价公允价值的部分计入折价购买利得。

2.4.2 企业合并发生的相关支出

企业合并过程中主要发生三类支出。首先，企业经常会聘请律师、会计师、投资银行和其他专业人员提供有关服务。并购法认为，这些支出不应包括在合并企业取得的公允价值中。因此，专业服务费用在发生当期就费用化。其次，合并过程中企业内部活动的成本，如花费在合并事项上的行政和管理时间等。*SFAS 141R* 规定，间接费用也应在发生当期予以费用化。最后，与企业合并有关的证券登记和发行成本要相应减少证券的公允价值。图表 2—4 总结了企业合并过程中发生的三类支出及 *SFAS 141R* 规定的各自会计处理方法。

图表 2—4　　**与企业合并相关的支出的会计处理**

直接合并成本（如会计师、律师、投资银行、评估费用等）	发生时费用化
间接合并成本（如花费在合并事项上的行政和管理时间等内部成本）	发生时费用化
证券登记和发行成本	减少分配给所发行的证券的公允价值（通常是借记资本公积）

为了说明这些经常与企业合并相关的支出的会计处理，假设下列事项与 BigNet 公司对 Smallport 公司的收购有关（同时参考图表 2—3）。

- BigNet 公司发行了面值为 10 美元的普通股 20 000 股，其公允价值为 2 600 000 美元，用来交换 Smallport 公司的资产和负债；
- BigNet 公司另支付了 100 000 美元会计师和律师费用；
- 与 BigNet 公司对 Smallport 公司的收购间接相关的内部行政和管理成本为 75 000美元；
- 合并中登记和发行股票的费用为 20 000 美元。

根据并购法，BigNet 公司应当作如下记录：

BigNet 公司会计分录

流动资产	300 000
计算机及设备	600 000

资本化的软件	1 200 000	
客户合同	700 000	
商誉	50 000	
应付票据		250 000
普通股（BigNet 发行面值 10 美元的普通股 20 000 股）		200 000
资本公积		2 400 000

记录以 2 600 000 美元的对价对 Smallport 公司的合并。

专业服务费用	100 000	
现金		100 000

与合并相关的直接成本在发生当期费用化。

薪酬及管理费用	75 000	
应付职工薪酬（或现金）		75 000

与合并相关的间接成本在发生当期费用化。

资本公积	20 000	
现金		20 000

与合并相关的股票登记和发行费用计入资本公积，降低股票的公允价值。

图表 2—5　**合并价值——并购法**

支付的对价的公允价值等于净资产的公允价值	可辨认的资产和负债以其各自的公允价值计量
支付的对价的公允价值大于净资产的公允价值	可辨认的资产和负债以其各自的公允价值计量，支付对价的公允价值大于净资产的公允价值的部分确认为商誉
折价购买——支付的对价的公允价值小于净资产的公允价值。合并方取得的净资产公允价值作为合并企业的公允价值	可辨认的资产和负债以其各自的公允价值计量。净资产的公允价值大于支付对价的公允价值的部分确认为折价购买利得

小结

对于取得被合并方所有股份的合并而言，合并方支付的对价的公允价值是合并日报告企业合并的起点。除少数例外情况外，收到的可辨认资产和承担的负债以其各自的公允价值计量。当支付的对价的公允价值大于被合并企业净资产的公允价值时，应确认商誉。如果被合并企业净资产的公允价值大于支付的对价的公允价值，则确认为折价购买利得并反映在合并利润表中。图表 2—5 总结了采用并购法时可能的分配方法。

2.4.3　被合并企业保留了独立法律形式的并购法

当合并后各公司保持独立法人形式时，合并程序的很多方面都与前面部分说明的那些程序相似。比如，公允价值仍是合并中取得子公司的资产和负债的入账基础。

当合并后各公司保持独立法人形式时，存在几个重大的不同点。最值得注意的是，合并财务报表是模拟的；合并企业平时并不记录被合并企业的资产和负债。因为没有解散发生，各公司保持自身独立的会计系统。为了便于合并财务报表的编制，采用工作底稿和合并分录来处理从各公司收集的数据。

工作底稿为单一经济主体编制合并财务报告提供了基础。这个过程中合并分录是不可缺少的。工作底稿中的调整分录和抵销分录表示各公司的个别财务数据要直接相加时需要进行的改动。因为没有发生真正地整合，任何公司都不需将合并分录入账。而是，出于对外财务报告的需要，合并分录只在工作底稿中出现，用以计算各账户合并后的余额。

为了详细说明，我们仍使用图表2—3的信息。假设12月31日，BigNet公司发行面值为10美元的普通股26 000股，其市值每股100美元（总计2 600 000美元），用来购买Smallport公司。BigNet公司还支付给支持安排合并事项的第三方40 000美元。另外，为了解决在Smallport公司的公允价值的分歧，BigNet公司承诺，如果合并后一年内Smallport利润超过300 000美元，其将另外支付给其前所有者83 200美元。BigNet公司估计有25%的可能性需要实现这83 200美元的或有支付。4%的贴现率（反映货币的时间价值）使该或有负债的期望现值为20 000美元（83 200×25%×0.961538）。并购法的公允价值原则将这类或有支付作为转移的对价的一部分。根据这一原则，或有事项对收取对价的一方来说是有价值的，而对合并方来说是可计量的义务。因此，本例中合并方支付的对价的公允价值包括以下两个方面：

BigNet公司发行的股票的公允价值	$ 2 600 000
或有业绩负债的公允价值	20 000
支付的对价公允价值总额	$ 2 620 000

为了方便未来抽资退出，BigNet公司保持Smallport公司的独立法人形式，保留其独立的会计信息系统。因此，每当编制合并财务报表时，合并工作底稿都被用来模拟两公司的合并。虽然资产和负债没有发生转移，BigNet公司仍需记录对Smallport公司原所有者的支付。当子公司继续存在时，母公司设立投资账户，最初反映被合并企业合并日的公允价值。由于Smallport公司保持其独立法人身份，BigNet公司编制以下分录来记录企业合并。

1. 并购法——子公司未被解散

BigNet公司会计分录——12月31日

对Smallport公司的投资（支付的对价）	2 620 000	
或有业绩负债		20 000
普通股（BigNet发行面值10美元的普通股26 000股）		260 000
资本公积（股本溢价）		2 340 000
专业服务费用	40 000	
现金（支付给第三方的费用）		40 000

记录对Smallport公司的合并，Smallport公司保持独立的法人形式。

如图表2—6所示，合并日可以通过编制合并工作底稿得出各个账户的合并总额，整个过程包括七个步骤。

图表 2—6　　　　并购法（*SFAS 141R*）——合并日

账户	BigNet 公司	Smallport 公司	合并分录		合并总额
			借方	贷方	
利润表					
收入	(1 000 000)				(1 000 000)
费用	840 000*				840 000
净收益	(160 000)				(160 000)
留存收益表					
留存收益，01/01	(870 000)				(870 000)
净收益（由上转入）	(160 000)*				(160 000)
已付股利	110 000				110 000
留存收益，12/31	(920 000)				(920 000)
资产负债表					
流动资产	1 060 000*	300 000			1 360 000
对 Smallport 公司投资	2 620 000*	0		(S) 600 000	0
				(A) 2 020 000	
计算机及设备	1 300 000	400 000	(A) 200 000		1 900 000
资本化的软件	500 000	100 000	(A) 1 100 000		1 700 000
客户合同	0	0	(A) 700 000		700 000
商誉	0	0	(A) 70 000		70 000
	5 480 000	800 000			5 730 000
应付票据	(300 000)	(200 000)		(A) 50 000	(550 000)
或有业绩负债	(20 000)*				(20 000)
普通股	(1 860 000)*	(100 000)	(S) 100 000		(1 860 000)
资本公积	(2 380 000)*	(20 000)	(S) 20 000		(2 380 000)
留存收益（由上转入），12/31	(920 000)	(480 000)	(S) 480 000		(920 000)
负债和所有者权益	(5 480 000)	(800 000)			(5 730 000)

注：括号表示贷方余额。

*余额已经过支付对价和合并成本的调整，注意对直接费用化的成本对净利润和留存收益的影响。

(S) 将 Smallport 公司 12 月 31 日的所有者权益与投资账户的账面价值抵销。

(A) BigNet 公司所支付对价的公允价值超过账面价值的部分的分配。

步骤 1

在建立合并工作底稿之前，母公司将合并日公允价值进行正式分配，方法与第 1 章权益法的处理相似。[①] 因此，BigNet 公司对 Smallport 公司的合并价格可做如下分配：

合并日公允价值的分配明细表

BigNet 公司支付对价的公允价值		$ 2 620 000
Smallport 公司的账面价值（见图表 2—3）		600 000
支付价格超过账面价值的差额		$ 2 020 000
支付价格超过账面价值的差额分配到具体资产：		
计算机和设备（$ 600 000－$ 400 000）	$ 200 000	
资本化的软件（$ 1 200 000－$ 100 000）	1 100 000	
客户合同（$ 700 000－0）	700 000	
应付票据（$ 250 000－$ 200 000）	(50 000)	1 950 000
支付价格超过账面价值的差额未分配到具体资产——商誉		$ 70 000

首先，该明细表从购买价格里减去 Smallport 公司的账面价值，剩余的 2 020 000 美元差额表示需要在图表 2—6 的工作底稿上将 Smallport 公司的资产和负债从账面价值调整到公允价值的数额。接着，它说明了这 2 020 000 美元如何分配以将每个账户从账面价值调整到公允价值。因此，该明细表是合并工作底稿有效的辅助工具，在每个合并中都会出现。

由于流动资产的账面价值和公允价值是相同的，2 020 000 美元的超额支付没有分配给流动资产。应付票据分配了一个负的数额，因为其现值大于账面价值，负债的增加事实上使公司的净资产价值减少了。

步骤 2

工作底稿的前两栏（见图表 2—6）列出了合并日两个公司的个别财务数据（见图表 2—3）。BigNet 公司的账户已经根据前面的投资分录进行了调整。另一个准备步骤则是 Smallport 公司的收入、费用、股利账户已经结转至留存收益账户了。子公司在 12 月 31 日合并日前的经营状况对企业合并没有直接影响，由于这些活动发生在取得 Smallport 公司之前，因此，新所有者不应将子公司合并日之前的收入、费用包括在合并财务报表中。

步骤 3

Smallport 公司的权益类账户通过合并分录 S 进行抵销（S 代表子公司股东权益中的股东“Stockholder”的首字母）。这些账户（股本、资本公积及留存收益）余额的总和代表着母公司持有的权益，不再是对外发行的股份。抵销这些账户后，只有 Smallport 公司的资产和负债与母公司的相关数据相加。

① 如果解散发生，这一分配程序是有用的但不是必要的。资产和负债账户只是以其在合并日的公允价值简单地加到母公司的账上，任何超额支付则分配给商誉。

步骤4

同时，分录S也使“对Smallport公司的投资”账户余额减少了600 000美元，等于子公司净资产的账面价值。出于对外报告的需要，合并报表中应该报告子公司的资产和负债而不是单一的投资账户余额。因此，“对Smallport公司的投资”账户的部分数额被其代表的具体资产和负债所取代。

步骤5

分录A抵销了“对Smallport公司的投资”账户2 020 000美元的超额支付，且根据公允价值明细分配表将其分配到具体账户。因此，“计算机和设备”余额增加了200 000美元而与其公允价值一致：“资本化的软件”余额增加了1 100 000美元；“客户合同”增加了700 000美元；“应付票据”增加了50 000美元。剩余的未能分配到具体项目的70 000美元超额支付则记为商誉。这个分录计为分录A，代表了与Smallport公司购买日公允价值有关的分配（Allocations）。它完成了“对Smallport公司的投资”账户余额的抵销。

步骤6

所有账户横加到合并总额一栏。对于某些账户如流动资产，这个步骤就是将Smallport公司和BigNet公司的账面价值简单相加。然而，有时还要加上将Smallport公司资产和负债账户调整到合并日公允价值的分配数额。比如，计算机和设备余额就需要增加200 000美元。通过将子公司的账面价值提高到公允价值后，报告的余额就与前例子公司解散发生时的余额相等了。工作底稿的应用只是改变了获取数据的方法而已，并不改变合并报表中的合并数据。

步骤7

我们从收入中减去合并费用就得到160 000美元的净收益。注意，由于这是一张合并日的工作底稿，不能将Smallport公司的收入和费用包括进来。Smallport公司刚被合并，还尚未为BigNet公司创造任何收益。因此，合并报表的收入、费用和净收益余额与BigNet公司的个别报表余额一致。当然，合并日之后Smallport公司的收益就要与BigNet公司的合并了（这将在第3章开始讨论）。

工作底稿编制技巧

通常，合并总额（如净收益和年末留存收益）并不是直接在工作底稿上横向相加得到。而是通过其组成部分（如收入和费用）横加后，得出的数额再竖向相加减得到的。工作底稿中的净收益得出后，进入留存收益表（结合年初留存收益和已付股利账户）用以计算12月31日留存收益余额。同样，920 000美元的年末留存收益余额进入资产负债表，得出合并的负债和权益总额5 730 000美元，该数额与合并的资产总额相等。

图表2—6最后一栏的余额用来编制BigNet公司和Smallport公司的合并财务报表。工作底稿中的合并分录为合并两套独立的财务信息搭建了桥梁。在整个合并报表编制过程中，BigNet公司和Smallport公司各自的会计记录没有任何变动。

2.5 合并日公允价值的分配——*SFAS 141R* 规定的其他问题

2.5.1 无形资产

对合并方所取得的资产和承担的负债的确认和计量是企业合并会计的重要方面。特别是随着信息时代的到来，许多为企业创造未来现金流量的无形资产的计量受到挑战。无形资产经常是被合并企业资产的最大组成部分。例如，在美国电话电报公司对宽带子公司的收购中，520 亿美元合并价款中有 190 亿美元被分配给特许经营成本。这些特许经营成本形成无形资产，代表与当地政府签订的准入合同的价值。

为了强调适当确认资产的重要性，FASB 在 *SFAS 141R* 中声明：无形资产是指没有实物形态的流动资产和非流动资产（不包括金融工具）。此外，为了确定企业合并中是否应确认无形资产，*SFAS 141R* 提供了两条判断标准：第一，该无形资产是否源于合同或其他法律权利；第二，该资产能否被出售或者从被合并企业中分离出来。正如 *SFAS 141R* 指出的：

> 合并方应当区别于商誉单独确认企业合并中取得的可辨认无形资产，如果一项无形资产满足可分离标准或者合同法律标准，则说明它是可辨认的……（第 A19 段）

图表 2—7 列示了判断无形资产是否满足可分离标准或者合同法律标准的一些特征。

FASB（征求意见稿：《企业合并与无形资产》，第 271 段）认识到估计单项无形资产的公允价值的困难性，声明：

> 在一揽子购买如企业合并中，将购买价格分配给取得的各项无形资产可能存在困难，而且不同的无形资产难度不同。对于可交换的或可以在市场上交易的无形资产，困难会小得多……然而，那些无法计量的无形资产可能能够直接或间接带来更多的现金流量。即使最后对它们采用的计量方法不够精确和详细，但相比于简单地放到商誉中，它们提供的信息显得更加真实。

毫无疑问，随着知识经济时代的飞速发展，图表 2—7 中可识别的资产分配将会更加频繁。

2.5.2 子公司账上原来存在商誉的情形

到目前为止，我们见到的企业合并的例子中，取得的资产和承担的负债全部都是可辨认的具体项目（如流动资产、资本化的软件、计算机和设备、客户合同及应付票据）。然而，许多情况下，被合并企业存在不可辨认的无形资产（如账面上可能存在其以前进行并购产生的商誉）。于是，就产生这样的问题：对合并所取得的子公司账上存在的商誉，母公司应如何处理？

根据性质，母公司不能辨认这种先前存在的商誉。因此，在分配合并日公允价值时就将其忽略。其中的逻辑是，合并的公允价值先分配给可辨认的资产和负债。只有当可辨认净资产公允价值确认后还有超额支付剩余时，才能确认商誉。

因此，在所有企业合并中，只有本次合并产生的商誉被反映在合并主体的财务记录中。

图表 2—7　　**说明性例子：区别于商誉，满足单独确认条件的无形资产**

（*SFAS 141* 和 *SFAS 141R*）

以下是区别于商誉，满足单独确认条件的无形资产的一些例子。下列说明性的清单并不全面，因此，某项无形资产可能满足本声明的确认条件却不包括在清单中。标注有“C”的资产是指由于其满足合同法律标准而区别于商誉单独确认的资产；标注有“S”的资产是指不满足合同法律标准，但满足分离性标准而能区别于商誉单独确认的资产。合并中取得的一项具体的无形资产是否满足区别于商誉单独确认的标准的判断，取决于每个企业合并具体情况。*

与市场有关的无形资产

1. 商标、商品名称[C]
2. 服务标记、集体商标、证明标志[C]
3. 商品外观（特殊颜色、形状或包装）[C]
4. 报刊刊头[C]
5. 互联网域名[C]
6. 非竞争性合同[C]

与顾客有关的无形资产

1. 顾客名单[S]
2. 积压的订单及存货[C]
3. 客户合同及客户关系[C]
4. 非合同性的客户关系[S]

基于合同的无形资产

1. 许可证、版税、暂停收购协议[C]
2. 广告、设计、管理、服务或供应合同[C]
3. 租赁协议[C]
4. 施工许可[C]
5. 特许协议[C]
6. 经营权及转播权[C]
7. 土地、钻井、排水、排气、采矿、伐木等权利[C]
8. 服务合同如抵押服务合同[C]
9. 雇佣合同[C]

与艺术有关的无形资产

1. 戏剧、歌剧和芭蕾[C]
2. 书籍、杂志、报纸及其他文学作品[C]
3. 乐曲、歌词或广告押韵等音乐作品[C]
4. 图片及照片[C]
5. 录像音像材料，包括电影、音乐电视和电视广播节目[C]

与技术有关的无形资产

1. 专利技术[C]
2. 计算机软件和掩膜作品[C]
3. 非专利技术[S]
4. 数据库[S]
5. 商业秘密，包括秘密配方、加工过程或处方[C]

*标有“C”的无形资产可能也满足分离性标准。然而，分离性并非合同法律标准所必需的条件。

2.5.3　取得正在进行的研究与开发支出

对合并方取得的有形或无形资产和承担的负债的确认是企业合并会计的起点。然后，各资产和负债的公允价值成为财务报表计价的基础。最近，很多公司，尤其是高科技企业，将被合并价格中的很大部分分配给正在进行的研究与开发支出（in-process research and development，IPR&D）。

以雅虎对 Log-Me-On. Com 的并购为例。雅虎在一份 10-QSEC 文件中指出 Log-Me-On 的主要精力集中在在开发网络浏览器技术，当时大概已经完成 30%。合并日这项

IPR&D 被认为没有达到技术可行性且未来没有其他用途。支付给 Log-Me-On 的 9 900 000美元购买价中，9 800 000 美元被分配到 IPR&D，在合并日便立即予以费用化。然而，很多批评者提出疑问：像雅虎这样的公司是否有必要为预期未来价值很低的无形资产支付巨额价款，以至于立即将其冲销。

与过去的做法大不相同，*SFAS 141R* 要求将取得的 IPR&D 以合并日的公允价值计量并作为一项资产确认在合并财务报表中。关于 IPR&D 的性质是资产的论述，2005 年 10 月 28 日，辉瑞（Pfizer）在给 FASB 的信中指出：

委员会成员认为，企业存在一系列与 IPR&D 有关的战略，它们为 IPR&D 而谈判，为 IPR&D 而支付价款，确定 IPR&D 的公允价值并且培育 IPR&D。IPR&D 没有未来经济利益这一观点与这些理性的行为显然不相符。

将取得的 IPR&D 确认为资产与 FASB 在企业合并中坚持的公允价值原则是一致的。与商誉及其他自创的无形资产（如客户名单、商标等）一样，在企业的持续经营活动中，IPR&D 的成本在发生时就予以费用化了。然而，企业合并中的一个重要事项，就是所有合并中支付的所有公允价值都要得到记录，包括分配给 IPR&D 的部分。此外，由于合并方为 IPR&D 支付了价款，应假设其拥有预期的未来经济利益，因此应将其确认为资产。

举例说明，假设在一项并购交易中，ClearTone 公司支付了 2300 000 美元现金购买 Newave 公司的所有资产和负债，ClearTone 公司生产手机零件。这项合并的主要动机在于，Newave 公司正在进行一个有吸引力的研发，该技术可以使手机的电池寿命延长 50%。ClearTone 公司通过将该技术与自身的生产过程结合起来，从而使收入有很大的提高。ClearTone 公司乐观估计 Newave 公司将在两年内完成这项工程。在合并日，ClearTone 公司编制了以下明细确认其将从 Newave 公司取得的项目。

	公允价值
应收账款	$55 000
专利	220 000
正在进行的研究与开发支出	1 900 000
应付账款	(175 000)
取得的公允价值总额	$2 000 000

根据 *SFAS 141R*，ClearTone 公司应作如下分录：

应收账款	55 000	
专利	220 000	
资本化的研究与开发	1 900 000	
商誉	300 000	
应付账款		175 000
现金		2 300 000

对于合并日之后的研发支出，将继续根据 FASB *SFAS 2* 的指南进行处理（如费用化）。合并日之后，取得的 IPR&D 资产被认为寿命不确定，直到该研发工程完成或者被放弃。根据 *SFAS 142* 第 16 段，寿命不确定的无形资产需要进行减值测试，而不

需要摊销，直至其可使用寿命确定下来为止。

2.5.4 企业公允价值的其他计量方法：商誉和折价购买利得

大多数通过取得被合并方所有股权的并购中，合并企业所支付的对价的公允价值是计量和报告企业合并的起点。所支付的对价的公允价值大于被合并方净资产的公允价值的部分为商誉；相反，如果所支付的对价的公允价值小于被合并方净资产的公允价值，合并方确认折价购买利得。

企业合并中，支付的对价可以包括现金或其他资产、贷款或权益性证券以及或有对价。一般情况下，这些项目的公允价值都是可计量的，因而确认商誉（少数情况确认折价购买利得）直截了当。然而，有些时候，所支付的对价的公允价值不可获得，会计人员必须使用其他计价方法。

例如，如果合并方与被合并方只交换股权，那么就产生了这样的问题：谁的股票更能可靠地计量企业合并？对这个问题，*SFAS 141R* 表示：

在一起合并方与被合并方（原来的所有者）只交换股权的企业合并中，合并日被合并企业所有者权益的公允价值比合并企业可能更加可靠。如果这样，合并方就应当根据合并日被合并企业所有者权益的公允价值，而不是其自身转移的对价的公允价值来计算商誉。（第 35 段）

有时，企业合并中可能并不支付对价。如果被合并企业通过回购足够的股票，使现有的所有者获得对企业实施控制权的股份。[①] 由于不存在对价，需要使用其他估价技术来确定合并日合并方取得的公允价值。*SFAS 141R* 进一步表示：

不存在对价的企业合并中，合并方必须使用合并日在被合并企业中的权益的公允价值替代合并日对价的公允价值来计算商誉或者折价购买利得（第 34 ~ 36 段）。合并方必须使用一种或者多种技术，根据具体情况和可得的资料，以确定合并日被合并企业权益的公允价值。

不存在对价的企业合并中使用的估价技术包括：现金流量贴现分析、市场可比价及其他未来收入估计模型（见 *SFAS 157*）。值得注意的是，大多数情况下，支付的对价的公允价值是 100% 合并的计价基础。尽管如此，当对价的公允价值不能确定或不能取得时，合并日被合并企业公允价值必须使用其他计量方法来确定。

2.6 报告企业合并的购买法（*SFAS 141*）

SFAS 141R 取代了 *SFAS 141*。从 2009 年初起，企业就开始采用并购法核算企业合并。然而，几十年来，大多数合并财务报表都是采用购买法核算企业合并的。2002 年到 2008 年，所有的企业合并都采用购买法核算。虽然对于 2002 年以前的企业合并，也可以选择采用权益结合法，[②] 购买法还是在整个企业合并的历史中占统治地位。

由于 *SFAS 141R* 要求的是未来适用法，*SFAS 141* 中的购买法在几年内还会被使

① 其他情况包括：丧失少数表决权或只通过合同实现的合并（见 *SFAS 141R* 第 49 段、第 50 段）。
② 权益结合法将稍后讨论。

用。可以说，还将有成千上万起合并事项被采用购买法进行核算。例如，本章开头讨论的谷歌（Google）、宝洁（Procter & Gamble）和斯普林特（Sprint）的收购，都是在购买法下核算的。通过建立成本计价基础，购买法规定，随着时间的推移将这些成本分配到收益中，进而影响未来财务报表的估价。

2.6.1 购买法（*SFAS 141*）及其成本原则

在强调公允价值之前，基本原则是以新所有者的购买成本作为后续计量的基础。在企业合并中，新所有者的购买成本是其取得的净资产的计价基础。例如，几年以前米高梅大酒店（MGM Grand）以接近64亿美元购买了海市蜃楼度假村（Mirage Resort)。这个购买价格就成为后来米高梅大酒店编制合并财务报表时对海市蜃楼度假村资产和负债计价的基础。

购买法具有几个严格遵循成本原则的会计含义。基于成本的购买法与基于公允价值的并购法的区别主要表现在下列项目：

- 直接合并成本
- 或有对价
- 折价购买

我们下面先简要介绍这些项目的会计处理方法，接着再就在合并中取得的正在进行的研究与开发支出、合并日分配方法等方面进行新旧准则对比。

1. 直接合并成本

几乎所有企业合并在合并过程的不同阶段都需要利用专业服务，包括目标企业的识别、并购价值的确定、融资、税收筹划以及正式法律文件的准备。在购买法下，*SFAS 141* 直接合并成本包括在被合并企业的成本中。而并购法认为，这些成本属于服务费用，并不是作为交换被合并企业的公允价值，因此，在发生当期直接予以费用化。

2. 或有对价

企业合并的谈判中经常出现这样的合同，如果企业在未来期间实现一定的业绩指标，就对其前所有者给予额外支付。*SFAS 141* 在这些或有事项发生时，将或有对价作为合并后对合并成本的调整（当或有事项包括母公司的权益价值时，作为对股东权益的调整）。而并购法将或有的支付义务视为对价的公允价值的组成部分，这与公允价值计量属性一致。

3. 折价购买

购买法与并购法最大的不同点可能就在于折价购买的处理。根据 *SFAS 141*，当合并方取得的净资产公允价值大于购买成本时，发生折价购买。由于以成本记录该项购买，购买法要求某些长期资产以低于其评估公允价值的数额计量。*SFAS 141* 要求只有在这些长期资产的价值减为0时，企业才能确认非经常性购买利得。

而在并购法中，折价购买不再将支付对价的公允价值作为被合并企业的计价基础。其做法是，合并方取得的资产和承担的负债都以各自在合并日的公允价值确认和计量，而不管支付的对价是多少。其结果是：（1）没有任何一项资产像 *SFAS 141* 下的折价购买那样以低于其公允价值的数额计量；（2）合并日合并方确认了折价购买利得。折价购买是一个例外，没有遵循支付的对价公允价值作为合并价格的基础这一普遍规则。

4. 合并中取得的正在进行的研究与开发支出（IPR&D）

FASB 解释第 4 号“FASB 声明第 2 号在购买法下企业合并会计中的应用”要求将取得的 IPR&D 立即费用化。对 IPR&D 的费用化处理与会计上对企业的内部研发成本的处理一致。然而，*SFAS 141R* 却要求，企业合并中取得研发活动中使用的有形资产及无形资产，包括那些未来可能没有使用价值的资产，都应以合并日公允价值进行确认和计量。这些资本化的研发成本将作为寿命不确定的无形资产报告，并定期接受减值测试。此外，由于合并方取得 IPR&D 并为其支付了价款，*SFAS 141R* 假设其拥有预期未来经济利益，因此将其确认为一项资产。

5. 合并日合并成本的分配

企业合并中，由于合并方一般会取得成百上千项的资产与负债，成本原则的应用会很复杂。为了资产计量和未来收益的确定，企业需要将总的合并成本分配给合并中取得的各项资产和负债。与并购法相似，购买法下的成本分配也是基于合并日所取得的资产和负债的公允价值，且合并成本大于取得净资产公允价值总额的部分作为商誉。

2.6.2 购买法与并购法的比较

举例说明购买法与并购法的区别，假设 1 月 1 日 Archer 公司以 10 000 股面值 1 美元，公允价值总额为 1 200 000 美元的普通股收购了 Baker 公司。Archer 公司还支付了 25 000 美元与该合并有关的法律和会计费用。同时，Archer 公司还同意在 Baker 公司实现一定的利润时支付给其所有者额外的或有对价，合并日或有对价的公允价值为 150 000 美元。图表 2—8 列出了 Baker 公司在合并当日的账面价值和公允价值。

图表 2—8　**合并前 Baker 公司的信息**

1 月 1 日	账面价值	公允价值
流动资产	$ 30 000	$ 30 000
互联网域名	160 000	300 000
许可证协议	0	500 000
正在进行的研究与开发支出	0	200 000
应付票据	(25 000)	(25 000)

1. 采用购买法

根据 *SFAS 141* 购买法，Archer 公司对 Baker 公司的估价基础计算如下：

所发行股票的公允价值	$ 1 200 000
直接合并成本（法律和会计费用）	25 000
对 Baker 公司的合并成本	$ 1 225 000

接着，如果采用购买法，Archer 公司作如下分录反映其对 Baker 公司的合并：

***SFAS 141* 购买法**

流动资产	30 000	
互联网域名	300 000	
许可证协议	500 000	
正在进行的研究与开发支出	200 000	
商誉	220 000	
应付票据		25 000
股本		10 000
资本公积（股本溢价）		1 190 000
现金		25 000

从以上分录可以看出，购买法存在几个特点：

- 计价基础是成本，包括直接合并成本，但是不包括或有对价；
- 合并成本的分配是基于所取得的资产和承担的负债的公允价值的（若发生折价购买，长期资产以低于其公允价值的数额计量）；
- 合并成本大于取得的净资产的公允价值总额的部分作为商誉；
- 取得的正在进行的研究与开发支出在合并日立即作费用化处理。

2. 采用并购法

根据 *SFAS 141R* 并购法，Archer 公司对 Baker 公司的估价基础计算如下：

所发行股票的公允价值	$ 1 200 000
或有对价的公允价值	150 000
支付给 Baker 公司的对价总额	$ 1 350 000

接着，如果采用并购法，Archer 公司作如下分录反映其对 Baker 公司的合并：

***SFAS 141R* 并购法**

流动资产	30 000	
互联网域名	300 000	
许可证协议	500 000	
正在进行的研究与开发支出	200 000	
商誉	345 000	
应付票据		25 000
或有业绩负债		150 000
股本		10 000
资本公积（股本溢价）		1 190 000
专业服务费用		25 000
现金		25 000

从以上分录可以看出，购买法存在几个特点：

- 计价基础是支付的对价的公允价值，包括或有对价，但是不包括直接合并成本；

- 合并中所取得的资产和承担的负债以其各自的公允价值计价；
- 支付的对价大于取得的净资产的公允价值总额的部分作为商誉；
- 取得的正在进行的研究与开发费确认为一项资产；
- 用于支持合并发生的专业服务费用予以费用化处理。

3. 折价购买中采用购买法

在购买法下，企业合并以成本计量。虽然合并中取得的资产和承担的负债通常以其公允价值计量，在折价购买时是例外。当合并成本低于取得的净资产的公允价值时，为了保证合并的计价基础为成本，购买法要求某些长期资产（不包括大部分金融资产）以低于其自身公允价值的数额计量。

例如，假设仍然使用图表 2—8 中的信息，但是 Archer 公司发行了公允价值为 880 000 美元的股票用于收购 Baker 公司。同样，Archer 公司还支付了 25 000 美元与该合并有关的法律和会计费用。公允价值大于成本的部分计算如下：

所发行股票的公允价值	$ 880 000
直接合并成本（法律和会计费用）	25 000
对 Baker 公司的合并成本	$ 905 000
取得的可辨认资产和负债的公允价值（包括 IPR&D）	1 005 000
公允价值大于合并成本的数额	$ 100 000

为了使合并能以成本计量，取得的资产和负债的公允价值必须从 1 005 000 美元降低到 905 000 美元。购买法的做法是将这部分差额按长期资产的公允价值比例分配给长期资产。之所以选择长期资产来减值，是因为估计这些长期项目的公允价值时可靠性就比流动资产和负债等项目低。根据图表 2—8，这些长期资产项目总额为 1 000 000美元。

非流动资产（包括正在进行的研究与开发支出）	公允价值	比例
互联网域名	$ 300 000	30%
许可证协议	500 000	50%
正在进行的研究与开发支出	200 000	20%
总额	$ 1 000 000	100%

因此，在购买法下，Archer 公司作如下分录反映其对 Baker 公司的合并：

折价购买：*SFAS 141* 购买法

流动资产	30 000	
互联网域名	270 000	
许可证协议	450 000	
正在进行的研究与开发支出	180 000	
应付票据		25 000
股本		10 000
资本公积（股本溢价）		870 000
现金		25 000

由于购买价格比取得的净资产的公允价值低 100 000 美元，长期资产（包括 IPR&D）总额以比其公允价值低 100 000 美元的数额计量。因此，互联网域名分摊了 100 000 美元的30%，以 270 000 美元而不是 300 000 美元计价；同样，Archer 公司将许可证协议及正在进行的研究与开发支出也以分摊降低后的公允价值入账。其他的所有资产和负债都以其公允价值入账。

4. 折价购买中采用并购法

为了进行购买法与并购法的对比，以下是折价购买中采用并购法时 Archer 公司的会计分录：

折价购买：*SFAS 141R* 并购法 单位：美元

流动资产	30 000	
互联网域名	300 000	
许可证协议	500 000	
正在进行的研究与开发支出	200 000	
应付票据		25 000
股本		10 000
资本公积（股本溢价）		870 000
折价购买利得		125 000
专业服务费用		25 000
现金		25 000

值得注意的是，*SFAS 141R* 并购法放弃采用成本原则，选择利用“折价购买利得”，而不是降低分配给资产的公允价值。这种处理方法与以取得的资产和承担的负债的公允价值入账这一原则相一致。

2.7 企业合并的权益结合法

实际上，*SFAS 141R* 并购法是财务会计准则制定者通过的第三种企业合并核算方法。在 2002 年以前，《会计准则委员会意见第 16 号》“企业合并”允许使用两种方法——购买法和权益结合法。虽然 *SFAS 141* 取消了权益结合法，但这种取消是未来适用的。也就是说，如今仍然有许多企业受到其过去的采用权益结合法核算的影响。因此，为了全面地认识企业合并的财务报告，有必要对权益结合法进行一定的了解。

2.7.1 所有权的延续

过去，各公司的原所有者愿意为相互的利益联合起来，而继续成为新合并企业的所有者。在这种合并中，企业的资产和负债从没被真正地购买或出售；原所有者之间仅仅交换所有权股份而成为合并企业的共同所有者。

这种通过原所有者之间交换表决权股份，继续成为合并后企业的所有者的合并就称为权益结合。权益结合的特征是企业合并前后所有者的权益是延续的。在被取消之前，权益结合法被很多企业合并所使用。①

① 著名的企业合并中采用权益结合法核算的包括埃克森石油、辉瑞—华纳兰伯特公司、雅虎直播及百事桂格等。

为了反映所有权的延续，权益结合法有两个重要步骤：

1. 两个公司资产和负债的账面价值成为合并财务报表的账面价值；

2. 收入账户和费用账户在合并日之前和之后都进行合并。所有权的延续允许所有者能确认企业合并之前及之后取得的收益。

因此，在权益结合法情况下，报告的合并收益通常比购买法核算时要高。根据权益结合法，公司不仅可以追溯地将过去取得的收益进行合并，而且与购买法相比合并后资产金额较小，从而折旧和摊销费用较少。因为财务报告的净收益通常在一系列合同中使用，包括管理人员薪酬补偿，管理者认为权益结合法是购买法外另一个很好的选择。

在第16号意见中，APB允许采用购买法和权益结合法核算企业合并。然而，为了防止管理人员从事购买性交易却滥用权益结合法核算，委员会对权益结合法的使用作了限制。不满足权益结合法使用标准的企业合并应当采用购买法核算。

这些标准有两个重要目的。第一，为保证两公司的完全融合，一个公司必须取得另一个公司几乎所有（90%或更多）的股份。第二，为了防止购买性的合并被伪装成权益结合。过去的经验表明，合并交易经常被操纵以使其符合权益结合法的处理标准（通常是为了提高报告收益）。然而，后续的事项（通常涉及各方之间收到或支付现金）才真正揭示了合并的性质：一个公司正在购买另一个公司。APB因此设计了不少标准来阻止这种操纵。

2.7.2 权益结合——资产的计价和收入的确定

由于权益结合意味着所有权的延续，其会计处理是将企业合并前的账面价值相结合，而忽略了合并中交换的公允价值。为了说明，假设Archer公司兼并了Baker公司的所有资产及负债（见图表2—8）。我们仍假设Archer公司发行了公允价值为1 200 000美元的股票给Baker公司的前所有者。Archer公司还支付了25 000美元与该合并有关的法律和会计费用。同时，Archer公司同意在Baker公司实现一定的利润时支付给其所有者额外的或有对价，合并日或有对价的公允价值为150 000美元。

图表2—8对比了采用权益结合法、购买法及并购法核算时，Archer公司在合并当日合并财务报表中记录的Baker公司有关项目的数额。

	合并Baker公司后Archer公司合并财务报表中的数额		
	权益结合法	购买法	并购法
流动资产	$30 000	$30 000	$30 000
互联网域名	160 000	300 000	300 000
许可证协议	0	500 000	500 000
正在进行的研究与开发支出	0	0	200 000
商誉	0	220 000	345 000
应付票据	(25 000)	(25 000)	(25 000)
或有业绩负债	0	0	(150 000)
Archer公司确认的净资产总额	$165 000	$1 025 000*	$1 200 000

*购买法下，正在进行的研究与开发支出予以费用化。

对比权益结合法与基于公允价值的处理方法，我们可以得出几个结论：

- 在合并Baker公司的资产和负债时，权益结合法确认Baker公司被合并前的账面价值，而忽略了其公允价值。因此，虽然以1 350 000美元的公允价值进行了交易，权益结合法只报告了165 000美元的净资产。相比之下，购买法和并购法都以公允价值计价。
- 由于权益结合法以被合并企业的原账面价值对其进行计价，没有产生商誉。同样，其他原本未入账的无形资产（如许可证协议）仍然没有入账。
- 正如上面的例子所反映的，权益结合法下资产的价值通常较低，从而导致较少的未来折旧与摊销。因此，与购买法相比，权益结合法下未来的净收益通常会比较高。
- 虽未直接显示出来，权益结合法追溯性地将被合并企业以前的收入、费用、股利和留存收益都合并到合并财务报表中了，而在购买法和并购法下这些经营性项目只有在合并日之后才能被包括在合并财务报表中。《会计准则委员会意见第16号》也要求，在权益结合法下，所有的合并成本（直接或间接合并成本和股票发行费用）在合并当期予以费用化。
- 最后，随着并购法的采用，FASB显然倾向于对企业合并中取得的资产和承担的负债采用其公允价值计量。

2.8 权益结合法存在的争论

这些年来，权益结合法的合法性频繁地受到质疑。与权益结合法相关的一个主要理论问题是它忽略了合并过程中发生交易价值，使得对两个公司都很重大的事件在会计上却没有任何的反映。在权益结合法下，所有项目的账面价值都保持不变，就像什么也没发生过一样。《会计准则委员会意见第16号》也承认：

那些反对权益结合法的人认为，它最严重的缺陷在于不能精确反映企业合并交易的经济实质。他们认为，该方法只记录合并企业在合并之前的账面价值，而忽略了达成合并交易的议价。

在商业领域，权益结合法的应用非常普遍，主要是由于它能对报告的净收益产生诱人的影响。最明显的效果就是合并报表将子公司的净收益包括进来，好像子公司一直就是合并实体的一部分。这种追溯处理能导致合并报表中报告的利润情况立刻改善。

权益结合法对收益的影响是其得到普遍应用的另一个原因。在购买合并中，子公司的资产和负债都被调整到公允价值，通常还要确认商誉。所有这些分配调整（除土地外）都需要在未来的会计期间进行摊销。因此，在购买法下，摊销所导致的费用会减少每年合并净利润。

相反，权益结合法根据账面价值合并所有账户而不需确认摊销费用。因此，在过去的大多数企业合并里，合并后的年度用权益结合法核算的收益都比用购买法核算的更高。此外，诸如总资产收益率这样的财务指标也会由于权益结合法的使用而被放大。管理人员薪酬补偿合同基于会计盈利性的程度越高，采用权益结合法核算企业合并的动机就更强。

鉴于此，企业总是企图通过各种手段达到权益结合法核算的标准的做法就不足为奇了。过去，会计职业界曾试图通过定义权益集合的特征，以避免权益结合法被应用于两个完全独立企业进行合并的情形。然而，这些年过去了，权益结合法特有属性的确认仍是一个艰难的任务。

2.8.1 FASB 观点

在一篇表明其全体通过取消企业合并权益结合法的文章中，FASB 说明了以下原因：

- 权益结合法比购买法为投资者提供了更少的信息——而且信息相关性更小。
- 权益结合法忽略了企业合并中的交易价值而购买法却反映了。
- 在权益结合法下，财务报表使用者既不能分辨在合并交易中到底母公司投资了多少，也无法追踪投资以后的表现。
- 当采用两种方法核算企业合并时，投资者更难以将各公司的情况进行比较。
- 当不同企业可以采用两种不同的方法核算企业合并时，投资者很难进行公司间的比较。
- 不论采用权益结合法还是购买法，企业的未来现金流量是一样的。采用权益结合法时利润较高，但它只是会计处理上的差别而不能反映真正的经济差异。

企业合并是兼并，应该像核算交易一样基于交易中放弃的价值进行核算，而不论这种价值是现金、其他资产，还是债务或权益股份。

小　结

1. 出于对外报告的需要，当一个企业取得另一个企业的控制权而形成一个单一经济实体时，必须提供合并财务报表。在许多合并中，除了一个公司外，其他公司都解散不再是独立的法人。因此，合并程序只在合并日执行，将所有公司的账户合并到一套财务记录中；而在另一些合并中，公司保持独立法人地位，继续保留其各自的会计信息系统。对于这些情况，合并就是一个周期性的程序，每次母公司对外报告时都要编制合并财务报表。这一周期性程序常利用合并工作底稿和合并分录来完成。

2. 根据 *SFAS 141R* 并购法，合并企业所转移的对价的公允价值是被合并企业估价的起点。合并方支付的对价的公允价值应包括或有对价的公允价值。被合并企业的资产和负债以其在合并日的公允价值计量。如果支付的对价的公允价值大于被合并企业净资产的公允价值总额，超出部分在合并财务报表中确认为无形资产商誉；由于直接合并成本并不属于被合并企业的价值，在发生当期即予以费用化。当发生折价收购时，取得的资产和承担的负债仍应以其在合并日的公允价值计量，并确认折价购买利得。同时，与 *SFAS 141* 相反，合并中取得的在建研究与开发费确认为一项资产。

3. *SFAS 141R* 特别强调企业合并中无形资产的确认。如果被合并企业存在某些法律合同权利（如商标、版权及艺术材料等），合并方的财务报表上应确认无形资产。如果该无形资产不属于法律合同权利，但它具有可分离性（如客户名单、非合同性客户关系或非专利技术），也应当将其确认为无形资产。

4. 过去的财务会计准则（《会计准则委员会意见第 16 号》和 *SFAS 141*）要求采用购买法或权益结合法核算企业合并。由于最近的公告禁止了追溯处理，未来几年内的财务报告中会存在早期并购法的影响。

5. 购买法将被合并企业的价值按合并成本估价，包括除股票发行费用之外的所有直接合并成本。取得的资产和负债以其购买日的公允价值合并。如果合并成本大于净资产的公允价值，超出部分在合并财务报表中确认为无形资产商誉；如果合并成本小于净资产的公允价值，某些资产以低于其公允价值的数额计量。由于是折价购买，这些非流动资产（金融资产、将处置出售的资产、递延所得税资产和预付养老金除外）以低于其公允价值的数额进行合并。总的降低额即为合并成本与被合并企业净资产的公允价值差额，按非流动资产公允价值的份额进行分配。如果非流动资产项目总价值不足以分配，不足的部分确认为非经常性收益。

6. 权益结合法常遭受批评，因为它只依赖账面价值而忽略形成经济实体所进行的交易。权益结合法还忽略一些未入账的无形资产，即使它们是被合并企业价值的主要组成部分。此外，权益结合法还由于其对经营成果的追溯处理备受质疑。因此，公司可以通过与另一个公司的权益结合来提高报告的收益，而不需改善经营效率。虽然《会计准则委员会意见第 16 号》要求企业合并满足一定条件才能采用权益结合法，许多大公司能通过操纵而采用权益结合法。2001 年，*SFAS 141* 禁止以后的企业合并采用权益结合法核算。

综合讲解题

下面是 Miller 和 Richmond 公司 12 月 31 日的账户余额表。Richmond 公司的资产和负债的公允价值也在表中。

	Miller 公司	Richmond 公司	
	账面价值 12 月 31 日	账面价值 12 月 31 日	公允价值 12 月 31 日
现金	$ 600 000	$ 200 000	$ 200 000
应收账款	900 000	300 000	290 000
存货	1 100 000	600 000	820 000
建筑和设备（净值）	9 000 000	800 000	900 000
非专利技术	0	0	500 000
正在进行的研究与开发支出	0	0	100 000
应付账款	(400 000)	(200 000)	(200 000)
应付票据	(3 400 000)	(1 100 000)	(1 100 000)
合计	$ 7 800 000	$ 600 000	$ 1 510 000
普通股（20 美元/股）	$ (2 000 000)		
普通股（50 美元/股）		$ (220 000)	
盈余公积	(900 000)	(100 000)	
留存收益	(2 300 000)	(130 000)	
收益	(6 000 000)	(900 000)	
费用	3 400 000	750 000	

其他信息：

- 12 月 31 日，Miller 公司向 Richmond 公司所有股东发行 50 000 股每股面值 20 美元的普通股；

- 作为并购协议的规定，如果在接下来三年中实现了一定的利润，那么 Miller 公司将同意支付 Richmond 公司所有者 250 000 美元。Miller 公司计算出在合并日该或有对价的公允价值是 100 000 美元；
- 为了达成合并，Miller 另支付了 10 000 美元的股票发行费用和 20 000 美元的律师费。

要求

a. Miller 公司股票的公允价值为每股 32 美元。使用 *SFAS141R* 并购法核算：

1. 如果 Miller 解散了 Richmond 公司使其不再是一个独立的法人主体，请编制其记账分录。

2. 假设 Richmond 公司将保持独立法人身份，同时维持自己的会计系统，请编制合并报表的工作底稿。

b. 如果 Miller 公司股票的公允价值为每股 26 美元，说明此时的合并报表与 a 的结果有何不同。

答案

a.

1. 在企业合并中，会计人员应首先确定合并方支付的对价的公允价值。由于 Miller 公司股票的公允价值为每股 32 美元，50 000 股股票的总价值是 1 600 000 美元，在支付的对价中包含了合并日或有对价的公允价值 100 000 美元。

用 1 700 000 美元对价公允价值与 Richmond 公司资产和负债（包括正在进行的研究与开发）的公允价值 1 510 000 美元对比，超出部分 190 000 美元（1 700 000－1 510 000）被确认为商誉。因为解散即将发生，Richmond 公司的资产和负债账户都将以公允价值转移到 Miller 公司的账户中，并将多余的部分确认为商誉。10 000 美元的股票发行费用减少盈余公积。20 000 美元的律师费在发生时直接予以费用化。

Miller 公司的财务报告——12 月 31 日

现金	200 000	
应收账款	290 000	
存货	820 000	
建筑和设备	900 000	
非专利技术	500 000	
资本化的研究与开发	100 000	
商誉	190 000	
应付账款		200 000
应付票据		1 100 000
或有业绩负债		100 000
股本（Miller）		1 000 000
资本公积		600 000
记录对 Richmond 公司的并购		
专业服务费用	20 000	
现金（支付合并成本）		20 000
记录合并中相关的法律和会计费用		
资本公积	10 000	
现金（股票发行费用）		10 000
记录股票发行费用		

2. 在这种情形下，合并支付对价的公允价值等于 1 题 a 中的：

50 000 股股票，每股 32 美元	$ 1 600 000
或有业绩负债	100 000
合并日支付的成本	$ 1 700 000

因为子公司是独立的法人，Miller 公司设立投资账户来反映 1 700 000 美元的购买价：

Miller 公司的财务报告——12 月 31 日

对 Richmond 公司的投资	1 700 000	
或有业绩负债		100 000
股本（Miller）		1 000 000
资本公积（股本溢价）		600 000
专业服务费用	20 000	
现金（支付合并成本）		20 000
记录合并中法律和会计费用		
资本公积	10 000	
现金（股票发行费用）		10 000
记录股票发行费用		

因为 Richmond 公司是独立的法人并保留了自己的会计系统，Miller 公司必须做合并报表。因此，Miller 公司首先要把 Richmond 公司的公允价值分配到基于各自公允价值的资产和负债上。

Miller 公司支付对价的公允价值		$ 1 700 000
Richmond 公司的账面价值		600 000
公允价值超过账面价值部分		$ 1 100 000
超额支付的部分分配到具体账户中：		
应收账款（$ 290 000－$ 300 000）	（$ 10 000）	
存货（$ 820 000－$ 600 000）	220 000	
建筑和设备（$ 900 000－$ 800 000）	100 000	
非专利技术（$ 500 000－0）	500 000	
正在进行的研究与开发支出	100 000	910 000
商誉		$ 190 000

按下列步骤编制出合并财务报表（图表 2—9）：

- Miller 公司的报表已经在这张工作表上更新，包括新发行股票、或有对价确认以及合并费用的影响。
- Richmond 公司的收入和费用账户已经结账到留存收益账户。并购法仅合并合并日后的收入和费用。
- 工作底稿分录 S 抵销子公司所有者账户，同时 Richmond 公司投资账户的账面价值减少 600 000 美元。

分录 A 根据事先决定的分配政策把 Richmond 公司的资产和负债调整到公允价值。

b. 如果 Miller 公司股票的公允价值为每股 26 美元，那么合并对价的公允价值的计算过程如下：

发行股票的公允价值（$26×50 000）	$1 300 000
或有对价的公允价值	100 000
合并支付对价的总公允价值	$1 400 000

图表 2—9

综合讲解题答案——并购法

合并工作底稿截至 12 月 31 日

账户	Miller 公司	Richmond 公司	合并分录		合并总额
			借方	贷方	
利润表					
收入	(6 000 000.0)				(6 000 000)
成本	3 420 000*				3 420 000*
净收益	(2 580 000.0)				(2 580 000)
留存收益表					
留存收益,01/01	(2 300 000)				(2 300 000)
净收益(由上转入)	(2 580 000)				(2 580 000)
留存收益,12/31	(4 880 000)				(4 880 000)
资产负债表					
现金	570 000*	200 000			770 000.0
应收项目	900 000	300 000		(A)10 000	1 190 000
存货	1 100 000	600 000	(A)220 000		1 920 000
对 Richmond 公司投资	1 700 000.0	0		(A)1 100 000 (S)600 000	0
建筑和设备(净值)	9 000 000	800 000	(A)100 000		9 900 000
商誉	0	0	(A)190 000		190 000
非专利技术	0	0	(A)500 000		500 000
资本化研究和开发	0	0	(A)100 000	100 000	100 000
总资产	13 270 000.0	1 900 000			14 570 000
应付账款	(400 000)	(200 000)			(600 000)
应付票据	(3 400 000)	(1 100 000)			(4 500 000)
或有债务	(100 000)*	0			(100 000)
普通股	(3 000 000)*	(220 000)	(S)220 000		(3 000 000)
盈余公积	(1 490 000)*	(100 000)	(S)100 000		(1 490 000)
留存收益,01/31 (由上转入)	(4 880 000)*	(280 000)†	(S)280 000		(4 880 000)
负债和所有者权益	(13 270 000)	(1 900 000)			(14 570 000)

注：带括号表示贷方余额。

* 账户是在调整新发行股票、或有债务确认以及合并费用的影响之后的。

† 代表期初留存收益加上收入减去费用。

因为合并支付的对价 110 000 美元低于合并中取得的净资产公允价值 1 510 000 美元，因此是一项折价购买。在这种情形下，Miller 公司应该继续确认获取的可辨认资产和负债的公允价值。这导致与 a 题要求的区别如下：

- 超过合并支付对价的 110 000 美元被确认为“折价购买利得”；
- 合并净收益增加了 110 000 美元，达到 2 690 000 美元；
- 没有确认商誉；
- Miller 公司的资本公积降低了 300 000 美元，为 1 190 000 美元；
- 合并的留存收益增加了 110 000 美元，达到 4 990 000 美元。

同时，在这起折价购买中，在 Miller 公司独立财务报表中的“对 Richmond 公司的投资”体现了取得的 1 510 000 美元可辨认净资产。这种计价方法与通常以合并对价为基础来对被合并企业进行计价不同。

问答题

1. 什么是企业合并？

2. 描述企业合并过程中的几种合并法律形式。

3. 合并财务报表是什么？

4. 在合并过程中，工作底稿的作用是什么？

5. Jones 公司通过发行 50 000 股股票获取了 Hudson 公司的所有普通股。在这种情况下，为什么难以确定合并对价？

6. 用并购法核算企业合并时，合并资产和负债的会计基础是什么？

7. 子公司的收入和费用如何进行合并？

8. Morgan 公司用现金收购了 Jennings 公司所有发行在外的普通股，Morgan 支付的对价大于取得的净资产的公允价值。采用并购法核算企业合并时，超过支付的对价大于取得的净资产的公允价值的部分如何处理？

9. Catron 公司面临着清算问题，因此将其所有的发行在外普通股卖给 Lambert 公司，采用现金支付。Lambert 能够以低于 Catron 净资产公允价值的价格完成这项购买。采用并购法核算企业合并时，如何处理这一差额？

10. Sloane 公司发行 25 000 股普通股用以交换 Benjamin 公司的所有发行在外股份。Benjamin 将保持其独立经营的法人地位。Sloane 应如何记录这些发行的股票？

11. 为了取得 Molly 公司的所有股票，Harrison 公司发行自身的普通股。Harrison 公司支付了 98 000 美元与该企业合并有关的律师和会计费用。此外，Harrison 公司还支付了 56 000 美元的股票发行费用。这些成本在并购法下如何处理？

习　题

1. 财务报表合并最适用于下列哪项？(　　)

a. 各公司在形式上是一个实体，但在实质上是独立的

b. 各公司在形式上是独立的，但在实质上是一个实体

c. 各公司在形式上和实质上都是一个实体

d. 各公司在形式上和实质上都是独立的

2. 什么是吸收合并？(　　)

a. 由证券交易委员会批准的合并

b. 同时涉及购买股权和购买资产的合并

c. 在初始要约收购一年内完成的合并

d. 两家或两家以上的企业合并成一家企业，其中只有一家企业继续作为法律实体存在

3. 企业合并中对获得的被收购企业正在进行中的研究与开发支出的恰当会计处理是哪项？(　　)

a. 作为合并过程中的费用

b. 将其资本化作为一项资产

c. 予以费用化，若用于研发过程中的资产没有其他用途且研发项目的技术可行性尚未达到

d. 予以费用化，但未来经济利益可确定的予以资本化，确认为资产

4. 被收购企业用于中央管理的办公大楼属于长期经营租赁。该租约的条款在当前市场利率下是有利的。然而，该租约不允许转租或其他权利转让。在收购企业的财务报表中，应将与该租约有关的价值确认为(　　)。

a. 符合法律契约标准的无形资产

b. 商誉的一部分

c. 符合可分离性标准的无形资产

d. 建筑物

5. Williams 公司收购了 Jaminson 有限公司的所有股票。在收购日编制的合并报表中，Jaminson 公司的存货应按什么价值予以合并？(　　)

a. 按照 Jaminson 公司的历史成本

b. 按照 Williams 公司支付的并购成本的对应比例

c. 在合并报表中忽略该存货

d. 按照合并日的公允价值

6. 根据 *SFAS 141R*，什么情况下应在合并财务信息中确认利得？(　　)

a. 当合并为一项折价购买时

b. 当合并发生在会计年度中期时

c. 当合并获得的资产和负债的价值不能全部确认时

d. 当折价购买的金额超过了被收购企业的非流动资产的价值时（特定情况除外）

7. 2009 年 6 月 1 日，Cline 公司支付现金 800 000 美元收购了 Renn 公司发行的所有的普通股股票。6 月 1 日 Renn 公司的资产和负债的账面价值如下：

现金	$ 150 000
应收账款	180 000
资本化的软件	320 000
商誉	100 000
负债	(130 000)
净资产	$ 620 000

2009年6月1日Renn公司的应收账款的公允价值为140 000美元。此外，Renn公司尚未完成的研究与开发预计公允价值为200 000美元。其他项目的账面价值与公允价值相同。Cline公司6月1日的合并资产负债表中，应确认多少商誉？(　　)

a. 320 000 美元

b. 120 000 美元

c. 80 000 美元

d. 20 000 美元

8. 合并前，Atkins有限公司与Waterson公司的股东权益如下：

	Atkins 公司	Waterson 公司
普通股股本（每股账面价值1美元）	$180 000	$45 000
资本公积	90 000	20 000
留存收益	300 000	110 000

Atkins公司以每股3美元的发行价格发行了51 000股普通股以收购Waterson公司的股票。假定收购成功，则合并日合并资本公积与留存收益分别为多少？(　　)

a. 104 000美元和300 000美元

b. 110 000美元和410 000美元

c. 192 000美元和300 000美元

d. 212 000美元和410 000美元

第9题和第10题基于以下信息：

Hill公司在7月1日获得了对Loring公司的控制权。当日Loring公司的账面价值和公允价值以及Hill公司的账面价值如下：

	Hill 账面价值	Loring 账面价值	Loring 公允价值
收入	$（250 000）	$（130 000）	
费用	170 000	80 000	
留存收益，01/01	（130 000）	（150 000）	
现金与应收账款	140 000	60 000	$60 000
存货	190 000	145 000	175 000
专利技术（净额）	230 000	180 000	200 000
土地	400 000	200 000	225 000
建筑与设备（净额）	100 000	75 000	75 000
负债	（540 000）	（360 000）	（350 000）
普通股股本	（300 000）	（70 000）	
资本公积	（10 000）	（30 000）	

9. 假设Hill发行10 000股普通股来收购Loring的普通股股票，Hill的股票账面价值为5美元，公允价值为40美元。应确认多少商誉？(　　)

a. 0　　　　b. 15 000 美元

c. 35 000 美元　　　　　　　d. 100 000 美元

10. 若 Hill 公司收购了 Loring 公司的所有股票，在会计期末（12 月 31 日），应如何确定合并报表中的净收入？（　　）

a. Hill 本年的收入加上 Loring 本年后 6 个月的收入

b. Hill 本年的收入加上 Loring 本年的收入

c. Hill 本年后 6 个月的收入加上 Loring 本年后 6 个月的收入

d. Hill 本年后 6 个月的收入加上 Loring 本年的收入

11. 略。

12. 并购前 Parrot 公司与 Sun 公司 12 月 31 日的资产负债表如下，其中包括 Sun 公司某些资产负债表项目的公允价值。

	Parrot 公司	Sun 公司	
	账面价值 12 月 31 日	账面价值 12 月 31 日	公允价值 12 月 31 日
现金	$ 290 000	$ 120 000	$ 120 000
应收账款	220 000	300 000	300 000
存货	410 000	210 000	260 000
土地	600 000	130 000	110 000
建筑与设备（净额）	600 000	270 000	330 000
特许经营权	220 000	190 000	220 000
应付账款	(190 000)	(120 000)	(120 000)
应计费用	(90 000)	(30 000)	(30 000)
长期负债	(900 000)	(510 000)	(510 000)
普通股股本——账面价值为 20 美元	(660 000)		
普通股股本——账面价值为 5 美元		(210 000)	
资本公积	(70 000)	(90 000)	
留存收益，01/01	(390 000)	(240 000)	
收入	(960 000)	(330 000)	
费用	920 000	310 000	

在 12 月 31 日，Parrot 支付现金 360 000 美元并发行 10 000 股普通股股票（市价为每股 40 美元）以收购 Sun 的股票。Parrot 另外支付了 20 000 美元的法律和会计费用以及 5 000 美元的股票发行费用。

请确定合并财务报表中下列账户应列示的合并数额：

存货　　土地　　建筑与设备　　特许经营权　　商誉

费用　　收入　　资本公积　　留存收益，1 月 1 日

13. Wisconsin 公司和 Badger 公司截至 2009 年 6 月 30 日的半年报见下表：

	Wisconsin 公司	Badger 公司
收入	($900 000)	($300 000)
费用	660 000	200 000
净利润	($240 000)	($100 000)
留存收益，01/01	($800 000)	($200 000)
净利润	(240 000)	(100 000)
已付股利	90 000	0
留存收益，30/06	($950 000)	($300 000)
现金	80 000	110 000
应收账款和存货	400 000	170 000
专利技术（净值）	900 000	300 000
设备（净值）	700 000	600 000
总资产	$2 080 000	$1 180 000
负债	($500 000)	($410 000)
普通股	(360 000)	(200 000)
资本公积	(270 000)	(270 000)
留存收益	(950 000)	(300 000)
负债和资产总额	($2 080 000)	($1 180 000)

在编制完以上数据后，2009 年 6 月 30 日，Wisconsin 公司发行了 300 000 美元债券和 15 000 股面值为 10 元的股票，用以与 Badger 公司的所有者交换该公司所有发行在外的股权。Wisconsin 公司的股票公允价值为每股 40 美元。

为了该项交易，Wisconsin 公司还支付给经纪人 30 000 美元。此外，Wisconsin 公司支付了 40 000 美元的股票发行费用。Badger 公司的设备实际价值 700 000 美元，但其专利技术的实际价值只有 280 000 美元。

问：以下账户的合并余额是多少？（　　）

a. 净利润

b. 2009 年 1 月 1 日的留存收益

c. 专利技术

d. 商誉

e. 负债

f. 普通股

g. 资本公积

14. 2009 年 1 月 1 日 Marshall 公司收购了 Tucker 公司 100% 的股权（普通股）。为完成本次并购，Marshall 公司发行了 200 000 美元的长期负债和 20 000 股普通股股票，该股票账面价值为每股 1 美元，市价为每股 10 美元。Marshall 公司另外支付了 30 000 美元给并购过程中的会计、律师、经纪人费用以及 120 000 美元的股票发行费用。

在并购交易前，两公司的资产负债表如下：

	Marshall 公司	Tucker 公司
	账面价值	账面价值
现金	$ 60 000	$ 20 000
应收账款	270 000	90 000
存货	360 000	140 000
土地	200 000	180 000
建筑（净额）	420 000	220 000
设备（净额）	160 000	50 000
应付账款	(150 000)	(40 000)
长期负债	(430 000)	(200 000)
普通股股本——账面价值为 1 美元	(110 000)	
普通股股本——账面价值为 20 美元		(120 000)
资本公积	(360 000)	0
留存收益，01/01	(420 000)	(340 000)

在 Marshall 对 Tucker 的评估中，认为三个账户被低估了：存货被低估了 5 000 美元，土地被低估了 20 000 美元，建筑被低估了 30 000 美元。

a. 确定合并后 Marshall 公司的资产负债表中各账户的列报数。

在编制合并后 Marshall 公司的资产负债表时，对损益类账户的调整应反映在 Marshall 的留存收益中。

b. 编制 2009 年 1 月两公司的合并资产负债表，确定合并资产负债表中各账户的列报数。

15. 2009 年 12 月 31 日，Pratt 公司以 495 000 美元取得 Spider 公司所有发行在外普通股。除了几个特别的项目外，其他项目的账面价值等于其公允价值。此外，Spider 公司有一项内部研发的资产没有入账。为了确定合并价格，Pratt 公司评估 Spider 公司的账面价值与公允价值差额如下：

	账面价值	公允价值
计算机软件	$ 20 000	$ 70 000
设备	40 000	30 000
客户合同	0	100 000
正在进行的研究与开发支出	0	40 000
应付票据	(60 000)	(65 000)

2009 年 12 月 31 日，公司的合并财务数据如下：

	Pratt 公司	Spider 公司
现金	$ 36 000	$ 18 000
应收账款	116 000	52 000
存货	140 000	90 000
对 Spider 公司的投资	495 000	0
计算机软件	210 000	20 000
建筑（净值）	595 000	130 000
设备（净值）	308 000	40 000
客户合同	0	0
商誉	0	0
总资产	$ 1 900 000	$ 350 000
应付账款	(88 000)	(25 000)
应付票据	(510 000)	(60 000)
普通股	(380 000)	(100 000)
资本公积	(170 000)	(25 000)
留存收益	(752 000)	(140 000)
负债和所有者权益总额	($ 1 900 000)	($ 350 000)

请编制 2009 年 12 月 31 日 Pratt 公司和 Spider 公司的合并财务报表。

16. 2009 年 1 月 1 日，Allerton 公司支付现金收购了 Deluxe 公司的所有资产和负债，之后正式解散了 Deluxe 公司。在合并日，Deluxe 公司账面价值和公允价值如下：

	账面价值	公允价值
流动资产	$ 60 000	$ 60 000
建筑	90 000	50 000
土地	10 000	20 000
商标权	0	30 000
商誉	150 000	?
负债	(40 000)	(40 000)
普通股股本	(100 000)	
留存收益	(35 000)	

采用并购法，编制 Allerton 公司在并购 Deluxe 时的分录。假定其支付的现金分为

以下两种情况：

（1）145 000 美元

（2）110 000 美元

17. 略。

18. SafeData 公司在 6 月 30 日的账户余额和公允价值分别如下：

	账面价值	公允价值
应收账款	$ 80 000	$ 80 000
专利技术	100 000	700 000
客户关系	0	500 000
正在进行的研究与开发支出	0	300 000
负债	(400 000)	(400 000)
普通股股本	(100 000)	
资本公积	(300 000)	
留存收益（亏损），01/01	700 000	
收入	(300 000)	
费用	220 000	

Privacy First 公司在 6 月 30 日通过发行 20 000 股普通股股票（每股账面价值为 1 美元，每股市价为 75 美元）获得了 SafeData 公司的全部股份。Privacy First 公司另外支付了 10 000 美元的股票发行费用及 75 000 美元给协助并购的投资银行。在最终交易条款的谈判中，Privacy First 公司同意若在并购后两年内 SafeData 公司达到特定的收入目标时将支付其原股东 100 000 美元。Privacy First 公司估计该或有负债调整后的现值为 30 000 美元。该交易采用并购法进行会计处理。

a. 在本次并购中对价的公允价值为多少？

b. 股票发行费用在合并后的 Privacy First 公司的财务报表（母公司财务报表）中应如何反映？

c. Privacy First 公司对支付给投资银行的费用应如何记录？

d. 本次发行股票如何影响 Privacy First 公司（母公司）的股东权益账户？

e. 本次并购中对价的公允价值如何在获得的资产和负债中进行分摊？

f. SafeData 公司的收入和费用怎样影响合并报表的总收入和费用？为什么？

g. SafeData 公司的股本和资本公积账户如何影响合并报表的总数？

h. 若 Privacy First 公司股票的市价只有 50 美元而不是 75 美元，会对合并财务报表产生什么样的影响？

19. 2009 年 1 月 1 日，NewTune 公司以 15 000 股发行在外普通股交换 On-the-Go 公司的所有股权。NewTune 公司的每股面值为 4 美元，每股公允价值为 50 美元。所转移的普通股的公允价值等于 On-the-Go 公司的公允价值。同时，NewTune 公司还支付了 25 000 美元与该并购有关的注册费和发行费用。

On-the-Go 公司有几个项目账面价值与公允价值不相等：

	账面价值	公允价值
应收账款	$ 65 000	$ 63 000
商标	95 000	225 000
音乐目录	60 000	180 000
正在进行的研究与开发支出	0	200 000
应付票据	(50 000)	(45 000)

2009 年 1 月 1 日，在合并前，两个公司的账面价值如下：

	NewTune 公司	On-the-Go 公司
现金	$ 60 000	$ 29 000
应收账款	150 000	65 000
商标	400 000	95 000
音乐目录	840 000	60 000
设备（净值）	320 000	105 000
总计	$ 1 770 000	$ 354 000
应付账款	(110 000)	(34 000)
应付票据	(370 000)	(50 000)
普通股	(400 000)	(50 000)
资本公积	(30 000)	(30 000)
留存收益	(860 000)	(190 000)
总计	($ 1 770 000)	($ 354 000)

要求：

a. 假设该合并是吸收合并，从而 On-the-Go 公司的账务会合并到 NewTune 公司中，On-the-Go 公司将被解散。请采用并购法，编制合并日的合并资产负债表。

b. 假设该项合并未发生解散，两个公司都仍然以独立的实体存在。请采用并购法编制合并日的合并工作底稿。

c. 在 A 和 B 两种情况下，资产负债表有何区别？

20. 2009 年 12 月 31 日，Pacifica 公司获得了 Seguros 公司 100% 的投票股权。Pacifica 公司将把 Seguros 公司视为全资子公司，让其继续作为一个法律和会计实体存在。支付给 Seguros 股东的对价包括：Pacifica 公司发行 50 000 股新股（市价为每股 20 美元，账面价值为每股 5 美元）；若 Seguros 公司在 2010 年 12 月 31 日之前完成特定的工程目标，将额外支付给其原股东 130 000 美元现金。Pacifica 公司预计 Seguros 公司实现这些目标的概率是 50%，且采用 4% 的折现率来计算货币的时间价值。

并购前，两公司的下列数据可得：

	Pacifica	Seguros 公司	
	账面价值	账面价值	公允价值
收入	($1 200 000)		
费用	875 000		
净收入	($325 000)		
留存收益，01/01/2009	(950 000)		
净收入	(325 000)		
支付股利	90 000		
留存收益，12/31/2009	($1 185 000)		
现金	110 000	$85 000	$85 000
应收账款及存货	750 000	190 000	180 000
不动产、工厂及设备	1 400 000	450 000	600 000
商标权	300 000	160 000	200 000
总资产	$2 560 000	$885 000	
负债	(500 000)	(180 000)	($180 000)
普通股股本	(400 000)	(200 000)	
资本公积	(475 000)	(70 000)	
留存收益	(1 185 000)	(435 000)	
负债与所有者权益	($2 560 000)	($885 000)	

此外，Pacifica 公司评估 Seguros 公司有一项尚未完成的研究与开发，其公允价值为 100 000 美元。Pacifica 公司另外支付了与并购有关的法律与会计费用 15 000 美元及股票发行费用 9 000 美元。

采用并购法，编制下列报表及分录：

a. 编制 Pacifica 公司支付给 Seguous 公司前股东合并对价的会计分录及记录直接费用和股票发行费用的会计分录（现值系数为 0.961538）

b. 编制合并后 Pacifica 公司的各账户余额（母公司报表）

c. 编制 2009 年 12 月 31 日的合并资产负债表工作底稿

21. 略。

22. Winston 在 2 月 1 日的报表余额如下：

存货	$600 000
土地	500 000
建筑（净额）（公允价值为 1 000 000 美元）	900 000
普通股股本——账面价值为 10 美元	(800 000)
留存收益，01/01	(1 100 000)
收入	(600 000)
费用	500 000

Arlington 支付了 1 400 000 美元现金并发行了 10 000 股普通股股票（账面价值为

每股30美元，市场价格为每股80美元）以收购Winston的所有股权。股票发行费用为30 000美元。在新股发行之前，Arlington的股本为900 000美元，资本公积为500 000美元。请确定下列账户在2月1日合并报表中的列示数：

a. 商誉
b. 费用
c. 留存收益，01/01
d. 建筑

23. 根据第22题的信息，但假定Arlington支付了2 300 000美元现金，并未发行新股。另外支付直接合并费用40 000美元。

请确定下列账户在2月1日合并报表中的列示数：

a. 商誉
b. 费用
c. 留存收益，01/01
d. 建筑

24. 根据第22题的信息，但假定Arlington支付了现金2 020 000美元，另外支付直接合并费用20 000美元。

请确定下列账户在2月1日合并报表中的列示数：

a. 商誉
b. 费用
c. 留存收益，01/01
d. 建筑

25. 2008年1月1日Merrill收购了Harriss公司100%的股权。为了获得这些股权，Merrill支付了200 000美元的现金并发行了10 000股新股，每股账面价值为10美元。当日，其股票的市场价格为每股18美元。Merrill还支付给当地的投资公司并购费用10 000美元及额外的股票发行费用6 000美元。

2008年1月1日Merrill和Harriss公司的账面价值及公允价值如下。此外，Harriss公司还有一项专利已全额计提摊销，但其公允价值为30 000美元。

	Merrill	Harriss	
	账面价值	账面价值	公允价值
现金	$300 000	$40 000	$40 000
应收账款	160 000	90 000	80 000
存货	220 000	130 000	130 000
土地	100 000	60 000	60 000
建筑（净额）	400 000	110 000	140 000
设备（净额）	120 000	50 000	50 000
应付账款	(160 000)	(30 000)	(30 000)
长期负债	(380 000)	(170 000)	(150 000)
普通股股本	(400 000)	(40 000)	
留存收益	(360 000)	(240 000)	

a. 假定该合并为法定合并，因而Harriss的账户都转至Merrill报表中，Harriss解

散，不再作为法人实体。编制合并的会计分录。

b. 假定合并后不会有公司解散，或者说，两个公司仍为独立的法人实体。编制两公司 2008 年 1 月 1 日的合并报表的工作底稿。

权益结合法

26. 略。

27. Flaherty 公司在 2001 年 3 月对 Steeley 公司进行并购，该并购采用权益结合法。在发行新股过程中发生了登记费用，同时在并购过程中也发生了其他费用如法律和会计费用。

a. 采用权益结合法时，怎样将两个公司的资产和负债纳入合并报表？会计处理时采用权益结合法的依据是什么？

b. 采用权益结合法时，发行股票发生的登记费用和其他直接费用如何记录？

c. 采用权益结合法时，上述过程对 2001 年的财务结果有何影响？

28. 在 2 月 1 日，Piscina 公司完成了对 Swimwear 公司的并购，采用权益结合法进行会计处理。当日 Swimwear 公司的账户余额如下：

	账面价值	公允价值
存货	\$ 600 000	\$ 650 000
土地	450 000	750 000
建筑	900 000	1 000 000
非专利技术	0	1 500 000
普通股股本（每股账面价值为 10 美元）	(750 000)	
留存收益，01/01	(1 100 000)	
收入	(600 000)	
费用	500 000	

Piscina 公司向 Swimwear 公司发行了 30 000 股普通股（每股账面价值为 25 美元，市场价格为 150 美元）以收购 Swimwear 公司的所有股份。完成收购后，Swimwear 公司被解散。

在 2002 年之前，并购既可以采用购买法也可以采用权益结合法进行会计处理。这两种方法经常会对财务报表产生显著不同的影响。如本题情况：

a. Swimwear 公司在购买法和权益结合法下其资产的合并价值分别为多少？

b. 在这两种方法下，Piscina 公司应怎样记录 Swimwear 公司本年的但在并购前发生的收入和费用？

- 权益结合法
- 购买法

c. 采用购买法及权益结合法对合并后期间的业绩指标（如资产回报率、每股收益等）有什么影响？

第3章　合并报表

在20世纪80年代中期，美国通用电气公司（GE）以64亿美元收购了美国无线电公司（RCA），而美国全国广播公司（NBC）作为无线电公司（RCA）的一部分也同时被通用电气收购。虽然这次交易涉及的都是一些大名鼎鼎的公司，但是它并无奇特之处。在工商界，合并和购买都非常普通。

通用电气最近的年报显示，全国广播公司NBC（现在的NBC Universal）仍然是其经济实体的一个组成部分。然而，在被收购之后，NBC Universal却保持着独立经营。如第2章中所述，母公司通常选择让子公司保留独立法人的资格，以便更好地利用其内在的价值。

会计信息对外披露时，子公司的法人性质也使会计处理面临着更大的挑战。因为在并购后的每一个会计期间，都要通过准备工作底稿和做合并分录来重新合并报表。因此，在过去将近二十年的时间里，通用电气和NBC全球的财务数据都被定期地合并在一起，为合并的财务报表提供数据信息。

2007年12月，FASB发布了*SFAS 141R*“企业合并”。正如我们在第2章中讨论的那样，*SFAS 141R*深刻地影响了我们核算一项企业合并的方式。在并购后的每一个会计期间，对子公司的资产和负债的公允价值基础（基于并购日期）应当在适当的收入配比下予以摊销。更进一步地，*SFAS 141R*要求对或有对价的会计处理进行变革，继续沿用公允价值模式，这个我们将在接下来的章节中讨论。

在本章接下来的部分中，我们会陈述并购后的会计期间的合并财务报表的相应程序：首先介绍母公司投资时的内部会计处理方法和编制合并报表时的调整方法；其次介绍摊销子公司在合并日期的资产负债公允价值的特殊程序；最后叙述商誉的减值测试，或有对价的会计处理和下推会计等相关问题。

3.1　合并——由于时间推移产生的影响

在第2章中，对于企业合并的核算是在合并当日进行的。而这一章将进一步探讨当子公司保留其独立个体时，在并购日之后以后的会计期间必须进行的会计处理步骤。

尽管合并日后有许多复杂状况出现，但是所有合并的目标是相同的：将母公司和子公司的资产、负债、收入、费用和所有者权益账户相加。从技术角度来看，工作底稿和合并分录仍然提供了财务报表的合并的框架。

时间因素使得报表合并更加复杂化。为了内部记账的需要，母公司必须选用一种会计核算方法来监控两家公司之间的关系。母公司记录的投资账户、收入账户余额因其所选择的核算方法不同而产生差异。但是这些差异只对定期进行的合并过程产生影响，却并不影响合并后财务报表的数据。因为不管母公司投资账户的金额是多少，都会在工作底稿中被抵销。只有这样，才能将子公司真实的资产和负债相应地同母公司合并而不会重复计算。同样，母公司在每个会计期间确认的投资收益也会被抵销，能够使子公司的收入和费用包括在编制的合并后企业实体的利润表中。

3.2 母公司的投资账户会计处理

就外部报告而言，只要控制存在，就需要将子公司纳入合并范围。但是就内部核算而言，母公司可以有很多种可供选择的办法：初始价值法[①]、权益法以及部分权益法。由于在合并报表中，相关的投资账户以及收益账户余额都将被抵销，因此，核算方法的选择并不会影响最终合并报表的结果。但是不同的核算方法却会对合并报表的程序产生影响。

对于每一个企业合并来说，任何一种核算方法中，投资账户在合并日当天的金额都是一样的。*SFAS 141R* 颁布以前，购买时确认投资的金额为购买时所付出的实际成本。[②] 但是，现在 *SFAS 141R* 要求使用并购法，需按照公允价值来核算该项投资，而不是历史成本。也就是说，以母公司所付出的对价的公允价值（或者在折价购买中，母公司所购买的子公司的净资产的份额的公允价值）作为母公司会计核算的基础。因此，在企业合并时我们确认母公司投资账户的初始金额将按照以下方式确定：

- *SFAS 141R* 颁布以前，母公司使用购买法核算的，以购买发生的成本入账；使用权益结合法核算的，以子公司的账面价值入账。
- *SFAS 141R* 颁布以后，母公司按照在并购日当天对子公司净资产所占份额的公允价值（通常等于母公司所支付对价的公允价值）来确认对子公司的投资。

在很多情况下，并购日子公司的公允价值同母公司所付出的成本相等。但是，*SFAS 141R* 颁布以后，会产生两者不一致的情况。因此，在本书中，我们会采用一个新名词“初始价值”来描述母公司账务处理中对子公司的核算。

3.2.1 内部核算投资的选择——权益法、部分权益法、初始价值法

企业内部报告的理念决定了其所选择的对子公司投资会计核算的方法。母公司依据对子公司经营状况评估的方法，可能选用下列三种内部报告方法中的一种：

1. 权益法

权益法下，母公司对投资按照子公司的收益状况采用应计制。当子公司获得收益时，母公司增加投资账户金额。为了使公允价值的溢价能和获得的收益匹配，需要按期通过调整分录确认公允价值溢价的摊销费用。母子公司之间的未实现收益予以递延，子公司分配的股利冲减投资的账面价值。如第 1 章所述，在权益法下，母公司的投资账户同子公司的所有者权益是同步变动的。[③]

当母公司拥有子公司的所有股份时，母公司确认子公司的所有收益，同母公司其他的收入来源一起，即是整个合并企业的总收益。因此，权益法经常被称为直线法。权益法通常在母公司定期核算子公司的实际收益时适用。

---

① 初始价值法在 *SFAS 141R* 颁布之前叫做成本法。

② 如果企业并购符合联营的条件，则应将子公司的账面价值作为企业合并核算的基础，并且母公司按子公司账面价值记录投资。

③ 在第 1 章中，我们介绍的权益法是当母公司对被投资者有重大影响（通常是持有 20% ~50% 的股份）时，在对外的报表中核算对子公司的投资所采用的方法。在这里，权益法是指当母公司获得对子公司的控制时，内部报告中对子公司投资的核算方法。虽然两者的过程相似，但是目的却不同。

2. 初始价值法（以前被称作成本法）

当母公司不要求按应计制核算子公司的经营状况时，就可以采用初始价值法。企业合并之后，初始价值法以收付实现制确认子公司的收益，即以子公司分配的股利为投资收益，对子公司的收入不做处理。子公司的投资账户保持并购日当天确认的金额。如果母公司以子公司获取现金流的能力作为衡量子公司的经营状况，初始价值法不失为一种适当的方法。同时，初始价值法对一些公司来说比较容易采用。由于在合并报表时投资账户都将被抵销，被合并的将是子公司实际发生的收入和费用，因此采用初始价值法相对权益法省去了很多麻烦。

3. 部分权益法

母公司可供选择的第三种方法是部分权益法。在部分权益法下，母公司将子公司获得的收益确认为投资收益。收到子公司的股利冲减投资账户。但是，并不进行其他的调整（如摊销或者递延的收益）。因此，在很多情况下，采用部分权益法时母公司账户的金额接近于采用权益法的价格，但是并不完全一样。

每一个公司都必须为其对子公司的核算方法做出决策。比如，Alliant 食品公司采用完全权益法。按照其副总裁 Joe Tomczak 的说法“我们以权益法为基础来对子公司进行核算。这种方法为我们的经营决策提供了最全面的信息”①。

相反，Reynolds Metals 公司则选择采用部分权益法。其会计主管 Allen Earehart 说道：“我们每年都对投资账户的账面价值进行调整，以使其能反映子公司的收益情况。因为我们想从整体上来评价母公司，所以必须得定期确认应计的权益。然而，我们单独核算一些调整项目，如关联方之间的收益和损失，并在合并报表时予以反映。”②

图表 3—1 是对这三种核算方法的总结。所选择的核算方法只影响母公司单独的账目，而子公司的账目和合并报表并无差异。

因为准备合并工作底稿的步骤因所采用的核算方法不同而各异，所以我们会将报表合并的方法介绍两次。首先介绍在权益法下的报表合并，然后再扩展到其他两种方法。

图表 3—1　**并购方内部核算投资的方法**

方法	投资账户	收入账户	优点
权益法	需持续性调整以反映对被并购企业的所有权	在子公司获得收益时按比例确认投资收益；同时确认摊销费用和其他需调整的项目	并购企业的总余额就代表了真实的合并额
初始价值法	保持原始并购成本	仅将收到的股利确认为投资收益	容易采用，衡量实际的现金流
部分权益法	确认应计的投资收益和从子公司得到的股利	仅将子公司赚取的收益按比例确认为投资收益，不对投资收益做其他调整	并购企业的账户余额接近于合并额，同时比权益法容易应用

① 来自与 Joe Tomaczak 的电话交谈。
② 来自与 Allen Earehart 的电话交谈。

3.3 并购年度以后期间的报表合并——采用权益法核算投资

3.3.1 并购当年的报表合并

概而观之，假设 Parrot 公司在 2009 年 1 月以 800 000 美元收购了 Sun 公司的所有流通股。

在购买当日，Sun 公司的账面价值和公允价值如下：

	账面价值 01/01/2007	公允价值 01/01/2007	差异
流动资产	$ 320 000	$ 320 000	0
土地	200 000	220 000	+20 000
建筑物物（10 年使用寿命）	320 000	450 000	+130 000
设备（5 年使用寿命）	180 000	150 000	(30 000)
负债	(420 000)	(420 000)	0
净账面价值	$ 600 000	$ 720 000	$ 120 000
普通股（40 美元每股面值）	$ (200 000)		
资本公积	(20 000)		
留存收益（01/01/2009）	(380 000)		

Parrot 公司认为 Sun 公司商标的经济寿命是无限、不确定的，根据 *SFAS 142R*，这类资产是不能摊销但是受限于减值测试。[①] 对于合并中的寿命明确的资产（注册技术和设备）而言，我们假定使用无残值的直线摊销法。[②]

Parrot 公司以 800 000 美元的现金购买了 Sun 公司，即支付对价的公允价值。如图表 3—2 所示，Sun 公司的 2009 年 1 月账面的资产被调整到公允价值。由于这些资产和负债的公允价值仅仅为 720 000 美元，剩余的 80 000 美元则作为商誉。

图表 3—2　　**Parrot 公司子公司公允价值分配**

（2009 年 1 月 1 日）

Parrot 公司所付购买价		$ 800 000
Sun 公司账面价值		(600 000)
买价超过账面价值的部分		200 000
依据公允价值分配至可辨认资产		
土地	$ 20 000	
建筑物	130 000	
设备	(30 000)	120 000
商誉		$ 80 000

这些因公允价值的调整产生的金额分配（20 000 美元的商标和 80 000 美元的商

① 在其他情况下，商标可以拥有可辨认的使用寿命并透过直线法摊销。
② 如果没有其他说明，本书的所有摊销均采用直线法且没有残值。

誉除外)，都与资产的明确寿命有关。正如第 1 章所述，Parrot 公司必须在每个账户使用期限内逐年摊销这些分配的金额。相应的摊销费用在图表 3—3 中列示。

图表 3—3　**年度溢价摊销**

Parrot 公司
溢价摊销表——并购日公允价值摊销

科目	分配金额	使用寿命	每年度溢价摊销额
土地	$ 20 000	不确定	0
建筑物	130 000	10 年	$ 13 000
设备	(30 000)	5 年	(6 000)
商誉	80 000	不确定	0
			$ 7 000 *

* 所有的溢价将以每年 7 000 美元进行摊销直至分配给设备的公允价值全部抵销。当其中任一项资产分配的公允价值摊销完之后，年度摊销的金额将随之发生改变。

关于这些摊销有一点仍需进一步解释。Sun 公司设备的公允价值比账面价值低 30 000美元。因此，30 000 美元的分配应该反映资产价值的减少而不是增加。正因为这样，在图表 3—3 中，和设备相关的摊销实际为减少费用而不是增加费用。

在确定了购买价格的分配和摊销之后，就知道 Parrot 公司 2009 年该如何记账了。假设 Sun 公司在 2009 年获得了 100 000 美元的收益，并在 2009 年 8 月 1 日分派了 40 000美元现金股利。

在这个例子中，Parrot 公司采用权益法。显然，该公司相信使用权益法能够为评估 Sun 公司提供最有效的信息。

权益法下：Parrot 公司的会计分录

01/01/2009	对 Sun 公司的投资	800 000	
	现金		800 000
	记录并购 Sun 公司		
08/01/2009	现金	40 000	
	对 Sun 公司的投资		40 000
	收到子公司分派的股利，根据权益法，冲减投资账户		
12/31/2009	对 Sun 公司的投资	100 000	
	投资收益		100 000
	记录 100% 持股子公司的收益，确认为投资收益		
12/31/2009	投资收益	7 000	
	对 Sun 公司的投资		7 000
	确认摊销费用（见图表 3—3）		

从上述分录可以看出，Parrot 公司采用权益法，使得对 Sun 公司的投资账户余额从 800 000 美元上升至 853 000 美元（800 000– 40 000+100 000–7 000）。在这段时期内，母公司确认了 93 000 美元（应计收入 100 000 美元减去溢价的摊销费用 7 000 美元）的投资收益。

Parrot 公司和 Sun 公司在并购当年报表合并的具体步骤将在下一节中讲述。因此，我们在图表 3—4 中给出了两个公司 2009 年各自的报表。Parrot 公司用权益法核算与投资相关的账户（853 000 美元的资产余额和 93 000 美元的应计投资收益）。

3.3.2 确定合并额

在开始合并之前，我们必须首先理解合并的目的。如在第 2 章中所述，在准备合并的财务报表时，直接将子公司的收入、费用、资产和负债账户加到母公司的相关账户余额中。这个过程必须注意以下几点：

- 调整 Sun 公司的资产和负债，都必须调整至能反映原始购买价格的分配。
- 随着时间推移，购买价格的分配对于损益的影响（如摊销）必须在合并过程中得到确认。
- 公司间的往来账户必须抵销。例如，如果一个公司对另一个公司存在负债，是公司内部的往来账项，与外部那一方无关，从对外披露的角度，必须抵销。当把两个公司作为一个经济实体看待时，公司间往来的应收应付账户都应该抵销。

将图表 3—4 中提供的两个公司的财务信息进行合并并不复杂，甚至不需要合并工作底稿就可以做到。知道合并报表中公布的数据的来源是学习报表合并的第一步。

- 收入 =1 900 000 美元。直接将母公司和子公司的收入相加。
- 销货成本 =950 000 美元。直接将母公司和子公司的销货成本相加。
- 摊销费用 =153 000 美元。母公司的余额和子公司的余额被合并，并加上对专利技术的公允价值高于账面价值的溢价的摊销。

图表 3—4　　独立财务报表——权益法

Parrot 公司和 Sun 公司
财务报表
结束于 2009 年 12 月 31 日

	Parrot 公司	Sun 公司
收益表		
收入	\$（1 500 000）	\$（400 000）
销货成本	700 000	250 000
摊销费用	120 000	20 000
折旧费用	80 000	30 000
投资收益	(93 000)	0
净收益	\$（693 000）	\$（100 000）

续表

	Parrot 公司	Sun 公司
留存收益表		
留存收益，01/01/2009	$ （840 000）	$ （380 000）
净收益	（693 000）	（100 000）
已付股利	120 000	40 000
留存收益，12/31/2009	$ （1 413 000）	$ （440 000）
资产负债表		
流动资产	$ 1 040 000	$ 400 000
对 Sun 公司的投资	853 000	0
土地	600 000	200 000
建筑物（净值）	370 000	288 000
设备（净值）	250 000	220 000
总资产	$ 3 113 000	$ 1 108 000
负债	$ （980 000）	$ （448 000）
普通股	（600 000）	（200 000）
资本公积	（120 000）	（20 000）
留存收益，12/31/2009	（1 413 000）	（440 000）
总负债和所有者权益	$ （3 113 000）	$ （1 108 000）

注意：括号代表贷方余额。

- *折旧费用*＝104 000 美元。折旧费用为母公司和子公司的折旧费用之和，同时考虑因设备公允价值减值而导致的 6 000 美元折旧费用的减少，见图表 3—3。
- *投资收益*＝0 美元。抵销母公司的投资收益，使得子公司的收入和费用可以并入合并的收入和费用。
- *净收益*＝693 000 美元。合并的收入减去合并的费用。
- *留存收益*(01/01/2009）＝840 000 美元。只列示母公司的金额，因为在此之前还没用拥有子公司。
- 已付股利＝120 000 美元。仅含有母公司的金额，因为子公司的股利完全分派给了母公司，为公司间往来交易，而不是给外部方。
- *留存收益*(12/31/2009）＝1 413 000 美元。合并的期末留存收益为期初的合并留存收益加上合并的净收益减去合并的已付股利。
- *流动资产*＝1 440 000 美元。母公司的账面价值加上子公司的账面价值。
- 对 Sun 公司的投资＝0 美元。母公司投资账户被抵销，以便子公司的资产和负债能够直接被合并。
- *商标*＝820 000 美元。母公司和子公司的账面价值之和，加上并购日的公允价值溢价 20 000 美元。

- *专利技术=775 000* 美元。母公司和子公司的账面价值之和，加上并购日分配给子公司专利技术的公允价值溢价 130 000 美元，再减去 2009 年对其的摊销 13 000 美元。
- *设备=446 000* 美元。母公司和子公司的账面价值之和，减去并购日的公允价值折价 30 000 美元，再加上当年年当年的费用减值 6 000 美元。
- *商誉=80 000* 美元。为图表 3—2 中所示分配的剩余额。注意商誉不需要进行摊销。
- *总资产=3 561 000* 美元。将各项资产的合并额纵向相加。
- *负债=*1 428 000 美元。母公司与子公司的账面价值之和。
- *普通股=*600 000 美元。为母公司的账面价值。子公司股票因为这次合并不再流通。
- *资本公积=*120 000 美元。为母公司的账面价值。子公司的资本公积随着子公司股票停止流通而抵销。
- *留存收益(12/31/2009)* = 1 413 000 美元。已经在上面计算过了。
- *总负债和所有者权益=*3 561 000 美元。将合并的负债和合并的所有者权益垂直相加。

3.3.3 合并工作底稿

虽然可以通过上述方法得到合并报表的各项金额，但是会计更倾向于采用合并工作底稿来进行报表合并。合并工作底稿为合并提供了一个有序的工作平台，特别是在复杂的报表合并中，其优点更加明显。

对于 Parrot 公司和 Sun 公司，只需要通过五个合并分录就可以得到上述所说的数额。正如第 2 章中所说，*合并分录是报表合并的催化剂，但并不会在其中任何一家公司会计账簿中记录*。

合并分录 S

普通股（Sun 公司）	200 000	
资本公积（Sun 公司）	20 000	
留存收益，01/01/2009（Sun 公司）	380 000	
对 Sun 公司的投资		600 000

如图表 3—2 所示，Parrot 公司 800 000 美元的购买价格由两部分组成：（1）600 000美元为 Sun 公司的账面价值；（2）Sun 公司 2009 年 1 月 1 日公允价值同账面价值之间的差异 200 000 美元（分配后剩余的部分归集到商誉）。合并分录 S 抵销了其中 600 000 美元的部分，使得子公司的资产和负债的*账面价值*能包含在合并额中。第二个合并分录（合并分录 A）抵销了 2009 年 1 月 1 日投资账户中另外的 200 000美元，使其分配到各个资产账户包括在商誉的合并额中。

合并分录 S 同时也抵销了 Sun 公司期初的所有者权益账户。在并购之前积累的所有者权益与此次合并没有联系，所以应当被抵销。用这个分录来抵销的原因是子公司的期初所有者权益账户同母公司的投资账户是相对应的账户：都用来衡量子公司

2009 年 1 月 1 日的账面价值。

在进入下一个合并分录之前，必须澄清一点：在实务中，工作底稿合并分录通常用数字表示。然而，如上一章所示，在这个例子中以“合并分录 S”来表示抵销 Sun 公司期初所有者（Stockholders）权益的分录。本书中所有的合并分录都以类似的方式表示，因此，在本书中，“合并分录 S”都是表示将子公司期初所有者权益与母公司投资账户中反映子公司账面价值的那部分相抵销。

合并分录 A

商标	20 000	
专利技术	130 000	
商誉	80 000	
设备		30 000
对 Sun 公司的投资		200 000

合并分录 A 用获取的最新的公允价值来替代子公司账面价值（见图表 3—2）。这个合并分录被称为“合并分录 A”，意味着它代表子公司的公允价值超过其账面价值的部分相关的分配。Sun 公司的账户合计被调整了 200 000 美元，这是购买日公允价值 800 000 美元超过账面价值 600 000 美元的差额。

合并分录 I

投资收益	93 000	
对 Sun 公司的投资		93 000

合并分录 I（代表收益 Income）移去了 Parrot 本年中确认的对子公司的投资收益，于是 Sun 公司的收入和费用（包括本期的摊销费用）可以直接和母公司合并。这里的 93 000 美元为母公司按比例确认的对子公司的投资收益减去 7 000 美元的溢价摊销。为了合并的需要，在母公司账簿中出现的投资收益单行数额必须抵销，以使得各自的收入和费用可以直接合并。母公司已经记录的分录必须在合并工作底稿中转回以消除其影响。

合并分录 D

对 Sun 公司的投资	40 000	
已付股利		40 000

子公司 2009 年分派的股利也应当从合并额中剔除。其分派的 40 000 美元股利都支付给了母公司，但是从合并的观点来看，这只不过是公司内部现金的转移，该分配并未对外界造成影响。因此，合并分录 D 就是通过移除子公司已付股利科目来抵销这笔交易。因为母公司采用的是权益法，在收到这部分股利时减少了投资账户的金额，所以，为了消除其影响，移除子公司已付股利账户时，同时还应增加投资账户余额。

合并分录 E

摊销费用	13 000	
设备	6 000	
专利技术		13 000
折旧费用		6 000

最后一个调整记录当期同 Sun 公司资产的公允价值调整相关的摊销费用。因

为在权益法确认的摊销已经在合并分录 I 中抵销，合并分录 E（代表费用 Expense）现在记录 2009 年归因于各具体账户分配公允价值溢价导致的费用变化（见图表 3—3）。注意我们调整有形资产设备的折旧费用和无形资产专利技术的摊销费用。习惯上，我们将并购日公允价值溢价分配导致的各种费用，都称作溢价摊销费用。

综上所述，母公司采用权益法时，所需的合并分录如下：

合并分录 S ——抵销子公司本期期初所有者权益和母公司投资账户中反映子公司账面价值的部分。

合并分录 A ——确认本期期初尚未摊销的溢价分配。

合并分录 I ——冲销母公司确认的公司间往来的收益。

合并分录 D ——冲销子公司分派的股利。

合并分录 E ——确认当期应当摊销的买价分配。

图表 3—5 为 Parrot 公司和 Sun 公司 2009 年 12 月 31 日完整的合并工作底稿。工作底稿中一连串的合并分录使两张财务报表成功地合并在一起。注意，最后得到的合并金额同我们在上一节计算的金额是一致的。

注意 Parrot 公司的报表中净收益为 693 000 美元，留存收益为 1 413 000 美元，同合并后的金额完全相同。然而，子公司在并购日之后的收益也已同母公司的收益相加，于是问题出现了，为什么合并后的金额依然同母公司的金额相等呢？

事实上，Sun 公司的收益既包含在母公司的收益中也包含在合并的收益中。通过权益法，子公司 2009 年的收益已经同摊销费用一起在母公司的账上得到相应确认。因此，*母公司的投资收益账户就反映了子公司的收益对合并净收益的影响*。如果权益法运用得当，合并工作底稿所做的只是将投资收益 93 000 美元的余额以其代表的收入和费用代替。因此，在权益法下，*母公司的净收益和留存收益反映的就是合并的净收益和留存收益*。

3.3.4 并购以后年度的报表合并——投资账户用权益法核算时

Parrot 公司和 Sun 公司在并购日之后每次报表合并的基本步骤和上一章所列示的并购当年的报表合并在很多方面都相同。但是，随着公司财务信息的演变，以后年度合并报表不可能只是简单地重复图表 3—5 所示的合并分录。

为了说明如何计算由于时间推移产生的变化，假设 Parrot 公司在 2012 年 12 月 31 日仍然拥有对 Sun 公司的所有权。这个时间是随机选取的，2009 年之后的任何时间对于阐明合并过程作用都相同。此外，还假设 Sun 公司现在对 Parrot 公司负债 40 000 美元。

假设在 2012 年 1 月 1 日，Sun 公司的留存收益余额为 600 000 美元。因为在 2009 年 1 月 1 日，Sun 公司的留存收益仅为 380 000 美元，Sun 公司的账面价值在 2009—2011 年间上升了 220 000 美元。虽然不需要知道公司在过去各年所有的会计信息，但是 Sun 公司公布的数据总额可以帮助我们更清楚地说明一些步骤。

年度	Sun 公司净收益	已付股利	增加的账面价值	期末留存收益
2009	$ 100 000	$ 40 000	$ 60 000	$ 440 000
2010	140 000	50 000	90 000	530 000
2011	90 000	20 000	70 000	600 000
	$ 330 000	$ 110 000	$ 220 000	

图表 3—5　　**Parrot 公司和 Sun 公司合并工作底稿**

（2009 年 12 月 31 日）　　单位：美元

投资：权益法科目	Parrot 公司	Sun 公司	合并分录		合并总额
			借方	贷方	
利润表					
收入	(1 500 000)	(400 000)			(1 900 000)
销货成本	700 000	250 000			950 000
摊销费用	120 000	20 000	(E) 13 000		153 000
折旧费用	80 000	30 000		(E) 6 000	104 000
投资收益	(93 000)	0	(I) 93 000		0
净利润	(693 000)	(100 000)			(693 000)
留存收益表					
留存收益，01/01/2009	(840 000)	(380 000)	(S) 380 000		(840 000)
净利润（由上转入）	(693 000)	(100 000)			(693 000)
已付股利	120 000	40 000		(D) 40 000	120 000
留存收益，12/31/2009	(1 413 000)	(440 000)			(1 413 000)
资产负债表					
流动资产	1 040 000	400 000			1 440 000
对 Sun 公司的投资	853 000	0	(D) 40 000	(S) 600 000	0
				(A) 200 000	
				(I) 93 000	
商标	600 000	200 000	(A) 20 000		820 000
专利技术	370 000	288 000	(A) 130 000	(E) 13 000	775 000
设备（净值）	250 000	220 000	(E) 6 000	(A) 30 000	446 000
商誉	0	0	(A) 80 000		80 000
总资产	3 113 000	1 108 000			3 561 000
负债	(980 000)	(448 000)			(1 428 000)
普通股	(600 000)	(200 000)	(S) 200 000		(600 000)
资本公积	(120 000)	(20 000)	(S) 20 000		(120 000)
留存收益，12/31/2009（由上转入）	(1 413 000)	(440 000)			(1 413 000)
权益和负债总计	(3 113 000)	(1 108 000)			(3 561 000)

注意：括号代表贷方余额。

合并分录：

(S) 将子公司期初的留存收益与母公司的投资账户相抵销。

(A) 将合并日产生的公允价值溢价分配给各资产和负债。

(I) 抵销母公司由于子公司的收益引起的权益变化。

(D) 抵销子公司对母公司的股利分配。

(E) 确认当期的公允价值溢价摊销和折旧费用。

在 2012 年，也就是当前会计期间，我们假设 Sun 公司公布的净收益为 160 000 美元，本年度分配的股利为 70 000 美元。Sun 公司采用权益法核算，将 Parrot 公司 160 000 美元的利润 100% 确认为投资收益。另外，如图表 3—3 所示，母公司还应该确认 2012 年 7 000 美元的摊销费用。因此，Parrot 公司本年度投资收益账户的余额为 153 000 美元（160 000-7 000）。

虽然投资收益账户的余额很容易抵销，但是将 Sun 公司投资账户余额抵销就复杂得多了。经过这几年，初始 800 000 美元的购买价格已经通过以下方面发生了改变：

1. 每年确认按比例将子公司的收益确认为投资收益。
2. 收到 Sun 公司分派的股利。
3. 确认每年买价分配的摊销费用。

通过计算这些变化，图表 3—6 展示了“对 Sun 公司投资”2012 年 12 月 31 日的账户余额是如何得到的。

图表 3—6　　**Parrot 公司对 Sun 公司的投资账户使用权益法**

（2012 年 12 月 31 日）

并购日支付对价的公允价值		$ 800 000
以前年度所做的分录		
确认的投资收益		
2009	$ 100 000	
2010	140 000	
2011	90 000	330 000
Sun 公司分配的股利		
2009	$（40 000）	
2010	（50 000）	
2011	（20 000）	（110 000）
溢价摊销费用		
2009	$（7 000）	
2010	（7 000）	
2011	（7 000）	（21 000）
2012 年——本期所做的分录		
确认投资收益	$ 160 000	
Sun 公司分配的股利	（70 000）	
溢价摊销费用	（7 000）	83 000
对 Sun 公司投资，12/31/2012		$ 1 082 000

在图表 3—6 的帮助下，我们就更容易理解图表 3—7 的合并工作底稿了。在该合并工作底稿中，前两列是两个公司当期的数据。母公司投资账户余额和投资收益以及子公司的收益和所有者权益账户余额与前面给出的信息都一致。后面几列利用了合并分录（表示分录的字母都与原来一致）将两个公司的余额合并。

合并分录 S

第一个合并分录仍然是抵销代表子公司期初账面价值的相应账户。Sun 公司 2012 年 1 月 1 日的所有者权益账户同母公司投资账户中代表子公司账面价值的部分相抵销。但是在这里，需要抵销的金额是 820 000 美元而不是图表 3—5 中 2009 年的600 000美元。因为这两个账户都在 2009—2011 年间发生了变化。Sun 公司的持续经营使其所有者权益账户增加了 220 000 美元。Parrot 公司由于采用权益法，其投资账户也相应地进行了调整（确认的 330 000 美元投资收益减去累计收到的 110 000 美元股利）。

虽然这个分录抵销了Sun公司期初的留存收益，但是子公司自并购日以来获得的累计收益其实都已经包含在合并后的金额中了。Parrot公司每年都通过权益法确认这些收益。因此，必须将子公司的整个所有者权益账户抵销，因为并购前后子公司的收益已经被母公司计入。

合并分录S移除的是这些账户2012年年初的余额，而不是年末的余额。将以前的经营成果同当期的交易分开考虑使合并程序变得简单。因此，*所有的合并分录要么只与以前年度有关（如分录S、A），要么只与当期有关（分录I、D、E和P）*。

图表3—7　　**Parrot公司和Sun公司合并工作底稿**

2012年12月31日

投资：权益法科目	Parrot公司	Sun公司	合并分录		合并总额
			借方	贷方	
利润表					
收入	(2 100 000)	(600 000)			(2 700 000)
销货成本	1 000 000	380 000			1 380 000
摊销费用	200 000	20 000	(E) 13 000		233 000
折旧费用	(100 000)	40 000		(E) 6 000	134 000
投资收益	(153 000)	0	(I) 153 000		0
净利润	(953 000)	(160 000)			(953 000)
留存收益表					
留存收益，01/01/2012	(2 044 000)	(600 000)	(S) 600 000		(2 044 000)
净利润（由上转入）	(953 000)	(160 000)			(953 000)
已付股利	420 000	70 000		(D) 70 000	420 000
留存收益，12/31/2012	(2 577 000)	(690 000)			(2 577 000)
资产负债表					
流动资产	1 705 000	500 000		(P) 40 000	2 165 000
对Sun公司的投资	1 082 000	0	(D) 70 000	(S) 820 000	0
				(A) 179 000	
				(I) 153 000	
商标	600 000	240 000	(A) 20 000		860 000
专利技术	540 000	420 000	(A) 91 000	(E) 13 000	1 038 000
设备（净值）	420 000	210 000	(E) 6 000	(A) 12 000	624 000
商誉	0	0	(A) 80 000		80 000
总资产	4 347 000	1 370 000			4 767 000
负债	(1 050 000)	(460 000)	(P) 40 000		(1 470 000)
普通股	(600 000)	(200 000)	(S) 200 000		(600 000)
资本公积	(120 000)	(20 000)	(S) 20 000		(120 000)
留存收益，12/31/2012（由上转入）	(2 577 000)	(690 000)			(2 577 000)
权益和负债总计	(4 347 000)	(1 370 000)			(4 767 000)

注意：括号代表贷方余额。

合并分录：

（S）将子公司期初的留存收益与母公司的投资账户相抵销。

（A）将合并日产生的公允价值溢价分配给各资产和负债。

(I) 抵销母公司由于子公司的收益引起的权益变化。

(D) 抵销子公司对母公司的股利分配。

(E) 确认当期的公允价值溢价摊销和折旧费用。

(P) 抵销母公司与子公司间的债权债务账户。

合并分录 A 在最初的合并中（2009 年的合并），成本分配的金额为 200 000 美元，但是这些余额已经经过了 3 年的摊销期，正如图表 3—8 中计算的那样，本年度以前的累积摊销费用为 21 000 美元，相应的摊余成本为 179 000 美元。将该摊余成本分配到具体的账户的数额在图表 3—8 中显示。这些分配仍然通过合并分录 A 反映。同合并分录 S 一样，这些余额等于 2012 年 1 月 1 日时的金额，而本年度的费用则在合并分录 E 中单独核算。

合并分录 I 同以前一样，这个分录是抵销 Parrot 公司本期确认的和 Sun 公司相关的投资收益（153 000 美元）。这样子公司的收入和费用便可以直接计入合并额。

图表 3—8 **相关账户溢价的摊销（2012 年 1 月 1 日的余额）**

		年度溢价摊销表			
账户	**原始分配**	**2009**	**2010**	**2011**	**余额 01/01/2012**
商标	$ 20 000	0	0	0	20 000
专利技术	130 000	$ 13 000	$ 13 000	$ 13 000	$ 91 000
设备	(30 000)	(6 000)	(6 000)	(6 000)	(12 000)
商誉	80 000	0	0	0	80 000
	$ 200 000	$ 7 000	$ 7 000	$ 7 000	$ 179 000
			$ 21 000		

合并分录 D 这个分录用来抵销 Sun 公司当期对 Parrot 公司分派的股利 70 000 美元。

合并分录 E 记录本期与各个资产相关的溢价摊销费用。

在进入下一个合并分录之前，请注意这些分录同图表 3—5 中 2009 年 5 个合并分录之间的相似性。除了由于时间推移导致金额发生改变之外，每个分录其实都是一样的。

合并分录 P 最后一个分录（被表示为“合并分录 P”是因为它抵销公司间的往来款项账户，Payable）引入了合并过程的一个新元素。如以前所述，公司间的往来款项和外部集团并无联系。因此，从整体对外披露的角度，Sun 公司 40 000 美元的应收账款和 Parrot 公司 40 000 美元的应付账款都是必须抵销的公司间往来账户。

回顾图表 3—7，在合并中必须注意以下几个方面：

- 子公司的所有者权益账户全部被抵销。
- 母公司对 Sun 公司的投资账户和投资收益账户都被抵销。
- 母公司的留存收益不需要调整。因为在权益法下，该账户的余额是正确的。
- 原始的购买价格的分配在调整了每年的摊销之后确认。
- 像已付股利、应收/应付等公司间往来账户都必须抵销。

3.4 并购年度以后期间的报表合并——采用初始价值法、部分权益法核算投资账户

3.4.1 并购当年的报表合并

在本章开始我们就谈到了，母公司内部可能采用初始价值法或部分权益法而不是权益法来核算对子公司的投资。采用其中的任何一种方法都使母公司的相关账户余额和合并报表的步骤发生变化。但是，选择不同的方法对于合并的结果却没有影响。

在权益法下，公司抵销了所有的往来账户，将摊余成本分配到各个具体账户，还记录了当期的摊销费用。无论是采用初始价值法或是部分权益法，这些基本的步骤都不会改变。所以，尽管母公司所采用的方法不一，但是大部分合并分录都相似。

实际上，由于采用的方法不一样，母公司只有三个账户产生差异：

- 投资账户
- 投资收益账户
- 母公司的留存收益账户（在并购之后的期间内）

当采用不同的方法时，只有这些账户的差异影响合并的过程。因此，在并购日之后的任何时间，对这些账户的核算尤其重要。

为了更好地说明采用其他两种方法时需进行的调整，我们仍然以合并2009年12月31日Parrot公司和Sun公司的财务报表为例。仅仅对这个例子做一个改变，那就是母公司对其投资采用的核算方法。图表3—9为在初始价值法下2009年的报表合并，图表3—10为在部分权益法下的报表合并。在工作底稿上的每一个分录都和母公司采用权益法时2009年的报表合并以同样的方法表示。另外，与权益法下不同的地方（母公司的账目和合并分录）都在每一张合并工作底稿中以方框表示。

图表3—9　　Parrot公司和Sun公司合并工作底稿

（2009年12月31日）

投资：初始价值法科目	Parrot公司	Sun公司	合并分录		合并总额
			借方	贷方	
利润表					
收入	(1 500 000)	(400 000)			(1 900 000)
销货成本	700 000	250 000			950 000
摊销费用	120 000	20 000	(E) 13 000		153 000
折旧费用	80 000	30 000		(E) 6 000	104 000

续表

投资：初始价值法科目	Parrot 公司	Sun 公司	合并分录		合并总额
			借方	贷方	
股利收入	(40 000)*	0	(I) 40 000*		0
净利润	(640 000)	(100 000)			(693 000)
留存收益表					
留存收益，01/01/2009	(840 000)	(380 000)	(S) 380 000		(840 000)
净利润（由上转入）	(640 000)	(100 000)			(693 000)
已付股利	120 000	40 000		(I) 40 000*	120 000
留存收益，12/31/2009	(1 360 000)	(440 000)			(1 413 000)
资产负债表					
流动资产	1 040 000	400 000			1 440 000
对 Sun 公司的投资	800 000*	0		(S) 600 000 (A) 200 000	0
商标	600 000	200 000	(A) 20 000		820 000
专利技术	370 000	288 000	(A) 130 000	(E) 13 000	775 000
设备（净值）	250 000	220 000	(E) 6 000	(A) 30 000	446 000
商誉	0	0	(A) 80 000		80 000
总资产	3 060 000	1 108 000			3 561 000
负债	(980 000)	(448 000)			(1 428 000)
普通股	(600 000)	(200 000)	(S) 200 000		(600 000)
资本公积	(120 000)	(20 000)	(S) 20 000		(120 000)
留存收益，12/31/2009	(1 360 000)	(440 000)			(1 413 000)
权益和负债总计	(3 060 000)	(1 108 000)			(3 561 000)

注意：括号代表贷方余额。

*框中的金额是本表与图表 3—5 中不同的地方。

合并分录：

(S) 将子公司期初的留存收益与母公司的投资账户相抵销。

(A) 将合并日产生的公允价值溢价分配给各资产和负债。

(I) 抵销子公司对母公司的股利分配。

(E) 确认当期的公允价值溢价摊销和折旧费用。

在母公司采用初始价值法核算对子公司投资的情况下，不需要做合并分录 D，因为合并分录 I 抵销了母公司与子公司之间的股利分配。

图表 3—10　　Parrot 公司和 Sun 公司合并工作底稿
（2009 年 12 月 31 日）

投资：部分权益法科目	Parrot 公司	Sun 公司	合并分录 借方	合并分录 贷方	合并总额
利润表					
收入	(1 500 000)	(400 000)			(1 900 000)
销货成本	700 000	250 000			950 000
摊销费用	120 000	20 000	(E) 13 000		153 000
折旧费用	80 000	30 000		(E) 6 000	104 000
投资收益	(100 000) *	0	(I) 100 000 *		0
净利润	(700 000)	(100 000)			(693 000)
留存收益表					
留存收益，01/01/2009	(840 000)	(380 000)	(S) 380 000		(840 000)
净利润（由上转入）	(700 000)	(100 000)			(693 000)
已付股利	120 000	40 000		(D) 40 000	120 000
留存收益，12/31/2009	(1 420 000)	(440 000)			(1 413 000)
资产负债表					
流动资产	1 040 000	400 000			1 440 000
对 Sun 公司的投资	860 000 *	0	(D) 40 000	(S) 600 000 (A) 200 000 (I) 100 000 *	0
商标	600 000	200 000	(A) 20 000		820 000
专利技术	370 000	288 000	(A) 130 000	(E) 13 000	775 000
设备（净值）	250 000	220 000	(E) 6 000	(A) 30 000	446 000
商誉	0	0	(A) 80 000		80 000
总资产	3 120 000	1 108 000			3 561 000
负债	(980 000)	(448 000)			(1 428 000)
普通股	(600 000)	(200 000)	(S) 200 000		(600 000)
资本公积	(120 000)	(20 000)	(S) 20 000		(120 000)
留存收益，12/31/2009（由上转入）	(1 420 000)	(440 000)			(1 413 000)
权益和负债总计	(3 120 000)	(1 108 000)			(3 561 000)

注意：括号代表贷方余额。

*框中的金额是本表与图表 3—5 中不同的地方。

合并分录：

（S）将子公司期初的留存收益与母公司的投资账户相抵销。

（A）将合并日产生的公允价值溢价分配给各资产和负债。

（I）抵销母公司由于子公司的收益引起的权益变化。

（D）抵销子公司对母公司的股利分配。

（E）确认当期的公允价值溢价摊销和折旧费用。

1. 采用初始价值法——2009 年的合并

虽然在理论上初始价值法和权益法截然不同，但是实际上差别不大。在并购的年度，Parrot 公司只需要调整和子公司相关的收益和投资账户。

在初始价值法下，母公司确认的收益就是 2009 年收到的股利 40 000 美元，并没有确认投资收益。同时，投资账户保持为 800 000 美元的价值。和权益法不一样，初始价值法不需要因为本年度的经营状况、子公司的股利分配和购买价格的摊销而调整母公司的投资账户。

在建立了这两个账户之后，就可以使用合并分录来得到图表 3—9 中 2009 年 12 月 31 日的结果了。

合并分录 S　同原来在图表 3—5 中的合并分录一样，将投资账户中表示子公司账面价值的 60 000 美元部分同期初所有者权益相抵销。这两个账户都表示 Sun 公司 2009 年 1 月 1 日的净资产，因此，是必须抵销的往来账户。这个分录并不受所采用的核算方法的影响。

合并分录 A　Parrot 公司在并购日将购买价格超过账面价值的 200 000 美元按照公允价值分配给了 Sun 公司的资产和负债。分配后剩余的 80 000 美元则确认为商誉。这个合并分录同权益法下（图表 3—5）相应的合并分录是一样的。

合并分录 I　在初始价值法下，母公司将收到的股利确认为收入。调整分录 I 将确认的股利收入同 Sun 公司的已付股利相抵销。从合并的观点来看，这两个 40 000 美元的账户余额是公司间的往来交易，对外部没有财务影响。与权益法相比，Parrot 公司并没有确认子公司的收益，也没有记录摊销费用；因此，不再需要抵销其他的收益。

股利收入	40 000	
已付股利		40 000
抵销公司间往来收益。		

合并分录 D　运用初始价值法时，公司间的股利分配被母公司确认为收益。该收益已经在合并分录 I 中抵销，所以不需要做合并分录 D。

合并分录 E　不管母公司采用何种方法核算投资，都应当确认当期的溢价摊销费用。因而合并分录 E 就是在合并的财务报表中确认当期的摊销费用。

因此，在并购当年，相比于权益法，采用初始价值法只有合并分录 I 和合并分录 D 发生了改变。不管采用何种方法，合并额都是通过以下方式得到的：（1）抵销相对应的账户；（2）将购买价格超过账面价值的部分分配到相关账户；（3）记录这些分配的摊销。正如我们所说的，图表 3—9 中的合并结果同前面图表 3—5 的结果是完全一样的。虽然在母公司的账面上，收益和投资的账户余额不同，但是不影响合并报表。

初始价值法和权益法存在一个明显的区别：那就是在初始价值法下，母公司的财务报表并不能反映合并的收益。因为初始价值法不进行权益调整（如溢价摊销费用），不管是 Parrot 公司披露的 640 000 美元的收入，还是 1 360 0000 美元的留存收益都不能反映合并额。

2. 采用部分权益法——2009 年的合并

图表 3—10 展示了在 Parrot 公司运用部分权益法的情况下所做的合并工作底稿。

同样，这个例子同前面的举例只有以下两点区别：（1）母公司对该项投资和相关收益的核算；（2）合并分录 I 和 D。

和前面讨论的一样，部分权益法下，母公司对投资的记账仅仅定期通过两个分录实现：每年将子公司的收益确认为投资收益和收到子公司分配的股利。因此，运用部分权益法同初始价值法区别并不是很大。Parrot 公司所做的与子公司相关的分录阐明了这两种方法的区别。

Parrot 公司初始价值法，2009 年			**Parrot 公司采用部分权益法，2009 年**		
现金	40 000		现金	40 000	
股利收入		40 000	对 Sun 公司的投资		40 000
收到子公司分配的股利			收到子公司分配的股利		
			对 Sun 公司的投资	100 000	
			投资收益		100 000
			将子公司的利润确认为投资收益		

因此，若运用部分权益法，母公司的投资账户余额在 2009 年末增加至 860 000 美元。这个数额是在对 800 000 美元的原始购买价格以 100 000 美元的投资收益和 40 000美元的股利为基础调整之后得到的。在利润表中，母公司的投资收益账户仍然为 100 000 美元。这两个余额可以在图表 3—10 中很明显地找到。

因为部分权益法对投资收益和股利的账务处理不同，所以在合并工作底稿中合并分录 I 和合并分录 D 再次同权益法出现了差别。在部分权益法下，100 000 美元的投资收益通过做与母公司确认收益时相反的分录（合并分录 I）抵销，使得子公司的收入和费用不会重复入账。40 000 美元的已付股利账户直接被删除（合并分录 D）。而相应地，在抵销母公司从对子公司投资中获取的股利时则应当增加投资账户，因为母公司在收到股利时冲减了该账户。其他的合并分录（分录 S、A 和 E）在三种方法下都是相同的。

3.4.2 并购以后年度的报表合并——采用初始价值法、部分权益法时

我们再次使用 Parrot 和 Sun 公司 2012 年 12 月 31 日的报表合并为例来说明在初始价值法和部分权益法下并购年度之后的报表合并步骤。在这两种情况下，建立一个正确的期初留存收益成为报表合并的关键步骤。

1. 将母公司留存收益转换为完全应计（权益）基础

合并的财务报表要求以权责发生制（应计制）为基础核算所有账户，尤其是收入类账户以及留存收益账户。然而，在初始价值法下，投资收益是以收付实现制为基础，仅确认收到的股利；部分权益法仅仅部分地确认子公司收益。这两种核算方法都没有完全反映应计制下子公司对母公司收入的影响，进而导致母公司的留存收益账户未能体现采用权责发生制时的数额。我们需要通过新的工作底稿来调整母公司年初的留存收益，使其等于完全采用权责发生制时的数额。而当年应计的收益通过调整当年

的收入和费用可以很容易得出，当年合并的应计收益加上已调整的年初的留存收益，就得到了完全采用权责发生制时的年末留存收益。

在运用权益法核算投资时并不存在调整留存收益问题。因为运用权益法核算投资账户时，母公司的收入类账户自然都是完全采用权责发生制，留存收益余额也相应是权责发生制下的结果，不必进行调整，就等于需要的合并额。在前面的权益法的例子中，母公司在2009—2011年间的330 000美元投资收益和21 000美元的摊销费用都得到了确认（参见图表3—6）。通过权益法，各年间这两项的发生额计入了母公司的留存收益，也自动地被包含到合并的总额中。因此，如果采用权益法，合并报表就相对简单。因为不需要通过再做合并分录来调整母公司年初的留存收益，以使其包含子公司在以前年间的经营成果和摊销费用。

相反，如果运用的不是权益法，以后每年都必须通过合并底稿来调整母公司年初的留存收益，使其等于完全采用权责发生制时的数额。要做出正确的调整，首先要理解在每种核算方法下母公司如何对收入进行确认；然后，必须将期初所有者权益调增或调减至采用权益法核算投资时的金额。

2. 初始价值法时——并购之后年度的报表的合并

如图表3—11所示，如果在2009—2011年间，母公司运用的是初始价值法，相比权益法少确认了199 000美元（309 000-10 000）的收益。这个差异来源于两个方面。首先，Parrot公司没有记录在此期间子公司账面价值220 000美元的增加。虽然将110 000美元的股利收入确认为了收益，但是却没有确认子公司330 000美元收益中剩下的部分。[①] 其次，21 000美元的摊销费用没有入账。因此，母公司的期初留存收益比需合并的总额少199 000美元（220 000-21 000），必须做出调整。[②]

为了模拟权益法使母公司的期初留存收益反映应计制下的金额，199 000美元的增加必须通过合并分录来实现。这样，初始价值法下母公司披露的期初留存收益余额就转换成了权益法下的余额。

图表3—11　　**Parrot公司和Sun公司会计年度**

（2009—2011）

	权益法	初始价值法	部分权益法
投资收益	\$330 000	0	\$330 000
股利收入	0	\$110 000	0
溢价摊销	(21 000)	0	0
母公司所有者权益的增加	\$309 000	\$110 000	\$330 000

① 在不计算以前年度收益的情况下，有两种办法可以得到220 000美元的金额：A. 计算子公司的收益减去分配的股利后的金额；B. 计算子公司本期账面价值的改变的金额。第二种办法只在子公司没有发生其他权益交易的情况下适用，即发行股票或购买库存股等。如果没有特别说明的话，都假设没有发生过此类交易。

② 由于在初始价值法下，母公司既没有核算收益减去收到股利的金额，也没有核算每年的溢价摊销，因此采用初始价值法，母公司期初留存收益的金额比采用权益法时的金额（2 044 000美元）少199 000美元。所以在图表3—12中，母公司期初的留存收益为1 845 000美元。同样，如果采用的是部分权益法，Parrot公司没有记录每年的溢价摊销，因此母公司的留存收益比采用权益法时多21 000美元。所以，图表3—13中母公司的期初留存收益是2 065 000美元而不是2 044 000美元。

合并分录＊C

对 Sun 公司的投资	199 000	
留存收益，01/01/2012（Parrot 公司）		199 000

将母公司初始价值法下的期初留存收益转换为同权益法下相等。

这项调整被标示为合并分录＊C。“C”表示权益法总额的转换（Conversion）。星号表示这个分录同前期的交易相关。因此，合并分录＊C 必须在其他的合并分录之前完成，来调整期初余额。

图表 3—12 为初始价值法下，Parrot 公司和 Sun 公司在 2012 年 12 月 31 日完整的合并工作底稿。合并分录＊C 记录到工作底稿之后，其他的合并程序同前面所讲的在并购当年初始价值法下的合并相同。Sun 公司的所有者权益账户被抵销（合并分录 S），800 000 美元的购买价格分配以 2012 年 1 月的摊余成本记录（合并分录 A）。公司间的股利收入被移除（合并分录 I），本年度的摊销费用得到确认（合并分录 E）。为了完整地实现合并，母公司和子公司之间 40 000 美元的负债也通过合并分录 P 抵销。

回顾一下我们发现，唯一和以前不一样的地方就是调整了母公司的期初留存收益。在并购后年度的报表合并中，如果母公司采用的不是权益法，则需要做合并分录＊C。

3. 部分权益法时——并购之后年度的报表的合并

图表 3—13 为在母公司采用权益法的情况下，Parrot 公司和 Sun 公司 2012 年 12 月 31 日的合并工作底稿。这种方法只是每年按比例确认子公司的收益，并不进行其他的权益调整。因此，在 2012 年 12 月 31 日，Parrot 公司的投资账户余额为1 110 000美元。

支付对价的公允价值，01/01/2009		$ 800 000
Sun 公司 2009—2011 年账面价值增值		
按比例确认 Sun 公司的收益	$ 330 000	
累计收到的股利	(110 000)	220 000
Sun 公司 2012 年的经营状况		
按比例确认 Sun 公司的收益	160 000	
收到的股利	(70 000)	90 000
对 Sun 公司的投资，12/31/2012（部分权益法）		$ 1 110 000

从这里和图表 3—11 可以看出，Parrot 每年都按比例将子公司的收益确认为投资收益，但是并不摊销合并价差。因此，如果采用的是权益法，必须调整母公司的留存收益，使其能包含这些费用。我们通过合并分录＊C 来记录摊销费用，使部分权益法下母公司的留存收益同权益法下的相等。

合并分录＊C

留存收益，01/01/2012（Parrot 公司）	21 000	
对 Sun 公司的投资		21 000

通过减少母公司期初留存收益以记录溢价摊销费用，将部分权益法下的期初留存收益转化为权益法下的金额。

图表 3—12　　Parrot 公司和 Sun 公司合并工作底稿

（2012 年 12 月 31 日）

投资：初始价值法科目	Parrot 公司	Sun 公司	合并分录		合并总额
			借方	贷方	
利润表					
收入	(2 100 000)	(600 000)			(2 700 000)
销货成本	1 000 000	380 000			1 380 000
摊销费用	200 000	20 000	(E) 13 000		233 000
折旧费用	100 000	40 000		(E) 6 000	134 000
股利收入	(70 000) *	0	(I) 70 000 *		0
净利润	(870 000)	(160 000)			(953 000)
留存收益表					
留存收益，01/01/2012					
Parrot 公司	(1 845 000)⁺ *			(*C) 199 000 *	(2 044 000)
Sun 公司		(600 000)			0
净利润（由上转入）	(870 000)	(160 000)			(953 000)
已付股利	420 000	70 000		(I) 70 000 *	420 000
留存收益，12/31/2012	(2 295 000)	(690 000)			(2 577 000)
资产负债表					
流动资产	1 705 000	500 000		(P) 40 000	2 165 000
对 Sun 公司的投资	800 000 *	0	(*C) 199 000	(S) 820 000	0
				(A) 179 000	
商标	600 000	240 000	(A) 20 000		860 000
专利技术	540 000	420 000	(A) 91 000	(E) 13 000	1 038 000
设备（净值）	420 000	210 000	(E) 6 000	(A) 12 000	624 000
商誉	0	0	(A) 80 000		80 000
总资产	4 065 000	1 370 000			4 767 000
负债	(1 050 000)	(460 000)	(P) 40 000		(1 470 000)
普通股	(600 000)	(200 000)	(S) 200 000		(600 000)
资本公积	(120 000)	(20 000)	(S) 20 000		(120 000)
留存收益，12/31/2012（由上转入）	(2 295 000)	(690 000)			(2 577 000)
权益和负债总计	(4 065 000)	(1 370 000)			(4 767 000)

注意：括号代表贷方余额。

* 方框中的金额代表与图表 3—7 不同的地方。

合并分录：

（*C）记录本期之前的合并公允价值溢价摊销。

（S）将子公司期初的留存收益与母公司的投资账户相抵销。

（A）将合并日产生的公允价值溢价分配给各资产和负债。

（I）抵销子公司对母公司的股利分配。

（E）确认当期的公允价值溢价摊销和折旧费用。

（P）抵销母公司与子公司之间的债权债务账户。

在母公司采用初始价值法核算对子公司投资的情况下，不需要做合并分录 D，因为合并分录 I 抵销了母公司与子公司之间的股利分配。

通过在工作底稿中做合并分录*C，子公司2009—2011年所有的经营成果都被包含在合并额之中了。正如图表3—13所示，其他的合并分录就同企业并购当年（图表3—10）的合并分录一样了。

4. 投资法小结

现有的三种投资账户的核算方法，对应三套编制合并报表的调整分录。虽然合并报表的过程看起来很复杂，但是权益法、部分权益法、初始价值法基础上的报表合并仅仅在三个调整分录上有区别，那就是分录*C、分录I以及分录D。另外，会计人员不能过多地关注于合并的分录以及合并工作底稿，以至于忽视了合并报表的最后余额。这些余额是不受母公司所选取投资账户的核算方法影响的。

图表3—13　　Parrot公司和Sun公司合并工作底稿

（2012年12月31日）

投资：部分权益法科目	Parrot公司	Sun公司	合并分录		合并总额
			借方	贷方	
利润表					
收入	(2 100 000)	(600 000)			(2 700 000)
销货成本	1 000 000	380 000			1 380 000
摊销费用	200 000	20 000	(E) 13 000		233 000
折旧费用	100 000	40 000		(E) 6 000	134 000
投资收益	(160 000) *	0	(I) 160 000 *		0
净利润	$(960 000)	(160 000)			(953 000)
留存收益表					
留存收益，01/01/2012					
Parrot公司	(2 065 000) † *		(*C) 21 000 *		(2 044 000)
Sun公司		(600 000)	(S) 600 000		0
净利润（由上转入）	(960 000)	(160 000)			(953 000)
已付股利	420 000	70 000		(D) 70 000 *	420 000
留存收益，12/31/2012	(2 605 000)	(690 000)			(2 577 000)
资产负债表					
流动资产	1 705 000	500 000		(P) 40 000	2 165 000
对Sun公司的投资	1 110 000 *	0	(D) 70 000	(*C) 21 000 *	0
				(S) 820 000	
				(A) 179 000	
				(I) 160 000 *	
商标	600 000	240 000	(A) 20 000		860 000
专利技术	540 000	420 000	(A) 91 000	(E) 13 000	1 038 000
设备（净值）	420 000	210 000	(E) 6 000	(A) 12 000	624 000

续表

投资：部分权益法科目	Parrot 公司	Sun 公司	合并分录		合并总额
			借方	贷方	
商誉	0	0	(A) 80 000		80 000
总资产	4 375 000	1 370 000			4 767 000
负债	(1 050 000)	(460 000)	(P) 40 000		(1 470 000)
普通股	(600 000)	(200 000)	(S) 200 000		(600 000)
资本公积	(120 000)	(20 000)	(S) 20 000		(120 000)
留存收益，12/31/2012（由上转入）	(2 605 000)	(690 000)			(2 577 000)
权益和负债总计	(4 375 000)	(1 370 000)			(4 767 000)

注意：括号代表贷方余额。

＊框中的金额表示与图表 3—7 中不同的地方。

† 见本书 100 页脚注①。

合并分录：

(S) 将子公司期初的留存收益与母公司的投资账户相抵销。

(A) 将合并日产生的公允价值溢价分配给各资产和负债。

(I) 抵销母公司由于子公司的收益引起的权益变化。

(D) 抵销子公司对母公司的股利分配。

(E) 确认当期的公允价值溢价摊销和折旧费用。

(P) 抵销母公司与子公司之间的债权债务账户。

并购日以后的合并额*	
当期收入	包含母公司的收入
	包含子公司自并购日之后的收入
当期费用	包含母公司的费用
	包含子公司自并购日之后的费用
	通过工作底稿合并分录包含了溢价摊销费用
投资（或股利）收入	母公司确认的投资（股利）收入通过工作底稿被抵销，被子公司的收入费用代替
期初留存收益	包含母公司的余额
	子公司的留存收益通过母公司将其确认为投资收益，作为母公司的定期应计额的一部分或通过合并分录包含在母公司的余额中
	过去年度的合并价差摊销通过作为母公司留存收益余额的一部分或者通过合并分录包含在合并额中
资产和负债	包含了母公司的余额
	包含了子公司经调整的余额
	公司间往来款项被抵销
商誉	保持原始分配的金额
对子公司的投资	母公司记录的投资账户通过工作底稿被抵销，因此，并无此账户的合并额
普通股和资本公积	只包含母公司的余额，尽管在并购时发行了股票，这些数额已经经过了调整

＊在接下来的几章中会讨论为了合并报表而改变这些账户余额的可能性。因此，这个表不是绝对的，在这里只是为理解合并报表提供了一个整体的框架。

理解了每个账户的余额的意义之后就会发现，合并报表的分录只是提供了一种得到这些余额的方法。为了更好地理解每一种方法的合并过程，图表3—14列示了每个合并分录的目的：首先是合并当年，其次是并购之后年度的合并报表。

图表3—14　　合并分录

	权益法	初始价值法	部分权益法
在并购当年的任何时间			
合并分录S	将期初所有者权益同投资账户中反映被并购公司账面价值的部分相抵销	与权益法下相同	与权益法下相同
合并分录A	将买价超过账面价值的部分按照公允价值同账面价值的差异分配给资产和负债；剩余的确认为商誉	与权益法下相同	与权益法下相同
合并分录I	抵销母公司按比例确认的子公司的收益（包括摊销费用）	抵销股利收入	抵销按比例确认的收入
合并分录D	抵销公司间分配的股利	无该项合并分录——公司间的已付股利通过合并分录I抵销	与权益法下相同
合并分录E	记录当期成本分配的摊销费用	与权益法下相同	与权益法下相同
合并分录P	抵销公司间往来的应收应付账户	与权益法下相同	与权益法下相同
并购年度后的任何时间			
合并分录*C	没有该项调整分录——以前年度的权益收入和摊销费用都已经得到确认	增加子公司账面价值以确认以前年度子公司价值的增加和溢价摊销费用（转换为同权益法相等的金额）	确认以前期间的摊销费用（转换为同权益法相等的金额）
合并分录S	与并购当年的处理相同	与并购当年的处理相同	与并购当年的处理相同
合并分录A	将期初的摊余成本分配到相关账户和商誉	与并购当年的处理相同	与并购当年的处理相同
合并分录I	与并购当年的处理相同	与并购当年的处理相同	与并购当年的处理相同
合并分录D	与并购当年的处理相同	与并购当年的处理相同	与并购当年的处理相同
合并分录E	与并购当年的处理相同	与并购当年的处理相同	与并购当年的处理相同
合并分录P	与并购当年的处理相同	与并购当年的处理相同	与并购当年的处理相同

3.5 *SFAS 142*——商誉以及无形资产

在2001年7月发布的*SFAS 142*“商誉及无形资产”准则中，FASB宣布了在企业合并中关于收入确认方法的许多重大变革。但是其中最突出的当属商誉不再随着时间按年份机械地摊销，而是每年进行减值测试。这条不再按年摊销的规定对于以前以及之后取得的商誉都适用。[①] 也就是说，对企业合并的子公司和母公司而言，商誉摊销费用将不再出现在合并的利润表中。在合并的资产负债表中商誉也将按照原始金额列示，除非通过测试表明其已减值或者将子公司出售。

在*SFAS 141R*“企业合并”准则中，FASB对企业合并中可能需要确认的、可辨认无形资产进行了分类，比如，无竞争协议、客户清单、商标、数据库、专利、租赁协议和特许权等。

如果企业合并中的可辨认无形资产能够得到可靠的计量，则应当在并购时得到分别确认并随后摊销。如果某些无形资产无法单独计量或者不能可靠计量，则将这些无法分配给特定资产或负债的公允价值溢价都确认为商誉。

在*SFAS 142*“商誉和其他可辨认无形资产”准则中，要求所有的可辨认无形资产都按照其经济使用年限进行摊销，但年限不确定的无形资产除外。“不确定”是指其使用年限长于可预见的期间。“使用年限不确定”的可辨认无形资产在其使用寿命得到确认之前不能摊销。注意十分重要的一点：“使用年限不确定”并不是“可无限使用”。同样，如果不知道一项可辨认无形资产的确切使用年限，也不能因此认为它是“使用年限不确定”。

对于那些有确定使用年限的可辨认无形资产，所选用的摊销方法应当能反映该项资产在使用过程中减值的形式。如果形式并不明显，则采用直线法摊销。需摊销的金额为分配给可辨认无形资产的金额减去残余价值。在大部分情况下，都假定其残余价值为零。但是，如果由第三方向企业承诺在使用结束后购买该项可辨认无形资产，或者该项可辨认无形资产存在可见市场，那么可以不采用这个假设，而是根据这些具体情况确定其残余价值。

可辨认无形资产（除了商誉）的摊销期间主要取决于其假定的经济使用寿命。确定经济使用寿命须考虑的因素包括：

- 法律、法规或者合同的规定。
- 退化、需求、竞争、行业稳定性、技术进步的速度和配送渠道的影响。
- 企业对该项无形资产预期的用途。
- 维持该项无形资产使其产生预期收益发生的费用的水平。

任何被确认为“使用寿命不确定”的可辨认无形资产都无需摊销而是每年进行减值测试。[②] 在减值测试时，将可辨认无形资产的账面价值和公允价值进行比较。如果公允价值小于账面价值，则说明该项可辨认无形资产发生了减值，同时确认减值损失，从而减少其账面价值。

---

① *SFAS 142*准则颁布之前产生的商誉按照2002年的期初未摊销金额结转。2001年6月30日之后产生的商誉不再摊销。

② 商誉的减值测试可以在其中进行，只要有证据或者迹象显示该项无形资产发生了减值。

3.6 *SFAS 142*——商誉减值测试

SFAS 142 中，商誉的会计处理最大的变化就是要求每年对其进行减值测试。FASB 解释说，商誉会随着时间减值，但是并不是以定期摊销那种“常规和机械”的形式。① 因此，摊销并不是对商誉的减值形式最有效的反映。另外，*SFAS141* 对可辨认无形资产的确认提出了更多的指南，所以包含到商誉中的未来金额更可能是非损耗性的。最后，FASB 决定，只有在以下情况下，才记录商誉的减值：

- 商誉明显地发生了减值——这意味着，当商誉的账面价值超过其内在的公允价值时，必须将超过部分确认为减值损失。
- 商誉所归属的经营单位被部分或全部售出。

重要的是，商誉减值测试在*报告单位*（reporting units）层次上进行。简单地说，也就是假定所有在企业合并中的资产（包括商誉）和负债都是在合并企业集团中分配到各个报告单位的。例如，Wendy's International 在年度报表附注中披露：

为了进行商誉减值测试的需要，公司确定的报告单位为：Wendy's US、Wendy's Canada、Horton's Canada、Horton's US、Baja Fresh 和 Café Express。每一个报告单位都独立经营，并有各自的财务报表。由管理层定期查阅这些报表。

归属于每一个报告单位的商誉必须定期独立地进行减值测试。近期的一些证据发现商誉的减值损失可能相当巨大。图表 3—15 列举了一些在 *SFAS 142* 的规定下确认减值损失的例子。

图表 3—15　　2002 年商誉减值测试举例——*SFAS 142* 实行第一年　　单位：亿美元

AOL Time Warner	997
Boeing	24
Blockbuster	18
SBC Communications	18
General Electric	10
Coca-Cola	9.26
AT&T	8.56
Safeway	7.00
Verizon Communications	5.00

3.6.1 商誉减值测试

商誉寿命的不确定性使公司可以长时间将商誉在报表中以并购时分配的原始金额列示。但是，这些商誉有时候可能会发生减值，需要确认减值损失和减少在合并资产负债表中列示的金额。这和摊销不一样，摊销要求定期的减少商誉价值，而这种方法要求在减少商誉的账面价值之前必须首先揭示减值的存在。为了确认商誉减值发生的

① L. Todd Johnson 和 Kimberly R. Petrone 在 2000 年 12 月的 *FASB Viewpoints* 上发表的“Why did the Board Changed Its Mind on Goodwill Amortization?”

时间，我们采用下面的两步测试法。

1. 第一步——商誉减值测试：报告单位的公允价值是否小于其账面价值

在商誉减值测试的第一步，将报告单位包含商誉的公允价值同其账面价值（包含商誉）比较。如果单个报告单位的公允价值总额大于账面价值，则认为商誉没有发生损失，因此也不需要再进行第二步。商誉仍然保持并购日分配的金额。但是，当报告单位的公允价值低于其账面价值时，则认为可能存在潜在的减值损失。在这种情况下，就需要进行第二步来进一步确认商誉是否发生减值损失。

2. 第二步——商誉减值测试：商誉的内含价值是否小于其账面价值

*如果在第一步中显示报告单位的潜在商誉可能存在减值，再将该报告单位商誉的内含价值（implied value）同账面价值比较。*如果某报告单位的公允价值小于其账面价值，则需要进行第二步的测试。第二步的测试要求首先确认商誉的公允价值。然后若商誉的公允价值小于其账面价值，则需将账面价值超过公允价值的部分确认为减值损失。但是，确定报告单位和商誉十分复杂，这使得施行“比较”代价巨大。这些复杂性表现在减值测试的三个关键因素上：

1. 将并购价值分配给每个报告单位。
2. 定期地确定每个报告单位的公允价值。
3. 确定商誉的内含价值。

3.6.2 将购买价值分配给每个报告单位

在决定将商誉的摊销转换为减值测试时，FASB 注意到商誉实质上同合并企业集团中的各报告单位相关。这种商誉被认为有“协同”作用，因为它是在被并购公司和并购公司资产以某种方式的相互作用中产生的。为了更好地估算商誉内含价值的减少（而不是摊销），我们必须选择最具体且显著的业务层次（the most specific business level）作为商誉减值测试的适宜层次。这个业务层次就是报告单位（*reporting unit*）。FASB 同时也注意到，在实际中，商誉要么在分部报表的层次上分配给报告单位——见 *FASB 131*“关于企业分部和相关信息的披露意见稿”——要么在低于合并企业分部的层次上分配。所以，报告单位就被指定为企业进行商誉减值测试的单位。报告单位可能包括：

- 低于企业分部层次的，企业分部的组成部分。各分部的管理层必须在该组成部分的层次上复核和估算业绩。同样，该组成部分必须可以提供单独的财务信息，也必须从经济上独立于同一分部的其他组成部分。
- 企业分部。
- 整个企业。

例如，在 Meade Instrument 公司 2005 年的财务报表中，注意到公司为了遵循 *SFAS 142* 确定的报告单位为：Meade Europe、Simmons 和 Coronado。后面两个报告单位代表 Meade Instrument 公司 2002 年并购的 Simmons outdoor 和 2004 年收购的 Coronado Technology Group。

Meade Instrument 公司的年度报表附注中披露：

SFAS 142 要求将公司各报告单位的公允价值同其账面价值比较，以确定是否存

在潜在的损失。如果报告单位的公允价值小于其账面价值，则由归属于该报告单位的商誉的公允价值是否小于其账面价值来确定是否记录损失。当商誉的公允价值小于账面价值时，则确认减值损失。

各公司确定的报告单位数量各异，如在2004年公布的年度财务表中，Berkshire Hathaway公司披露其报告单位的数量为40，而Iomega公司的报表附注中披露的数量仅一个——商誉归属于和Zip生产线相关的一个报告单位。

在施行减值测试时，首先确定并购产生的报告单位。因为在商业并购中获得的资产和负债（包括商誉）随后被分配给这些报告单位。分配时应当考虑被并购的资产和负债的归属，以及在确定报告单位的公允价值时这些资产和负债的公允价值是否已包含在内。商誉应当分配到能从合并后的协同作用中受益的报告单位。总的来说，将获得的资产和负债进行分配是为了定期减值测试中账面价值同公允价值进行比较。

3.6.3 定期确定报告单位的公允价值

确定商誉是否发生减值，首先取决于报告单位公允价值的计算，然后需要的话，是商誉公允价值的计算。但是这些价值是如何计算的？当子公司被私有化而不能上市交易时又怎样确定其公允价值？

确定集团企业中报告单位的公允价值有几种办法。首先，任何现存公开市场的报价都可以作为估算公允价值的基础——特别是当子公司存在交易活跃的少数股东权益的情况下。其次，可以以可比行业作为参照。再次，利用未来现金流量或者预测利润，依据相应的风险进行折现来估算公允价值。当然，合并企业集团的分部可能会被频繁地购买和出售。在这些交易中，就可以得到公允价值。但是，对于很多公司来说，要求对公允价值进行定期测试，成本十分高昂。

但是，一旦报告单位的公允价值确定之后，如果满足以下所有条件，该公允价值就可以仍然在以后的期间延用（*SFAS 142*）：

- 从上一次公允价值确定之后，组成该报告单位的资产和负债没有发生重大改变（如近期的并购或企业分部报表架构的重新组织）。
- 上一次确定的公允价值远远高于其账面价值。
- 基于对上一次确定公允价值以来分析发生的事件和环境变化的影响，可以确定报告单位的当期公允价值不可能低于其账面价值。

如果这些标准中任何一个没有得到满足，就必须对公允价值重新估算。

3.6.4 确定商誉的内含价值

一旦报告单位确定的公允价值低于其账面价值，就需要进入减值测试的第二步——关注商誉发生减值的可能性。和第一步对报告单位进行测试一样，现在我们必须确定商誉的公允价值并将其同账面价值比较。因为根据定义，商誉同其他资产密不可分，不太可能直接确定其市场价值，所以，对商誉内含价值的计算和企业并购中确定商誉的方法相似。我们将报告单位的公允价值视为商业并购中该报告单位的并购日的公允价值。然后，将这个金额分配给报告单位的可辨认资产和负债，并将剩余部分确认为商誉的公允价值。这个方法仅仅用来确定商誉的公允价值。在这个过程中分配给其他资产和负债的价值不能作为调整账面价值的依据。

案例——对商誉减值损失的会计核算和披露

为了说明确认商誉减值损失的步骤，我们假设在 2009 年 1 月 1 日，Newcall 公司以 29 亿美元并购了 DSM Inc.，Rocketel 公司和 Visiontalk 公司。这三家公司，每一家都被是一个企业分部，并且作为 Newcall 公司的子公司继续经营。另外，DSM 公司由两部分组成——DSM 有线和 DSM 无线——同 Rocketel 公司和 Visiontalk 公司一起作为内部业绩考核和管理层复核的独立报告单位。按照 *SFAS 141R*“企业合并”准则，Newcall 公司在并购日向报告单位分配了 2.21 亿美元的商誉。每个报告单位的购买价格和相关信息如下：

Newcall 公司的报告单位	商誉	购买价格 2009 年 1 月 1 日
DSM 有线	$ 22 000 000	$ 950 000 000
DSM 无线	155 000 000	748 000 000
Rocketel 公司	38 000 000	492 000 000
Visiontalk 公司	6 000 000	710 000 000

在 2007 年 11 月，Newcall 公司对它的四个报告单位进行了减值测试。因此，Newcall 将各报告单位的公允价值同账面价值比较，结果表明除了 DSM 无线的公允价值跌至 6 亿美元，低于账面价值之外，其他报告单位的公允价值均在账面价值之上。其价值的下跌主要是由于没有实现预期同 Rocketel 的成本节约协同效应。

根据 *SFAS 142*，Newcall 接下来将 DSM 无线商誉的公允价值同其账面价值比较。Newcall 公司通过下面所示的方法，将 DSM 无线的公允价值进行分配得到了商誉的内含价值：

DSM 无线，2009 年 12 月 31 日，公允价值		$ 600 000 000
DSM 无线，2009 年 12 月 31 日，净资产的公允价值		
流动资产	$ 50 000 000	
地产	125 000 000	
设备	265 000 000	
订户名单	140 000 000	
专利技术	185 000 000	
流动负债	(44 000 000)	
长期负债	(125 000 000)	
分配给可辨认净资产的价值		596 000 000
分配给商誉的价值		4 000 000
减值之前的账面价值		155 000 000
减值损失		$ 151 000 000

因此，151 000 00 美元在 Newcall 公司的合并利润表中作为商誉减值损失单独列示。要求相关披露包括描述：（1）导致发生减值损失的因素和环境；（2）确定相关报告单位公允价值的方法（例如市场价格、可比企业或现存的价值估算方法等）。

虽然报表中商誉的金额发生了改变，但是其他资产和负债的金额却并没有因此发生变化，仍然以并购日分配的数额为基数。

3.7 或有对价

或有事项在并购中经常发生。实际上，《收购与兼并》（*Mergers & Acquisitions*）在 2004 年披露的 154 次总额为 139 亿美元的合并、并购交易中，就有 43 亿美元为或有事项。在许多情况下，被并购公司要求依据预期的企业未来经营状况获得一定的对价。但是，并购公司可能不认同这些预期，因此不会愿意现在为被并购公司将来的经营状况支付一定对价。为达成此项交易，购买方同意在未来向被并购公司的前任股东支付这部分的对价。另一种情况是，购买方如果以公司股票作为对价支付，被并购公司前任股东可能要求并购公司在一定时期内有一个有保证的最低股票价值来确保合并交易的公允性。

3.7.1 *SFAS 141R* 在企业合并中对或有事项的会计处理

在购买法下，或有对价都被确认为企业合并初始价值的一部分，这种处理同公允价值的观念是一致的。因此，并购方必须估算企业合并中产生的或有对价的公允价值。不管或有对价是以目标公司以后的经营情况还是母公司将来的股价为基础，都将被确认为企业合并价值的一部分。①

举个例子，假设 Skeptical 公司在 2007 年 1 月 1 日购买了 Rosy 图片公司 100% 的股份，需支付以下对价：

- 10 000 股面值为 5 美元的普通股，合计市价为 550 000 美元。
- 如果 Rosy 图片公司在下一年产生了多于 20 000 美元的现金流量，则母公司需再支付 80 000 美元。
- 如果 Skeptical 公司 2008 年 1 月 1 日的普通股市价小于每股 55 美元，则需向子公司支付更多的股票，以确保 550 000 美元的总价值。

在并购法下，这三个因素分别代表 Rosy 图片公司的公允价值的一部分，必须被包括和记录在 Skeptical 公司的会计账簿中。对于或有现金支付，Skeptical 公司估计该事项发生的可能性为 30%。对于或有股票的增发，Skeptical 公司估计 10 000 股的总市价在 2010 年 1 月 1 日有 20% 的概率为 540 000 美元，80% 的概率超过 550 000 美元。Skeptical 公司的投资对价率为 4%。

---

① FASB 建议在核算或有对价时采用概率法，如期望现金流法。FASB《概念公告第 7 号》中指出，在会计核算中采用现金流和现值法。这种办法包括至少下面的一个要素：
(1) 估算未来的现金流。
(2) 预期现金流数额或时间的误差。
(3) 货币的时间价值，以无风险利率表示。
(4) 含有不确定性的资产或负债的价格。
(5) 其他不可预见的因素，如市场出清或失灵。

为了确定或有事项的公允价值，Skeptical 公司计算预期支出的当前价值为：

- 或有现金支付＝80 000×30%×（1/（1+0.4））＝23 077（美元）
- 或有股票增发＝10 000×20%×（1/（1+0.4））＝1 923（美元）

Skeptical 公司在其账簿上记录对 Rosy 图片公司的购买如下：

对 Rosy 图片公司的投资	575 000	
普通股（5 元面值）		50 000
资本公积		500 000
或有业绩债务		23 077
资本公积——或有权益支付		1 923

以公允价值记录对 Rosy 图片公司的购买。对价包括市场业绩或有对价和会计业绩或有对价。

Skeptical 公司会将或有现金支付记录为负债，将或有股票增发记录为所有者权益的变动。在并购之后，满足负债定义的或有对价债务仍然按公允价值计量，并计入当期损益。作为权益的或有对价在以后期间并不按照新的公允价值重新计量。

继续上面的例子，假设 2009 年 Rosy 图片公司的经营现金流量超过了 20 000 美元，因此，需要额外支付现金 80 000 美元。同时，Skeptical 公司股价在 2010 年 1 月下跌为每股 54.45 美元，因此 Skeptical 公司需要向原来 Rosy 图片公司的股东增发 101 股面值为 5 美元的普通流通股。

或有业绩负债	23 077	
或有业绩负债重新估算损失	56 923	
现金		80 000

记录原协议中以现金支付的或有对价。

资本公积——或有权益支付	1 923	
资本公积		1 418
普通股		505

记录原协议中的或有股份支付。

重新计算或有对价的公允价值产生的损失将在 Skeptical 公司的合并利润表中以日常收益的形式披露。虽然发行了额外的股票，但是注意，Skeptical 公司的总资本依然没有变化，同合并日的 551 923 美元一样。

3.8 下推会计

3.8.1 外部报告

在分析商业合并时，我们主要关注：（1）母公司的账簿记录；（2）所需的合并步骤。但是，公开的会计准则几乎没有说明购买或合并活动对子公司单独会计报表的影响。

由于在最近几年出现了大量的以管理人员为导向的并购和企业重组，这个问题变得越来越重要。比如说，一个企业可能在并购了另一公司后又将该公司的股份售出以求获得更大的利润。在这种情况下，子公司如何在其财务报表中披露呢？这些交易再次激发了一个长期以来就存在争议的问题：下推会计（push-down accounting），即由子公司直接记录公允价值的分配和摊销。

因此，FASB 坚持寻找被并购或重组公司对外披露的不同方法。为了说明这个问题，我们假设 Yarrow 公司拥有一项资产：一栋账面价值为 200 000 美元但是公允价值为 900 000 美元的建筑物。Mannen 公司以 900 000 美元的现金收购了 Yarrow 公司。这次并购现在还没有什么问题：该建筑物在合并报表中以 900 000 美元列示。

然而，如果子公司继续出具单独的财务报表（比如，对它的债权人或潜在的股东），那么该建筑物是以 200 000 美元还是以 900 000 美元列示呢？如果子公司被看成是一个新的企业实体，它的资产和负债也采用新的核算基础，那么它的留存收益需要转为零吗？如果母公司仅仅收购了 Yarrow 公司 51% 的股份，那么上述问题的答案会发生改变吗？这些问题仅仅只是现在已经发现的难题中的小部分而已。

下推会计的支持者们认为子公司所有者的改变也相应产生了新的资产和负债的核算基础。子公司账面未经调整的余额（刚才例子中的 200 000 美元）代表适用于原来的所有者的成本，不再是和现在的情况相关的信息。根据这个论述，真正重要的是现在的所有者支付的成本，也就是在购买子公司的过程中消耗的费用。因此，资产负债表中的各项资产应当以当前所有者付出的成本（例子中的 900 000 美元）而不是以子公司最初的成本列示。

目前，关于下推会计对外披露的指南是由证券交易委员会（SEC）发布的。在《专职会计公报第 54 号》“企业并购中子公司财务报表采用的下推基础的适用范围（Application of ‘Push Down’ Basis of Accounting in Financial Statements of Subsidaries Acquaired by Purchase）”和第 73 号“下推会计基础上核算母公司在并购中形成的债务（‘Push Down’ Basis of Accounting for Parent Company Debt Related to Subsidiary Acquisition）”中，SEC 说：

> 拥有独立会计报表的全资子公司应当采用下推会计……这个观点基于以下理念：当子公司完全受到母公司控制时，无论是继续保持作为独立的公司还是被母公司吞并，都应当采用与母公司相同的会计核算基础。如果母公司对其全资子公司的并购通过债务融资实现，那么一般情况下该项债务也应当下推至子公司……一般来说，SEC 要求在所有者变动超过 95% 时采用下推会计，同时禁止在所有者变动小于 80% 时采用下推会计。但是，如果并购公司发行了公共债务或优先股，SEC 鼓励但不要求被并购公司采用下推会计。①

因此，SEC 要求任何没有因为发行普通股、优先股和公共债务而受到重大外部所有者影响的子公司，在自己单独的财务报表中采用下推会计。明显地，SEC 相信所有者的改变也使得子公司的资产和负债的报告基础发生了变化。但是，除非 FASB 采取措施，否则这也仅仅当子公司向公众发行证券（股票或者债券），受到 SEC 的约束时才适用。

---

① FASB 讨论备忘录，《对有关新的会计核算基础的分析》，1991 年 12 月 18 日，54 页。

3.8.2 内部报告

虽然在外部报告中采用下推会计有一定的限制，但是最近几年，这种方法在内部报告中却得到了广泛采用。

Chesapeake 公司下属的子公司采用下推会计进行记录。在这个理论下，子公司在并购当时调整了它的资产和负债并相应确认了商誉。子公司调整后的净资产等于母公司账簿中对子公司投资的账户金额。①

James River 公司在并购各家子公司时都采用了以下推会计为基础的购买法。母公司以公允价值为基础将购买价格分配给子公司的净资产之后，投资账户的金额等于子公司的净账面价值。②

在内部报告中运用下推会计有很多优点。比如，它可以简化合并过程。因为子公司的账簿中已经记录了买价分配和相应的摊销，因此合并分录 A（用来确认合并时产生的溢价分配）和合并分录 E（确认摊销费用）也就不需要了。因此，除了还应当抵销公司间的往来交易，子公司的资产、负债和费用可以直接和母公司的对应账户相加从而得到合并额。

更重要的是，下推会计为内部的价值评估提供了更有效的信息。因为子公司单独的财务报表包含摊销费用，所以子公司的净收益真实体现了并购对合并收益的影响。例如，假设 Ace 公司拥有 Wax worth 公司 100% 的股份，Wax worth 公司采用下推会计。该公司报告了 500 000 美元的净收益：600 000 美元的经营收益减去购买价格分配产生的 100 000 美元摊销费用。Ace 公司由此可以知道这次并购使合并的收益增加了 500 000 美元。于是它们就可以对母公司的投资是否得到高的投资报酬率做出评估。

但是，子公司确认摊销费用也可能导致冲突。子公司的管理层可能会认为他们被迫确认一项大额费用，而这笔费用他们无法控制也毫无责任。这项摊销直接从母公司支付的购买价格中产生，并不是子公司经营活动的结果。为此，Chesapeake 公司研究了这个问题并通过以下途径解决：“在内部报告的利润表中，经营活动产生的收益同摊销费用分别确认。这就使得管理层排除摊销费用的影响来分析子公司的经营成果。”③

小　结

1. 在商业合并中，将公司各自的财务报表进行报表合并的步骤受到时间推移和母公司选用的对子公司核算方法的影响。因此，不存在对所有的商业合并都适用的合并方法。

2. 母公司可能采权益法来核算其对子公司的投资。正如第 1 章所述，当子公司获得收益时，母公司按比例将子公司的收益确认为投资收益，收到的股利则冲减投资账户。同时，母公司的账簿中还应记录超额摊销和往来交易的影响。权益法向母公司

---

① 来自 Timothy M. Harhan（Chesapeake 集团高级会计师）的信件。
② 来自 Catherine M. Freeman（James River 公司财务经理）的信件。
③ 来自 Timothy H. Harhan 的信件。

提供了合并额中子公司所占部分的精确金额，但是应用起来较为复杂。

3. 部分权益法和初始价值法是权益法的两种替代法。初始价值法下，母公司的投资账户保持初始价值不变，收到的股利则确认为投资收益。这种方法应用简便，还能反映公司间的现金往来。在部分权益法下，母公司按比例将子公司的收益确认为投资收益，但是不对溢价摊销和往来交易进行调整。部分权益法比权益法容易应用，同时，在很多情况下，母公司收益也同合并的收益十分接近。

4. 在并购之后年度的合并，所有的对应账户必须抵销。因此，子公司的权益账户，母公司的投资账户，公司间往来收益、股利和债务债权账户都应当抵销。另外，溢价尚未摊销的部分同溢价摊销一起确认。如果采用的不是权益法，还要调整母公司的期初留存收益，使其能够包含以前年度未确认的收益和摊销费用。

5. 每并购一家子公司，母公司都必须将获得的资产和负债（包括商誉）分配给合并企业的各报告单位。报告单位位于报表分部或低于报表分部的层次上，而且还必须能够为估算公允价值提供基础。分配给商誉的价值无需摊销，而是每年度进行减值测试。减值测试包括两步。首先，如果合并企业的任何一个报告单位的公允价值低于其账面价值时，就需要计算相关商誉的内含价值。其次，将重新计算得到的商誉的公允价值同其账面价值比较。如果账面价值高于它的内含价值时，超出的部分则确认为减值损失。

6. 下推会计是指调整子公司的账户余额，使其能够确认并购时产生的买价分配和商誉。在并购后的年度中，子公司还将相关的摊销确认为费用。当前，SEC 仅要求没有存在大量外部所有者并拥有独立财务报表的子公司采用下推会计。FASB 正在研究下推会计，不久可能会对其适用范围做出更详细的规定。然而，下推会计在内部报告中逐渐得到广泛应用，因为它可以帮助公司的管理人员有效地评估子公司在合并企业中的价值。

7. 子公司的购买价格可能基于，至少是部分基于，未来的收益水平或股票价格水平。如果因为收益达到某具体的金额产生后期支付，则相应增加商誉的账面价值。如果由于母公司股票价格下降而增发股票，则要调整资本公积、普通股，使得在新的股价下，总股份市价与承诺的相符。2005 年 FASB 披露意见稿《企业合并》规定，商业合并中，并购价值必须包含或有对价的公允价值。

综合讲解题

2009 年 1 月 1 日，Top 公司以 842 000 美元现金收购了 Bottom 公司所有的外部流通股。在合并日，Bottom 公司资产负债表中一项使用寿命为 12 年的建筑物价值被低估了 72 000 美元，一项剩余寿命为 10 年的设备被低估了 10 000 美元，另有一项价值 40 000 美元剩余使用寿命为 20 年的协议未纳入报表，其他的资产和负债的公允价值同账面价值相等。Bottom 公司在 2009 年 1 月 1 日的账面价值为 720 000 美元。

Bottom 公司 2009 年实现的净损益为 100 000 美元，派发的股利为 30 000 美元。2010 年实现收益 120 000 美元，派发股利 20 000 美元。在 2011 年 12 月 31 日，公司披露的账户余额如下，包括全年所有的收入和费用：

	Top 公司 2011 年 12 月 31 日		Bottom 公司 2011 年 12 月 31 日	
	借	贷	借	贷
建筑物	$ 1 540 000		$ 460 000	
现金和应收款项	50 000		90 000	
普通股		$ 900 000		$ 400 000
已付股利	70 000		10 000	
设备	280 000		200 000	
销货成本	500 000		120 000	
折旧费用	100 000		60 000	
存货	280 000		260 000	
土地	330 000		250 000	
负债		480 000		260 000
留存收益，01/01/2011		1 360 000		490 000
收入		900 000		300 000

要求

1. 如果 Top 公司采用权益法核算，投资账户 2011 年 12 月 31 日的余额是多少？

2. 如果 Top 公司采用初始价值核算，投资账户 2011 年 12 月 31 的余额又是多少？

3. 不管采用哪种方法核算，2011 年 12 月 31 日的合并报表中，以下账户的金额是多少？

建筑物	收入
设备	净利润
土地	对 Bottom 公司的投资
折旧费用	已付股利
摊销费用	销货成本

4. 写出 2011 年 12 月 31 日合并报表编制时的合并分录。假设 Top 公司采用权益法核算。

5. 如果 Top 公司采用初始价值法核算，第 4 题中的合并分录将有什么变化？

答案

1. 要确定权益法下投资账户的余额，必须首先确定以下项目：分配的初始价值，累计的收益，支付的股利，以及合并日公允价值超过账面价值造成的溢价摊销。虽然前三个项目的金额已经直接给出，但是摊销却必须单独计算。

在合并日，Bottom 公司的公允价值溢价及其摊销计算如下：

Top 公司支付对价的公允价值	842 000
Bottom 公司 2009 年 1 月 1 日的账面价值	(720 000)
溢价	122 000

各具体账户按公允价值调整如下：

		使用寿命	每年度摊销额
土地	$ 72 000	12 年	$ 6 000
设备	10 000	10 年	1 000
协议	40 000	20 年	2 000
总计	$ 122 000		$ 9 000

因此，如果 Top 公司采用权益法核算对子公司的投资，对 Bottom 公司的投资账户 2011 年 12 月 31 日的余额则为 1 095 000 美元，计算过程如下：

初始价值（Top 公司支付的对价）		$ 842 000
Bottom 公司 2009—2010 年账面价值增加		
（净收益减去支付的股利）		170 000
2009—2010 年的溢价摊销		
（每年 9 000 美元，共两年）		（18 000）
2011 年当年发生额		
所有者权益增加		
（收入减去费用）	$ 120 000	
溢价摊销	（9 000）	
已付股利	（10 000）	101 000
对 Bottom 公司的投资账户 2011 年 12 月 31 日余额		$ 1 095 000

2011 年产生的收入 120 000 美元以及 9 000 美元的溢价摊销显示了在子公司的当期利润表中第一项收入金额为 111 000 美元。

2. 如果 Top 公司采用初始价值法核算，则对 Bottom 公司投资账户余额保持为 842 000 美元，母公司仅将获得的股利 10 000 美元确认为 2011 年的投资收益。

3.

• 合并报表中，建筑物账户的余额为 2 054 000 美元。虽然两个公司建筑物账户的总金额为 2 000 000 美元，但是基于合并日当天的公允价值，该账户被分配了 72 000美元。因为该项溢价分配每年的折旧额为 6 000 美元，至 2011 年共折旧 18 000 美元，因此剩余 54 000 美元的溢价。

• 在 2011 年 12 月 31 日，设备的合并金额为 487 000 美元。两个公司设备账户的账面总金额为 480 000 美元，但是基于合并日当天的公允价值，该账户溢价分配为（10 000）美元，至 2011 年共折旧（3 000）美元（–1 000×3），因此对总金额进行了调整。

• 土地的合并金额为 580 000 美元。因为在合并日当天，土地的账面价值和公允价值相等，因此没有其他的调整。该账户的金额为两公司金额的直接加总。

- 销货成本＝620 000 美元。为母公司和子公司销货成本账户的直接加总。
- 折旧费用＝167 000 美元。折旧费用的合并额为母公司的折旧费用加上子公司的折旧费用，再加上 6 000 美元的设备溢价折旧，减去土地的 1 000 美元折价折旧。
- 摊销费用＝2 000 美元。该项摊销费用由合并中确认的协议产生。
- 在合并报表中的收入账户金额为 1 200 000 美元。本例中的合并分录都没有对各自的收入账户产生影响。合并额为公司账户余额的直接加总。
- 净收入账户是 411 000 美元：合并收入 1 200 000 减去合并费用 789 000。
- 母公司报表中对 Bottom 公司的投资账户完全被抵销，因此账户余额为零。出于合并的需要，该账户需被抵销，使得母子公司的各资产负债账户能够加总合并。
- 合并报表中的已付股利账户余额等于母公司的相应账户余额，即 70 000 美元。因为 Bottom 公司支付的股利完全是关联支付，在合并报表时全部被抵销。

4. 在权益法下，合并分录如下：

合并分录 S

普通股（Bottom 公司）	400 000	
留存收益，01/01/2011（Bottom 公司）	490 000	
对 Bottom 公司的投资		890 000

将子公司期初留存收益同母公司的投资账户相抵销。

合并分录 A

建筑物	60 000	
设备	8 000	
协议	36 000	
对 Bottom 公司的投资		104 000

将合并日产生的公允价值溢价分摊到各具体账户。现在的各资产账户余额等于合并日的公允价值减去 2009—2010 年的摊销。

合并分录 I

投资收益	111 000	
对 Bottom 公司的投资		111 000

将母公司的投资收益抵销，第 1 题中得到该余额。

合并分录 D

对 Bottom 公司的投资	10 000	
已付股利		10 000

抵销子公司对母公司的股利支付（由于采用权益法核算，因此抵减投资账户的金额）。

合并分录 E

折旧费用	7 000	
摊销费用	2 000	
设备		1 000
建筑物		6 000
协议		2 000

确认 2011 年公允价值溢价的摊销和折旧。

5. 如果使用的不是权益法而是初始价值法，在合并报表中的合并分录将有三处不一样：

1）需增加额外的合并分录 *C 调整母公司的期初留存收益至权益法下的金额。过去的两年中产生的收益和摊销都必须得到确认，因为初始价值法下这些都没有被母公司确认。

合并分录 *C

对 Bottom 公司的投资	152 000	
留存收益，01/01/2012（Top 公司）		152 000

通过确认子公司产生的净收益（170 000 美元）近两年产生的溢价摊销和折旧（18 000 美元），将母公司初始价值法下的期初留存收益转换为同权益法下的金额相等。

2）还需对合并分录 I 做出一些改变，因为在初始价值法下，只有子公司支付的股利被确认为投资收益。

合并分录 I

投资收益	10 000	
已付股利		10 000

抵销母子公司之间的股利支付。

3）最后，因为母子公司之间的股利支付已经在合并分录 I 中抵销，所以不再需要合并分录 D 了。

问答题

1. CCES 公司通过并购获得了对 Schmaling 公司的控制权。CCES 公司可以采用三种办法中的任何一种来核算对其的投资。描述这三种办法，并指出每种办法的优缺点。

2. Maguire 公司在 2009 年获得了 Williams 公司 100% 的控制权。在并购后的几年后，Maguire 公司需要准备合并报表。简要说明一下对于以下账户来说，合并额中应当包含的金额：

1）设备

2）对 Williams 公司的投资

3）已付股利

4）商誉

5）收入

6）费用

7）普通股

8）净利润

3. 如果一个母公司使用权益法来核算对子公司的投资，为什么母公司的净利润和留存收益金额与合并报表金额相等？

4. 如果母公司使用权益法核算对子公司的投资，母公司本年度确认的摊销费用作为合并分录 I 所抵销内容的一部分。抵销该摊销费用的必要性是什么？

5. 如果母公司采用部分权益法或者初始价值法，在合并年度之后的每一个年度都要通过合并分录（合并分录 *C）来调整母公司的期初留存收益。这样做的意义是什么？为什么在权益法核算下，不需要做相似的分录？

6. 几年以前，Jenkins 公司获得了 Lambert 公司的控制性权益。Lambert 公司近期从 Jenkins 公司借款 100 000 美元。在这两个的合并财务报表中，这项债务该如何处理？

7. Benns 公司采用权益法核算其对 Waters 公司 100% 的投资，6 年之后，Benns 公司披露的对 Waters 公司的投资余额为 920 000 美元。合并报表中该项目的金额是多少？

8. 在一次企业合并中，产生的商誉为 100 000 美元。几年之后，在两公司的合并报表中，商誉的金额为多少？

9. 在什么情况下母公司需要考虑对与子公司相关的商誉计提减值准备？计提的减值准备在合并报表中如何披露？

10. Remo 公司在 2009 年 1 月 1 日收购了 Albane 公司。在协议中规定，母公司将基于合并后的运营状况向 Albane 公司的原股东支付额外的 100 000 美元。如果该项支付在日后真实产生，Remo 公司应如何核算该笔费用？

11. 什么情况下需用到下推会计？下推会计应用的基本原理是什么？

12. 如果采用下推会计，母公司和子公司各自的账户将受到什么影响？

13. 为什么下推会计在内部报告中得到了广泛的应用？

习　题

1. 一个公司收购了另一个子公司，并需要对外披露合并的财务报表。但是在内部核算中，公司决定采用初始价值法。为什么？（　　）

a. 相对比较简单

b. 母公司的账户余额反映了所需的合并金额

c. FASB 要求内部报告必须采用这种办法

d. 运用初始价值法，母公司就不需要再进行报表合并了

2. 一个公司收购了另一个子公司，并需要对外披露合并的财务报表。但是在内部核算中，公司决定采用权益法。为什么？（　　）

a. 相对比较简单

b. 母公司的账户余额反映了所需的合并金额

c. FASB 要求内部报告必须采用这种办法

d. 运用初始价值法，母公司就不需要再进行报表合并了

3. 在什么情况下，企业需要确认商誉减值损失？（　　）

a. 当报告单位、所包含商誉的市场价值都低于各自的账面价值时

b. 当企业的市场价值大幅下降时

c. 当企业报告单位的市场价值低于购买价格时

d. 每年按一定的比率摊销

4. Willkom 公司在 2009 年 1 月 1 日以高于其公允价值的对价购买了 Szabo 公司 100% 的股权。当天，Willkom 公司的设备（使用寿命 10 年）账面价值为 300 000 美元，公允价值为 400 000 美元。Szabo 公司设备公允（使用寿命 10 年）账面价值为 20 000美元，公允价值 300 000 美元。Willkom 公司采用部分权益法记录对 Szabo 的投

资。2011 年 12 月 31 日，Willkom 公司的设备账面价值为 210 000 美元公允价值为 330 000美元；Szabo 的设备账面价值为 140 000 美元，公允价值为 270 000 美元。那么 2011 年 12 月 31 合并报表中设备账户的余额是多少？(　　)

a. 600 000 美元

b. 490 000 美元

c. 480 000 美元

d. 420 000 美元

5. 如果母公司采用初始价值法核算对子公司的投资，上题的结果将会发生什么变化？(　　)

a. 没有影响：母公司核算投资的方法只对内部报告过程产生影响，对合并报表的合并金额没有影响

b. 设备合并额变高

c. 设备合并额变低

d. 只根据以上信息，不能确定采用初始价值法的合并报表金额

6. *SFAS 142* 号准则“商誉及其他无形资产”指出，商誉必须分配给每个可辨认的报告单位。如果某个报告单位的单位的商誉低于其账面价值，以下说法正确的是(　　)。

a. 除非商誉的潜在价值高于其账面价值，否则不确认商誉减值损失

b. 如果商誉的账面价值高于其潜在的价值，则确认商誉减值损失

c. 将报告单位公允价值同账面价值的差额确认为商誉减值损失

d. 报告单位减少分配给长期资产的价值（包括未确认的无形资产）以反映其公允价值

7. *SFAS 142* 号准则“商誉及其他无形资产”指出，如果没有法律、法规、合同、竞争、经济或者其他的因素限制无形资产的寿命，以下有关该资产摊销年限的说法正确的是(　　)。

a. 20 年

b. 20 年并且每年需进行减值测试

c. 不确定年限

d. 不确定年限（不需要摊销），但是在年限得到确定之前需每年进行减值测试

8. Dosmann 公司在 2009 年 1 月 1 日以 700 000 美元的价格购买了 Lizzie 公司的所有流通股。此次报表合并产生的公允价值溢价中，35 000 美元分配给了设备，88 000 美元确认为商誉。在并购日当天，Dosmann 同意如果 Lizzie 公司在 2009 年与 2010 年获得 10% 的资产回报率，Dosmann 公司将支付给 Lizzie 公司原来的股东额外的对价 110 000 美元。Lizzie 公司这两年的盈利都达到了上述的要求，在 *SFAS 141R* 下，下面说法正确的是(　　)。

a. 额外支付的 110 000 美元将冲减合并的留存收益

b. 或有对价的期望值增加了并购日的商誉价值

c. 2011 年 1 月 1 日，合并报表中商誉的金额将增加 110 000 美元

d. 支付的 110 000 美元应在 2011 年被确认为费用

9. Lauren 公司在 2009 年 1 月 1 日以每股 20 美元的价格增发了 13 000 股普通股，并以此作为对价并购了 Sarah 公司。发行的股票账面价值为每股 10 美元，市场价值为每股 23 美元。这次并购产生了 62 000 美元的商誉。Lauren 同时还同意，如果 Lauren 公司在 2010 年 1 月 1 日的市场价值低于每股 23 美元，那么 Lauren 公司将向 Sarah 公司原来的所有者增发股票以补齐差额。2010 年 1 月 1 日，Lauren 公司向 Sarah 公司增发了 3 000 股股票，以兑现或有对价协议。*SFARS141R* 下，下面说法正确的是(　　)。

a. 作为或有对价的增发股票的期望值使并购日的商誉账户余额增加

b. 当额外发行 3 000 股股票时，母公司的投资账户没有受影响，但是资本公积减少了

c. 子公司所有的资产和负债都必须以 2011 年 1 月 1 日的公允价值为基础重新计量

d. 假设增发的 3 000 股票是在 2009 年 1 月 1 日发行的，则需要进行追溯调整

10. 什么是下推会计？(　　)

a. 要求子公司同母公司采用同样的会计核算方法

b. 将母公司的存货转移给子公司

c. 子公司记录公允价值的配比以及溢价的摊销

d. 母公司内部采用权益法核算对子公司的投资，合并报表时需对投资账户进行调整

11. Treadway 公司 2010 年 1 月 1 日并购了 Hooker 公司。母公司支付的对价高于子公司净资产的公允价值。在并购日当天，Treadway 公司拥有一台设备，账面价值为 420 000 美元，公允价值为 530 000 美元。Hooker 公司拥有一台设备，账面价值为 330 000美元，公允价值为 390 000 美元。Hooker 公司决定采用下推会计。并购之后，在 Hooker 公司的资产负债表以及合并的资产负债表中，设备的金额是多少？(　　)

a. 330 000 美元和 750 000 美元

b. 330 000 美元和 860 000 美元

c. 390 000 美元和 810 000 美元

d. 390 000 美元和 920 000 美元

12. Herbert 公司以 574 000 美元在 2009 年 1 月 1 日购买了 Rambis 公司所有的股权。这次并购产生的每年溢价摊销费用为 12 000 美元。并购日，Herbert 公司的留存收益为 400 000 美元，Rambis 公司的留存收益为 200 000 美元。Herbert 公司 2009 年、2010 年的利润依次为 40 000 美元、50 000 美元，且每年分配的股利为 10 000 美元。Rambis 公司 2009 年、2010 年的利润依次为 20 000 美元、30 000 美元，每年分配的股利为 5 000 美元。

a. 假设 Herbert 公司的利润中不包括任何同 Rambis 公司的关联收益。

• 若母公司采用权益法核算对子公司的投资，2010 年 12 月 31 日中合并报表的留存收益金额是多少？

• 如果母公司将权益法转换为初始价值法或者部分权益法，合并报表中留存收益的金额会发生变化吗？

b. 在下面几种情况下，母公司投资账户在2010年1月1日的余额分别是多少？

- 母公司采用权益法核算投资
- 母公司采用部分权益法核算投资
- 母公司采用初始价值法核算投资

c. 在下列情况下，2010年合并工作底稿中的分录*C分别是什么？

- 母公司采用权益法核算投资
- 母公司采用部分权益法核算投资
- 母公司采用初始价值法核算投资

13. 略。

14. Francisco公司在2009年1月1日获得了Beltran公司100%的股权。作为对价，Francisco公司支付了450 000美元的现金并对外发行了104 000股每股面值为1美元的股票。并购日，Francisco公司股票的公允价值为每股12美元。这次并购是一次吸收合并，Beltran公司随即解散。为了内部披露的需要，Beltran公司的资产和负债都分配给了新的报告单位。

下面列出了Beltran公司2009年1月1日的公允价值以及2010年12月31日的账面价值。

Beltran公司报告单位	公允价值，01/01/2009	公允价值，12/31/2010	账面价值，12/31/2010
现金	$75 000	$50 000	$50 000
应收账款	193 000	225 000	225 000
存货	281 000	305 000	300 000
专利	525 000	600 000	500 000
客户关系	500 000	480 000	450 000
设备（净值）	295 000	240 000	235 000
商誉	?	?	400 000
应收账款	(121 000)	(175 000)	(175 000)
长期负债	(450 000)	(400 000)	(400 000)

a. 做Francisco公司2009年1月1日企业合并中确认资产和负债的分录。

b. 在2010年12月31日，Francisco公司估计Beltran公司整体的公允价值为1 425 000美元。Francisco公司在2010年的利润表中应确认的商誉减值损失是多少？

15. Acme公司，对其所有的报告单位进行了一次减值测试。其中一个报告单位，Martel，被认为有可能发生了商誉减值损失。Martel确认的净资产为780美元，其中包括500美元的商誉。Martel评估的公允价值为650美元，包括两项内部开发但尚未确认的无形资产（专利及客户名单，公允价值分别为150美元、50美元）。下表列示了有关Martel报告单位现在的一些财务状况：

	账面价值	公允价值
有形资产，净值	$80	$110
确认的无形资产，净值	200	230
商誉	500	?
未确认的无形资产	0	200
总计	$780	$650

a. 说明确定商誉是否发生减值的两个步骤。

b. 确认了商誉的减值之后，Acme 公司的报告单位 Martel 下列账户的余额是多少?

- 有形资产，净值
- 商誉
- 客户名单
- 专利

16. 略。

17. 略。

18. 假设 Chapman 公司以 500 000 美元现金获得了 Abernethy 公司普通股权。假设当日设备和长期负债的公允价值分别是 220 000 美元和 120 000 美元。Chapman 公司使用初始价值法核算投资。请写出 2009 年和 2010 年的 12 月 31 日合并分录。

19. 假设 Chapman 公司以 520 000 美元获得了 Abernethy 公司 100% 的股权。Chapman 公司支付的对价与 Abernethy 公司的公允价值相等。Chapman 公司采用权益法核算对子公司的投资，写出 2009 年 12 月 31 日与 2010 年 12 月 31 日的合并分录。

20. 略。

21. 以下是从 Penske 公司以及 Stanza 公司 2010 年 12 月 31 日财务报表中摘出的数据：

	Penske		Stanza	
收入	$ (700 000)		$ (400 000)	
销货成本	250 000		100 000	
折旧	150 000		200 000	
利息	没有给出		0	
留存收益，01/01/2010	80 000		60 000	
净收益	(600 000)		(200 000)	
流动资产	400 000		500 000	
版权	900 000		400 000	
合同	600 000		1 000 000	
对 Stanza 公司的投资	没有给出		0	
长期负债	(500 000)		(1 380 000)	
普通股	(600 000)	(面值 20 美元)	(200 000)	(面值 20 美元)
资本公积	(150 000)		(80 000)	

2010 年 1 月 1 日，Penske 公司以现金和发行股票的方式获得了 Stanza 公司公允价值为 680 000 美元的所有普通股。Penske 同时还支付了 10 000 美元的保险费用。在并购日，版权（使用寿命为 6 年）的账面价值为 440 000 美元，公允价值为 560 000 美元。

a. 2010 年 12 月 31 日，合并报表中版权账户的金额是多少？

b. 2010 年 12 月 31 日，合并的净收益是多少？

c. 2010 年 12 月 31 日，合并报表中留存收益的余额是多少？

d. 2010 年 12 月 31 日，合并报表中商誉的余额是多少？

22. 略。

23. Patrick 公司在 1 月 1 日以 550 000 美元购买了 O'Brien 公司 100% 的股权。O'Brien 公司当时的净资产为 350 000 美元。O'Brien 公司的一部分资产被低估了，其公允价值和账面价值列示如下：

	账面价值	**公允价值**
商标（不可确定使用寿命）	60 000	160 000
客户关系（5 年）	0	75 000
设备（使用寿命 10 年）	342 000	312 000

并购产生的商誉都被看成是没有确定年限且不发生减值。

以下是两个公司并购第一年的财务报表。

	Patrick 公司	**O'Brien 公司**
收入	\$（1 125 000）	\$（520 000）
销货成本	300 000	228 000
折旧费用	75 000	70 000
摊销费用	25 000	0
子公司所有者权益增加	（210 000）	0
净收益	（935 000）	（222 000）
留存收益，01/01/2010	（700 000）	（250 000）
净收益	（935 000）	（222 000）
已付股利	142 000	80 000
留存收益，12/31/2010	（1 493 000）	（392 000）
现金	185 000	105 000
应收账款	225 000	56 000
存货	175 000	135 000
对 O'Brien 公司的投资	680 000	0
商标	474 000	60 000
客户关系	0	0
设备（净值）	925 000	272 000
商誉	0	0
总资产	\$2 664 000	\$628 000
长期负债	（771 000）	（136 000）
普通股	（400 000）	（100 000）
留存收益，12/31/2010	（1 493 000）	（392 000）
负债及所有者权益	\$（2 664 000）	\$（628 000）

a. 说明 Patrick 公司是如何计算出 210 000 美元对 O'Brien 公司投资收益的。讨论说明你是如何确定对 O'Brien 公司投资的核算方法的。

b. 不通过合并工作底稿和合并分录，计算并说明本年 12 月 31 日合并报表中各账户的余额。

c. 通过工作底稿对两家公司在年末的财务报表进行合并，并对比上题计算的结果。

24. 略。

25. Giant 公司在 2009 年 1 月 1 日获得了 Small 公司 100% 的股份。之后的年度中，Giant 公司采用权益法核算对子公司的投资。在并购日，Small 公司的公允价值 90 000 美元分配给了被低估的土地，50 000 美元分配给了使用寿命为 10 年的设备。剩余的 60 000 美元确认为商誉。

下表是 2013 年末母公司和子公司各自的财务报表。此时，Small 公司对 Giant 公司的负债为 10 000 美元。贷方余额用括号表示。

	Giant 公司	Small 公司
收入	$（1 175 000）	$（360 000）
销货成本	550 000	90 000
折旧费用	172 000	130 000
Small 公司所有者权益增加	（135 000）	0
净收益	$（588 000）	$（140 000）
留存收益，01/01/2013	$（1 417 000）	$（620 000）
净收益	（588 000）	（140 000）
已付股利	310 000	110 000
留存收益，12/31/2010	$（1 695 000）	$（650 000）
流动资产	$398 000	$318 000
对 Small 公司的投资	995 000	0
土地	440 000	165 000
建筑物	304 000	419 000
设备（净值）	648 000	286 000
商誉	0	0
总资产	$2 785 000	$1 188 000
长期负债	$（840 000）	$（368 000）
普通股	（250 000）	（170 000）
留存收益，12/31/2010	（1 695 000）	（650 000）
负债及所有者权益	$（2 785 000）	$（1 188 000）

a. Giant 公司财务报表中 Small 公司所有者权益增加 135 000 美元，账户的余额是如何计算得出的？

b. 不通过合并工作底稿和合并分录，计算并解释 2013 年 12 月 31 日合并报表中各账户的余额。

c. 通过工作底稿对两家公司在年末的财务报表进行合并，并对比上题计算的结果。

d. 如果 Giant 认为在对 Small 公司进行并购中产生的商誉全部发生减值，如何核算减值损失？合并报表的过程将会发生怎样的改变？减值损失的确认对合并报表的金额又有怎样的影响？

26. 略。

27. 2009 年 1 月 1 日，Peterson 公司以 1 090 000 美元作为对价获得了 Santiago 公司 100% 的股权。在并购日，Santiago 的账面价值为 950 000 美元。Santiago 公司各项资产除了一项专利技术外，账面价值与公允价值都相同。该项专利技术被低估了 240 000美元，使用年限为 6 年。Peterson 今年只发生了这一次并购。

为了在预期的协同效应不能出现时 Peterson 能够迅速抽资剥离该项业务，Perterson 公司与 Santiago 公司保持其独立经营和独立的财务核算。

2009 年 12 月 31 日，两家公司的财务报表如下：

	Peterson 公司	Santiago 公司
利润表		
收入	$（535 000）	$（495 000）
销货成本	170 000	155 000
并购利得	（100 000）	0
折旧费用	125 000	140 000
对 Santiago 的投资收益	（160 000）	0
净收益	$（500 000）	$（200 000）
留存收益表		
留存收益，01/01/2013	$（1 500 000）	$（650 000）
净收益	（500 000）	（200 000）
已付股利	200 000	50 000
留存收益，12/31/2010	$（1 800 000）	$（800 000）
资产负债表		
流动资产	$ 190 000	$ 300 000
对 Santiago 公司的投资	1 300 000	0
商标	100 000	200 000
专利技术	300 000	400 000
商誉	610 000	300 000
总资产	$ 2 500 000	$ 1 200 000
负债	$（165 000）	$（100 000）
普通股	（535 000）	（300 000）
留存收益，12/31/2010	（1 800 000）	（800 000）
负债及所有者权益	$（2 500 000）	$（1 200 000）

a. 说明 Peterson 的以下账户余额是如何得到的：

- 并购利得
- 对 Santiago 的投资收益
- 对 Santiago 公司的投资

b. 对 Peterson 公司和 Santiago 公司 2009 年 12 月 31 日的报表进行合并。

28. 略。

29. Palm 公司在 2009 年 1 月 1 日获得 Storm 公司 100% 的股权。作为对价，Palm 公司发行了 10 000 股每股面值为 10 美元的股票（股票的公允价值为每股 14 美元）。当天，Storm 公司所有者权益的总金额为 105 000 美元。Storm 公司的土地账户被低估了 10 000 美元，使用寿命为 5 年的设备被低估了 5 000 美元。Storm 公司的一个秘方被评估有 20 年的使用寿命，公允价值为 20 000 美元。

2013 年 12 月 31 日，两家公司的财务报表如下：

	Palm 公司	Storm 公司
收入	\$（485 000）	\$（190 000）
销货成本	160 000	70 000
折旧费用	130 000	52 000
子公司所有者权益增加	（66 000）	0
净收益	\$（261 000）	\$（68 000）
留存收益，01/01/2013	\$（659 000）	\$（98 000）
净收益	（261 000）	（68 000）
已付股利	175 500	40 000
留存收益，12/31/2013	\$（744 500）	\$（126 000）
现金	\$268 000	\$75 000
对 Storm 公司的投资	216 000	0
土地	427 500	58 000
建筑物	713 000	161 000
总资产	\$1 624 500	\$294 000
短期负债	\$（110 000）	\$（19 000）
长期负债	（80 000）	（84 000）
普通股	（600 000）	（60 000）
资本公积	（90 000）	（5 000）
留存收益，12/31/2010	（744 500）	（126 000）
负债及所有者权益	\$（1 624 500）	\$（294 000）

a. 说明 Palm 公司 66 000 美元投资收益账户的余额是如何得到的。

b. 准备 Palm 公司和 Storm 公司报表合并的工作底稿。

c. 如果 Storm 公司采取下推会计来核算，其各账户的余额有什么变化？为什么？

30. 略。

31. 略。

32. 1 月 1 日，Prine 公司以公允价值为 120 000 000 美元的现金和发行股票作为对价，获取了 Lydia 公司 100% 的股权。Lydia 公司其他资产的账面价值与公允价值都相同，但是一项使用寿命为 10 年的设备被低估了 500 000 美元。

Prine 公司在传媒方面十分专业，这次对 Lydia 公司的并购，Prine 公司视其为战略性地将 Lydia 公司转入自己的旗下。Prine 公司期望从控制 Lydia 公司的艺术内容（一个巨大的经典音乐图书馆）和体育视频经营等方面获得收入和费用的协同效应。因此，Prine 公司将 Lydia 公司的资产和负债（包括 50 000 000 美元的商誉）作为一个新的业务单元，并指定为 Prine 公司的报告单位。

并购的第一年，该报告单位的可辨认资产和负债的公允价值如下所示：

	公允价值	公允价值
项目	1 月 1 日	12 月 31 日
现金	$ 215 000	$ 109 000
应收账款	525 000	897 000
电影图书馆（25 年）	40 000 000	60 000 000
广播许可（无确定使用年限）	15 000 000	20 000 000
设备（10 年）	20 750 000	19 000 000
流动负债	(490 000)	(650 000)
长期负债	(6 000 000)	(6 250 000)

但是，被并购的 Lydia 公司的资产并没有产生预期的协同效应。年末，Prine 公司将对该报告单位的评估价值调减为 110 000 000 美元。

12 月 31 日，Prine 公司和 Lydia 公司报告单位的财务报表如下：

	Prine 公司	Lydia 公司
收入	$ (18 000 000)	$ (12 000 000)
销货成本	10 350 000	11 800 000
子公司所有者权益增加	(150 000)	NA
已付股利	300 000	80 000
留存收益，01/01	(52 000 000)	(2 000 000)
流动资产	260 000	109 000
应收账款	210 000	897 000
对 Lydia 公司的投资	120 070 000	NA
广播许可（无确定使用年限）	350 000	14 014 000
电影图书馆	365 000	45 000 000
设备	136 000 000	17 500 000
流动负债	(755 000)	(650 000)
长期负债	(22 000 000)	7 250 000
普通股	(175 000 000)	67 500 000

a. 进行商誉减值测试的第一步是什么？

b. Prine 公司本年应当确认的 Lydia 公司的减值损失是多少？

c. 本期合并的净利润是多少？

d. 12 月 31 日商誉的合并额是多少？

e. 12 月 31 日广播许可的合并额是多少？

f. 准备 Prine 公司和 Lydia 公司的合并报表工作底稿（注意 Prine 公司的试算平衡应首先根据减值损失调整）。

第 4 章　合并财务报表与外部所有者权益

默克公司最近的报表附注中含有下面这样一段话：

公司的合并报表范围包括了所有拥有控制权的子公司……对于那些持股不到 100% 的子公司，不属于母公司份额的外部所有者权益以少数股东权益列示。对于那些公司有投资但并未取得控制权的子公司采用权益法核算。

默克公司的合并会计报表囊括其所有全部持股和主要持股的子公司。它是怎样对子公司的外部所有者权益进行会计核算的呢？

有许多原因可以使一个公司对其子公司不完全持股。或许是母公司没有足够的能力和资源购买子公司 100% 的外部流通股。也可能是一些子公司股份的持有者选择保留他们所拥有的股份，希望以后能有一个更高的价格。

不完全持股在并购国外的子公司时比较常见。一些国家的法律禁止国外的公司完全掌控本国的企业。在其他一些国家或地区，保留一定比例的当地所有权，可以同子公司的员工、顾客以及当地政府建立起良好的关系。

不管原因如何，只要母公司拥有了对子公司的控制权，就要进行报表合并。正如第 2 章所说的：完全持股并不是报表合并所必需的。只要一个公司能够控制另一个公司的决策制定过程，那么它们就是一个经济实体。

虽然大部分母公司都是拥有其子公司 100% 的股份，但是也有很大部分的公司，如默克公司，不完全持股的子公司拥有控制权。剩余的外部所有者被统一称做“非控制性权益（noncontrolling interets）”或者更传统地说“少数股东权益（minority intere）”。[①] 这些少数股东的存在给会计核算带来了许多问题。当对子公司的持股低于 100% 时，在合并报表中子公司的账目如何计量？这些外部股东的存在又应该如何反映呢？

4.1　FASB 对于包含非控制性权益报表合并的新规定

FASB *SFAS 141R*“企业合并”（*SFAS 141R*）以及 *SFAS 160*“非控制性权益和合并报表（Noncontrolling Interests and Consolidated Financial Statements）”明显地采取了公允价值作为企业合并的基础。FASB 强调合并报表必须反映合并日当天的潜在经济效应。为了衡量这些潜在的经济效应，所有的企业合并应当以取得控制权当天的子公司的公允价值作为核算的基础。公允价值被认为是企业并购中衡量、披露以及评估合并财务影响最有效的基础。

4.2　包含非控制性权益的报表合并

1. 非控制性权益的定义

在 *SFAS 160* 中，FASB 定义非控制性权益如下：

子公司所有者权益（或净资产）中不属于母公司直接或者间接控制的部分。非

---

① 几十年来，几乎都用“少数股东权益”来描述外部所有者。但是，FASB 最近的文件将这些外部所有者称为“非控制性权益”，这种叫法更具描述性。本书采用这种新的说法。

控制性权益有时也被称为少数股东权益。比如，母公司持有子公司 80% 的股份，其他的所有者持有子公司 20% 的股份。子公司股份中不被母公司持有而被其他股东持有的部分就是非控制性权益。子公司的非控制性权益也是应当纳入合并范围的所有者权益。

当母公司对子公司并非 100% 的持股时，在合并报表中就必须考虑非控制性权益。非控制性权益代表着除了母公司之外的能够对子公司的净资产以及利润拥有法定要求权的利益团体。

图表 4—1 展示了在核算非控制性权益时面临的两大挑战。具体是母公司以怎样的方式在合并中列示非控制性权益。

- 如何反映非控制性股东拥有的子公司的资产和负债？
- 如何计量以及披露其他所有者的存在？

这两个问题的答案都涉及公允价值。在并购法下，子公司的公允价值作为合并报表的相关属性。以公允价值评估合并的成功与否同样也为投资者和债权人提供了管理的责任。

图表 4—1 **非控制性权益——并购日**

Big（母公司）及其控股 70% 的 Small（子公司）合并资产负债表
并购日

母公司的资产	母公司的负债
子公司的资产	**子公司的负债**
	母公司拥有的所有者权益：
	（1）母公司 100% 的净资产
	（2）**子公司 70% 的净资产**
	非控制性所有者的权益：
	子公司 30% 的净资产

2. 控制和责任

通过取得控制性的权益，母公司虽然没有完全持股，但是承担了子公司资产以及负债的管理责任。如果母公司控制了子公司的商业活动，母公司同时也应当为子公司资产、负债以及收益的所有投资者以及债权人负责。为了使子公司的状况能够完整地展示，必须对子公司整体以及单个资产或负债的公允价值进行计量。因此，在含有外部所有权益的报表合并中，购买者在购买日当天需要确认以及计量的有：

- 可辨认的资产以及负债的公允价值是多少？①
- 非控制性权益的公允价值是多少？
- 商誉或并购利得是多少？

总的来说，包含非控制性权益的合并报表必须能够反映整个子公司资产以及负债的公允价值。2005 年 FASB 发布的合并报表准则征求意见稿中写道：

① 在第 2 章中我们知道，不能采用公允价值计量的有递延税金、特殊职工福利、赔偿性资产、重复得到的权利、以股权为基础的奖励以及交易性资产等。（见 *SFAS 141R*，26-33 段）

母公司在并购日获得了对子公司的控制权，无论其获得的股权有多少，都将对子公司所有的资产、负债、经营活动承担责任。

财务报表的重要作用就是向使用者提供有关会计实体的运营情况和资源使用的相关及可靠的信息。这对于拥有子公司的母公司同样适用，无论母公司拥有子公司多少股权。委员会认为采用公允价值能够使被合并企业的负债以及可辨认净资产得到更好的衡量，也会增强对被合并的资源的管理责任。

4.2.1 并购日当天的公允价值——非控制性股东存在时

当母公司并没有100%地获得子公司的股权时，在购买日当天的报表合并需要首先确定子公司的公允价值。这时，子公司的整体公允价值由两部分组成：

- 控制性权益的公允价值
- 非控制性权益的公允价值

衡量这两部分的价值是进行报表合并的第一步。如果这两部分的和超过了子公司资产以及负债的公允价值，超过的部分则应当确认为商誉。相反，如果低于公司资产以及负债的公允价值，并购者则确认“并购利得”。

对控制性权益公允价值的计量有很多种办法——母公司在并购过程中发生的费用是衡量子公司权益直接的证据。但是，却不存在相同的办法来衡量非控制性的权益。因此，母公司必须采用其他的方法来计算并购日的非控制性权益。

一般情况下，母公司可以依据活跃市场的交易价值来计算非控制性权益的公允价值。在并购日前后非控制性权益的市场交易价格就可以作为其公允价值。以此为基础计算的价值就是合并报表中非控制性权益的最初价值。

母公司为了得到控制性的权益，相对于每股市场价格，经常必须付出额外的溢价。通常，溢价是为了购买足量的股票以获取控制性。而剩下的权益（非控制性的权益）没有为其所有者提供获得控制权的好处，因此其价值应当低于那些用于获取股份的部分。所以，将控制性的和非控制性的权益分开核算是核算子公司公允价值最好的方式。

如果没有公开市场的价格，就需要采取其他的间接的办法。例如，相似的投资可以作为衡量公允价值的方法之一。另外，基于子公司未来现金流或者剩余价值的计算模型也可以用来估计子公司的公允价值。最后，如果没有产生控制性的溢价，母公司支付的费用就可以用来估算整个子公司的公允价值。非控制性权益的公允价值就简化为整个公司公允价值与其所占比例的乘积。

1. 公开市场价值的非控制性权益

在大部分情况下，外部流通的股票（母公司没有拥有的部分）是衡量并购日当天非控制性权益最好的办法。例如，假设Paker公司希望购买Strong公司10 000股外部流通股中的9 000股以从中获得协同价值。Paker认为没有必要获取Strong公司100%的股票，同时，获取大于90%的股权对于Paker公司来说成本也太高。

于是，Parker公司为了获得Strong公司90%的股权，愿意给Strong公司所有的股东支付额外的溢价。具体来说，Parker公司为了激励原股东出售股权，必须以每股70美元购买，而当时的市场价格只有每股59～61美元。在并购日之后的一个星期里，剩余的10%非控制性权益保持市场价格为每股59～61美元。

如果这样的话，Parker提供的每股70美元的价格就不能代表整个公司股票的价值。因为非控制性的所有者权益依然保持以每股60美元出售，相应地，这1 000股的公允价值也就是60 000美元。因此，对非控制性权益公允价值的计量应当以Strong公司流通股的市场价格为基础，而不是Parker公司支付的价格。

Parker公司支付的每股70美元的价格毫无疑问地代表了其9 000股股票的公允价值。如果没有其他情况，Paker公司获得的Strong公司的股票公允价值为630 000美元，其中包括Paker公司期望从并购中获得的协同效应的附加价值。因此，Strong公司整体的公允价值通过非控制性权益的公允价值以及控制性权益的公允价值相加计算如下：

控制性权益的公允价值（$70×9 000股）	$630 000
非控制性权益的公允价值（$60×1 000股）	60 000
Strong公司并购日当天的公允价值之和	$690 000

在并购日，Parker评估Strong公司可辨认净资产的公允价值为600 000美元。因此，将可辨认净资产的公允价值高于公司整体公允价值的部分确认为商誉如下：

Strong公司并购日当天的公允价值	$690 000
购得的可辨认净资产的价值	600 000
商誉	$90 000

2. 将获得的商誉在控制性权益与非控制性权益之间配比

为了在以后更好地计量商誉以及商誉的损失，并购日的商誉应当在控制性与非控制权益之间进行配比。母公司首先将商誉按照控制性权益的公允价值超过其所占可辨认净资产的公允价值比例的部分分配给控制性的所有者权益。然后剩余的商誉则分配给非控制性的所有者权益。这样的话，商誉并不是按所持股权的比例在控制性与非控制性的所有者权益之间分配的。继续来看Parker公司的例子，并购产生的所有商誉在控制性与非控制性权益之间分配如下：

	控制性权益	非控制性权益
并购日当天的商誉	$630 000	$60 000
相关的可辨认净资产的公允价值（90%以及10%）	540 000	60 000
商誉	$90 000	0

非控制性权益所占的子公司净资产的部分的公允价值一般不会高出其整体公允价值，因为高出的部分将减少母公司所确认的公允价值。例如，如果Strong公司10%的非控制性权益公允价值为55 000美元，Strong公司整体的公允价值为685 000美元，商誉（都分配给控制性权益）将降为85 000美元。或者，如果Strong公司10%的非控制性权益公允价值为70 000美元，它的整体公允价值则为700 000美元。这样的话，商誉就等于100 000美元，其中90 000美元同控制性权益配比，10 000美元则分配给非控制性权益。最后，如果子公司整体的公允价值少于其可辨认净资产的公允

价值之和，就产生了并购利得。虽然这种情况很少发生，但是如果出现，母公司应将这部分利得全部确认为当期收益，并且不与非控制性权益配比。

3. 通过母公司支付的对价计算的非控制性权益

在某些情况下，特别是当子公司很大比例的股权被购买时，母公司为并购子公司所支付的费用也可以反映子公司整体的公允价值。例如，再次假设 Parker 公司以每股 70 美元的价格购买了 Strong 公司 9 000 股股票并获得了其 90% 的股权。同时假设 Strong 公司剩余的 10% 的股权并没有公开市场价值。如果没有其他的相关证据证明每股 70 美元的价格不能代表 Strong 公司 10 000 股股票的价值，那么以 Paker 公司支付的每股 70 美元的价格来计算 10% 非控制性权益的公允价值就是合理的。

这样的话，Strong 公司整体的公允价值就为 700 000 美元，计算并分配如下：

控制性权益的公允价值（70 美元×9 000 股）	$ 630 000
非控制性权益的公允价值（70 美元×1 000 股）	70 000
Strong 公司整体的公允价值	$ 700 000

注意，由于母公司支付的每股价格等于非控制权益的每股公允价值，商誉在控制性权益与非控制性权益之间按照比例进行配比。再次假设 Strong 公司净资产的公允价值等于 600 000 美元，商誉的配比如下：

	控制性权益	非控制性权益
并购日的公允价值	$ 630 000	$ 70 000
相关的可辨认净资产的公允价值（90% 以及 10%）	540 000	60 000
商誉	$ 90 000	$ 10 000

4.3 将子公司的净收益在母公司及非控制性权益之间配比

并购之后，子公司的净收益必须在它的所有者——母公司及非控制性股东之间配比。为了在合并分录中准确地计量其所有者权益，FASB 净收益与综合收益必须在母公司和非控制性股东之间配比，但是没有相关的指南说明如何配比。从这里可以看出，委员会认识到了子公司的资产不是按比例为母公司和非控制性所有者盈利的可能性。尽管如此，我们希望这种非比例的状况是例外而不是规定。

在这本书中，我们假设所有情况下，子公司的净收益在其所有者之间都是按照比例进行分配的。同时在计算公允价值溢价摊销时，我们假设非控制性权益所对应的净资产的价值，也调整至并购日那天的公允价值。

再次假设 Parker 公司购买了 Strong 公司 90% 的股权，在将子公司的账面价值调整为公允价值时产生了每年 30 000 美元的溢价摊销。如果 Strong 公司披露了 280 000 美元的收入以及 200 000 美元的费用，那么非控制性权益所占的 Strong 公司的净收益计算如下：

非控制性权益所占 Strong 公司的净收益	
收入	$ 280 000
费用	200 000
净收益	80 000
并购日公允价值溢价摊销	30 000
溢价摊销调整后的净收益	$ 50 000
非控制性权益所占比例	10%
非控制性权益所占子公司的净收益	$ 5 000

作为程序性的一步，5 000 美元的非控制性权益所享有的净收益应当由子公司整体的收益中减去，从而得到母公司所享有的净收益。注意，非控制性权益只享有子公司的收益，而不享有母公司的收益。

4.4 部分并购的报表合并（并购法）

在复习了并购法下计算非控制性权益的一些基本观念之后，我们现在开始关注有外部所有权存在的企业并购中报表合并的技术性程序。更进一步，我们将列出并购日之后一段期间内的报表合并，以反映存在非控制性权益时报表合并的整个复杂过程。前面已经提到过，在分步并购准则中要求使用并购法，我们也将使用这种方法。

在并购法下，合并报表需包含子公司 100% 的资产以及负债在并购日的公允价值。

注意在并购日之后不再确认资产以及负债的公允价值。[①] 在并购日之后合并报表中被并购的资产和负债的摊销或不可修复的损失都将基于并购日的公允价值。

非控制性权益的存在不会改变第 3 章所述的报表合并的程序。仍旧应当在合并报表中计算并购日当天的公允价值尚未摊销的部分并进行配比，仍旧应当按直线法确认每年的摊销费用，相应的相反账户仍旧需要抵销。但是在这些基本步骤之上，非控制性权益的计量以及确认为合并报表的过程加入了新的元素。在准备工作底稿时，母公司必须考虑以及输入以下数据：

- 非控制性权益的年初余额
- 非控制性权益所占的本年净收益
- 非控制性权益获得的分红
- 非控制性权益的年末余额（由以上三个数据得出）

为了更好地说明这个问题，假设 king 公司在 2009 年 1 月 1 日，以每股 9.75 美元，共计 780 000 美元的价格了购买了 Pawn 公司 100 000 股普通股股票，获得其 80% 的股权。同时假设 Pawn 公司剩余的 20% 的非控制性股权在并购日前后的交易价值为平均每股 9.75 美元。Pawn 公司在合并日的整体公允价值为：

King 公司支付的费用（9.75 美元×80 000 股）	$ 780 000
非控制性权益的公允价值（9.75 美元×20 000 股）	195 000
Pawn 公司 2009 年 1 月 1 日的整体公允价值	$ 975 000

① 所有公司都存在的常见例外包括（不管是否涉及合并事项）确认可交易性权益证券以及其他金融工具的公允价值变动。

图表4—2 给出了 Pawn 公司在并购日各资产以及负债的账面价值以及公允价值。Pawn 公司的整体公允价值如何在各资产以及负债之间配比在图表 4—5 中列出。同时还计算了与这些配比相关的每年摊销额。虽然只计算了第一年的摊销金额，但是摊销费用在接下来的 20 年中每年都要确认（专利技术的使用寿命为 20 年）。

图表4—2　　并购日子公司的账户余额

Pawn 公司账户余额表

2009 年 1 月 1 日

	账面价值	公允价值	差异
流动资产	$440 000	$440 000	0
商标（不可确定使用寿命）	260 000	320 000	$60 000
专利技术（使用寿命 20 年）	480 000	600 000	120 000
设备（使用寿命 10 年）	110 000	100 000	(10 000)
长期负债（使用寿命 8 年）	(550 000)	(510 000)	40 000
净资产	$740 000	$950 000	$210 000
普通股	$ (230 000)		
留存收益，01/01/2009	(510 000)		

注意：括号代表贷方余额。

图表4—3 首先将 Pawn 公司所有的资产及负债调整为并购日的公允价值。非控制性的权益也应当按比例享有这些公允价值的调整。通过图表 4—3，我们还可以看出，公允价值超出可辨认净资产公允价值的部分被确认为商誉。由于控制性权益同非控制性权益在并购日的每股公允价值相等，都为 9.75 美元，因此商誉按比例在这些权益之间配比。

图表4—3　　King 公司和 Pawn 公司公允价值配比与摊销

（2009 年 1 月 1 日）

	分配的价值	使用寿命	每年的溢价摊销
Pawn 公司并购日当天的公允价值	$975 000		
Pawn 公司并购日当天的账面价值	(740 000)		
公允价值超出账面价值的部分	$235 000		
调整			
商标（没有确定年限的使用寿命）	$60 000	无确定年限	0
专利技术（使用寿命 20 年）	120 000	20	6 000
设备（10 年使用寿命）	(10 000)	10	(1 000)
长期负债（8 年）	40 000	8	5 000
商誉（无确定年限）	$25 000	无确定年限	0
公允价值溢价的每年摊销			$10 000

商誉在控制性权益与非控制性权益之间配比

	控制性权益	非控制性权益	总权益
并购日的公允价值	$780 000	$195 000	$975 000
Pawn 公司可辨认净资产的公允价值（80%和20%）	760 000	190 000	950 000
商誉	$ 20 000	$5 000	$25 000

在2010年12月31日还将进行报表合并。这个日期并不是我们随意选的，2009年之后的任何时间进行合并都可以演示这个合并过程。在计算了并购日的公允价值配比以及相关的摊销之后，会计师就可以依照第3章所述的步骤来进行报表合并了。唯一不同的是，如今在此过程中有非控制性股东的存在。

为了使报表合并所需的信息完整，我们假设并购之后Pawn公司披露的留存收益变化如下：

当前会计年度（2010年）	
净收益	$ 90 000
减去：分配的股利	(50 000)
留存收益增加	$ 40 000
以前会计年度（2009年）	—
留存收益的增加	$ 70 000

假设King公司采用权益法核算，对Pawn公司的投资在2010年12月31日核算如图表4—4所示。注意投资账户852 000美元的余额是依据Pawn公司的收入减去摊销减去分配的股利再乘以80%的持股比例得到的。

图表4—4　King公司对Pawn公司的投资权益法

（2010年12月31日）

获得80%的股份支付的费用		$ 780 000
以前年度（2009）	$ 56 000	
留存收益的增加（80%×70 000美元）（图表4—3）	(8 000)	48 000
溢价摊销（80%×10 000美元）		
当前年度（2010）		
获得的收益（80%×90 000美元）	72 000	
溢价摊销（80%×10 000美元）（图表4—3）	(8 000)	
子公司所有者权益增加	64 000 *	
分配的股利（80%×50 000美元）	(40 000)	24 000
余额，12/31/2010		$ 852 000

* 本数据来自King公司利润表，见图表4—5。

虽然子公司的资产与负债将100%地纳入合并报表的范围，King公司在内部核算时依然基于80%的持股比例。这种方法简化了在工作底稿中将账户余额分配给非控制性权益的过程。图表4—5给出了两个公司在2010年12月31日基于给定信息各自独立的财务报表：

图表 4—5　　King 公司和 Pawn 公司独立财务报表

（2010 年 12 月 31 日）

	King	Pawn
收入	\$（910 000）	\$（430 000）
销货成本	344 000	200 000
折旧	60 000	20 000
摊销费用	100 000	75 000
利息费用	70 000	45 000
投资收益（见图表 4—4）	（64 000）	0
净收益	\$（400 000）	\$（90 000）
留存收益，01/01/2010	\$（860 000）	\$（580 000）
净收益	（400 000）	（90 000）
已付股利	60 000	50 000
留存收益，12/31/2010	\$ 1 200 000	\$（620 000）
流动资产	\$ 726 000	\$ 445 000
商标	304 000	295 000
专利技术	880 000	540 000
设备（净值）	390 000	160 000
对 Pawn 公司的投资（见图表 4—4）	852 000	0
总资产	\$ 3 152 000	\$ 1 440 000
长期负债	\$（1 082 000）	\$（590 000）
普通股	（870 000）	（230 000）
留存收益，12/31/2010	（1 200 000）	（620 000）
负债及所有者权益	\$（3 152 000）	\$（1 440 000）

1. 合并总额

虽然 20% 非控制性股东的存在使得合并的过程变得更复杂，但是这次报表合并的合并后金额依然可以不通过工作底稿计算出来：

- 收入 = 1 340 000 美元，即子公司与母公司收入的加总。并购法包含子公司的所有利润，即使 King 公司只拥有其 80% 的股权。

- 销货成本=544 000 美元。母公司和子公司的账户余额加总。
- 折旧费用=79 000 美元。母公司与子公司账户余额的和加上 1 000 美元的设备折价摊销费用。
- 利息费用=120 000 美元。母公司与子公司账户余额的和加上 5 000 美元的额外费用。图表 4—3 给出了 Pawn 公司长期负债的公允价值比账面价值少 40 000美元。由于到期值保持不变，要在剩余的 8 年内对这 40 000 美元进行折价摊销，表现为减少利息费用。
- 投资收益=0。母公司的投资收益已经被抵销，以便将子公司的收入和费用纳入合并报表范围。
- 合并的净收益=416 000 美元。在同控制性与非控制性权益配比之前的总收益。
- 非控制性权益所占的子公司的净收益=16 000 美元。外部所有者所占的收益为子公司披露的 90 000 美元收益减去 10 000 美元的溢价摊销再乘以 20% 的持股比例计算得到的。这个金额可以看成是在并购法下对收益的配比。
- 控制性权益所占的净收益=400 000 美元。并购法下对净收益的配比。
- 留存收益（1 月 1 日）= 860 000 美元。合并的金额同母公司的留存收益账户余额相等。因为母公司采用权益法核算对子公司的投资。如果母公司采用的是部分权益法或者初始价值法，则需要对余额进行调整。
- 已付股利=60 000 美元。只包括了母公司的账户余额。子公司对母公司的已付股利被抵销掉。子公司分配给外部所有者的股利通过减少相关账户余额反映。
- 留存收益（12 月 31 日）= 1 200 000 美元。通过期初留存收益余额加上控制性权益所享有的净收益减去控制性权益分配的股利得到。由于采用权益法核算投资，母公司的账户余额就是合并后的金额。
- 流动资产=1 171 000 美元。将子公司与母公司的账户余额相加。
- 商标=659 000 美元。母公司与子公司的账面价值之和加上分配的 60 000 美元的并购日公允价值溢价。
- 专利技术=1 528 000 美元。母公司与子公司的账面价值之和加上分配的 120 000美元的并购日公允价值溢价减去每年的溢价摊销 60 000 美元（见图表 4—3）。
- 设备=542 000 美元。母公司与子公司的账面价值之和减去分配的 10 000 美元的并购日公允价值折价加上每年的折价摊销 1 000 美元（见图表 4—3）。
- 对 Pawn 公司的投资=0。母公司的投资账户被抵销以便对子公司的资产和负债进行合并。
- 商誉=25 000 美元。图表 4—3 中计算的金额。
- 总资产=3 925 000 美元。各项资产合并金额的垂直加总。
- 长期负债=1 642 000 美元。母公司与子公司的账面价值之和加上分配的 40 000美元的并购日公允价值溢价减去每年的溢价摊销 5 000 美元（见图表 4—3）。

- 子公司的非控制性权益=213 000 美元。根据子公司的期末账面价值分配、摊销调整后的数额乘以 20% 的持股比例。

非控制性权益，01/01/2010	
810 000 美元期初账面价值的 20% ——普通股加留存收益，01/01/2010	$ 162 000
未摊销的公允价值溢价的 20%，01/01/2010	45 000
非控制性权益享有的子公司的净收益（前面计算过的）	16 000
对非控制性股东的股利分配（20%×50 000 美元）	(10 000)
非控制性权益，12/31/2010	$ 213 000

- 普通股=870 000 美元，等于母公司的账户余额。
- 留存收益（12 月 31 日）= 120 000 美元。上面计算过的。
- 总资产与负债=3 925 000 美元。负债与所有者权益、非控制性权益合并金额的加总。

2. 计算 2010 年 12 月 31 日非控制性权益的其他方法

对 King 公司和 Pawn 公司报表的合并也可以采用工作底稿法，如图表 4—6。将图表 4—6 同第 3 章的图表 3—7 比较，可以看出非控制性股东的存在对合并报表的步骤并没有产生大的影响。

工作底稿同样包括了对子公司所有者权益的抵销（合并分录 S），只不过这个分录增加了非控制性权益的项目。第二个合并分录（分录 A）确认了尚未摊销的公允价值溢价。关联收益以及已付股利依然通过分录 I 和分录 D 抵销，当期的公允价值溢价摊销费用仍旧通过分录 E 确认。同第 3 章不同的是，加入了同非控制性权益相关的 3 个元素。另外，在合并的财务报表中加入了非控制性权益的项目以形成合并报表的最终余额。

（1）非控制性权益——期初。在并购法下，非控制所有者权益等于子公司可辨认净资产的公允价值根据摊销金额进行调整之后的金额乘以非控制性股东的持股比例。在工作底稿中，这个金额由两部分反映：

①Pawn 公司的权益账户（普通股及留存收益）在 2010 年 1 月 1 日的账面余额，即 810 000 美元。

②并购日当天的公允价值及截止到 2010 年 1 月 1 日已摊销的溢价（在本例中只需计算 2009 年的摊销额）

因此，在 2010 年 1 月 1 日，20% 的外部所有者权益计算如下：

20%×$ 810 000 子公司 2010 年 1 月 1 日的账面价值	$ 162 000
20%×$ 225 000 截至 2010 年 1 月 1 日尚未摊销的溢价	45 000
非控制性权益，01/01/2010	$ 207 000

这个余额在工作底稿中通过合并分录 S 和合并分录 A 反映。

图表 4—6　　**非控制性权益的计算——并购法**

King 公司和 Pawn 公司

合并工作底稿

2010 年 12 月 31 日

合并：并购法

投资核算：权益法

持股比例：80%

账户名称	King*	Pawn*	合并分录 借	合并分录 贷	非控制性权益	合并金额
收入	(910 000)	(430 000)				(1 340 000)
销货成本	344 000	200 000				544 000
折旧费用	60 000	20 000		(E) 1 000		79 000
摊销费用	100 000	75 000	(E) 6 000			181 000
利息	70 000	45 000	(E) 5 000			120 000
子公司所有者权益增加	(64 000)	0	(I) 64 000			0
各公司净收益	(400 000)	(90 000)				
合并净收益						(416 000)
非控制性权益在 Pawn 公司中的份额					(16 000)	16 000
King 公司在合并净收益中的份额						(400 000)
留存收益，01/01/2010	860 000)	(580 000)	(S) 580 000			(860 000)
净收益	(400 000)	(90 000)				(400 000)
已付股利	60 000	50 000		(D) 40 000	10 000	60 000
留存收益，12/31/2010	(1 200 000)	(620 000)				(1 200 000)
流动资产	726 000	45 000				1 171 000
商标	304 000	295 000	(A) 60 000			659 000
专利技术	880 000	540 000	(A) 114 000	(E) 6 000		1 528 000
设备（净值）	390 000	160 000	(E) 1 000	(A) 9 000		542 000
对 Pawn 公司的投资	852 000	0	(D) 40 000	(S) 648 000		0
				(A) 180 000		
				(I) 64 000		
商誉	0	0	(A) 25 000			25 000
总资产	3 152 000	1 440 000				3 925 000
长期负债	(1 082 000)	(590 000)	(A) 35 000	(E) 5 000		(1 642 000)
普通股	(870 000)	(230 000)	(S) 230 000			(870 000)
				(S) 162 000		
非控制性权益，01/01				(A) 45 000	(207 000)	
非控制性权益，12/31					213 000	(213 000)
留存收益，12/31/2010	(1 200 000)	(620 000)				(1 200 000)
负债及所有者权益	(3 152 000)	(1 440 000)	1 160 000	1 160 000		(3 925 000)

＊见表 4—5。

注意：括号代表贷方余额。

合并分录：

（S）将子公司期初的留存收益与母公司的投资账户相抵销。

（A）将合并日产生的公允价值溢价分配给各资产和负债。

(I) 抵销母公司由于子公司的收益引起的权益变化。

(D) 抵销子公司对母公司的已付股利。

(E) 确认当期的公允价值溢价摊销和折旧费用。

合并分录 S

普通股（Pawn 公司）	230 000	
留存收益，01/01/2007（Pawn 公司）	580 000	
对 Pawn 公司的投资（80%）		648 000
Pawn 公司的非控制性权益（20%）		162 000

抵销 Pawn 公司期初的所有者权益账户确认 20% 非控制性权益。

合并分录 A

商标	60 000	
专利技术	114 000	
负债	35 000	
商誉	25 000	
设备		9 000
对 Pawn 公司的投资（80%）		180 000
Pawn 公司的非控制性权益（20%）		45 000

确认至 2010 年 1 月 1 日尚未摊销的公允价值溢价。同时将未摊销的溢价在控制性与非控制性的所有者权益之间配比。商誉则按照持股比例在控制性与非控制性的所有者权益之间配比。

金额为 207 000 美元的外部所有者权益期初余额在工作底稿中的非控制性权益里反映。

(2) 非控制性权益——当期收益。图表 4—6 中反映的非控制性所有者享有的本年收入是 16 000 美元。这个数据是基于子公司的收益 90 000 美元减去溢价的摊销之后的金额得到的。King 公司将收益分配给外部股东的计算如下：

非控制性权益享有的净收益	
Pawn 公司的净收益	90 000
本年摊销的公允价值溢价	10 000
调整后的净收益	80 000
非控制性股东持股比例	20%
非控制性权益享有的净收益	16 000

实际上，子公司所有收入和费用账户（包括公允价值溢价的摊销）都按持股比例在控制性与非控制性的股东权益之间进行了配比。

由于非控制性的股东权益享有了 16 000 美元的收益，因此为计算其期末余额，应当把收益同期初的金额 207 000 美元相加（通过合并分录 S 和 A）。由于子公司当期获得了利润，非控制性的股东权益增加了。

虽然我们可以通过合并分录记录收益的配比，但是这 16 000 美元在工作底稿（图表 4—6）中有单独的一列反映非控制性权益的变化。本年应计的非控制性权益自动填入该列，反映子公司净收益的配比以及非控制性权益的增加。这个过程反映的是外部的所有者而不是母公司享有的合并收入金额的部分。

（3）非控制性权益——已付股利。对母公司分配的股利 40 000 美元仍旧通过合并分录 D 进行调整，但是剩余的股利被分配给了非控制性的股东。我们必须考虑对其他所有者分配股利产生的影响。如图表 4—6 所示，对非控制性股东分配的 10 000 美元的股利直接作为工作底稿非控制性权益列的减项。它反映了由于股利分配导致的非控制性权益的减少。

（4）非控制性权益——年末余额。

其他所有者权益的年末金额计算如下：

期初余额	$ 207 000
享有的子公司当期的收益	16 000
减去对非控制性股东的股利分配	(10 000)
非控制性权益的期末余额——贷方余额	$ 213 000

图表 4—6 中合并工作底稿的非控制性权益一列计算了这些数据。最后的结果 213 000 美元在合并的资产负债表中列示。

（5）合并财务报表。在合并了 King 公司和 Pawn 公司的报表后，两公司最终的合并财务报表如图表 4—7 所示，这些数字可以直接计算得出，也可以通过合并工作底稿得出。

4.4.1 合并财务报表中对非控制性权益的列示

在 *SFAS 160* 发布之前，非控制性权益在合并资产负债表中的位置各企业不一。一些企业将非控制性权益作为资产与负债的中间项目，另一些企业则将其作为负债或者所有者权益。

SFAS 160 现在规定将非控制性权益作为所有者权益项目在资产负债表中列示。其金额必须清晰地标明，并能够清楚地同控制性的所有者权益相区分。*SFAS 169* 还规定子公司的净收益以及其他相关的损益必须在控制性与非控制性的所有者权益之间配比。

图表 4—7 首先给出了合并的利润表。在整个合并的经济体层面上计算合并的利润为 416 000 美元，然后再将其分配给控制性与非控制性的所有者权益。接下来的留存收益表反映了本期控制性与非控制性权益变动的细节。[①] 最后，注意非控制性权益在合并后的所有者权益部分单独列示。

① 如果恰当的话，所有者权益变动表也可以反映其他收益项目的增加在控制性和非控制性权益之间的分配。

图表 4—7　　包含非控制性权益的合并财务报表——并购法

King 公司和 Pawn 公司合并财务报表
利润表
2010 年 12 月 31 日

收入	$ 1 340 000
销货成本	(544 000)
折旧费用	(79 000)
摊销费用	(181 000)
利息	(120 000)
合并总收益	$ 416 000
非控制性权益享有的部分	16 000
控制性权益享有的部分	$ 400 000

所有者权益变动表
2010 年 12 月 31 日

	King 公司所有者		
	留存收益	**普通股**	**非控制性权益**
余额，01/01	860 000	870 000	207 000
合并的净收益	400 000		16 000
减去：分配的股利	(60 000)		(10 000)
留存收益，12/31	$ 1 200 000	$ 870 000	$ 213 000

财务状况表
2010 年 12 月 31 日

资产	
流动资产	$ 1 171 000
商标	659 000
专利技术	1 528 000
设备（净值）	542 000
商誉	25 000
总资产	$ 3 925 000
负债	
长期负债	$ 1 642 000
所有者权益	
普通股——King 公司	870 000
子公司非控制性权益	213 000
留存收益	1 200 000
负债与所有者权益	$ 3 925 000

4.4.2 为获得控制权发生溢价时公允价值的计量

为了更好地说明为达到控制溢价购买股票的过程，我们仍旧沿用 King 公司的例子。假设 King 公司在 2009 年 1 月 1 日购买了 Pawn 公司 100 000 股普通股股票，获得其 80% 的股权。同时 Pawn 公司剩余的 20% 的非控制性股权在并购日前后的交易价值仍为平均每股 9.75 美元。但这次不同的是，我们假设 King 公司为购买 Pawn 公司 80% 的股权以获得控制权支付的价格为每股 11 美元，共计 880 000 美元。因此 King 公司支付了每股 1.25 美元的溢价，原因是 King 公司认为并购 Pawn 公司产生的协同效应会为 King 公司的股东创造价值。最后仍需说明的是 Pawn 公司剩余的 20% 的股票市场交易价格保持每股 9.75 美元。

Pawn 公司在并购日当天的整体公允价值计算如下：

控制性权益的公允价值（11.00 美元×80 000）	$ 880 000
非控制性权益的公允价值（9.75 美元×20 000）	195 000
2009 年 1 月 1 日 Pawn 公司并购日当天的公允价值之和	$ 1 075 000

按照并购法的要求，分配 Pawn 公司整体的公允价值已将其可辨认净资产调整为公允价值：

Pawn 公司 2009 年 1 月 1 日的公允价值		$ 1 075 000
Pawn 公司 2009 年 1 月 1 日的账面价值		(740 000)
公允价值超过账面价值的部分		$ 335 000
调整		
商标	$ 60 000	
专利技术	120 000	
设备	(10 000)	
长期负债	40 000	210 000
商誉		$ 125 000

注意到可辨认资产和负债都已经调整为并购日当天的公允价值。只有产生的商誉从 125 000 美元变为 25 000 美元。在这种情况下，King 公司在控制性与非控制性的权益之间配比商誉如下：

	控制性权益	非控制性权益	总计
并购日当天的公允价值	$ 880 000	$ 195 000	$ 1 075 000
相关的可辨认净资产的公允价值（80% 以及 20%）	760 000	190 000	950 000
商誉	$ 120 000	$ 5 000	$ 125 000

并购日公允价值为 125 000 美元的非控制性权益所分配的商誉只有 5 000 美元。因为 King 公司为取得控制权支付了高于非控制性权益股票价格的费用，所以控制性

的权益拥有更多的商誉。

图表 4—8 列示了在这种情况下 King 公司和 Pawn 公司的合并工作底稿。新的商誉值 125 000 美元在工作底稿中分配如下：

合并分录 A

商标	60 000	
专利技术	114 000	
负债	35 000	
商誉	125 000	
设备		9 000
对 Pawn 公司的投资（80%）		280 000
Pawn 公司的非控制性权益（20%）		45 000

工作底稿中计算 2010 年 12 月 31 日非控制性权益的余额如下：

Pawn 公司 1 月 1 日账面价值×20%	$ 162 000
1 月 1 日分配的可辨认净资产公允价值溢价（200 000×20%）	
+5 000 美元分配的商誉	45 000
2010 年 1 月 1 日的非控制性权益	$ 207 000
2010 年享有的子公司收益	16 000
对非控制性股东的股利分配	（10 000）
2010 年 12 月 31 日余额	$ 213 000

注意 1 月 1 日分配给非控制性权益的公允价值溢价 45 000 美元，包括其可辨认净资产分配的公允价值溢价，以及 5 000 美元的商誉。由于 King 公司为获得所有权支付了 100 000 美元的额外费用，这部分费用全都分配给了控制性的所有者权益。

将图表 4—6 与图表 4—8 进行对比，我们可以发现分开核算并购日的公允价值所产生的影响。如下所示，King 公司支付的额外费用影响了商誉以及合并报表的其他一些小部分。

	图表 4—6	图表 4—8	差异
King 公司单独的报表			
流动资产	$ 726 000	$ 626 000	− $ 100 000
对 Pawn 公司的投资	$ 852 000	$ 952 000	+ $ 100 000
合并后的余额			
流动资产	$ 1 171 000	$ 1 071 000	− $ 100 000
商誉	$ 25 000	$ 125 000	+ $ 100 000

由于 King 为获得 Pawn 公司 80% 的股权支付的额外溢价，King 公司的投资账户由于初始金额的增加而增加了 100 000 美元，同时流通资产（支付的额外现金 100 000美元）减少了 100 000 美元。额外的 100 000 美元使得合并资产负债表的商誉项目增加。注意在图表 4—6 与图表 4—8 中，非控制性权益的公允价值相同，都是 213 000 美元。

4.4.3 改变投资的核算方法产生的影响

在 King 公司和 Pawn 公司的例子中，母公司采用权益法核算投资以及作为所有合并分录的计算基础。同第 3 章一样，如果 King 公司采用部分权益法或者初始价值法，虽然最后的结果完全一样，但是合并的过程将会有一点点不同。

1. 初始价值法

在初始价值法下，采用收付实现记录收入，因此没有记录子公司所有者权益的变动。相对于权益法，有两个分录明显不同。首先，初始价值法下，母公司将获得的股利确认为收益，而不是按照子公司所有者权益的变动确认收益。因此，母公司没有记录子公司所有者权益的增加超过其所分配利润的部分（也就是留存收益的增加）。其次，在初始价值法下，母公司不核算摊销费用，因此必须在合并过程中予以补充。由于初始价值法缺少这两个分录，因此需要在工作底稿中增加合并分录*C，将投资账户余额调整为同权益法下的相等。这项调整同时影响了母公司的期初留存收益和对 Pawn 公司的投资两个账户。具体的数据计算如下：

2. 合并分录*C——将初始价值法调整为权益法

（1）过去的会计期间内子公司留存收益的变动（收益减去分配的股利）乘以母公司的持股比例；

（2）过去的会计期间内母公司所占的摊销费用比例。

图表 4—8 **存在非控制股东的合并财务报表——并购法，母公司支付控制溢价**

King 公司和 Pawn 公司合并工作底稿

2010 年 12 月 31 日

账户名称	King	Pawn	合并分录		非控制性权益	合并金额
			借	贷		
收入	(910 000)	(430 000)				(1 340 000)
销货成本	344 000	200 000				544 000
折旧费用	60 000	20 000		(E) 1 000		79 000
摊销费用	100 000	75 000	(E) 6 000			181 000
利息	70 000	45 000	(E) 5 000			120 000
子公司所有者权益增加	(64 000)	0	(I) 64 000			0
各公司净收益	(400 000)	(90 000)				
合并净收益						(416 000)
非控制性权益在 Pawn 公司中的份额					(16 000)	16 000
King 公司在合并净收益中的份额						(400 000)
留存收益，01/01/2010	(860 000)	(580 000)	(S) 580 000			(860 000)
净收益	(400 000)	(90 000)				(400 000)

续表

账户名称	King	Pawn	合并分录		非控制性权益	合并金额
			借	贷		
已付股利	60 000	50 000		(D) 40 000	10 000	60 000
留存收益，12/31/2010	(1 200 000)	(620 000)				(1 200 000)
流动资产	626 000	445 000				1 071 000
商标	304 000	295 000	(A) 60 000			659 000
专利技术	880 000	540 000	(A) 114 000	(E) 6 000		1 528 000
设备（净值）	390 000	160 000	(E) 1 000	(A) 9 000		542 000
对Pawn公司的投资	952 000	0	(D) 40 000	(S) 648 000		0
				(A) 280 000		
				(I) 64 000		
商誉	0	0	(A) 125 000			125 000
总资产	3 152 000	1 440 000				3 925 000
长期负债	(1 082 000)	(590 000)	(A) 35 000	(E) 5 000		(1 642 000)
普通股	(870 000)	(230 000)	(S) 230 000			(870 000)
				(S) 162 000		
非控制性权益，01/01				(A) 45 000	(207 000)	
非控制性权益，12/31					213 000	(213 000)
留存收益，12/31/2010	(1 200 000)	(620 000)				(1 200 000)
负债及所有者权益	(3 152 000)	(1 440 000)	1 260 000	1 260 000		(3 925 000)

合并分录：

（S）将子公司期初的留存收益与母公司的投资账户相抵销。

（A）将合并日产生的公允价值溢价分配给各资产和负债。

（I）抵销母公司由于子公司的收益引起的权益变化。

（D）抵销子公司对母公司的股利分配。

（E）确认当期的公允价值溢价摊销和折旧费用。

采用初始价值法，母公司就需要在合并中增加步骤。在这种方法下，母公司只有在收到子公司支付的股利时才确认投资收益。分录（I）抵销了母公司的股利收入和子公司的已付股利账户。同样，在初始价值法下，不需要做分录（D）。

3. 部分权益法

在部分权益法下，同样需要通过分录*C将母公司期初留存收益调整至与权益法期初留存收益相同。但是在部分权益法下，只需要调整以前年度的摊销费用，因为子公司所有者权益的增加已经按比例得到确认也就不需要进一步调整了。

4.5 发生在会计期间中期的并购

前面所述的所有例子中的并购都发生在会计期间的第一天。如果并购不是发生在会计期间开始的第一天，而是中间的任何一天，那么情况又将有什么不同呢？

当一个公司在会计期间中期获得对其他公司的所有权，报表合并将有一些明显的变化。母公司必须计算被并购企业在并购日的账面价值来确定其公允价值的溢价以及分配。还必须计算从并购日开始至本会计期间结束时这一期间的溢价摊销以及权益变动、股利分配等等。因为母公司只在这段时间内拥有对子公司的所有权。

4.5.1 计算并购后子公司的收入及费用

在期中并购中，母公司不应当将子公司在并购日之前获得的收益纳入并购的范围。例如，Comcast 公司收购 AT&T 宽带当年年末的合并利润表中就只包含了 AT&T 宽带在并购日之后获得的收益。那一年 Comcast 披露了 81 亿美元的收入。但是，在合并之前，Comcast 注意到如果将 AT&T 整个会计年度的利润都合并的话，那么合并的利润额将为 168 亿美元。但是由于其中 87 亿美元（168 - 81）的利润并不是由 Comcast 的所有者创造的，所以 Comcast 没有将这部分利润纳入合并报表。

为了更具体地说明中期并购报表合并的复杂性，假设 Tyler 公司在 2009 年 7 月 1 日获得了 Steven 公司 90% 的股权，共计支付 900 000 美元。其公允价值的计算与分配如下：

Steven 公司的公允价值 07/01/2009		$ 1 000 000
Steven 公司的账面价值，07/01/2009		
普通股	$ 600 000	
留存收益，07/01/2009	200 000	800 000
公允价值超过账面价值		$ 200 000
将商标调整为公允价值（使用寿命 4 年）		200 000
商誉		0

将 2009 年两个公司独立的利润表简化如下：

	Tyler	Steven
收入	$ 450 000	$ 300 000
费用	325 000	150 000
已付股利（每季度发放）	100 000	20 000

假设所有的利润和费用在年度内平均发生，2009 年 12 月 31 日的合并利润表如下：

Tyler 公司合并利润表
（2009 年 12 月 31 日）

收入	$ 600 000
费用	425 000
合并总收益	$ 175 000
非控制性权益享有的部分	5 000
控制性权益享有的部分	$ 170 000

合并利润表的金额通过以下计算得到：

- 收入＝600 000 美元。母子公司收入之和 750 000 美元减去 150 000 美元（Steven 公司收入的 1/2）
- 费用＝425 000 美元。母子公司费用之和 475 000 美元减去 75 000 美元（Steven 公司费用的 1/2）加上 25 000 美元的溢价摊销（200 000 美元÷4 年×（1/2）年）
- 非控制性权益享有的收益＝5 000 美元。10%×（Steven 公司的净收益 150 000 美元减去 50 000 美元的溢价摊销）×（1/2）年

在这个例子中，并购日之前获得的收入和费用非常简单地就从合并的金额中除去了。还要注意，如果 100% 地除去了子公司并购之前的收入和费用，那么非控制的股东则被看成是在并购日当天开始存在的。①

在准备工作底稿时，发生在中期的报表合并还需要额外的调整。子公司提供的财务报表一般是整个会计年度的财务状况报告。因此，在 12 月 31 日的财务报表中列示的账面价值是由本年年初的留存收益加上本年的收入、费用以及已付股利构成的，包括本年年初至并购日当天的金额。为了消除并购日之前收益的影响，合并分录 S 在典型的项目之外又增加了新的项目。假设两个公司都上交年度报表进行合并，Tyler 公司 2009 年的合并分录则为：

合并分录 S

普通股（Steven 公司）	600 000	
留存收益，01/01/2009（Steven 公司）*	135 000	
收入	150 000	
支付的股利——Steven 公司		10 000
费用		75 000
非控制性权益（07/01/2009）		80 000
对 Steven 公司的投资		720 000

* 期初余额 200 000 美元减去前 6 个月的收入 75 000 美元（全年的收入 150 000 美元÷2）加上分配的股利 10 000 美元。

通过分录 S，并购日之前子公司的收入、费用以及已付股利都成功地：

- 通过减少本年度子公司的部分账面价值纳入了合并的范围。
- 作为期初的非控制性权益纳入合并范围。
- 从合并的利润表和所有者权益变动表中排除。

4.5.2 权益投资之后的并购

很多情况下，母公司在获得对子公司的控制权之前就持有非控制性的股权。这种情况下，同前面的例子一样，母公司的会计期末必须对并购日期后新的子公司的收入和费用进行合并。因为母公司在并购日之前持有子公司的部分股份，并采用权益法核算。在取得控制权之前，母公司从子公司获得的权益，通过利润表的“投资收益”

① 现在的会计实务中，对收入和费用的披露都假设合并发生在会计期间开始的时期，这样就为各会计期间提供了可比性。随着现代信息系统的采用，将一个会计期间内并购前和并购后的收入和费用分开核算也能够实现了。

核算。这种情况下，并购当年的合并报表不仅包含了合并的收入和费用，还包括并购之前按照权益法确认的投资收益。

在并购当年之后的会计年度中，唯一需要区分并购前与并购后份额的地方，就是溢价摊销，以保证正确地反映中期并购这一事项。如果母公司采用初始价值法核算其获得控制权之前对子公司的投资，需要对并购前的收益调整为使用权益法时的金额。

4.6 分步合并

在 Boeing 公司 2006 年财务报表中披露了在原有的 50% 的基础上增持 Alsalam 航空公司的时间，值得关注的是：

在 2006 的第二季度，我们增持了 Alsalam 公司的股份。Alsalam 公司是一家提供军用及商用飞机维护、修理以及附件配置的公司。我们因此需要将 Alsalam 公司纳入合并报表的范围。Alsalam 在并购后的三个季度中获得的收入为 137 000 000 美元。

在前面所有的例子中，并购都是一步完成的。显然，Boeing 公司对 Alsalam 公司的并购说明了企业并购可以通过多次股权交易完成。分步并购使得并购过程变得更复杂。同样将两个公司的财务报表放在一起，但是不同日期母公司支付给子公司的费用不同。第一次的合并报表如何反映这一过程？

SFAS 141R 与 160 号准则在企业通过多次股权交易获得子公司控制权的报表合并方面同过去的做法有很大的差别。这种获得控制权的方式叫*分步并购*。

以前在*购买法*下的做法是强调成本的积累以及成本在不同日期的股权交易中的配比。购买法下的报表合并将不同时期购买的股权看成是独立的，各自按照其比例计算。例如，如果母公司通过三次购买股权获得对子公司的控制权，最后合并的结果就是对这三部分股权的资产及负债分别计算再加总得到。更进一步，如果存在非控制性的股东权益，一部分资产或者负债将保持原始账面价值，可以说是对合并财务报表相关性以及可靠性的折中。

4.6.1 分步并购——并购法

为了增加合并报表的相关性以及可靠性，FASB 要求在分步并购中采用并购法进行核算。同经济实体的观念相一致，并购法下，母公司在获得控制权的当天评估子公司的公允价值，包括非控制的所有者权益。对控制性权益的衡量是一件很重要的经济以及计量事项。因此，母公司为所有的资产和负债提供了同一的计量标准——获得控制权时的公允价值。

如果母公司在获得控制权之前持有子公司的非控制股权，母公司评估这部分股权在获得股权日的公允价值，同时确认利得或者损失。如果在获得控制权之后，母公司增持子公司的股份，不对资产进行公允价值的重新衡量。母公司将额外够买股权的行为看成股东之间的内部股权交易行为，而不是与外部所有者进行股权交易。以下我们首先分析一个分步并购的例子，然后再看并购的增持如何核算。

4.6.2 案例：分步并购——并购法

假设 Art 公司通过两次购买获得了对 Zip 公司的股权。每一次购买的细节见图表

4—9。假设 Art 公司采用权益法核算对 Zip 公司的第一次投资，第二次投资之后 Art 公司在 Zip 公司的决策中拥有重大的影响力。因此，Art 公司必须确认同并购相关的配比以及摊销。购买的溢价归集于一个使用寿命为 20 年的客户数据库。

图表 4—9　　**分步并购相关信息**

Art 公司并购 Zip 公司

	支付的费用	获得的股权	Zip 公司（100%）账面价值	Zip 公司（100%）公允价值
2009 年 1 月 1 日	$ 162 000	30%	$ 400 000	$ 540 000
	350 000	50%	500 000	700 000

Zip 公司 2009—2011 年的利润及股利分配

	利润	股利分配
2009	$ 60 000	$ 20 000
2010	80 000	20 000
2011	100 000	20 000

在权益法下，母公司在子公司的所有者权益增加时相应确认收益，在收到股利时冲减投资账户。同时 Art 公司要减少收入和资产的余额以确认 2 100 美元的摊销费用。根据图表 4—9 和图表 4—10 提供的信息，在接下来的两年中，Art 公司对 Zip 公司的投资账户余额将增长至 187 800 美元：

获得 zip 公司 30% 的股权支付的价格，01/01/2009	$ 162 000
2009 年所有者权益的增长（$ 60 000×30%）	18 000
2009 年获得的股利（$ 20 000×30%）	(6 000)
摊销费用（每年 $ 2 100）	(2 100)
2010 年所有者权益的增长（$ 80 000×30%）	24 000
2010 年获得的股利（$ 20 000×30%）	(6 000)
摊销费用（每年 $ 2 100）	(2 100)
对 Zip 公司的投资，01/01/2011	$ 187 800

2011 年 1 月 1 日，Art 公司通过增持 50% 的股份，使得其对 Zip 公司持股比例上升为 80%。这次购买花费的金额为 350 000 美元。虽然 Art 公司内部对于该项投资的核算仍旧可以沿用权益法，但是这次购买之后从 2011 年开始，Art 公司应将 Zip 公司纳入合并报表的范围。Art 现在取得了对 Zip 的控制，从向外披露的角度，这两家公司已经是一个单一的经济实体。

并购法下，Art 公司一旦在 2011 年获得了对 Zip 公司的所有权，母公司就只需关注并购日的公允价值以及支付的费用，之前投资账户记录的一切金额的变化都与以后的计量无关了。因此，分步并购中，在获得控制权之前确认的投资的金额，在获得控制日的那天都重新核算。

图表 4—10　　分配第一次并购获得的非控制性股权

Art 公司和 Zip 公司公允价值配比与摊销
2009 年 1 月 1 日

交易费用公允价值	$ 162 000
Art 公司所占股权的公允价值	(120 000)
客户数据库	$ 42 000
预计使用年限	20 年
每年摊销金额	$ 2 100

我们进一步假设 Art 公司在第二次购买时支付的 350 000 美元的费用是评估 Zip 公司 2011 年 1 月 1 日公允价值最好的基础。因此，Zip 公司在 2011 年 1 月 1 日的公允价值为 700 000 美元（350 000÷50%），根据给定的子公司的资产、负债，以及 20% 的非控制性权益，计算如下（见图表 4—11）：

图表 4—11　　并购日当天公允价值分配

Art 公司和 Zip 公司公允价值配比与摊销
2011 年 1 月 1 日

交易费用公允价值	$ 700 000
Art 公司所占股权的公允价值	(500 000)
客户数据库	$ 20 000
预计使用年限	20
每年摊销金额	$ 10 000

注意，*并购法将分步并购视为单一步骤并购*。在 Art 公司和 Zip 公司的案例中，一旦控制权变得显著，对 Zip 公司进行报表合并唯一相关的就是 2011 年 1 月 1 日的公允价值。Zip 公司在并购日发生了会计计量基础的改变，因为获得对其他公司的控制权是一项重大的重估行为。之前获得的股权在并购日当天都重新确定了公允价值。

在对之前的股权进行重新估值的过程中，产生的利得或损失确认为当期收益。因此，在 2011 年 1 月 1 日，Art 公司对 Zip 的投资账户增加为 210 000 美元，做重估利得分录如下：

对 Zip 公司的投资	22 200	
Zip 公司公允价值重估利得		22 200

Art 公司对 Zip 公司 30% 的投资的公允价值，01/01/2011（30%×$ 700 000）	$ 210 000
Art 公司对 Zip 公司 30% 的投资的账面价值，01/01/2011（30%×$ 700 000）	187 800
Zip 公司公允价值重估利得	$ 22 200

4.6.3　分步并购的工作底稿（并购法）

继续上一节的案例，Art 公司对 Zip 公司的投资账户在 2011 年更新如下：

对 Zip 公司的投资（2011 年 1 月 1 日重估之后）	$ 210 000
2011 年 1 月 1 日支付的费用	350 000
2011 年所有者权益的增长（$ 100 000×80%）	80 000
2011 年获得的股利（$ 20 000×30%）	(16 000)
客户数据库摊销（80% × $ 10 000）	(8 000)
对 Zip 公司的投资，12/31/2011	$ 616 000

对 Art 公司和 Zip 公司进行合并的工作底稿如图表 4—12 所示，注意：

- 这个工作底稿的调整分录同在 2011 年 1 月 11 日一次性获得子公司 80% 股权的调整分录相同。
- 基于客户数据库的公允价值溢价按持股比例 20% 分配给了非控制性的股东权益。
- 非控制性股东享有的子公司的收益由子公司的净收益减去客户数据库溢价摊销之后的金额乘以持股比例 20% 得到。
- 对 Zip 公司公允价值重估产生的利得确认为当期收益。

图表 4—12　　　**分步并购——并购法**

Art 公司和 Zip 公司合并工作底稿

合并：并购法投资核算：权益法　　2011 年 12 月 31 日

账户名称	Art 公司	Zip 公司	合并分录 借	合并分录 贷	非控制性权益	合并金额
利润表						
收入	(600 000)	(260 000)				(860 000)
费用	425 000	160 000	(E)　10 000			595 000
子公司所有者权益增加	(72 000)	0	(I)　72 000			0
Zip 公允价值重估利得	(22 200)					(22 200)
各公司净收益	(269 200)	(100 000)				
合并净收益						(287 200)
非控制性权益在 Zip 公司中的份额					(18 000)	18 000
Art 公司在合并净收益中的份额						(269 200)
所有者权益变动表						
留存收益，01/01/2010	(758 000)					(758 000)
净收益（Art 公司）		(230 000)	(S)　230 000			

续表

账户名称	Art 公司	Zip 公司	合并分录		非控制性权益	合并金额
			借	贷		
净收益（Zip 公司）	(269 200)	(100 000)				(269 200)
已付股利	126 400	20 000		(D) 16 000	4 000	126 400
留存收益，12/31/2010	(900 800)	(310 000)				(900 800)
资产负债表						
流动资产	507 800	280 000				787 800
土地	205 000	90 000				295 000
房屋（净值）	646 000	310 000				956 000
对 zip 公司的投资	616 000	0	(D) 16 000	(A) 160 000		0
				(S) 400 000		
				(I) 72 000		
客户数据库	0	0	(A) 200 000	(E) 10 000		190 000
总资产	1 974 800	680 000				2 228 800
负债	(459 000)	(100 000)				(559 000)
				(S) 100 000		
非控制性权益，01/01	0	0		(A) 40 000	(140 000)	
非控制性权益，12/31	0	0			154 000	(154 000)
普通股	(355 000)	(200 000)	(S) 200 000			(355 000)
资本公积	(260 000)	(70 000)	(S) 70 000			(260 000)
留存收益，12/31/2010	(900 800)	(310 000)				(900 800)
负债及所有者权益	(1 974 800)	(680 000)	798 000	798 000		(2 228 800)

（S）将子公司期初的留存收益与母公司的投资账户相抵销。

（A）将合并日产生的公允价值溢价分配给各资产和负债。

（I）抵销母公司由于子公司的收益引起的权益变化。

（D）抵销子公司对母公司的股利分配。

（E）确认当期的公允价值溢价摊销和折旧费用。

4.6.4 案例：获得控制权之后增持股权

上一个案例中我们讨论了通过最近的一次购买获得控制权的情况。然而在获得控制权之后发生购买行为也是经常出现的。并购法下，母公司在获得控制权的当天评估子公司的公允价值。母公司在之后的购买并不影响这次确定的公允价值。一旦建立了子公司的核算基础，只要控制权依然存在，核算基础就保持不变。之后的任何购买行为，都被视为股权交易处理。

假设 2009 年 1 月 1 日，Amanda 公司以 350 000 美元的价格购买了 Zoe 公司 70%

的股权，同时，Amanda 公司支付的 350 000 美元费用可以作为核算 Zoe 公司非控制性权益的证据。因此，Zoe 公司整体的公允价值则为 500 000 美元（350 000÷70%）。由于 Zoe 公司账面价值等于其可辨认净资产合计公允价值，为 400 000 美元，Amanda 公司确认了 100 000 美元的商誉。接着，在 2010 年 1 月 1 日，Zoe 公司的账面价值升至 420 000 美元，Amanda 公司以 95 000 美元的总价增持了 Zoe 公司 20% 的股份，因此，Amanda 公司的持股比例上升为 90%。在并购法下，Zoe 公司净资产的核算基础是在 2009 年 1 月 1 日建立的。获得控制权之后的交易行为（增持或出售）现在都被看成是母公司与子公司联合的经济实体的股权变动。因此，当 Amanda 在获得控制权之后增持 Zoe 公司的股票时，母公司确认所支付的对价的公允价值同购买的股权之间的差额，同时调整资本公积。

支付的对价 95 000 美元同子公司相应股权的价值计算如下：

2010 年 1 月 1 日为获得 20% 的股权支付的对价		\$95 000
非控制性权益：		
账面价值（\$420 000×20%）	\$84 000	
商誉（\$100 000×20%）	20 000	
非控制性权益账面价值（20%），01/01/2010：		104 000
非控制性权益享有的资本公积		\$ 9 000
Amanda 公司相应做分录如下：		
对 Zoe 公司的投资	104 000	
现金		95 000
资本公积		9 000

以 95 000 美元增持 Zoe 公司 20% 的股权，合并后经济实体的股东们以低于合并实体账面 9 000 美元的价格获得了合并经济实体的股权。从工作底稿的角度来看，Zoe 公司投资账户增加的 104 000 美元只是取代了分配给 20% 的非控制性权益。重要的是，这次对价为 95 000 美元的交易并没有影响合并的核算基础。从经济实体的观点来看，会计报表合并的核算基础是在获得控制权的当天建立的。

4.6.5 母公司出售子公司的股权——并购法

母公司将其持有的部分子公司的股权出售同样也是非常常见的。例如，Monster 公司在 2006 的财务报表中披露了以下出售子公司股权的事项：

2006 年 5 月 10 日，公司出售了对 TMP 世界广告与通信公司欧洲的剩余股权与所有业务……2006 年 8 月 31 日，公司又出售了 TMP 公司美国和加拿大的业务。这次交易发生的对价为 45 000 000 美元。这次出售剥落了 Monster 公司全球的广告与通信业务。

SFAS 160 采用经济实体的概念来核算母公司出售其持有的子公司股权。在经济实体观念下，子公司股权行为，无论是出售还是购买，都被看成是合并实体的股权所有者变动。

为了更好地核算对子公司股权的出售行为，并购法下，保持子公司以并购日为计价的基础不变，同时根据之后子公司的净资产变动进行调整。出售子公司的股权是否会对当期的收益产生影响，就要看母公司将股权出售之后是否依然拥有对子公司的控制权。如果仍然拥有控制权，则其股权的出售不产生收入和损失。如果将股权出售之后，母公司失去了对子公司的控制权，则需要确认同合并净收益相关的所有利得和损失。

1. 出售股权保持控制

假设 Adams 公司 100% 地拥有 Smith 公司 25 000 股流通股，并采用权益法核算这项投资。2009 年 1 月 1 日，投资账户的余额为 750 000 美元。Adams 公司 在 2009 年 1 月 1 日以 165 000 美元的价格向外出售了 5 000 股流通股，做分录如下：

现金	165 000	
对 Smith 公司的投资		150 000
资本公积——非控制性权益		15 000

核算出售 Smith 公司 5 000 股股票，并将对价超出账面价值的部分增加资本公积。

从股权出售中获得的 15 000 美元的“利得”并没有确认为收入，而是作为所有者权益的增加。这种处理的方法同经济实体的概念是一致的。只要母公司还拥有对子公司的控制权，从经济实体的股东处获取的收益就当作资本看待。合并后经济实体的所有者包括非控制性的股东。因此，以上的会计处理同股东内部进行股权交换的处理是相同的。

2. 出售股权失去控制

SFAS 160 规定，出售子公司股权并失去控制权需要进行重新估价，并确认相应的利得和损失为当期收益。利得或损失通过计算被出售股权的对价同其账面价值的差额得到。继续沿用以上 Adams 公司的例子，假设这次在 2009 年 1 月 1 日 Adams 公司不是出售子公司 5 000 股的股票，而是 20 000 股，仅保留了剩余的 5 000 股。出售获得的对价为 675 000 美元，我们做分录如下：

现金	675 000	
对 zoe 公司的投资		600 000
投资收益		75 000

核算出售 Smith 公司 20 000 股股票同时失去了控制权。

SFAS 160 同时规定，如果股权出售并失去控制权之后，母公司仍然持有子公司股权的，在失去控制的当天要对剩余股权的公允价值重新股价。重估产生的任何利得或损失都将确认为母公司的当期收益。

在我们 Adams 和 Smith 的案例中，Adams 仍然持有 Smith 公司 5 000 股股票。进一步假设以 675 000 美元的价格出售 Smith 公司 20 000 股股票代表了其公允价值。于是 Adams 公司剩余持股的公允价值为 168 750 美元（33. 75×5 000）。Adams 调整剩余持股的账面价值做分录如下：

对 Smith 公司的投资	18 750	
股权公允价值变动利得		18 750

将剩余持股的账面价值每股 30 美元调整为每股 33. 75 美元。

以上对失去控制权的出售行为的处理，说明了失去对子公司的控制权改变了母公司与子公司的关系，是一种重大的经济行为。同时，剩余的股权以公允价值为基础核算更好地反映了投资相关信息。

4.6.6 成本流假说

如果母公司并不是将整个投资对外出售，而且持有子公司的股份是通过多购买获得的，那么就需要选择一个合适的成本流假说。如果出售的是证券，可行的做法是采用序列号识别的方法，虽然更常用的是平均值与先进先出法。求平均值的做法相对具有更大的吸引力，因为所有的股票都是一样的，不需要再为识别每一股股票的单个成本而费劲。

4.6.7 对剩余持股的会计核算

如果 Adams 公司没有 100% 地出售 Smith 公司的股票，Adams 公司还必须选取对剩余持股的核算方法。有三种办法可供选择：

1. Adams 公司出售了大量 Smith 公司的股票，使其不但失去了对 Smith 公司的控制，也不能再对 Smith 公司的决策过程产生影响。例如，假设 Adams 公司对 Smith 公司的持股从 80% 降为 5%。在失去控制权之前，Adams 公司对 Smith 公司的投资采用权益法核算，而失去控制之后，剩余的 5% 的股权则采用市场价值法核算。Smith 公司也不再纳入 Adams 公司合并报表的范围。

2. 虽然 Adams 公司失去了对 Smith 公司的控制权，但是依然对其决策过程产生重大的影响。比如持股从 80% 降为 30% 就是这种情况。此时，母公司可以沿用权益法对子公司投资进行核算。失去控制权之前按照 80% 的持股比例，之后则按 30% 计算。同样，Smith 公司不再纳入 Adams 公司合并报表的范围，因为已经不再拥有对 Smith 公司的控制权。

3. Adams 公司只出售了很少的一部分股票，因此仍然拥有对子公司的控制权。例如，Adams 公司对 Smith 公司的持股由 80% 降为 60%。这种情况下，仍需要将 Smith 公司纳入 Adams 公司合并报表的范围，但是合并报表的过程则需基于年末的持股比例。由于只对剩余的持股部分合并（本例中 60%），母公司必须单独计算被出售的股权所积累的本年收益。因此，Adams 公司采用权益法在合并的利润表中单独列示这部分权益投资（被出售的 20% 股权）获得的收益。

4.7 *SFAS 141*——购买法下存在非控制性权益的报表合并

SFAS 141 中的计量方法同成本观念是一致的。在成本观念下，只有被母公司并购的权益部分参与了合并，因此，只需要将这一部分资产和负债调整为公允价值。所以，购买法下，非控制性权益的部分仍以子公司账面价值列示。

SFAS 141R“企业合并”和 *SFAS 160*“合并财务报表中的非控制性权益”与以前对于子公司的资产、负债、利润和非控制性权益如何报告的相关规定有很大不同。新的并购法关注于并购日的公允价值，而以前的购买法的重点在于成本计算和分配。然而 *SFAS 141R* 和 *SFAS 160* 对于并购中采用 100% 公允价值计量的规定是未来适用的，

所以会和以前采用购买法的企业合并产生永久性的差异。

在购买法下，母公司仅就其持有部分的子公司资产和负债采用公允价值计量。于是，在存在非控制性权益的情况下，子公司的资产和负债就部分采用公允价值计量，部分采用账面价值计量。这种双重的计量标准被认为是与成本原则相吻合的。在成本原则下，只有被母公司并购的权益部分参与了合并，因此，只需要将这一部分资产和负债调整为公允价值。所以，购买法下，非控制性权益的部分仍以子公司账面价值列示。

假设 Ramsey 公司在 2008 年 1 月 1 日以 1 435 000 美元的现金购买了 Santana 公司 80% 的股权。图表 4—13 列示了 Santana 公司在并购日的资产负债表以及 Ramsey 公司在购买法下的成本配比。注意母公司仅将其支付的对价基于子公司资产的公允价值进行分配。因为母公司只购买了子公司 80% 的股权，所以只需要将成本分配给子公司 80% 的净资产。剩余的 20% 非控制性权益并不是这次交易的一部分，也就不需要采用新的计量基础。因此，20% 的非控制性权益按照之前子公司账面价值的 20% 核算，而被母公司购买的 80% 的股权则依据母公司的购买成本核算。

图表 4—13　**并购日子公司账户以及成本的分配——获得 80% 的股权**

Santana 公司
合并账户余额表——购买法
2008 年 1 月 1 日

	账面价值	公允价值	差异	80% 合并报表中增加
流动资产	$ 239 000	$ 239 000	0	0
土地	575 000	610 000	$ 35 000	$ 28 000
设备（7 年使用寿命）	1 886 000	1 956 000	70 000	56 000
专利（8 年使用寿命）	0	20 000	20 000	16 000
负债	(1 050 000)	(1 050 000)	0	0
净资产	$ 1 650 000	$ 1 775 000	$ 125 000	$ 100 000
普通股	(900 000)			
留存收益	(750 000)			

分配 Ramsey 的成本——购买法

为获得 80% 的股权支付的费用		$ 1 435 000
获取的 80% 股权的账面价值		1 320 000
母公司的成本超过账面价值的金额		115 000
土地	$ 28 000	
设备	56 000	
专利	16 000	100 000
商誉		$ 15 000

例如，Ramsey 公司在并购日的合并报表中 Santana 公司的土地账户余额是 603 000美元。这个数据可以从以下任一办法得到：

公允价值×母公司的持股比例＝ $ 610 000×80%	$ 488 000
+账面价值×非控制性股东的持股比例＝ $ 575 000×20%	115 000
土地账户合并报表金额	603 000
子公司土地的账面价值	$ 575 000
+（公允价值－账面价值）×母公司的持股比例＝35 000×80% ＝	28 000
土地账户合并报表金额	$ 603 000

子公司的账面价值直接被包含在合并金额中，而母公司付出的对价超过其所购买部分权益账面价值的金额依据这部分被购买资产的公允价值进行分配。与其形成对比的是，并购法下，不管母公司所持有的股权比例如何，都确认子公司所有负债和资产的公允价值。因此，如果运用并购法，上题中土地整体的公允价值为610 000美元。

为了完整地介绍购买法，我们假设Ramsey和Santana公司在2008年披露的财务报表如图表4—14中所示。Ramsey公司做合并分录如下：

合并分录S

普通股（Santana公司）	900 000	
留存收益，01/01/2008（Santana公司）	750 000	
对Santana公司的投资（80%）		1 320 000
Santana公司的非控制性权益（20%）		330 000

抵销Santana公司期初的所有者权益账户确认的20%非控制性权益。

合并分录A

土地	28 000	
设备	56 000	
专利	16 000	
商誉	15 000	
对Santana公司的投资（80%）		115 000

分配Ramsey公司支付的对价超过Santana公司被并购资产公允价值的部分。注意，在购买法下，此分录没有对非控制性权益的分配。

图表4—14　　**存在非控制性权益的合并工作底稿——*SFAS 141* 购买法**

Ramsey公司和Santana公司

合并工作底稿

2008年12月31日

账户名称	Ramsey公司	Santana公司	合并分录 借	合并分录 贷	非控制性权益	合并金额
利润表						
收入	(2 525 000)	(100 000)				(3 525 000)
费用	2 183 000	790 000	(E) 10 000			2 983 000
子公司净利润	(158 000)	0	(I) 158 000		(42 000)	42 000
各公司净收益	(500 000)	(210 000)				(500 000)
留存收益，01/01	(2 000 000)	(750 000)	(S) 750 000			(2 000 000)
净收益	(500 000)	(210 000)				(500 000)
已付股利	200 000	25 000		(D) 20 000	5 000	200 000
留存收益，12/31	(2 300 000)	(935 000)				(2 300 000)
流动资产	967 000	827 000				1 794 000

续表

账户名称	Ramsey 公司	Santana 公司	合并分录		非控制性权益	合并金额
			借	贷		
对 Santana 公司的投资（权益法）	1 573 000		(D) 20 000	(S) 1 320 000		0
				(A) 115 000		
				(I) 158 000		
土地	1 500 000	575 000	(A) 28 000			2 103 000
房屋和设备	3 100 000	1 726 000	(A) 56 000	(E) 8 000		4 874 000
专利	0	0	(A) 16 000	(E) 2 000		14 000
商誉	200 000	0	(A) 15 000			215 000
总资产	7 340 000	3 128 000				9 000 000
负债	(1 890 000)	(1 293 000)				(3 183 000)
普通股——Ramsey	(3 150 000)					(3 150 000)
普通股——Santana		(900 000)	(S) 900 000			
权益，01/01				(S) 330 000	(330 000)	
所有者权益，12/31					367 000	(367 000)
留存收益，12/31	(2 300 000)	(935 000)				(2 300 000)
负债及所有者权益	(7 340 000)	(3 128 000)	1 953 000	1 953 000		(9 000 000)

合并分录：

（S）将子公司期初的留存收益与母公司的投资账户相抵销。

（A）将合并日产生的公允价值溢价分配给各资产和负债。

（I）抵销母公司由于子公司的收益引起的权益变化。

（D）抵销子公司对母公司的股利分配。

（E）确认当期的公允价值溢价摊销和折旧费用。

合并分录 I

投资收益	158 000	
对 Santana 公司的投资		158 000

移去了 Ramsey 本年中确认的对子公司的投资收益，于是 Santana 公司的收入和费用（包括本期的摊销费用）可以直接和母公司合并。

合并分录 D

对 Santana 公司的投资	20 000	
已付股利		20 000

将子公司本年支付给母公司的股利 20 000 美元抵销。

合并分录 E

管理费用	10 000	
专利技术		8 000
设备		2 000

按 Ramsey 公司持股比例记录当期同 Sun 公司资产的公允价值调整相关的摊销费用。

Santana 公司的非控制性权益账户年末余额为 367 000 美元。这个金额代表子公司年末的账面价值（普通股加上留存收益）的 20%，即（＄1 000 000+＄835 000）×20%。也可以通过合并工作底稿中的如下计算得到。

非控制性权益，01/01/2008	
1 650 000 美元期初账面价值×20%——普通股加留存收益，01/01/2010	330 000
非控制性权益享有的子公司的净收益（20%×210 000 美元）	42 000
对非控制性股东的股利分配（20%×25 000 美元）	(5 000)
非控制性权益，12/31/2008	367 000

注意，非控制性权益并不需要承担溢价的摊销。这种处理方法使非控制性的所有者权益等于子公司账面价值乘以持股比例。

存在非控制性权益时对购买法的批评

在过去的实务中，产生了一些对存在非控制性权益时采用购买法的批评。列举几条如下：

- 对子公司资产负债表账户的双重核算。
- 非控制性权益在资产负债表中的位置及归类模糊。
- 对非控制性权益核算基础。
- 对母公司购买的子公司股权的会计核算。

我们在下面简单地讨论一下这些批判：

在上面 Ramsey 和 Santana 的例子中，当存在非控制性的所有者权益时，购买法采用的是一种混合属性的模型。由于只确认母公司所购买部分资产的公允价值，因此，子公司的资产一部分按照公允价值计量，另一部分则按照账面价值计量。很多人认为这种在非控制性权益下双重计量使合并后的金额不能全面地体现其相关性。另外，账面价值存在低估资产价值的倾向，一些财务比率如资产回报率相应地被高估。这个问题在分步合并中表现更为复杂。因为在分步合并中，必须独立计算每次购买的成本并进行分配。

另一个对购买法的批判就是很多企业将非控制性权益在资产负债的资产项与负债项之间披露，对非控制性权益的归类非常模糊。2005 年 FASB 的披露意见稿“企业合并以及合并财务报表包括子公司非控制性权益会计和报告”中提出，应将其划分为权益：

此披露稿的结论同委员的概念框架一致，认为非控制性所有者权益应当作为一种有别于母公司所有者权益的权益项在资产负债表中披露以及核算。在当前的实务中，一般将子公司的非控制性所有者权益作为负债项以及权益项之间的“夹层项”在母公司的资产负债表中列示。将子公司非控制性权益作为负债项并不合适，因为它不符合 FASB 发布的财务报表的六元素中负债的定义。合并后的经济实体中没有任何的单位——无论是子公司、母公司还是整个集团有向子公司的非控制性股东移交资产的义务。另外，FASB 发布的资产负债表的三项目为：资产、负债和权益（或净资产）。如果将子公司的非控制性权益作为资产项和负债项之间的“夹层项”，那么就需要为合并报表单独创造一个项目——子公司非控制性所有者权益。委员会认为没有必要为此增加新的资产负债表项目。将合并报表看成是一整个经济实体的财务报表，则非控制性股东与其他的伙伴或者股权持有者一样，都拥有获得合并后经济实体一部分剩余价值的权利。

SFAS 160 延续了这个提议，要求将子公司的非控制性股东在合并的资产负债表中权益项之间作为单独的一项列示。

购买法下，非控制性权益直接由母公司的账面价值乘以持股比例得到。为了给合并报表提供统一的计量基础，*SFAS 141* 现在要求在并购日当天评估整个子公司的公允价值，因此，母公司的管理者要对子公司的整体公允价值担负责任。

最后，在以往的实务中，对母公司增持或出售子公司股权但仍保持控制权的情况处理的办法多种多样。交易产生的利得或损失有时候直接计入当期损益，有时候又作为所有者权益的增减。*SFAS 160* 现在要求对这些交易采取同样的方法处理，即只要母公司保持控制权，对子公司的增持或出售股权都将被看做股权所有者的变动。

小　结

1. 母公司在并购子公司时，没有必要获得 100% 的股权。只要购买一定数量的股权能够控制子公司的决策过程就可以了。对于没有购买的那部分属于外部所有者的股权，我们称其为非控制性的股东权益

2. 当存在非控制性的股东权益时，合并报表的过程就会变得比较复杂。非控制性的股东权益代表了一部分子公司所有者的利益，他们的权益应当在母公司的合并报表中体现。

3. 对非控制性权益进行核算的原则与基础是并购日当天子公司的公允价值。非控制性权益享有的子公司的公允价值可以以母公司购买支付的对价来衡量。随后，子公司的公允价值以各项资产的公允价值为基础进行配比。在并购日，无论母公司对子公司持股比例是多少，都必须在合并报表中包含子公司所有的资产及负债的公允价值。子公司整体公允价值超过可辨认净资产公允价值之和的部分确认为商誉。

4. 合并的商誉依据控制性权益和非控制权益各自公允价值超过其所占子公司可辨认净资产比例的金额进行分配。因此，商誉的分配并不一定按比例在控制性与非控制权益之间分配。

5. 以子公司的公允价值为基础，之后按照子公司获取的收益（减去溢价摊销以及股利分配后）进行调整。

6. 在年度的合并报表过程中，将会出现四个同非控制性权益有关的数据。首先，非控制性权益的期初余额在合并的底稿中通过分录 S 得到，即确认非控制性权益享有的子公司的资产和负债（包括商誉）尚未摊销的金额。其次，非控制性权益享有的当期收益通过分录得到。对非控制性股东支付的股利作为非控制性权益的减项。最后一个相关数据是作为工作底稿中非控制性权益一列中的加总并在资产负债表权益项中列示。

7. 当中期并购发生时，并购日之前子公司获得的收入和费用都不应当纳入合并的范围。只能将并购日之后子公司获得的收入和费用纳入。

8. 如果母公司通过多次并购才获得对子公司的控制权，就被称作分步合并。一旦获得了控制权，并购法下，母公司需要将之前获得的子公司的股权调整为获得控制权当天的公允价值，并确认利得和损失。之前获得子公司的股权在并购日当天的公允价值，母公司最近一次购买支付的对价以及非控制性权益的公允价值组成了子公司的整体公允价值。

9. 母公司还可以出售子公司的部分或者全部的股权。母公司的内部必须采取合适的办法对投资的账面价值进行核算，以便能正确地计算利得或损失。如果采用的不是权益法，那么母公司投资账户的余额就需要先调整为权益法下的余额。将此余额同母公司收到的对价对比来确认收益或损失。母公司剩余的持股则根据其售出股权后对子公司的影响程度来决定是采用合并报表，权益法还是市场价值法。

综合讲解题

Father 公司在 2009 年 1 月 1 日以 425 000 美元的现金收购了 Sun 公司 80% 的股权。在合并日，20% 的非控制性权益公允价值为 102 500 美元。同时，Sun 公司披露的所有者权益账面价值为 400 000 美元：其中流通股 100 000 美元，留存收益 300 000 美元。在确定收购价格时，Father 公司对 Sun 公司各账户进行了评估，评估价值与账面价值的差异如下：

建筑物（8 年使用寿命）	低估 20 000 美元
土地	低估 50 000 美元
设备（5 年使用寿命）	低估 12 500 美元
协议（20 年寿命）	未记录，30 000 美元

两公司 2013 年 12 月 31 日的资产负债表余额如下：

	Father 公司	Sun 公司
借方		
流动资产	$ 605 000	$ 280 000
对 Sun 公司的投资	425 000	0
土地	200 000	300 000
建筑物（净值）	640 000	290 000
设备（净值）	380 000	160 000
费用	550 000	190 000
已付股利	90 000	20 000
借方总计	$ 2 890 000	$ 1 240 000
贷方		
负债	$ 910 000	$ 300 000
普通股	480 000	100 000
留存收益，01/01/2013	704 000	480 000
收入	780 000	360 000
股利收益	16 000	0
贷方总计	$ 2 890 000	$ 1 240 000

在资产负债表中，还包含一笔 Sun 公司向 Father 公司借取的负债 20 000 美元。自从合并之后，商誉未发生减值。

要求

1. 确定 Father 公司 2013 年合并报表中的金额。

2. 准备 2013 年合并工作底稿的合并分录。

3. 假设在合并日，非控制性权益的公允价值为 112 500 美元。2013 年合并报表金额将会发生什么变化?

答案

1. 两公司的报表合并从分配合并日产生的公允价值溢价开始（如图表 4—15）。由于本次报表合并发生在并购之后年度，还需确认公允价值溢价产生的折旧和摊销（如图表 4—16）。

接下来需要确认 Father 公司对 Sun 公司投资采取的核算方法。对 Sun 公司的投资账户一直保持为 425 000 美元，表示 Father 公司采取的是初始价值法。从 Father 公司的股利收入账户同样也能得到这个结论，因为股利收入账户的余额刚好等于 Sun 公司已付股利的 80%。因此，在 Father 公司的会计核算中，没有在以前年度相应地确认 Sun 公司账面价值的增加以及公允价值溢价的摊销。这些都应当通过 Father 公司 2013 年 1 月 1 日的期初留存收益进行调整，使投资账户余额同权益法下相等。

在 Father 公司 2009 年至 2012 年持股期间，Sun 公司的留存收益账户增加了 180 000美元（480 000-300 000）。相应地，Father 公司的留存收益应当按其享有的权益份额增加 144 000 美元（180 000×80%）。另外，合并日产生的公允价值溢价要求在该期间内确认 20 800 美元的溢价摊销费用（6 500×80%×4 年）。因此，Father 公司的期初留存收益应当调增 123 200 美元（144 000-20 800）。

图表 4—15　　**Father 公司和 Sun 公司公允价值配比与摊销**
（2009—2012）

	分配的价值	使用寿命	每年的溢价摊销
Sun 公司并购日当天的公允价值	$ 527 500		
Sun 公司并购日当天的账面价值	400 000		
公允价值超出账面价值的部分	127 500		
基于公允价值			
建筑物	$ 20 000	8	$ 2 500
土地	50 000		
设备	12 500	5	2 500
协议	30 000	20	1 500
商誉	$ 15 000		
公允价值溢价的每年摊销费用			$ 65 000

续表

商誉在控制性权益与非控制性权益之间配比			
	控制性权益	非控制性权益	总权益
并购日的公允价值	$ 425 000	$ 102 500	$ 527 500
Sun 公司可辨认净资产的公允价值（80% 和 20%）	410 000	102 500	512 500
商誉	$ 15 000	$ 0	$ 15 000

一旦将 Father 公司初始价值法下的金额调整为权益法下的金额，2013 年合并报表中各账户的金额就可以确定了。

图表 4—16　　Father 公司和 Sun 公司公允价值溢价分摊

（2013 年 12 月 31 日余额）

账户	溢价分摊	2009 至 2012 年摊销的溢价	2013 年 1 月 1 日余额
建筑物	20 000	10 000	10 000
土地	50 000	0	50 000
设备	12 500	10 000	2 500
协议	30 000	6 000	24 000
商誉	15 000	0	15 000
总计	127 500	26 000	101 500

流动资产=865 000 美元。将 Father 公司与 Sun 公司的流动资产余额相加，同时抵销 20 000 美元的往来款项。

对 Sun 公司的投资=0 美元。该账户在合并报表过程中被抵销，以使母 Sun 公司的对应账户能够相加。

土地=550 000 美元。将 Father 公司与 Sun 公司的对应账户相加，并加上公允价值溢价分配的 50 000 美元（见图表 4—15）。

建筑物（净值）=937 500 美元。两公司对应账户之和，加上公允价值溢价分配的 20 000 美元，减去 5 年（2009—2013 年）的溢价折旧（图表 4—16）。

设备（净值）=540 000 美元。等于两公司对应账户之和，因为并购日产生的公允价值溢价已经全部摊销完毕。

费用=746 500 美元。两公司对应账户之和加上本年度的公允价值溢价摊销。

已付股利=90 000 美元。只包含 Father 公司的账户金额。Sun 公司对 Father 公司支付的股利被抵销，Sun 公司向其他股东支付的股利包含在非控制性权益账户中。

协议=22 500 美元。等于在合并日确定的金额减去 5 年的摊销（图表 4—15）。

净利润=393 500 美元。等于合并的收入减去费用。

非控制性权益在 Sun 公司净收益中的份额=32 700 美元。等于 Sun 公司的收益减去公允价值溢价摊销再乘以持股比例 20%（20%×（170 000−6 500））。

Father 公司在合并净收益中的份额=360 800 美元。等于合并的净利润减去由非控制性股东享有的部分。

负债=1 190 000 美元。将 Father 公司与 Sun 公司的流动资产余额相加，同时抵销 20 000 美元的往来款项。

普通股=480 000 美元。仅披露 Father 公司的普通股金额。

2013 年 1 月 1 日的留存收益=827 200 美元。仅包含 Father 公司的期初留存收益，但是为调整为权益法之后的金额。

2013 年 12 月 31 日的留存收益=1 098 000 美元。Father 公司调整后的期初留存收益 827 200 美元加上控制性的收益 360 800 美元，减去分配的股利 90 000 美元。

收入=1 140 000 美元。母公司账面价值与子公司账面价值之和。

股利收入=0 美元。为往来账户，合并时被抵销。

2013 年 12 月 31 日非控制性权益=162 000 美元。

Sun 公司的 2013 年 1 月 1 日账面价值中含有的非控制性权益（20%×$580 000）	$116 000
非控制性权益未摊销公允价值溢价的份额（20%×$86 500）	17 300
2013 年 1 月 1 日非控制性权益在 Sun 公司公允价值的份额	133 300
非控制性权益享有的本年净收益，20%×（$360 000-$196 500）	32 700
对非控制性权益分配的股利（20%×$20 000）	（4 000）
2013 年 12 月 31 日非控制性权益金额	$162 000

2. 对 Father 公司 Sun 公司进行报表合并需要准备 6 个合并分录：

合并分录*C

对 Sun 公司的投资	123 200	
留存收益，01/01/2013（Father 公司）		123 200

如前面所述，此分录目的是将初始价值法下的留存收益调整为权益法下的金额。有 144 000 美元（之前年度中 Sun 公司账面价值增加的 180 000 美元×80%）减去 4 年中产生的公允价值溢价摊销 20 800 美元（6 500×80%×4）。

合并分录 S

普通股（Sun 公司）	100 000	
留存收益，01/01/2013（Sun 公司）	480 000	
对 Sun 公司的投资（80%）		464 000
Cf Sun 公司的非控制性权益（20%）		116 000

抵销被投资公司期初的所有者权益账户并确认 20% 非控制性权益。

合并分录 A

建筑物	10 000	
土地	50 000	
设备	2 500	
协议	24 000	
商誉	15 000	
对 Sun 公司的投资（80%）		84 200
对 Sun 公司的非控制性权益（20%）		17 300

确认尚未摊销的公允价值溢价，商誉全部分配给非控制性权益。

合并分录 I

股利收入	16 000	
已付股利		16 000

将 Father 公司在初始价值法下确认的股利收入抵销。

合并分录 E

折旧费用	5 000	
摊销费用	1 500	
设备		2 500
建筑物		2 500
协议		1 500

确认当年公允价值溢价的摊销和折旧。

合并分录 P

负债	20 000	
流动资产		20 000

抵销母子公司之间的往来款项。

3. 如果在合并日，非控制性权益的公允价值为 112 500 美元，那么 Sun 公司的公允价值将增加 10 000 美元至 537 500 美元，同时商誉也将增加 10 000 美元至 25 000 美元。商誉增加的 10 000 美元将分配如下：

	控制性权益	非控制性权益	总计
并购日当天的公允价值	425 000	112 500	537 500
相关的可辨认净资产的公允价值（80% 以及 20%）	410 000	102 500	512 500
商誉	15 000	10 000	25 000

因此，在合并报表中，商誉的金额将为 25 000 美元而不是 15 000 美元，而非控制性权益的金额将为 172 000 美元而不是 162 000 美元。

问答题

1. “非控制性权益”的意义是什么？

2. Atwater 公司收购了 Belwood 公司 80% 的股权。在合并日，Belwood 公司有一建筑物的账面价值为 160 000 美元，而公允价值为 220 000 美元。假设没有获得价格上的让步，该建筑物将以何价值记录？（1）并购法；（2）购买法。

3. 什么是控制溢价？它将如何影响合并金额？

4. 在合并的财务报表中，非控制性权益如何披露？

5. 在会计期末，子公司非控制性权益如何计算？

6. Allsports 公司正在编制 12 月 31 日的合并财务报表，并且本年 7 月 1 日收购了一个新的子公司。那么 Allsports 公司应该将收购前子公司的收入和费用纳入合并范围吗？

7. Tree 公司持有 Limb 公司 10% 的股份数年，由于持股比例较低，因此采用公允价值法核算。在本期期初，Tree 公司又收购了 Limb 公司 70% 的股权，这使得 Tree 公司拥有了对 Limb 公司的控制权。在编制本次并购的合并报表时，Tree 公司对原持股的 10% 将如何进行会计处理?

8. Duke 公司拥有其子公司 UNCCH 公司 70% 的股权。在本期，Duke 公司将其持股的一部分对外出售。在核算该项交易前，Duke 公司对其投资账户的金额进行了调整。此调整的目的是什么?

9. 在第 8 题描述的情况下，Duke 公司将如何对此次交易进行核算。

10. 在第 8 题描述的情况下，Duke 公司将如何核算交易发生后的剩余持股部分?

习　题

1. Bailey 公司在一次并购中获得了 Luebs 公司 60% 的股权，同时确认了并购中产生的商誉。Luebs 公司的土地成本为 200 000 美元，但是并购日的公允价值为 500 000 美元。在并购日，合并报表中土地的金额为(　　)。

a. 120 000 美元

b. 300 000 美元

c. 380 000 美元

d. 500 000 美元

2. Jordan 公司持有 Paxson 公司 75% 的外部流通股股票。由于前几个月发生的存货收购，Paxson 公司当期对 Jordan 公司负债 400 000 美元。在准备合并的财务报表时，这项负债应抵销的金额为(　　)。

a. 0 美元

b. 100 000 美元

c. 300 000 美元

d. 400 000 美元

3. 2009 年 1 月 1 日，Brendan 公司的净资产为 760 000 美元。其中一项使用寿命为 4 年的设备账面价值 440 000 美元，公允价值为 500 000 美元。同时还有一项价值为 45 000 美元的未确认专利。Hope 公司当天以 692 000 美元的价格获得了 Brendan 公司 80% 的股权。如果专利的摊销年限为 10 年，在 2010 年 12 月 31 日的合并报表中，专利的金额是(　　)。

a. 28 800 美元

b. 32 400 美元

c. 36 000 美元

d. 40 500 美元

4. 2009 年 1 月 1 日，Turner 公司的净资产为 480 000 美元。其中一项使用寿命为 10 年的设备账面价值 260 000 美元，公允价值为 300 000 美元。Plaster 公司当天以 540 000 美元的价格获得了 Turner 公司 90% 的股权。2011 年 12 月 31 日，Turner 公司的建筑物为 182 000 美元，Plaster 公司的建筑物余额为 510 000 美元。建筑物的合并金额是(　　)。

a. 720 000 美元

b. 724 000 美元

c. 780 000 美元

d. 810 000 美元

5. 2009 年 1 月 1 日，Hygille 公司的净资产为 880 000 美元。其中一项寿命为 10 年的专利账面价值 330 000 美元，现在的公允价值为 400 000 美元。Nuyt 公司当天以 840 000 美元的价格获得了 Turner 公司 80% 的股权。2010 年 12 月 31 日，Hygille 公司的总费用为 621 000 美元。Nuyt 公司的总费用为 714 000 美元。费用的合并金额是(　　)。

a. 1 197 800 美元

b. 1 335 000 美元

c. 1 342 000 美元

d. 1 349 000 美元

6. 2009 年 1 月 1 日，Chamberlain 公司以 388 000 美元获得了 Neville 公司 60% 的股权。本次并购产生的公允价值溢价摊销每年的摊销额为 15 000 美元。2010 年 12 月 31 日，Neville 公司的收入是 400 000 美元，费用为 300 000 美元，Chamberlain 公司的收入为 700 000 美元，费用为 400 000 美元。没有关联的收益。控制性权益所享有的合并净收益是(　　)。

a. 231 000 美元

b. 351 000 美元

c. 366 000 美元

d. 400 000 美元

7. 并购法的基本前提是什么?

a. 合并报表主要是为了母公司所有者的利益

b. 只有当母公司与子公司在同一业务领域的时候才需进行报表合并

c. 无论母公司对子公司持股比例如何，子公司是一个企业合并中不可分割的整体，应当整体纳入合并范围

d. 合并财务报表无需披露非控制性权益因为这些外部所有者不持有母公司的股票

8. James 公司在 4 月 1 日获得了 Market-Right 公司 85% 的股权。在 12 月 31 日的利润表中，James 公司对 Market-Right 公司在 4 月 1 日之前的收入和费用如何处理?

a. 将本年的收入和费用都纳入合并的范围，并购日之前的部分作为非控制性权益

b. 将本年的收入和费用都纳入合并的范围，100% 地将其同相关账户合并

c. 将并购前收入和费用的 15% 从合并的收入和费用中扣除

d. 从合并的净收益中直接扣除 15% 的并购前收入和费用

9. Amie 公司有 100 000 股面值为 2 美元的外部流通股。Prairie 公司在 2007 年 1 月 1 日购买了其中的 30 000 股。Prairie 公司支付的对价为 120 000 美元。Amire 公司当时的公允价值为 350 000 美元。2010 年 7 月 1 日，Prairie 以每股 6 美元的价格从一位所有者处再次购买了 Amire 公司 60 000 股股票。虽然当时 Amire 公司的股票大约是每股 5 元，但是 Prairie 公司认为可以从这次并购中获得协同效应。Amire 公司 2010 年 7 月 1 日的可辨认净资产公允价值为 500 000 美元。在并购之后的合并报表中，商

誉的金额是(　　)。

a. 60 000 美元

b. 90 000 美元

c. 100 000 美元

d. 0 美元

10. 母公司在第一年购买了子公司 32% 的股权，第二年又购买了 40%。在这种分步并购的情况下，原来购买的 32% 的股权将：

a. 保持原始价值

b. 在第二次并购时调整为权益法下的余额

c. 在第二次并购时调整为当时的公允价值并将利得或损失确认为当期损益

d. 在第二次并购时调整为当时的公允价值并将利得或损失调整计入资本公积

11. 4 月 1 日，Pujols 公司以 430 000 美元为对价获得 Ramirez 公司 70% 的股权。剩余的 30% 股权的公允价值为 165 000 美元。并购日 Ramirez 公司的可辨认资产和负债的公允价值同账面价值相等，为 500 000 美元。在随后的时期内，Ramirez 获得收入为 600 000 美元，发生的费用为 360 000 美元，没有股利分配。在 12 月 31 日的资产负债表中，非控制性权益的金额是(　　)。

a. 219 000 美元

b. 237 000 美元

c. 234 000 美元

d. 250 500 美元

利用下面的信息，回答 12 ~ 14 题

Michael 公司以 300 000 美元购买了 Scott 公司 60% 的股权，当时 Scotte 公司的账面价值为 400 000 美元。40% 的非控制性权益评估的价值为 180 000 美元。在并购日，Scott 公司一项寿命为 10 年的商标被低估了 60 000 美元。寿命为 5 年的专利技术被低估了 40 000 美元。两年之后，两个公司的财务状况如下（所有者权益项目未列示）：

	Michael 公司 账面价值	Scott 公司 账面价值	Scott 公司 公允价值
流动资产	\$ 620 000	\$ 300 000	\$ 320 000
商标	260 000	200 000	280 000
专利技术	410 000	150 000	150 000
负债	(390 000)	(120 000)	(120 000)
收入	(900 000)	(400 000)	
费用	500 000	300 000	
投资收益	未知		

12. 没有减去非控制性权益所占有的部分之前的合并净收益是多少？

a. 400 000 美元

b. 486 000 美元

c. 491 600 美元

d. 500 000 美元

13. 假设 Scott 公司没有发放股利，非控制性权益所享有的净收益以及非控制性权益的期末余额是多少？

a. 26 000 美元和 230 000 美元

b. 28 800 美元和 252 000 美元

c. 34 400 美元和 255 200 美元

d. 40 000 美元和 272 000 美元

14. 商标的合并额是多少？

a. 508 000 美元

b. 514 000 美元

c. 520 000 美元

d. 540 000 美元

根据以下信息，回答第 15 ~ 19 题

1 月 1 日，Park 公司和 Strand 公司的财务报表状况如下：

	Park 公司	Strand 公司
流动资产	$ 70 000	$ 20 000
非流动资产	90 000	40 000
总资产	$ 160 000	$ 60 000
流通负债	$ 30 000	$ 10 000
长期负债	50 000	0
所有者权益	80 000	50 000
负债与所有者权益之和	$ 160 000	$ 60 000

1 月 2 日，Park 公司借款 60 000 美元并用这笔钱购买了 Standard 公司 80% 的外部流通股。并购支付的对价能够反映 Strand 公司整体的公允价值。60 000 美元的负债必须在 12 月 31 日之前 10 次分期还清本金。Strand 公允价值高于可辨认净资产的账面价值的部分，60% 分配给存货，40% 确认为商誉。在 1 月 2 日的合并报表中，下面这些账户的金额是多少？

15. 流动资产：

a. 105 000 美元

b. 102 000 美元

c. 100 000 美元

d. 90 000 美元

16. 非流动资产：

a. 130 000 美元

b. 134 000 美元

c. 138 000 美元

d. 140 000 美元

17. 流动负债：

a. 50 000 美元

b. 46 000 美元

c. 40 000 美元

d. 30 000 美元

18. 非流动负债：

a. 110 000 美元

b. 104 000 美元

c. 90 000 美元

d. 50 000 美元

19. 所有者权益：

a. 80 000 美元

b. 90 000 美元

c. 95 000 美元

d. 130 000 美元

20. 2009 年 1 月 1 日，Harrison 公司以 1 125 000 美元为公允对价获得了 Starr 公司 90% 的股权。Starr 公司的整体公允价值为 1 200 000 美元。根据 Starr 公司公允价值同其可辨认净资产公允价值的差额确认每年的摊销额为 8 000 美元。子公司 2009 年、2010 年的收益为 70 000 美元、90 000 美元。每年支付的股利为 30 000 美元。Harrison 公司 2009 年、2010 年的收益分别为 220 000 美元、260 000 美元。

a. 2009 年、2010 年的合并收益分别是多少？

b. 2010 年 12 月 31 日的非控制性权益余额是多少？

21. 略。

22. Park 公司以 420 000 美元购买了 Sawyer 公司 70% 的股权。剩余 30% 流通股的公开市场价值为 174 000 美元。在并购日，Sawyer 账户余额如下：

	账面价值	公允价值
流动资产	$ 210 000	$ 210 000
土地	170 000	180 000
建筑物	300 000	330 000
负债	(280 000)	(280 000)

建筑物的使用年限为 10 年。除此之外，Sawyer 公司还拥有一项专利技术，价值 140 000 美元，但是没有在财务报表中反映。年末，两家公司披露了以下数据：

	Parker 公司	Sawyer 公司
收入	$ (900 000)	$ (600 000)
费用	600 000	400 000

a. 假设并购在 1 月 1 日发生，本年的合并利润表中出现的数据是多少？

b. 假设并购在 4 月 1 日发生，Sawyer 公司的收入和费用在本年内平均取得。本年的合并利润表中出现的数据是多少？

23. 1 月 1 日，Beckman 公司以 36 000 美元购买了 Calvin 公司 60% 的股权。Calvin 公司拥有一项资产，即一台专业制造机，账面价值为 10 000 美元。Calvin 公司没有负债。制造机的公允价值为 50 000 美元，使用寿命为 10 年。公允价值溢价剩下的部分分配给一项预计使用年限为 4 年的商业秘密。Calvin 公司的并购日当天的公允价值为 60 000 美元。

年末，Calvin 公司披露的财务数据如下：

收入	$ 50 000	机器	$ 9 000	普通股	$ 10 000
费用	20 000	其他资产	26 000	留存收益	25 000
净收益	30 000	总资产	$ 35 000	总权益	$ 35 000
已付股利	$ 5 000				

计算在合并的财务报表中非控制性权益，非控制性权益享有的子公司的收益，以及 Calvin 公司机器（净值）和商业秘密的金额。

24. 略。

25. Girardi 公司在 2009 年 1 月 1 日以 840 000 美元的价格购买了 Santana 公司 10 000股流通股中的 7 000 股。子公司并购日当天的公允价值为 1 100 000 美元，账面价值为 1 030 000 美元。公允价值高于账面价值的 70 000 美元分配给一项寿命为 5 年的专利。

2011 年 1 月 1 日，Girardi 公司对 Santana 公司投资采用权益法核算，该账户的余额是 1 085 000 美元。2011 年 10 月 1 日，Girardi 公司以 191 000 美元出售了其中 1 000股股票。2011 年，Santana 公司的净收益为 120 000 美元，已付股利为 40 000 美元。这些数据假设在一年内平均分摊。

a. Girardi 公司应如何报告对于 2011 年应归属于出售前 1 000 股股票的利润？

b. 出售 1 000 股的股权对 Girardi 公司的财务报表有什么影响？

c. Girardi 公司如何在财务报表上报告其继续持有的 Santana 公司 6 000 股股票？

26. 2009 年 1 月 1 日，Telconnect 公司以 490 000 美元的现金购买了 Bandmor 公司 70% 的股权。剩余 30% 股权的市场交易价值为 210 000 美元。Bandmor 公司在合并日的普通股余额为 300 000 美元，留存收益为 180 000 美元。公司的资产中一项专利被低估了 30 000 美元。这项专利的使用寿命还有 5 年。并购产生的商誉为 190 000 美元，按照比例在控制性与非控制性的权益之间分配。Gandmor 公司获得的利润和分配的股利如下图所示：

年度	净收益	股利分配
2009	$ 75 000	$ 39 000
2010	96 000	44 000
2011	110 000	60 000

2011 年 12 月 31 日，Telconnect 对 Bandmor 公司负债 220 000 美元。

a. 如果 Telconnect 采用权益法核算对 Bandmor 公司的投资，2011 年 12 月 31 日需要做的合并分录有哪些？

b. 如果 Telconnect 采用初始价值法核算对 Bandmor 公司的投资，合并分录 *C 是什么？

c. 如果 Telconnect 采用部分权益法核算对 Bandmor 公司的投资，合并分录 *C 是什么？

d. 2011 年 12 月 31 日的合并报表中，非控制性权益的金额是多少？

27. 略。

28. 略。

29. 略。

30. 略。

31. Krause 公司在 2009 年 1 月 1 日以每股 6.3 美元的价格购买了 Leahy 公司 10 000股流通股的 80%。剩余的 20% 在并购前后的市场交易价格也是每股 6.3 美元。Leahy 公司一项寿命为 5 年的建筑物被低估了 45 000 美元，还有一项已经摊销完毕的商标仍有 60 000 美元的价值和 10 年的使用寿命。其他资产的账面价值同公允价值相等。在并购日，Leahy 公司的流通股余额为 100 000 美元，留存收益余额为 280 000 美元。

	Krause 公司	Leahy 公司
收入	$ (584 000)	$ (250 000)
销货成本	194 000	95 000
费用	246 000	65 000
投资收益	(16 000)	0
净收益	$ (160 000)	$ (90 000)
留存收益，01/01/2010	$ (700 000)	$ (350 000)
净收益	(160 000)	(90 000)
已付股利	70 000	20 000
留存收益，12/31/2010	$ (790 000)	$ (420 000)
流动资产	$296 000	$191 000
对 Leahy 公司的投资	504 000	0
建筑物	680 000	390 000
商标	100 000	144 000
总资产	$1 580 000	$725 000
负债	$ (470 000)	$ (205 000)
普通股	(320 000)	(100 000)
留存收益，12/31/2010	(790 000)	(420 000)
负债及所有者权益	$ (1 580 000)	$ (725 000)

a. 编制两个公司 2010 年 12 月 31 日报表合并的工作底稿。

b. 编制两个公司2010年的合并利润表。

c. 如果非控制性的股权在并购日前后市场交易价格为每股4.85美元，合并的财务报表将怎样变化？

32. 略。

33. Adams公司在2009年12月31日购买了Barstow公司90%的股权。Adams公司为取得这些股权支付了603 000美元。剩余10%的股权并购日前后公开市场的交易价格为67 000美元。2009年12月31日，Barstow公司的科目余额表如下：

	账面价值	公允价值
流动资产	$ 160 000	$ 160 000
土地	120 000	150 000
建筑物（10年）	220 000	200 000
设备（5年）	160 000	200 000
专利（10年）	0	50 000
应付票据（5年）	(200 000)	(180 000)
普通股	(180 000)	0
留存收益，12/31/2009	(280 000)	0

2011年12月31日，两个公司的试算平衡表如下：

	Adams公司	Barstow公司
流通资产	$ 610 000	$ 250 000
土地	380 000	150 000
建筑物	490 000	250 000
设备	873 000	150 000
对Barstow公司的投资	702 000	0
销货成本	480 000	90 000
折价	100 000	55 000
利息费用	40 000	15 000
已付股利	110 000	70 000
借方总额	$ 3 785 000	$ 1 030 000
应付票据	$ 860 000	$ 230 000
普通股	510 000	180 000
留存收益，01/01/2011	1 367 000	340 000
收入	940 000	280 000
投资收益	108 000	0
贷方总额	$ 3 785 000	$ 1 030 000

a. 核算 Adams 公司对 Barstow 公司并购日的公允价值溢价的分配和摊销的时间表。

b. 确定 Adams 公司核算对 Barstow 公司投资的方法。用数据支持你的观点。

c. 不通过合并工作底稿和和并分录，计算得出并解释 2010 年 12 月 31 日合并报表中各账户的余额。

d. 通过工作底稿对两家公司在年末的财务报表进行合并，并检查上题计算的结果。

34. 以下是 Bowen 公司和 Duncan 公司 2009 年年末的财务报表：

	Bowen 公司	Duncan 公司
收入	\$ (600 000)	\$ (300 000)
销货成本	300 000	140 000
管理费用	174 000	60 000
投资收益	(24 000)	0
净收益	\$ (150 000)	\$ (100 000)
留存收益，01/01/2009	\$ (700 000)	\$ (400 000)
净收益	(150 000)	(100 000)
已付股利	80 000	40 000
留存收益，12/31/2009	\$ (770 000)	\$ (460 000)
现金和应收款项	\$ 250 000	\$ 100 000
存货	500 000	190 000
对 Ducan 公司的投资	526 000	0
建筑物（净值）	524 000	600 000
设备（净值）	400 000	400 000
总资产	\$ 2 200 000	\$ 1 290 000
负债	\$ (800 000)	\$ (490 000)
普通股	(630 000)	(340 000)
留存收益，12/31/2009	(770 000)	(460 000)
负债及所有者权益	\$ (2 200 000)	\$ (1 290 000)

Bowen 公司在 2009 年 4 月 1 日以 526 000 美元获得了 Duncan 公司 60% 的股权。并购日，Duncan 公司一项剩余使用寿命为 5 年的设备被高估了 30 000 美元。并购日 40% 非控制性权益的公允价值为 300 000 美元。Duncan 的利润在并购年度内视为平均分布的。在 2009 年 11 月 1 日支付了所有的股利。

a. 编制 2009 年 12 月 31 日的合并利润表

b. 确定以下账户 2009 年 12 月 31 日的合并额：

商誉　　　　　　建筑物（净值）

设备（净值）　　已付股利

普通股

35. 略。

36. 略。

37. 略。

38. Bon 航空公司在 2006 年以 250 000 美元的现金购买了 Creedmoor 公司 70% 的股权（2 800 股股票）。Creedmoor 公司并购日的净资产为 230 000 美元。其中有 3 项资产的账面价值与公允价值不同：

	账面价值	公允价值
土地	$ 30 000	$ 40 000
设备（14 年）	50 000	118 000
负债（10 年）	(70 000)	(50 000)

2009 年 12 月 31 日，两个公司的账户余额如下：

	Bon 航空公司	Creedmoor 公司
收入	$ (694 800)	$ (250 000)
费用	630 000	180 000
投资收益	(44 200)	0
净收益	$ (109 000)	$ (70 000)
留存收益，01/01/2009	$ (760 000)	$ (260 000)
净收益	(109 000)	(70 000)
已付股利	68 000	10 000
留存收益，12/31/2009	$ (801 000)	$ (320 000)
现金	$ 72 000	$ 120 000
对 Creedmoor 公司的投资	321 800	0
土地	241 000	50 000
建筑物	289 000	200 000
设备	165 200	40 000
总资产	$ 1 089 000	$ 410 000
负债	$ (180 000)	$ (50 000)
普通股	(50 000)	(40 000)
资本公积	(58 000)	0
留存收益，12/31/2009	(801 000)	(320 000)
负债及所有者权益	$ (1 089 000)	$ (410 000)

编制两个公司 2009 年 12 月 31 日的合并工作底稿。由于并购行为发生在 *SFAS 141R* 发布之前，所以应当采用购买法。

39. 略。

40. Good 公司在 2006 年 1 月 1 日以 1 400 000 美元的价格购买了 Morning 公司 80% 的流通股。Morning 公司的一项剩余使用寿命为 10 年的建筑物在 Morning 公司的账本中被低估了 80 000 美元。Morning 公司还有一项未申请专利的技术，剩余使用年限为 10 年，公允价值为 550 000 美元。

之后的期间内，Morning 公司所有者权益变动如下：

年度	净收益	已付股利
2006	$ 180 000	$ 100 000
2007	200 000	100 000
2008	300 000	100 000
2009	400 000	120 000

两个公司在 2009 年 12 月 31 日的试算平衡表如下。此时，Morning 公司对 Good 公司有 100 000 美元的负债。

借方	Good 公司	Morning 公司
现金	$ 300 000	$ 200 000
应收项目	700 000	400 000
存货	400 000	500 000
对 Morning 公司的投资	1 400 000	0
土地	700 000	600 000
建筑物	300 000	700 000
费用	400 000	100 000
已付股利	380 000	120 000
借方总额	$ 4 580 000	$ 2 620 000
贷方		
负债	$ 200 000	$ 620 000
普通股	1 000 000	460 000
其他投入资本	600 000	40 000
留存收益，01/01/2009	1 800 000	1 000 000
收入	884 000	500 000
股利收入	96 000	0
贷方总额	$ 4 580 000	$ 2 620 000

采用购买法，编制两家公司 2009 年的合并报表。

第 5 章　合并财务报表——公司间资产交易

第 1 章分析了权益法下关联公司间存货转移利得的递延及随后实现。那时讨论的中心问题是，直到存货出售给外部非关联方时，收入的赚取过程才完成，而公司间的利润才得以实现。这一会计处理方法同样适用于企业合并过程中公司间交易，在单一经济实体内部的交易不产生利润或损失。关于这一问题，*SFAS 160* 指出，

由于合并财务报表是基于其代表单一经济实体的财务状况和经营成果这一假定，因此实体内部之间交易的利得及损失并不应包括在合并整体内。相应地，合并整体内部保留下来的任何公司间资产的收益和损失都应进行抵销，这样的收益或损失通常称为毛利或损失。

抵销公司之间内部交易的会计处理是合并过程中所遇到的最重要的问题之一。公司间内部转移的金额巨大，如福特汽车公司最近年报披露其抵销分部间的收入总计约 63.08 亿美元。

这样的交易在垂直整合的公司组织形式中特别普遍，这些实体通过将产品由一个关联公司提供给另一个关联公司来达到降低成本的目的。正如 *Mergers & Acquisitions* 所指出的，

向下并购的目的在于获取关键的原材料来源及零部件、扁平化生产及材料计划、获得规模经济、进入新开发市场和增强整体竞争力。生产商与供应商的合并经常能够对诸如产品质量和资源计划等关键领域实施控制。①

公司间资产交易可以采取多种形式，其中存货转移是最普遍的。但是，关联方之间也可以发生出售土地及可折旧资产交易。本章主要涉及这几种不同形式公司间资产转移的合并程序。

5.1　公司间存货交易

正如前面几章所述，构成企业合并的公司通常作为独立的运营中心保持其法人实体地位并维持其账簿记录。因此，公司间的存货出售涉及双方个别的会计系统。销售方记录收入而购买方将购货记入账簿。出于内部报告的目的，作为销售或购买、记录存货转移，为衡量每一企业的运营效率提供了重要的数据。②

尽管以上方式的会计处理对提供内部信息大有益处，但从合并角度来看，销售和购买都未发生。公司之间存货的转移仅仅是其地理位置的内部转换，这一事项从合并整体角度来说并不影响财务状况的净变化。因此，在编制合并报表时，这些转移所记录的影响需要进行抵销以仅仅反映合并实体与外部方的交易。工作底稿分录服务于这一目的，它们将独立财务报表所报告的财务信息调整到合并整体的角度。公司间交易的全部影响必须确认然后抵销，下面首先讨论抵销实际转移。

① "Acquiring along the Value Chain," *Mergers & Acquisitions*, June-July 1996, p. 8.

② 对于所有公司间交易，所涉及的双方从不同角度看待相关事项。因此，转移既是销售，也是购买，并且经常产生应收款和应付款。为表明这些交易的双重性质，本书中这些账户作为销售和购买、应收款及应付款等。

5.1.1 销售和购买账户

将关联公司作为单一经济实体进行会计处理需要抵销所有公司间销售和购买的余额。例如，如果 Arlington 公司销售给其附属公司 Zirkin 公司 80 000 美元的存货，双方在各自的账簿上将该转移记录为正常的销售和购买，那么需要编制以下合并工作底稿分录来抵销产生的余额以反映对外报告的数据。假定在合并过程之前，Zirkin 公司的购买账户通常已经结转到销货成本账户中，因此此处的销货成本应该减少。

合并分录 TI

销售收入	80 000	
销货成本（购买账户）		80 000

抵销公司间存货转移的影响。（符号“TI”表示已转移的存货）。

*在编制合并财务报表时，对于所有的公司间存货转移都必须编制上述抵销分录。*无论公司间的存货交易是顺销（由母公司到子公司）还是逆销（由子公司到母公司），已记录的公司间销售收入的总额都需要进行抵销。另外，包含在转移价格中的毛利并不影响抵销。由于关联公司间发生的是内部转移的总额，所以在编制合并报表时，总的影响必须抵销。[①]

5.2 未实现毛利——转移当年（第 1 年）

抵销销售和购买账户经常仅仅是存货转移一系列抵销分录的第一个，并且尽管存在上述抵销分录，由内部销售所产生的毛利仍存在于年末的会计记录中。当商品的定价高于其历史成本，毛利随之产生。实际转移价格可以通过几种方式确定，包括存货的正常销售价格、销售价格减一定的折扣或预先确定的成本加成额。福特汽车公司在最近财务报表的附注中解释：

> 不同地理区域的公司间销售主要包括由母公司及各个子公司所生产的车辆、零部件及配件，并销售给合并整体内的不同实体；这些交易的转移价格由受影响的实体所签订的协议进行确定。

无论采用何种定价决策，在计算合并数据时，年末公司间未实现利润都必须进行抵销。

1. *所有存货保留在年末*

在前面的例子中，假设 Arlington 公司购买或生产的存货成本为 50 000 美元，并以 80 000 美元销售给其关联公司 Zirkin。从合并角度来看，存货的历史成本仍然是 50 000美元。但是，Zirkin 公司账簿记录现在按照 80 000 美元的价格反映存货。另外，由于内部销售，Arlington 公司记录了 30 000 美元的毛利。由于此项交易并未涉及外部方，从合并整体来看确认利润是不适当的。

因此，虽然前面例示合并分录 TI 抵销销售和购买的数据，但是转移价格所产生的 30 000 美元在以下两个方面影响独立财务报表：

① 当存在非控制性权益时，合并的另外一种理论建议仅仅抵销母公司持股比例部分的公司间销售和购买。在现行实务中，主要采用抵销公司间全部销售和购买的方法。

- 期末存货虚增 30 000 美元。
- 毛利也人为虚增相同的金额。

修正期末存货仅需要减少资产的金额。但是在减少毛利之前，需要确认未完成的收入赚取过程所影响的账户。期末存货在计算销货成本时作为减项，这表明尚未销售的已购存货部分。因此，所持存货虚增的 30 000 美元减少了这一费用（已售存货）。*虽然已有抵销分录 TI，但是虚增的期末存货数额导致销货成本低估而利润相应高估 30 000 美元*。从合并角度考虑，通过工作底稿调整分录增加费用金额来抵销合并净收益中的未现实毛利。

因此，如果已转移的存货在年末仍由合并整体保留，那么必须编制以下工作底稿分录来抵销购买方期末存货中所包含的销售方未实现毛利的影响：

合并分录 G——转移当年（第 1 年）

销货成本（期末存货部分）	30 000	
存货（资产负债表账户）		30 000

抵销公司间销售所产生的未实现毛利。

这一分录（符号 G 表示毛利）将合并存货账户的余额降低到其最初的初始价值 50 000 美元。另外，销货成本增加 30 000 美元有效抵销了已确认毛利中的未实现数额。因此，这一抵销分录解决了转移价格增加所产生的前述两个问题。

2. *仅保留部分存货*

显而易见，公司购买存货并不是为了无限期持有。公司或是将已购存货应用于自身的生产经营过程或是再次销售给非关联的外部方。公司间的未实现利润通过随后的消耗或重新出售而最终实现。因此，仅有部分在年末所保留的已转移存货以高于历史成本的金额记录于独立财务报表。由于以上原因，*未实现毛利的抵销并不依赖于公司间销售总额而是基于年末保留在企业的已转移商品的金额*。

假设 Arlington 将成本为 50 000 美元的存货以 80 000 美元转移给关联公司 Zirkin 。因此，记录了 30 000 美元的毛利。进一步假设年末 Zirkin 将 60 000 美元的商品再次销售给非关联方，同时保留了剩余的 20 000 美元商品（下一年重新出售）。从合并整体角度考虑，合并实体现已赚取了公司间销售金额中 60 000 美元部分的利润，因此不需要进行调整。

相反，与所保留下来的 20 000 美元商品相关的已记录毛利仍然是 Zirkin 公司存货账户余额的一部分。由于成本加成率为 37. 5%（30 000 毛利÷80 000 转移价格），这一保留下来的存货以高于其初始价值 7 500 美元（20 000×37. 5%）的金额进行计价。所要求的降低金额（分录 G）并不是前述 30 000 美元的总额，而是保留在期末存货中的 7 500 美元的未实现毛利。

合并分录 G——转移当年（第 1 年）

存货的 25% 保留下来（代替上述分录）

销货成本（期末存货部分）	7 500	
存货		7 500

抵销公司间销售所产生的当年未实现毛利。

5.2.1 未实现毛利——转移的下一年（第 2 年）

当公司间未实现毛利存在于期末存货中时，最终还需编制一笔抵销分录。虽然分录 G 抵销了转移当年合并存货余额中的毛利，但是虚增的 7 500 美元却保留在购买方和销售方的个别财务记录中。这一递延毛利随之结转到下一年相应账户的期初余额，因此转移的下一期间必须进行工作底稿调整。出于合并目的，公司间毛利的未实现部分必须在连续两个年度进行调整（转移当年的期末存货和下一期间的期初存货）。

接上例，下一年期初 7 500 美元的毛利仍保留于 Zirkin 公司的存货账户余额中。这一高估金额在上年合并过程中已被抵销，但是此时我们需要从期初存货余额角度进行考虑。这时的抵销分录记为合并分录 *G，星号表示上年的内部转移所产生的公司间毛利。

合并分录 *G——转移下一年（第 2 年）

留存收益（销售方期初余额）	7 500	
销货成本（期初存货部分）		7 500

抵销期初金额中的未实现毛利，以在完成收入赚取过程的期间进行相应确认。

通过工作底稿分录减少销货成本（期初存货）增加了第 2 年所报告的毛利。出于合并目的，转移的毛利在存货实际出售给外部方的会计期间进行确认。正如下表所示，由于 7 500 美元的毛利在转移当年并未实现，分录 G 首先递延了这一金额。分录 *G 增加了合并净收益（通过减少销货成本）以反映当年的收入赚取过程。

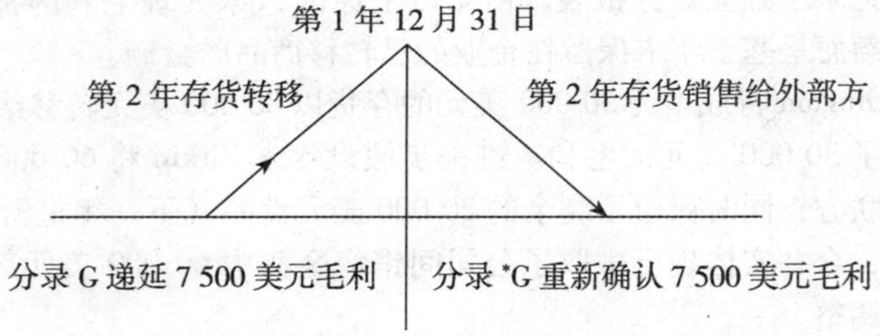

分录 *G 通过抵销 7 500 美元的期初存货增加了当期收益，对此分录的贷方不需进一步解释，但对于减少销售方的留存收益需进行解释。这一减少抵销了未实现的毛利以反映赚取期间所获取的利润。尽管第 1 年已经在工作底稿上记录了抵销分录 G，但是 7 500 美元的利得仍保留在销售方公司的个别账簿上并在期末结转到留存收益账户中。前已述及，合并抵销分录并不登记到关联公司的个别账簿上，因此从合并角度考虑，第 2 年期初的购买方存货账户及销售方留存收益账户包含了未实现毛利并同时在分录 *G 中进行抵销。①

公司间期初存货利润调整——当母公司采用权益法时的顺销

无论在何种合并情形下，都需要在工作底稿中抵销销售和购买余额（分录 TI）

① 对于逆销期初存货所包含的公司间利润，子公司的留存收益被高估，必须通过分录 *G 进行调整。

及第1年期初存货的未实现毛利（分录G）。相反，在特定情形下，抵销第2年期初账户余额的公司间毛利的程序与上述分录*G有所不同。如果原来的转移是顺销并且出于内部报告目的应用的是权益法，那么在分录*G中，投资收益账户将取代期初留存收益账户。

当采用权益法时，母公司在其自身财务账簿中记录了适当的收益余额。因此，母公司在第1年年末通过权益法调整递延了未实现毛利，同时减少了对子公司投资账户的余额。随着利润的递延，母公司（销售方）下一年期初的留存收益余额被正确设定。母公司留存收益已不包含未实现利润而不需要进行调整。

在第2年年末，投资收益和对子公司投资账户余额由于确认了前一年递延的公司间利润而同时增加。投资账户——由于公司间利润在第1年减少而在第2年增加——不再反映递延的任何影响。出于合并目的，分录*G将已实现毛利对收益的影响从投资收益账户转移到销货成本账户中，适当地增加了合并的净收益。这时，投资收益账户的余额就与投资账户的余额保持一致，因此可以与投资账户进行抵销。

合并分录——转移下一年（第2年）（当转移为顺销并应用权益法时，代替前述分录*G）①

投资收益	7 500	
销货成本（期初存货部分）		7 500

将前期递延的未实现顺销存货毛利确认为当期收益。当调整顺销时，投资收益账户替代留存收益账户（应用于逆流利润调整）。由于应用权益法，母公司的留存收益账户已得到正确反映。

最后，各种加成百分比确定公司间利润递延的金额。图表5—1列示了毛利率和成本加成率及两者之间的关系。

图表5—1　**毛利率和成本加成率之间的关系**

为确定合并财务报告中公司间利润递延及随后确认的金额，我们经常看到使用两种具有数学关联的方法。请记住毛利=销售收入-销货成本，则

毛利率（GPR）=毛利÷销售收入=MC÷（1+MC）

成本加成率（MC）=毛利÷销货成本=GPR÷（1-GPR）

例子：销售收入（转移价格）	$1 000
销货成本	800
毛利	$200

此处，毛利率=200÷1 000=20%，成本加成率=200÷800=25%。在大多数公司间购买和销售业务中，由于销售（转移）价格已知，所以毛利率是用来确定公司间利润金额的最简单比例数据

公司间利润=转移价格×毛利率

但如果已知成本加成率，则可以通过前述公式转换为毛利率。在上述例子中，毛利率=（0.25÷1.25）=20%

① 母公司应用权益法确认子公司期初存货中已实现公司间利润的一种广泛采用的方法如下：

对子公司投资	7 500	
销货成本		7 500

在此种情况下，合并调整分录I中投资收益的全部金额与对子公司投资账户进行抵销。在上述两种调整确认已实现公司间利润方法下，最终的合并余额都是相等的：投资收益=0，对子公司投资=0，以及销货成本减少7 500美元。

5.2.2 未实现毛利——对非控制性权益估价的影响

上面所阐述的工作底稿分录对企业合并的公司间存货转移影响进行了适当的会计处理。但是，仍然有一问题并未解决：这些程序对非控制性权益估价有何影响？对于这一问题，*SFAS 160* 第28段指出，

非控制性权益的存在并不影响公司间将要抵销的收益或损失的金额。全部抵销公司间收益或损失与合并财务报表反映单一经济实体的财务状况和经营成果这一假设是一致的。公司间收益或损失的抵销可以在母公司和非控制性权益之间进行分配。

上段中的最后一句指出，计算非控制性权益在子公司净收益中所享有的份额可以采用不同的方法。根据这一规定，公司间转移所产生的未实现毛利可能影响也可能不影响外部所有权的确认。由于归属于非控制性权益的金额会减少合并净收益，对这一问题的处理将影响合并企业所报告的获利能力。

假设 Large 公司拥有 Small 公司 70% 的股权，为避免复杂，进一步假设此项合并不涉及摊销费用。Large 公司的当期净收益为 500 000 美元，Small 公司净收益为 100 000美元。当期，两公司间存货转移 200 000 美元，成本加成 90 000 美元。年末，存货账户的未实现公司间毛利为 40 000 美元。

很明显，在扣除 30% 非控制性权益之前的合并净收益为 560 000 美元（这两个公司的净收益之和减去未实现毛利）。会计人员所面临的问题是计算非控制性权益在 Small 公司收益中所享有的份额。由于 *SFAS 160* 的规定具有灵活性，所以这一份额可以是 30 000 美元（子公司 100 000 美元收益的 30%）或是 18 000 美元（子公司 100 000美元收益减去 40 000 美元未实现毛利之后余额的 30%）。

为适当确定非控制性权益的估价，必须分析公司间交易与外部所有者之间的关系。如果转移是顺销（母公司销售给子公司存货），很显然未实现毛利归属于母公司。母公司进行最初的销售，因此毛利包括在母公司的财务记录中。由于子公司的收益不受影响，没有理由调整非控制性权益以反映未实现毛利的递延。在上述 Large 公司和 Small 公司的例子中，如果转移是顺销，基于 Small 公司已报告 100 000 美元收益的 30% 非控制性权益为 30 000 美元。

相反，如果子公司销售存货给母公司（逆流转移），即使从合并角度考虑子公司的部分收益并未实现，但子公司的财务记录仍将确认这部分毛利。由于外部所有者拥有子公司股权，则非控制性权益的估价基于子公司实际赚取的收益。

在本教材中，非控制性权益在合并净收益中所享有的份额计算是*基于子公司调整未实现逆流毛利之后的报告收益*。返回到上述 Large 公司和 Small 公司的例子，如果 40 000 美元的未实现毛利产生于逆销，Small 公司年末 100 000 美元收益中仅有 60 000美元已经赚取，因此非控制性权益分配的金额为 18 000 美元或为已实现收益的 30%。

虽然此处非控制性权益的计算是基于子公司调整逆流公司间转移后的报告收益，但是 *SFAS 160* 并未规定这一会计处理。在计算中逆流转移有影响而顺流转移没有影

响，这仅仅是备选方法中最符合逻辑的一种处理方法。①

5.2.3 公司间存货转移小结

为克服公司间转移所产生的复杂性，我们采用三种不同方式阐释合并过程：

- 首先，在列示例子之前，回顾公司间转移对合并金额的影响。最终，当有来自于顺销或逆销所产生的未实现毛利时，会计人员必须理解企业合并所报告的余额是如何进行计算的。
- 其次，编制两种不同的合并工作底稿：顺流转移和逆流转移的工作底稿，解释和分析工作底稿中的各种合并程序。
- 最后，并排列示合并工作底稿分录以说明转移方向所产生的差异。

计算合并总额

以下小结讨论了公司间存货交易所涉及的账户：

收入，母公司余额与子公司余额的加总，但需扣除所有公司间转移。

销货成本，母公司余额与子公司余额的加总，但需扣除所有公司间转移。上述总额减去期初未实现毛利（增加净收益）加上期末未实现毛利（减少净收益），得到最终合并余额。

费用，母公司余额与子公司余额的加总，加上当年已确认购买价格分配的摊销费用。②

非控制性权益在子公司净收益中所享有的份额，子公司调整合并日公允价值超额摊销及逆流转移所产生的未实现毛利影响后的报告净收益，乘以外部所有权的比例。

年初留存收益，如前面章节所述，如果采用权益法，母公司的留存收益余额反映合并总额。当采用其他方法时，母公司的期初留存收益必须通过分录*C转换成权益法。为达到这一目的，投资收益的应计应基于子公司以前年度所取得的收益（调整未实现逆销毛利后的已报告收益）。

存货，母公司余额与子公司余额的加总，同时扣除当年年末的未实现毛利以将所报告存货余额调整到历史成本。③

土地、建筑物及设备，母公司余额与子公司余额的加总，这一总额由超额公允价值分配和随后的摊销进行相应调整。

非控制性权益在子公司年末净资产中所享有的份额，这一总额以非控制性权益在子公司年初净资产中所享有的份额开始，这一份额基于子公司年初的账面价值加上未摊销合并日超额公允价值的比例再减去逆销的未实现毛利。年初余额加上分配给外部所有者部分的子公司收益（如上所计算）再减去非控制性权益在子公司已付股利中所享有的份额。

---

① 将顺销利润的100%分配给母公司影响权益法的应用。正如本章后面所示，在应用权益法时，母公司从投资及投资收益账户抵销100%来自于顺销的公司间利润而不是对子公司的持股比例。

② 正如本章后面所讨论的，工作底稿调整在高于账面价值的企业合并中抵销了公司间可折旧资产转移后多计的折旧。

③ 正如本章后面所讨论的，如果土地、建筑物或设备在母子公司之间转移，在计算合并总额时，独立报告的余额一定要调整回历史成本数据。

5.2.4 公司间存货转移举例

为检验公司间存货转移的各种合并程序，假设在 2009 年 1 月 1 日，Top 公司取得了 Bottom 公司 80% 的股权。母公司支付了 400 000 美元，合并日非控制性权益的公允价值为 100 000 美元。Top 公司将全部公允价值高于账面价值的差额分配给 Bottom 公司所拥有的一项数据库，并将数据库的价值调整到其公允价值。数据库的估计使用寿命为 20 年。

子公司 2009 年和 2010 年所报告的净收益分别为 30 000 美元和 70 000 美元，第 1 年和第 2 年支付的股利分别为 20 000 美元和 50 000 美元。Top 公司采用的是初始价值法，因此母公司在这两年记录的股利收入分别为 16 000 美元（20 000×80%）和 40 000美元（50 000×80%）。此例中应用初始价值法避免了计算母公司投资账户余额的问题。但是，这一例子随后要进行扩展以列示当母公司采用权益法时所发生的变化。

在合并后，两公司间存货转移如图表 5—2 所示。在 2010 年 12 月 31 日，两公司间的债务为 10 000 美元。

Top 公司和 Bottom 公司在 2010 年的合并列示两次，假设第 1 次是由母公司到子公司的顺销（图表 5—3），而第 2 次为逆销（图表 5—4），由于非控制性权益，两张合并工作底稿的差异非常明显。

图表 5—2　　公司间转移

	2009	2010
转移价格	$ 80 000	$ 100 000
历史成本	60 000	70 000
毛利	$ 20 000	$ 30 000
期末存货（以转移价格计量）	$ 16 000	$ 20 000
毛利率	25%	30%
期末存货中的毛利	$ 4 000	$ 6 000

1. *顺销*

在第 1 个例子中，假设所有的存货转移是由母公司到子公司的顺销。基于这一观点，2010 年 12 月 31 日两公司的合并工作底稿如图表 5—3 所示。

图表 5—3　　**顺流存货转移**

Top 公司和 Bottom 公司（顺流存货转移）

合并：并购法　　合并工作底稿

投资：初始价值法　　截至 2010 年 12 月 31 日　　持股比例：*80%*

账户	Top 公司	Bottom 公司	合并分录		非控制性权益	合并总额
			借方	贷方		
利润表						
销售收入	(600 000)	(300 000)	(T) 100 000			(800 000)
销货成本	320 000	180 000	(G) 6 000	(*G) 4 000		402 000
				(T) 100 000		
经营费用	170 000	50 000	(E) 2 500			222 500
股利收入	(40 000)		(I) 40 000			
各公司净收益	(150 000)	(70 000)				
合并净收益						(175 500)
非控制性权益在 Bottom 公司净收益中的份额					(13 500) †	13 500
Top 公司在合并净收益中的份额						(162 000)
留存收益表						
留存收益，01/01/2010						
Top 公司	(650 000)		(*G) 4 000	(*C) 6 000		(652 000)
Bottom 公司		(310 000)	(S) 310 000 ‡			
净收益（由上转入）	(150 000)	(70 000)				(162 000)
已付股利	70 000	50 000		(I) 40 000	10 000	70 000
留存收益，12/31/2010	(730 000)	(330 000)				(744 000)
资产负债表						
现金和应收款	280 000	120 000		(P) 10 000		390 000
存货	220 000	160 000		(G) 6 000		374 000
对 Bottom 公司投资	400 000		(*C) 6 000	(S) 368 000		0
				(A) 38 000		
土地	410 000	200 000				610 000
固定资产（净值）	190 000	170 000				360 000
数据库	0	0	(A) 47 500	(E) 2 500		45 000
资产	1 500 000	650 000				1 779 000

续表

账户	Top 公司	Bottom 公司	合并分录		非控制性权益	合并总额
			借方	贷方		
负债	(340 000)	(170 000)	(P) 10 000			(500 000)
Bottom 中的非控制性权益，01/01				(S) 92 000		
				(A) 9 500	(101 500)	
Bottom 中的非控制性权益，12/31					105 000	(105 000)
普通股	(430 000)	(150 000)	(S) 150 000			(430 000)
留存收益（由上转入）	(730 000)	(330 000)				(744 000)
负债和所有者权益	(1 500 000)	(650 000)	676 000	676 000		(1 779 000)

注意：括号代表贷方余额。

† 因为公司间存货顺销，子公司应计净收入是 70 000 美元减去 2 500 美元的溢价摊销，应计净收入的 20% 归属于非控制性权益（13 500 美元）。

‡ 方框内的金额是本图表与图表 5—4 逆流销售的不同之处。

合并分录：

（*G）抵销期初的未实现毛收益，使其可以在本期中确认。顺销收入属于母公司。

（*C）确认 2010 年之前的、因控制子公司导致的账面价值与摊销费用的增加。

（S）抵销子公司期初的权益账户，确认 2010 年 1 月 1 日的非控制性权益。

（A）分配子公司公允价值高于账面价值的溢价，2010 年 1 月 1 日的未经摊销的余额。

（I）抵销作为收入的公司间的股利支付。

（E）确认本年度数据库的溢价摊销费用。

（P）抵销公司间的应收应付项目。

（T）抵销公司间销售项目。

（G）抵销本年末未实现的毛收益，以便其可以在以后年度得到确认。

图表 5—3 中的大多数工作底稿分录在本教材的前面章节已进行了描述及分析，因此仅有四笔分录在此详细分析，同时阐述非控制性权益在子公司净收益中所享有份额的计算。

分录*G，分录*G 抵销上一期间年末的未实现毛利。在 2010 年初，Bottom 公司所持有的 16 000 美元已转移的商品的毛利并未实现，而是在 2009 年的合并报表中进行递延。这些商品 2009 年的毛利率（图表 5—2）为 25%（20 000 美元毛利÷80 000 美元转移价格），未实现毛利为 4 000（所保留下来 16 000 美元存货的 25%）美元。为在 2010 年确认毛利，分录*G 将 Bottom 公司的销货成本（销货成本的期初存货部分）和 Top 公司（货物的销售方）在 2010 年 1 月 1 日的留存收益同时减少这一金额。因此，4 000 美元的毛利在 2009 年的留存收益中扣除而在 2010 的合并净收益中得到确认。

分录*G 具有两种作用：第一，由于 4 000 美元的毛利在上一年并未赚得，因此反映在销售方期初留存收益中的上年利润减少；第二，销货成本的减少引起当年收益的增加。从合并角度考虑，当存货在 2010 年销售给外部方时，毛利得以正确确认。

分录*C，当母公司未采用权益法时，第 3 章引入分录*C 作为初始合并调整。分录*C 将母公司期初留存收益转换到合并的总额。在当前例子中，Top 公司没有记录 Bottom 公司 2009 年账面价值增加的部分（（30 000 美元收益减去 20 000 美元已支付股利）×80%，即 8 000 美元）或者记录同一期间的 2 000 美元摊销费用。因为母公司在其财务记录中没有确认上述数据，合并过程需调整增加母公司的期初留存收益 6 000 美元（分录*C）。由于为顺销，公司间转移并不影响这一分录；毛利对子公司的已确认收益没有影响。

分录 TI，分录 TI 抵销 2010 年公司间的销售和购买。当期双方记录的 100 000 美元转移全部抵销以计算合并数据。

分录 G，分录 G 递延 2010 年末未实现的毛利。Bottom 公司尚未销售的 20 000 美元已转移商品（图表 5—2）的加成率为 30%（30 000 美元毛利÷100 000 美元转移价格），因此，未实现的毛利为 6 000 美元。在工作底稿中，分录 G 抵销存货资产余额及销货成本期末存货（负方向）部分的高估。由于毛利并未实现，销货成本的增加减少了合并收益。

2. *非控制性权益在子公司净收益中所享有的份额*

在这一例子中，公司间的转移是顺销。因此，未实现的毛利仅与母公司相关，对子公司及外部所有权并不产生影响。由于以上原因，非控制性权益在子公司净收益中所享有的份额不受顺销公司间利润递延及随后确认的影响。所以，Top 公司将 Bottom 公司净收益中的 13 500 美元分配给非控制性权益——67 500 美元的 20%（70 000 美元的已报告收益减去 2 500 美元当年数据库超额公允价值摊销）。

通过以上分录和正常的工作底稿抵销和调整分录，Top 公司和 Bottom 公司的会计信息合并成一套财务报表。但是，这一过程不仅仅抵销公司间交易，而且还影响已报告的收益。4 000 美元的毛利在 2009 年的工作底稿中扣除，而随后在 2010 年工作底稿中得到确认（分录*G）。6 000 美元的毛利以同样方式在 2010 年工作底稿中递延（分录 G），随后则在 2011 年得到确认。但是，由于转移是顺销，这些变化并不影响非控制性权益。

图表 5—4　　　　**逆流存货转移**

TOP 公司和 BOTTOM 公司合并工作底稿

合并：并购法投资：初始价值法　　**截至 2010 年 12 月 31 日**　　**持股比例：80%**

账户	Top 公司	Bottom 公司	合并分录		非控制性权益	合并总额
			借方	贷方		
利润表						
销售收入	(600 000)	(300 000)	(T) 100 000			(800 000)
销货成本	320 000	180 000	(G) 6 000	(*G) 4 000		402 000
				(T) 100 000		
经营费用	170 000	50 000	(E) 2 500			222 500
股利收入	(40 000)		(I) 40 000			

续表

账户	Top 公司	Bottom 公司	合并分录		非控制性权益	合并总额
			借方	贷方		
各公司净收益	(150 000)	(70 000)				
合并净收益						(175 500)
非控制性权益在 Bottom 公司净收益中的份额					(13 100) †	13 100
Top 公司在合并净收益中的份额						(162 400)
留存收益表						
留存收益，01/01/2010						
Top 公司	(650 000)			(*C) 2 800		(652 800)
Bottom 公司		(310 000)	(*G) 4 000			
			(S) 306 000 ‡			
净收益（由上转入）	(150 000)	(70 000)				(162 400)
已付股利	70 000	50 000		(I) 40 000	10 000	70 000
留存收益，12/31/10	(730 000)	(330 000)				(745 200)
资产负债表						
现金和应收款	280 000	120 000		(P) 10 000		390 000
存货	220 000	160 000		(G) 6 000		374 000
对 Bottom 公司投资	400 000		(*C) 2 800			0
				(S) 364 800		
				(A) 38 000		
土地	410 000	200 000				610 000
固定资产（净值）	190 000	170 000				360 000
数据库	0	0	(A) 47 500	(E) 2 500		45 000
资产	1 500 000	650 000				1 779 000
负债	(340 000)	(170 000)	(P) 10 000			(500 000)
Bottom 中的非控制性权益，01/01						
				(S) 91 200		
				(A) 9 500	(100 700)	
Bottom 中的非控制性权益，12/31					103 800	(103 800)
普通股	(430 000)	(150 000)	(S) 150 000			(430 000)
留存收益（由上转入）	(730 000)	(330 000)				(745 200)
负债和所有者权益	(1 500 000)	(650 000)	668 800	668 800		(1 779 000)

注意：括号代表贷方余额。

† 因为公司间存货逆销，子公司 70 000 美元的收入应减去递延到下年的毛收益 6 000 美元并加上从上年递延到本年的毛收益 4 000 美元。在减去溢价摊销 2 500 美元后，剩余的净收入 65 500 美

元其中归属于非控制性权益的为 13 100 美元（20%）。

‡方框内的金额是本表与图表 5—3 顺销的不同之处。

合并分录：

（*G）抵销期初的未实现毛收益，使其可以在本期中确认。逆销收入属于子公司。

（*C）确认 2010 年之前的、因控制子公司导致的账面价值与摊销费用的增加。

（S）抵销子公司期初的权益账户，确认 2010 年 1 月 1 日的非控制性权益。

（A）分配子公司公允价值高于账面价值的溢价，2010 年 1 月 1 日的未经摊销的余额。

（I）抵销作为收入的公司间的股利支付。

（E）确认本年度数据库的溢价摊销费用。

（P）抵销公司间的应收应付项目。

（TI）抵销公司间的销售项目。

（G）抵销本年末未实现的毛收益，以便其可以在以后年度得到确认。

3. 逆销

如果转移是由子公司到母公司的逆销，合并程序就会有所不同。如前所述，逆流毛利归属于子公司而不归属于母公司。因此，如果转移为逆销，由 2009 年转移到当年（分录*G）的 4 000 美元毛利及由 2010 年递延到未来（分录 G）的 6 000 美元未实现毛利，都应调整 Bottom 公司的已报告收益总额。

将逆流毛利归属于 Bottom 公司收益在以下几方面使合并过程复杂：

- 将 4 000 美元的毛利从 2009 年递延到 2010 年表明将子公司的期初留存收益的余额（作为货物的销售方）调整到 306 000 美元而不是工作底稿上该公司独立记录的 310 000 美元。
- 由于 2009 年 Bottom 公司已报告收益中的 4 000 美元在当时并未赚得，该公司在前一期间的账面价值并没有增加 10 000 美元（收益减去股利）而仅仅增加了已赚得的 6 000 美元。
- Bottom 公司 2010 年已赚得的收益为 65 500 美元而不是该公司独立财务报表中记录的 70 000 美元。65 500 美元的金额基于调整已报告收益的时间来反映公司间毛利的递延和实现以及超额公允价值摊销。

子公司已赚得收益——逆流转移

Bottom 公司 2010 年收益减去 $2 500 超额摊销	加上：2010 年已实现前期毛利	减去：2010 年已报告但于以后期间实现的毛利	合并角度 Bottom 公司 2010 年的收益
$67 500	$4 000	$（6 000）	$65 500

确认 Bottom 公司的期初留存收益（已实现）为 306 000 美元及 2010 的收益为 65 500美元是合并过程的预先准备步骤。上述重新计算的数额由于作为编制几笔工作底稿分录的基础而显得非常重要。但是，子公司的财务记录并不受影响。另外，由于采用的是初始价值法，工作底稿上母公司的账户并不发生改变。

为说明逆流存货转移的影响，在图表 5—4 中我们再次合并 Top 公司和 Bottom 公司的财务报表。两公司的独立财务记录与图表 5—3 相比并未发生变化。在第二张合并工作底稿的唯一区别在于，假设公司间的转移是由 Bottom 公司到 Top 公司的逆销。

这一变化图表 5—3 与图表 5—4 之间产生了几点重要差别：

（1）由于公司间的销售是逆流，4 000 美元期初未实现毛利的递延不再减少母公司的期初留存收益。因此，图表 5—4 减少 Bottom 公司 2010 年 1 月 1 日的权益余额。在编制完这笔分录之后，工作底稿上 Bottom 公司的留存收益如前所述为 306 000 美元。

（2）由于 Bottom 公司 2009 年收益中的 4 000 美元递延至 2010 年，子公司的账面价值在上一年仅仅增加 6 000 美元而不是所报告的 10 000 美元。因此，转换到权益法（分录 *C）仅需增加 2 800 美元：

2009 年子公司账面价值增加 $ 6 000×80%	$ 4 800
2009 年摊销费用（80% × $ 2 500）	(2 000)
母公司期初留存收益增加（分录 *C）	$ 2 800

（3）在分录 S 中，初始的非控制性权益的估价和待抵销的母公司投资账户的部分与前例有所不同。这一工作底稿分录抵销当年期初子公司股东权益账户。因此，在编制这一分录时，必须考虑抵销 2009 年未实现毛利产生的 Bottom 公司期初留存收益所减少的 4 000 美元。在登记分录 *G 之后，子公司在 2010 年 1 月 1 日的账面价值（普通股和调整分录 *G 之后的期初留存收益之和）仅为 456 000 美元。这一金额作为确定 20% 非控制性权益（91 200 美元）及抵销 80% 母公司投资账户余额（364 800 美元）的基础。

（4）最终，为完成合并，在工作底稿上非控制性权益在子公司净收益中所享有的份额为 13 100 美元，这一金额计算如下：

Bottom 公司 2010 年已报告收益	$ 70 000
超额公允价值数据库摊销（$ 50 000/20 年）	(2 500)
2009 年公司间毛利确认金额	4 000
2010 年公司间毛利递延金额	(6 000)
Bottom 公司 2010 年调整后收益	$ 65 500
非控制性权益持股比例	20%
非控制性权益在子公司净收益中所享有的份额	$ 13 100

虽然在前一例子中，顺销并不影响上述金额的计算，但是逆流转移却影响非控制性权益在子公司净收益中所享有的份额。因此，图表 5—3 利润表中所报告的非控制性权益的余额与图表 5—4 中的余额并不相等。

4. 合并——*顺流与逆流转移的比较*

为有助于清晰地比较顺流和逆流转移，这里详细地列示两种转移下的工作底稿分录：

顺流转移	逆流转移
(图表5—3)	(图表5—4)
分录*G	**分录*G**
留存收益(01/01/2010)——Top 4 000	**留存收益(01/01/2010)——Bottom 4 000**
销货成本 4 000	销货成本 4 000
从销售方余额中抵销2009年未实现毛利。	从销售方余额中抵销2009年未实现毛利
分录*C	**分录*C**
对Bottom公司投资 6 000	对Bottom公司投资 2 800
留存收益(01/01/2010)——Top 6 000	**留存收益(01/01/2010)——Top 2 800**
将投资的初始金额转换到权益法,收益应计为留存收益增加额10 000美元减去2 500美元摊销费用后余额的80%((10 000-2 500)×80%)	将投资的初始金额转换到权益法,收益应计为抵销未实现毛利(4 000美元)后留存收益增加额6 000美元减去2 500美元摊销费用后余额的80%((6 000-2 500)×80%)
分录S	**分录S**
普通股——Bottom 150 000	普通股——Bottom 150 000
留存收益(01/01/2010)——Bottom 310 000	留存收益(01/01/2010)——Bottom 306 000
对Bottom公司投资 368 000	对Bottom公司投资 364 800
非控制性权益(01/01/2010,20%) 92 000	非控制性权益(01/01/2010,20%) 91 200
抵销子公司股东权益账户和投资的余额部分,年初的账面价值是适当的	抵销子公司股东权益账户和投资的余额部分,调整后的年初账面价值是适当的。
非控制性权益在子公司净收益中的份额=\$13 500。Bottom公司已报告收益减去数据库溢价摊销后余额的20%((\$70 000-\$2 500)×20%)	非控制性权益在子公司净收益中的份额=\$13 100。Bottom公司已赚得收益(调整未实现毛利后已报告收益减去数据库溢价摊销后余额)的20%((\$70 000+\$4 000-\$6 000-\$2 500)×20%)

5.2.5 不同投资方法对合并的影响

在图表5—3和图表5—4中,我们应用的是初始价值法。但是,当采用权益法或部分权益法时,合并程序通常遵循与前面章节分析相同的模式。如前所述,当采用权益法并且是顺流转移时,分录*G需要进行变化。投资收益账户而不是减少母公司/销售方的期初留存收益,然后投资收益的余额在分录I中抵销。否则,个别的会计处理方法对公司间交易的合并过程不会产生特别的影响。

当母公司采用权益法时,主要的复杂之处并不在于合并程序。通常,出现在母公司独立财务记录中与投资相关的账户余额是整个合并过程最复杂的部分。在权益法下,与投资相关的账户余额由以下几部分构成:(1)应计收益,(2)摊销,(3)股利,(4)未实现公司间利得调整。因此,如果Top公司采用权益法并且为顺流转移,对 Bottom 公司投资账户的余额在2010年末将由400 000美元增加到414 000美元。在同一年，投资收益账户的余额为52 000美元。这两个账户的余额计算如图表5—5所示。

图表5—5　　**投资账户余额——权益法——顺销**

对 Bottom 公司投资分析，01/01/2009 至 12/31/2010		
支付对价（公允价值），01/01/2009		$ 400 000
Bottom 公司2009年已报告收益	$ 30 000	
数据库摊销	(2 500)	
Bottom 公司2009年已调整收益	$ 27 500	
Top 公司所有权比例	80%	
Top 公司享有 Bottom 公司收益的份额	$ 22 000	
2009年 Top 公司顺销的递延利润	(4 000)	
2009年对 Bottom 公司的投资收益		$ 18 000
2009年 Top 公司享有 Bottom 公司所分派股利的份额（80%）		(16 000)
余额，12/31/2009		$ 402 000
Bottom 公司2010年已报告收益	$ 70 000	
数据库摊销	(2 500)	
Bottom 公司2010年已调整收益	$ 67 500	
Top 公司所有权比例	80%	
Top 公司享有 Bottom 公司收益的份额	$ 54 000	
2009年 Top 公司顺销已实现毛利	4 000	
2010年 Top 公司顺销的递延利润	(6 000)	
2010年对 Bottom 公司的投资收益		$ 52 000
2010年 Top 公司享有 Bottom 公司所分派股利的份额（80%）		(40 000)
余额，12/31/2010		$ 414 000

如果转移是逆流，母公司所报告的与投资相关的这两个账户余额的确定方式与图表5—5相同。由于销售方向的变化，毛利现在归属于子公司。因此，投资及投资收益账户的余额与图表5—5计算的结果不同。对子公司投资账户的余额为415 200美元，而投资收益账户的余额为52 400美元。差异来源于逆销而非顺销。逆销情况下这两个账户余额的构成如图表5—6所示。当Top公司采用权益法时，顺流和逆流转移的合并工作底稿如图表5—7和图表5—8所示。

图表5—6　　**投资账户余额——权益法——逆销**

对 Bottom 公司投资分析，01/01/2009 至 12/31/2010		
支付对价（公允价值），01/01/2009		$400 000
Bottom 公司 2009 年已报告收益	$30 000	
数据库摊销	(2 500)	
2009 年逆销的递延利润	(4 000)	
Bottom 公司 2009 年已调整收益	$23 500	
Top 公司所有权比例	80%	
2009 年对 Bottom 公司的投资收益		$ 18 800
2009 年 Top 公司享有 Bottom 公司所分派股利的份额（80%）		(16 000)
余额，12/31/2009		$402 800
Bottom 公司 2010 年已报告收益	$70 000	
数据库摊销	(2 500)	
2009 年 Top 公司逆销已实现毛利	4 000	
2010 年 Top 公司逆销的递延利润	(6 000)	
Bottom 公司 2010 年已调整收益	$65 500	
Top 公司所有权比例	80%	
2010 年对 Bottom 公司的投资收益		$ 52 400
2010 年 Top 公司享有 Bottom 公司所分派股利的份额（80%）		(40 000)
余额，12/31/2010		$415 200

图表 5—7　　　　顺流存货转移

Top 公司和 Bottom 公司（顺流存货转移）

合并：并购法　　　　合并工作底稿

投资：权益法　　　　截至 2010 年 12 月 31 日　　　　持股比例：80%

账户	Top 公司	Bottom 公司	合并分录 借方	合并分录 贷方	非控制性权益	合并总额
利润表						
销售收入	(600 000)	(300 000)	(T) 100 000			(800 000)
销货成本	320 000	180 000	(G) 6 000	(*G) 4 000		402 000
				(T) 100 000		
经营费用	170 000	50 000	(E) 2 500			222 500
投资收益	(52 000)		(*G) 4 000			
			(I) 48 000†			0
各公司净收益	(162 000)	(70 000)				
合并净收益						(175 500)
非控制性权益在 Bottom 公司净收益中的份额					13 500 ‡	13 500
Top 公司在合并净收益中的份额						(162 000)
留存收益表						
留存收益，01/01/2010						
Top 公司	(652 000)					(652 000)
Bottom 公司		(310 000)	(S) 310 000			
净收益（由上转入）	(162 000)	(70 000)				(162 000)
已付股利	70 000	50 000		(D) 40 000	10 000	70 000
留存收益，12/31/2010	(744 000)	(330 000)				(744 000)
资产负债表						
现金和应收款	280 000	120 000		(P) 10 000		390 000
存货	220 000	160 000		(G) 6 000		374 000
对 Bottom 公司投资	414 000		(D) 40 000	(I) 48 000		0
				368 000		
				(A) 38 000		
土地	410 000	200 000				610 000

续表

账户	Top公司	Bottom公司	合并分录				非控制性权益	合并总额
			借方		贷方			
固定资产（净值）	190 000	170 000						360 000
数据库	0	0	(A)	47 500	(E)	2 500		45 000
总资产	1 514 000	650 000						1 779 000
负债	(340 000)	(170 000)	(P)	10 000				(500 000)
Bottom中的非控制性权益，01/01/2010					(S)	92 000		
					(A)	9 500	(101 500)	
Bottom中的非控制性权益，12/31/2010							105 000	(105 000)
普通股	(430 000)	(150 000)	(S)	150 000				(430 000)
留存收益（由上转入）	(744 000)	(330 000)						(744 000)
负债和所有者权益	(1 514 000)	(650 000)		718 000		718 000		(1 779 000)

注意：括号代表贷方余额。

† 因为公司间存货顺销，子公司应计净收入是70 000美元减去2 500美元的溢价摊销，应计净收入的20%归属于非控制性权益（13 500美元）。

‡ 方框内的金额是本图表与图表5—8逆流销售的不同之处。

合并分录：

（*G）抵销期初的未实现毛收益，使其可以在本期中确认。顺销收入属于母公司。

（S）抵销子公司期初的权益账户，确认2010年1月1日的非控制性权益。

（A）分配子公司公允价值高于账面价值的溢价，2010年1月1日的未经摊销的余额。

（I）抵销*G分录以外的公司间收入。

（D）抵销公司间股利支付。

（E）确认本年度数据库的溢价摊销费用。

（P）抵销公司间的应收应付项目。

（TI）抵销公司间销售项目。

（G）抵销本年末未实现的毛收益，以便其可以在以后年度得到确认。

图表5—8 **逆流存货转移**

Top公司和Bottom公司

合并：并购法　　合并工作底稿

投资：权益法　　截至2010年12月31日　　持股比例：80%

账户	Top公司	Bottom公司	合并分录				非控制性权益	合并总额
			借方		贷方			
利润表								
销售收入	(600 000)	(300 000)	(T)	100 000				(800 000)
销货成本	320 000	180 000	(G)	6 000	(*G)	4 000		402 000
					(T)	100 000		

续表

账户	Top 公司	Bottom 公司	合并分录		非控制性权益	合并总额
			借方	贷方		
经营费用	170 000	50 000	(E) 2 500			222 500
投资收益	(52 400)		(I) 52 400 ‡			
各公司净收益	(162 400)	(70 000)				
合并净收益						(175 500)
非控制性权益在 Bottom 公司净收益中的份额					(13 100) †	13 100
Top 公司在合并净收益中的份额						(162 400)
留存收益表						
留存收益，01/01/2010						
Top 公司	(652 800)					(652 800)
Bottom 公司		(310 000)	(*G) 4 000			
			(S) 306 000			
净收益（由上转入）	(162 400)	(70 000)				(162 400)
已付股利	70 000	50 000		(D) 40 000	10 000	70 000
留存收益，12/31/2010	(745 200)	(330 000)				(745 200)
资产负债表						
现金和应收款	280 000	120 000		(P) 10 000		390 000
存货	220 000	160 000		(G) 6 000		374 000
对 Bottom 公司投资	415 200		(D) 40 000	(I) 52 400		0
				(S) 364 800		
				(A) 38 000		
土地	410 000	200 000				610 000
固定资产（净值）	190 000	170 000				360 000
数据库	0	0	(A) 47 500	(E) 2 500		45 000
总资产	1 515 200	650 000				1 779 000
负债	(340 000)	(170 000)	(P) 10 000			(500 000)
Bottom 中的非控制性权益，01/01/2010				(S) 91 200		
				(A) 9 500	(100 700)	
Bottom 中的非控制性权益，12/31/2010					103 800	(103 800)
普通股	(430 000)	(150 000)	(S) 150 000			(430 000)
留存收益（由上转入）	(745 200)	(330 000)				(745 200)
负债和所有者权益	(1 515 200)	(650 000)	718 400	718 400		(1 779 000)

注意：括号代表贷方余额。

† 因为公司间存货逆销，子公司 70 000 美元的收入应减去递延到下年的毛收益 6 000 美元并加

上从上年递延到本年的毛收益 4 000 美元。在减去溢价摊销 2 500 美元后，剩余的净收入 65 500 美元其中归属于非控制性权益的为 13 100 美元（20%）。

‡方框内的金额是本表与图表 5—7 顺流销售的不同之处。

合并分录：

（*G）抵销期初的未实现毛收益，使其可以在本期中确认。逆销收入属于子公司。

（S）抵销子公司期初的权益账户，确认 2010 年 1 月 1 日的非控制性权益。

（A）分配子公司公允价值高于账面价值的溢价，2010 年 1 月 1 日的未经摊销的余额。

（I）抵销公司间的收入。

（D）抵销公司间的股利。

（E）确认本年度数据库的溢价摊销费用。

（P）抵销公司间的应收应付项目。

（TI）抵销公司间的销售项目。

（G）抵销本年末未实现的毛收益，以便其可以在以后年度得到确认。

5.3 公司间土地转移

虽然公司间销售其他资产并不像存货交易那样普遍，但是这类交易也是时常发生的。本章最后两部分来讨论非存货转移的合并程序。我们首先分析土地交易，然后讨论公司间销售如建筑物和设备等可折旧资产对合并程序产生的影响。

5.3.1 土地交易的会计处理

公司间土地转移的合并程序类似于公司间存货转移的合并程序。土地销售对母子公司的独立财务记录产生一系列的影响。工作底稿过程必须调整账户余额以从单一经济实体角度反映所有的交易。通过回顾公司间土地销售所发生的一系列事项，这一交易与存货转移的相同点及其独有特点如下：

1. 即使关联方之间发生交易，土地的初始销售方报告一项利得（公司间资产交易产生损失的情况较少）。同时，土地的获得方资本化虚增的转移价格而不以历史成本计量。

2. 在年末时，销售方记录的利得结转到留存收益账户。从合并角度考虑，这一账户由于关联方而人为增加。因此，购买方的土地账户和销售方的留存收益账户包含未实现的利润。

3. 当土地随后处置给外部方时，初始转移的利得才得以实现。因此，必须设计适当的合并方法来抵销直到再次销售时每一期间的公司间利得。

显然，存货转移中的两个特点也同时存在于公司间土地转移：销售给外部方后，减少虚增的账面价值并实现未实现利润。尽管有以上相同点，两者之间也存在显著的差异。由于交易的性质不同，当转移土地时，两个公司不使用销售/购买账户。当销售方从账簿中移去土地时，销售方使用单独的利得账户。由于这一利得并未获得，当编制合并报表时，余额必须进行抵销。

另外，随后再次销售土地给外部方并不经常发生在转移的下一年。虽然存货是在相对短的时间内被处置，但购买方可能在若干年内持有土地。因此，虚增的土地账户可以无限期地保留在购买方的账簿中。只要土地继续被保留，每一期间合并时，都必须抵销未实现利得的影响（相当于存货转移中的分录*G）。通过每一年度重复编制工作底稿分录，合并财务报表适当表述了土地及留存收益账户。

5.3.2 抵销未实现利得——土地转移

为说明工作底稿程序，假设 Hastings 公司和 Patrick 公司为关联方。2009 年 7 月 1 日，Hastings 公司将初始价值为 60 000 美元的土地以 100 000 美元的转移价格销售给 Patrick 公司。销售方报告了 40 000 美元的利得；购买方以 100 000 美元的并购价格记录土地成本。在这一财务期间末，为合并目的进行此交易的公司间影响必须抵销：

合并分录 TL（转移年度）

出售土地利得	40 000	
土地		40 000

抵销公司间转移土地的影响。（符号“TL”表示转移的土地）。

这一工作底稿分录抵销 2009 年度合并报表的未实现利得，同时将土地账户余额恢复到转移日的初始价值。但正如存货，只要财产一直被持有，初始交易产生的影响就保留在个别公司的财务记录中。Hastings 公司所记录的利得结转到留存收益账户而 Patrick 公司的土地账户以虚增的转移价格记录。*在土地最终出售前的每一合并期间，必须重复这个抵销的过程*。每一合并期间工作底稿上的分录抵销了资产中的未实现利得和合并所报告的收益。

合并分录*GL（转移后每一年）

留存收益（销售方的期初余额）	40 000	
土地		40 000

抵销以前年度公司间转移土地的影响（符号“*GL”表示发生于以前年度土地转移的利得）。

请注意当母公司采用权益法并且初始销售为顺销时，以投资账户的增加来代替留存收益的减少。在上述情况下，权益法调整已经改正了母公司未实现利得的时间。抵销利得引起投资账户的减少，同时在工作底稿上调整子公司的土地账户。反之，如果销售为逆销，即使母公司采用权益法，销售方（子公司）的留存收益账户仍然被高估了。

最后的合并关注公司间土地转移的计量。如果土地销售给外部方，则销售方公司基于其账面价值记录利得或损失。但这一成本数据为内部转移价格，从合并角度考虑，确认利得或损失并不正确；利得或损失的计算并没有与土地的历史成本进行比较。独立财务报表再次没有从单一经济实体角度反映交易。

因此，如果公司最终销售土地，它必须确认初始转移时递延的利得。公司通过将土地销售给外部方而获得这一利润。在工作底稿中，利得最后一次从期初留存收益账户（或投资账户）中被抵销。在此种情况下，这一分录将这一金额重分类为已实现利得。收益确认的时间从转移当年调整到土地销售给非关联方的期间。

接上例，Hastings 公司以 60 000 美元购得土地，并且以 100 000 美元销售给关联方 Patrick 公司。因此，在转移当年和随后的每一期间 40 000 美元的未实现利得都需要在合并工作底稿上抵销。但是，如果土地随后以 115 000 美元的价格出售，Patrick 公司仅确认 15 000 美元的利得。从企业合并角度考虑，土地实际销售的利得为55 000

美元。为了正确地进行报告，在土地销售给非关联方的当年，必须编制以下工作底稿分录。这一调整分录将 Patrick 公司记录的 15 000 美元利得增加到 55 000 美元的合并余额。

合并分录 *GL（销售给外部方的当年）

留存收益（Hastings 公司）	40 000	
出售土地利得		40 000

抵销转移当年公司间利得以便于在土地出售给外部方的当期确认总的出售利得。

正如存货转移的账务处理，以上列示的完整合并过程能够实现以下目标：

1. 只要已转移的土地还保留在合并整体内，该土地就以历史成本进行报告。
2. 直到土地出售给外部方，才确认递延收益。

5.3.3 确认对非控制性权益估价的影响——土地转移

前述对于公司间土地转移的讨论没有考虑可能存在非控制性权益。在编制包含外部所有权的单一经济实体财务报表时，存货转移的相应规定同样适用。

如果初始销售为顺销交易，未实现利得的递延及最终确认对非控制性权益并不产生影响。正如前述，这一账务处理的合理性在于，来自顺流转移的利润仅仅与母公司相关。

相反，如果转移为逆流，利得的递延和确认则归属于子公司，因此对非控制性权益的估价具有影响。正如存货，所有非控制性权益余额的计算都基于调整逆流转移后子公司所报告的收益。

土地会计处理的结果如下：

1. 在转移当年，任何未实现利得进行递延，并且土地账户调整减少至历史成本。当逆销产生利得，在计算当年非控制性权益在子公司净收益中所享有的份额时，应扣除这一利得金额。

2. 转移之后的每一年，未实现利得将从销售方期初留存收益中进行抵销。如果转移为逆流，抵销上述利得将直接影响分录 *C（如果需要转换为权益法）和分录 S 中记录的余额。权益应计（分录 *C）和期初股东权益的抵销（分录 S）必须基于子公司已调整的留存收益余额。这一递延过程仅在转移当年及最终出售年度对非控制性权益在子公司净收益中所享有的份额具有影响。

3. 如果土地出售给外部方，初始的利得已经赚得，则合并整体必须进行报告。

5.4 公司间转移可折旧资产

正如关联方之间转移土地，公司间也可能涉及出售其他资产，如设备、专利权、特许权、建筑物及其他长期资产。这类交易的会计处理类似于前述列示的出售土地的交易。但是，相应折旧及摊销的计算为合并财务报表的编制提出了额外的挑战。[1]

---

① 为避免分析的冗赘，虽然这一讨论同样适用于无形资产的摊销和消耗资产的折耗，但所有进一步的分析仅仅涉及折旧费用。

5.4.1 递延未实现利得

当面临公司间出售可折旧资产时，会计人员的基本目标维持不变：*递延未实现利得以确立历史成本余额，同时在合并财务报表中确认适当的收益*。更确切地说，会计人员递延转移所产生的利得直到随后使用或再次销售资产，完成初始的交易。对于存货销售，完成销售、终止递延的处置通常发生在转移当年或者下一年。相反，已转移的土地往往并不出售，因此永久地递延确认公司间利润。

对于可折旧资产转移，利得最终实现通常以不同的形式发生。资产在购买方运营过程中的使用通常以折旧形式体现。这一费用的确认每年都减少资产的账面价值，从而减少资产高估的金额。

折旧系统地从资产账户及留存收益账户抵销未实现利得。对于购买方来说，由于折旧的计算基于虚增的历史成本，所以每年都会产生多计的折旧费用。折旧费用在年末时结转到留存收益账户。*从合并角度来看，多计的折旧费用逐渐抵销了权益账户的未实现利得。实际上，在资产的使用寿命期间内，折旧过程从资产账户及留存收益账户中抵销了转移产生的所有影响*。

5.4.2 可折旧资产转移举例

为说明公司间转移可折旧资产的合并程序，假设 Able 公司以 90 000 美元的当前市价销售一部设备给 Baker 公司。Able 公司几年前以 100 000 美元购得该设备，并且已经记录了 40 000 美元的累计折旧。该设备的剩余使用寿命为 10 年，转移发生在 2009 年 1 月 1 日。

1. 转移当年

上述交易对 2009 年两公司个别财务记录的影响如下：

（1）作为购买方的 Baker 公司，以 90 000 美元的转移价格记录设备成本。但从合并角度考虑，该设备的账面价值仍为 60 000 美元（100 000 美元成本–40 000 美元累计折旧）。

（2）虽然合并没有产生收益，但作为销售方的 Able 公司报告了 30 000 美元的利润。在 2009 年末，Able 公司将这一利得结转至留存收益账户。

（3）假设采用直线折旧法，并且该设备无残值，2009 年末 Baker 公司记录 9 000 美元（90 000 美元转移价格÷10 年）的费用。在合并实体中，购买方确认这一金额而不确认 6 000 美元（60 000 美元账面价值÷10 年）折旧费用。

为报告企业合并产生的上述事项，30 000 美元的未实现利得和 3 000 美元折旧费用的高估在工作底稿中必须进行抵销，下面两笔 2009 年合并分录列示了上述抵销过程。但这两笔分录也可以合并成一笔分录：

合并分录 TA（转移当年）

出售设备利得	30 000	
设备	10 000	
累计折旧		40 000

抵销未实现利得并将设备账户的余额恢复到其历史成本。（符号“TA”表示已转移资产）。

合并分录 ED（转移当年）

累计折旧	3 000	
折旧费用		3 000

抵销由于虚增转移价格产生的多计折旧费用（符号“ED”表示多计的折旧费用）。*此分录必须在设备的使用寿命周期内重复编制。*

从单一实体角度考虑，上述分录实现了以下目标：①

- 将资产的历史成本重述为 100 000 美元。
- 通过确认 40 000 美元的累计折旧，将 2009 年 1 月 1 日账面价值恢复到 60 000 美元。
- 抵销 Able 公司记录的 30 000 美元未实现利得，以使这一公司间利润不反映在合并利润表中。
- 将当年的折旧费用从 9 000 美元减少到基于历史成本的 6 000 美元。

无论转移是顺流还是逆流，在公司间可折旧资产转移的当年，前述合并分录 TA 和 ED 都是适用的。母公司对于投资的会计处理无论是权益法、初始价值法还是部分权益法，上述分录也同样适用。但是，如下所述，在公司间转移的以后年度，当采用权益法并且转移为顺流时，需要对合并分录 * TA 进行一些调整。

2. *转移以后年度*

上述工作底稿抵销分录并没有实际从两公司的个别财务记录中抵销公司间转移的影响。未实现利得和多计的折旧费用仍然保留在各自的账簿中，并且在年末结转到相应公司的留存收益账户中。类似，设备及相关的累计折旧账户的余额计算是以转移价格为基础的，而不以历史成本为基础。因此，*在转移后的每一期间，工作底稿中单独报告的数据必须进行调整以从单一实体角度披露合并总额。*

为编制未来某一时点的工作底稿分录，必须确定各个公司账户的余额并与合并角度的账户的适当余额进行比较。为进行说明，转移之后两年（2010 年 12 月 31 日）Able 公司和 Baker 公司的个别财务记录如下。合并总额的计算基于初始的历史成本 100 000 美元和累计折旧 40 000 美元。

账户	个别记录	合并角度	工作底稿调整
设备，12/31/2010	$ 90 000	$ 100 000	$ 10 000
累计折旧，12/31/2010	(18 000)	(52 000) *	(34 000)
折旧费用，12/31/2010	9 000	6 000	(3 000)
留存收益影响，01/01/2010	(21 000) †	6 000	27 000

注：括号表示贷方余额。

* 转移之前的累计折旧（40 000 美元）加上 2 年×（6 000 美元）。

† 公司间转移利得（30 000 美元）减去 1 年的折旧（9 000 美元）。

---

① 如果工作底稿仅仅为净可折旧资产设置一个账户，这一分录应为：

出售资本利得	30 000	
设备（净值）		30 000

在转移日将账面价值从 90 000 美元减少到 60 000 美元，而不重新确立 100 000 美元的初始成本。

由于转移的效应继续保留在各个财务记录中，在随后的每一期合并时，各个账户的余额必须进行更正。但由于折旧对这些余额的持续影响，所涉及的金额必须每期进行更新。如上表所示，为将个别账户的余额调整到合并总额，在 2010 年工作底稿中必须编制以下分录：

合并分录 *TA（转移之后年度）

设备	10 000	
留存收益，01/01/2010（Able 公司）	27 000	
累计折旧		37 000

将设备账户的余额恢复到其历史成本，并更正 2010 年 1 月 1 日留存收益和累计折旧的余额。

合并分录 ED（转移之后年度）

累计折旧	3 000	
折旧费用		3 000

抵销因公司间转移价格而多计的折旧费用，并将累计折旧账户调整到 2010 年 12 月 31 日的正确余额。

注意 2010 年 12 月 31 日合并累计折旧增加的 34 000 美元由分录 *TA 的贷方37 000美元和分录 ED 的借方 3 000 美元计算得出。

虽然资产和折旧费用调整的金额保持不变，但期初留存收益和累计折旧的变化却随着每一后续期间而变化。在 2009 年 12 月 31 日，两公司结转了 30 000 美元的未实现利得和初始高估的 3 000 美元折旧费用。因此，正如分录 *TA 所示，2010 年期初留存收益账户余额高估的净额仅为 27 000 美元，而不是 30 000 美元。*在资产的使用寿命周期，随着每年多计折旧费用（3 000 美元）的结转，留存收益中的未实现利得将逐渐减少到零*。因此，在随后的工作底稿中，2010 年、2011 年和 2012 年期初的留存收益分别减少 27 000 美元、24 000 美元和 21 000 美元。这一减少持续至第 10 年末，此时未实现利得的影响已不存在。

如果设备出售给外部方，利得的剩余部分视为已经实现。正如前述对土地的讨论，此时存在的公司间利润必须在合并利润表中进行确认，以计算正确的出售利得和损失金额。

5.4.3 公司间可折旧资产转移——当母公司采用权益法时顺流转移

当公司间可折旧资产转移为顺流并且母公司应用权益法时，合并分录 *TA 需要进行一些调整。在应用权益法时，母公司对初始的转移利得和每期多计的折旧费用都调整了账面收益。因此，在顺流公司间转移且应用权益法时，从合并角度出发，母公司留存收益余额的账面价值已经减少了这部分利得。接上例，假设：（1）Able 公司为母公司，（2）Able 公司采用权益法核算对 Baker 公司的投资，顺销时工作底稿合并分录如下：

合并分录 *TA（转移之后年度）

设备	10 000	
对 Baker 公司投资	27 000	
累计折旧		37 000

合并分录 ED（转移之后年度）

累计折旧	3 000	
折旧费用		3 000

在分录*TA 中，对 Baker 公司账户的投资代替了母公司的留存收益。借记投资账户有效地将因公司间资产转移导致的抵销适当地分配给子公司的设备和累计折旧账户。

5.4.4 对非控制性权益估价的影响——可折旧资产转移

由于缺乏正式的指南，对合并过程中产生的收益影响如何进行分配并没有形成一致意见。与本章前述部分相一致，此处仍将所有的收益分配给销售方。例如，在分录*TA 中，减少的是 Able 公司（销售方）期初的留存收益。转移的未实现利得和随后确认的多计折旧费用分配给此方。

因此，假设顺销对非控制性权益的估价不产生影响，这是由于母公司而非子公司进行销售。相反，在计算归属于外部所有者收益的余额时，必须考虑逆销对收益的影响。上述方法是多种备选方法中的一种。但是，在未来制定合并政策及程序时，FASB 可能规定一种特定的分配方式。

小　结

1. 企业合并的成员间转移资产，特别是存货，是非常普遍的。在编制合并财务报表时，由于并未与外部非关联方发生交易，此项转移对个别会计记录的影响必须抵销。

2. 存货转移是公司间资产交易最普遍的形式。由于仅是转移，一个公司记录销售而另一公司记录购买。在计算合并数据的过程中，这些对应余额必须在工作底稿上抵销。

3. 如果存货以高于成本转移，就会产生其他的会计问题。由于价格虚增，年末仍旧持有的商品存货以高于历史成本进行估价。从合并角度来看，销售方所报告的这些货物的毛利并未实现。因此，此项毛利必须从期末存货账户中抵销，期末存货这一数据作为资产列示于资产负债表并且同时是销货成本的扣减项目。

4. 在存货转移的下一年度，未实现的存货毛利也会产生合并问题。在关联方各自的会计系统中，销售方将毛利结转到留存收益。购买方的期末存货余额成为下一期间的期初余额（包括在销货成本中）。因此，虚增必须再次抵销，只不过此次抵销在下一年度。借记销售方的期初留存收益以抵销未实现的毛利，而贷记销货成本以减少期初存货的高估。通过上述过程，转移年度公司间毛利被递延以便在处置或消耗时点相应地进行确认。

5. 递延及随后确认公司间毛利对非控制性权益余额的估价提出了一个问题：确认期间的变化改变上述计算吗？虽然当前这一问题正处于争论之中，但在正式发布的会计公告中并不能找到正确答案。在本教材中，假设逆流转移（子公司向母公司销售）产生的递延毛利影响非控制性权益，而顺流转移（母公司向子公司销售）不影响非控制性权益。当涉及逆流转移时，非控制性权益价值基于调整未实现利润后剩余的子公司收益。

6. 存货并不是企业合并成员企业之间出售的唯一资产。例如，经常发生土地转移。如果购买价格超过初始价值，则购买方的记录虚增此项资产而销售方确认未实现利得。类似于存货，合并过程必须将已记录的资产余额恢复到其成本，并且同时递延利得。只要土地还保留在合并整体中，在每次合并时必须重复上述过程。

7. 公司间转移可折旧资产所需的合并过程与所列示的存货和土地不同。交易产生的未实现利得必须与资产的高估进行抵销。但是由于以后期间的折旧，这些调整每一期间都会系统地改变。在转移之后，购买方基于新的虚增价格计算折旧。超过适当折旧的超额折旧费用会被记录，并且资产的账面价值按这样的金额每年减少；每次记录折旧时，账面价值与历史成本的差额就逐渐缩小。同时，超额折旧每年结转到留存收益账户，未实现利得产生权益账户的高估逐期减少。在任何时点计算合并数据时，必须确定和抵销上述数据中（以及当期的折旧费用）所剩余的高估。

综合讲解题

2009 年 1 月 1 日，Daisy 公司支付 594 000 美元的现金购买了 Rose 公司 80% 的股权。在并购日，Rose 公司的账面价值总额为 610 000 美元，非控制性权益的公允价值为 148 500 美元。刚刚被并购的子公司拥有商标（剩余使用年限 10 年）的公允价值为 75 000 美元，此商标并未在 Rose 公司的账簿上进行记录。任何剩余的超额并购日公允价值归属于商誉。

Daisy 公司决定并购 Rose 公司的目的在于，子公司能够为母公司的生产过程提供零部件。在随后年度，Rose 公司向 Daisy 公司销售存货如下：

年度	Rose 公司成本	转移价格	转移价格加成	年末仍持有的已转移存货（以转移价格计算）
2009	$ 100 000	$ 140 000	28.6%	$ 20 000
2010	100 000	150 000	33.3	30 000
2011	120 000	160 000	25.0	68 000

Daisy 公司保留在年末的任何已转移存货在下一期间总是投入生产过程。

2010 年 1 月 1 日，Daisy 公司向 Rose 公司出售若干设备，这些设备的剩余使用年限为 10 年，按直线法进行折旧，无残值。设备的转移价格为 80 000 美元，初始价值为 100 000 美元，在交换日的账面价值为 44 000 美元。

2011 年 1 月 1 日，Daisy 公司以公允价值 50 000 美元向 Rose 公司出售土地，该土地初始价值仅为 22 000 美元。2011 年年末，Rose 公司仍未支付土地价款。

Daisy 公司和 Rose 公司截止 2011 年 12 月 31 日的独立财务报表如下所示。Daisy 公司采用权益法核算此项投资。

	Daisy 公司	Rose 公司
销售收入	\$ (900 000)	\$ (500 000)
销货成本	598 000	300 000
经营费用	210 000	80 000
出售土地收益	(28 000)	0
对 Rose 公司投资收益	(60 000)	0
净收益	\$ (180 000)	\$ (120 000)
留存收益，01/01/2011	\$ (620 000)	\$ (430 000)
净收益	(180 000)	(120 000)
已付股利	55 000	50 000
留存收益，12/31/2011	\$ (745 000)	\$ (500 000)
现金和应收账款	\$ 348 000	\$ 410 000
存货	430 400	190 000
对 Rose 公司投资	737 600	0
土地	454 000	280 000
设备	270 000	190 000
累计折旧	(180 000)	(50 000)
资产总额	\$ 2 060 000	\$ 1 020 000
负债	(715 000)	(120 000)
普通股	(600 000)	(400 000)
留存收益，12/31/2011	(745 000)	(500 000)
负债和权益总额	\$ 2 060 000	\$ 1 020 000

要求

回答以下问题：

a. 从 2009 年 1 月 1 日到 2010 年 12 月 31 日，Rose 公司账面价值增加的金额是多少？

b. 在并购的初始年度，与并购日公允价值高于账面价值的差额相关的年摊销费用是多少？

c. 在 2010 年的年初和年末，母公司存货中的未实现毛利金额分别是多少？

d. 设备已经在公司间转移。由于此项转移，在 2011 年确认的额外折旧的金额是多少？

e. 母公司报告的2011年对Rose公司投资收益为60 000美元，这一数据是如何计算的?

f. 不编制工作底稿，确定合并总额。

g. 编制2011年12月31日转移存货、土地和设备的工作底稿分录。

答案

a. 在购买日子公司账面价值为610 000美元。2011年年初，该公司的普通股和留存收益的总额是830 000美元（分别为400 000美元和430 000美元）。在以前年度，Rose公司账面价值明显增加了220 000（830 000-610 000）美元。

b. 为确定摊销，必须计算Daisy公司并购日公允价值的分配。在并购的初始年度，分配给商标的75 000美元产生额外的年度费用为7 500美元，分配给商誉的57 500美元不进行摊销。

并购日公允价值分配与超额摊销表

Daisy公司购买Rose公司80%股权所转移的对价	$594 000
非控制性权益（20%）公允价值	148 500
并购日Rose公司公允价值	742 500
Rose公司账面价值	(610 000)
公允价值超过账面价值的差额	$132 500

		寿命（年限）	年度超额摊销	超额摊销 2009—2011	未摊销价值，12/31/2011
商标	$75 000	10	$7 500	$22 500	$52 500
商誉	57 500		0	0	57 500
总额	$ 132 500		$7 500	$22 500	

c. 在2010年转移给Daisy公司的存货中，30 000美元仍保留在2011年的年初。此项存货包含10 000美元（当年30 000美元×33.3%（［近似）的加成）未实现毛利。在年末，17 000美元（68 000美元剩余存货×25%加成）作为未实现毛利。

d. 2011年净增加的额外折旧是3 600美元。账面价值44 000美元的设备以80 000美元转移。在合并过程中，资产账户增加的36 000美元净额在10年期限注销，每年摊销3 600美元。

e. 根据已给报表，子公司报告净收益120 000美元。但是，在确定母公司和非控制性权益的收益分配时，此项报告数据必须调整*任何逆销*的影响。由于Rose公司逆销存货给Daisy公司，要求c中从2010年递延到当年的10 000美元净利应归属于子公司（销售方）。同样，年末17 000美元的未实现净利看做Rose公司收益的减少。

所有其他转移为顺销，对子公司不产生影响。因此，对Rose公司投资收益余额可验证如下：

Rose 公司已报告收益——2011 年	$ 120 000
确认 2010 年未实现毛利	10 000
递延 2011 年未实现毛利	(17 000)
超额摊销费用——2011 年	(7 500)
从合并角度已赚得的子公司收益	105 500
母公司所有权比例	80%
应计权益收益	$ 84 400
归属于母公司所有权的调整	
未实现利得递延——土地	(28 000)
抵销多余折旧（参看要求（d））	3 600
对 Rose 公司投资收益——2011 年	$ 60 000

f. 2011 年企业合并财务报表中各合并总额如下：

销售收入 = 1 240 000 美元。母公司余额与子公司余额加总，扣除期间公司间交易160 000美元。

销货成本 = 745 000 美元。母公司余额与子公司余额加总，扣除期间公司间交易 160 000 美元。上一年扣除的未实现毛利 10 000 美元本年底确认。本年度未实现毛利 17 000 美元直到下一年度卖给外部方时才确认。

营业费用 = 293 900 美元。母公司余额与子公司余额加总。每年超过公允价值的溢价摊销 7500 美元（见要求 b）包括在内。设备转移产生的额外折旧 3 600 美元扣除（见要求 e）。

出售土地收益 = 0。此交易为公司间交易，出于合并目的，数值为 0。

对 Rose 公司投资收益 = 0。子公司实际收入和费用已经包括在合并报表中，不能重复核算。

非控制性权益在子公司收益中所占份额 = 21 100 美元。要求 e 求出子公司收益经过未实现逆销所得和超过公允价值摊销的调整，合并总额为 105 500 美元。因为外部方持股 20%，分配 21 100 美元。

合并净收益 = 201 100 美元。其中 21 100 美元分配给非控制性权益，180 000 美元分配给母公司。

留存收益（01/01/2011）= 620 000 美元。采用权益法，因此，母公司余额等于合并总额。

已付股利 = 55 000 美元。只要母公司分配股利的数额计入在内。子公司分配给母公司的股利作为公司间转移，应扣除。

现金和应收账款 = 708 000 美元。母公司余额与子公司余额加总，扣除公司间土地转移产生的应收额 50 000 美元。

存货 = 603 400 美元。母公司余额与子公司余额加总，扣除年底为实现毛利

17 000美元（见要求 c）。

对 Rose 公司投资 = 0。扣除投资余额，这样子公司真实的资产、负债情况可以包括在内。

土地 = 706 000 美元。母公司余额与子公司余额加总，未实现所得 28 000 美元扣除。

设备 = 480 000 美元。母公司余额与子公司余额加总，因为公司间转移，20 000 美元也包括在内，调整 80 000 美元转移定价到 100 000 美元资产的原始成本。

累计折旧 = 278 800 美元。母公司余额与子公司余额加总，调整 52 400 美元使公司间转移的设备恢复到历史成本。然后，扣除当年从公司间所得提取的折旧 3 600 美元。

商标 = 52 500 美元。收购日，超过公允价值的数额 75 000 美元扣除 3 年折旧（每年 7 500 美元）。

商誉 = 57 500 美元。Rose 公司收购日最初的分配额。

总资产 = 2 328 600 美元。之前合并资产的加总。

负债 = 785 000 美元。母公司余额与子公司余额加总，扣除转移土地产生的公司间应收额 50 000 美元。

子公司中非控制性权益（12/31/2011） = 198 600 美元。由几个不同的余额合计：

Rose 公司 20% 账面价值，01/01/2011	$ 164 000
20% 未摊销的超过 Rose 公司净资产和商誉的公允价值的数额，01/01/2011（ $ 117 500×20% ）	23 500
非控制性权益，01/01/2011	$ 187 500
2011 年 Rose 公司的收益	21 100
非控制性权益在 Rose 公司股利中所占份额	(10 000)
余额……12/31/2011	$ 198 600

普通股 = 600 000 美元。合并报表中，只报告母公司的余额。

留存收益（12/31/2011） = 745 000 美元。合并净收益与期初留存收益加总，扣除股利分配。所有的数值已经在前面核算过。

资产和负债总额 = 2 328 600 美元。合并的负债和权益加总。

g. 合并工作底稿分录，12/31/2011

存货

分录 *G

留存收益，01/01/2011（子公司）	10 000	
销货成本		10 000

抵销当年年初余额中 2010 年未实现的毛利，因为是逆流转移，子公司的留存收益被减少，余额在要求 c 计算过。

分录 TI

销售收入	160 000	
销售成本		160 000

抵销当年公司间存货的转移。

分录 G

销售收入	17 000	
存货		17 000

抵销当年公司间存货的转移。

土地

分录 TL

销售收入	28 000	
土地		28 000

抵销当年年初公司间转移土地而产生的毛利。

设备

分录*TA

设备	20 000	
对 Rose 公司投资	32 400	
累计折旧		52 400

减少因为公司间设备转移而产生的毛利润（2011 年 1 月 1 日），调整设备账户和累计折旧账户至历史成本。

设备的账面价值由交易的 80 000 美元调高到历史成本的 100 000 美元。

累计折旧账户中的 56 000 美元在转移当天被抵销，转移导致每年多产生折旧费用3 600美元，因此经过上年的折旧，累计折旧账户比以成本为基础的数额少 52 400 美元。

资产转移产生的未实现利润为 36 000 美元（80 000 美元减去 44 000 美元）。这个数额经过一年的折旧减少了 3 600 美元。因为母公司采用权益法衡量而且资产是逆流转移，所以我们调整的是投资账户而不是年初的盈余公积。

分录 ED

累计折旧	3 600	
经营费用		3 600

减少因为公司间设备转移而虚增的折旧费用。

问答题

1. 合并整体内部的公司间交易很普遍。为什么公司间交易发生得这么频繁？

2. Barker 公司拥有 Walden 公司 80% 的股权，在当期，公司间销售总额达到 100 000美元。这些交易的成本加成率为 40%。合并时，母子公司间销售额抵销多少？

3. Padlock 公司拥有 Safeco 公司 90% 的股权。在当期，Padlock 公司以 900 000 美元卖 3 000 个加锁机械装置给 Safeco 公司。在年底，Safeco 公司除了 500 个加锁机械装置，其他的全部卖给外部方。Padlock 公司加锁机械装置的销货成本为卖给关联客户和非关联客户的售价的 60%。在年底，Safeco 公司的存货中公司间留存利润是多少？

4. 未实现的存货毛利为多少？存在的利得用什么合并分录？

5. James 公司以标准的成本加成率存货卖给关联公司 Matthews。在当期会计年度，Matthews 公司仍持有部分存货。如果编制合并财务报表，为什么在两个不同的会计年度都需要底稿分录?

6. 不同年度的公司间利润如何影响非控制性权益的计算?

7. 编制合并 Williams 公司与 Brown 公司的工作底稿，母子公司间有大量的公司间交易。如果是顺销，合并过程是怎样的?如果是逆销，合并过程是怎样的?

8. King 公司拥有 Pawn 公司 90% 的股权。合并中没有超额公允价值摊销产生。Pawn 公司当期净收益为 110 000 美元。母子公司间的交易经常发生。期初存货余额中存在 30 000 美元未实现毛利，然而，年底报告的未实现毛利为 60 000。子公司的净收益中非控制性权益所占的份额为多少?

9. 当一个子公司卖存货给母公司时，公司间利润从子公司的收益中抵销，分配给非控制性权益的收益减少了。利润是永久性地从非控制性权益抵销了，还是只从一个时期转移到另一个时期?请解释原因。

10. 公司间土地转移的合并过程与公司间存货销售不同。哪些差别应该注意?

11. 子公司将土地卖给母公司获得重大利得。母公司持有土地两年，然后卖给外部方，也获得了利得。这种事项，企业合并的账户如何处理?

12. 为什么在合并过程中，公司间销售可折旧资产（比如设备或建筑物）需要随后每期调整折旧费用。

13. 当随后每期进行合并时 如果销售方以高于账面价值的价格进行公司间可折旧资产的销售，销售方期初留存收益减少。为什么每年都要有调整变化呢?

习　题

1. 下面哪一个选项描述了逆销和顺销对合并财务报表的影响?（　　）

a. 不管逆销还是顺销，合并财务报表没有差异

b. 顺销影响子公司收益中非控制性权益所占份额的计算，但是逆销不影响

c. 逆销影响子公司收益中非控制性权益所占份额的计算，但是顺销不影响

d. 顺销和逆销可以不考虑

2. King 公司拥有 Lee 公司 80% 的股权。10 月份，Lee 公司以 100 000 美元的价格卖商品给 King 公司。在 12 月 31 日，King 公司的存货中仍有 50% 的商品没卖出。King 公司的毛利率为 30%，Lee 公司的毛利率为 40%。12 月 31 日，年底存货中未实现的公司间利润在合并过程中抵销的金额是(　　)。

a. 40 000 美元

b. 20 000 美元

c. 16 000 美元

d. 15 000 美元

3. 计算合并净收益中非控制性权益所占份额，对于公司间交易，子公司的收益如何调整?（　　）

a. 子公司报告的收益先于计算非控制性权益的分配调整逆销的影响

b. 子公司报告的收益先于计算非控制性权益的分配调整所有交易的影响

c. 子公司报告的收益不先于计算非控制性权益的分配调整逆销的影响

d. 子公司报告的收益先于计算非控制性权益的分配调整顺销的影响

4. Bellgrade 公司几年前拥有 Hansen 公司 60% 的股权。2009 年，Hansen 公司以 100 000 美元的价格卖存货给 Bellgrade 公司，销货成本为 75 000 美元。16% 的存货直到 2010 年才卖给外部方。2009 年，Hansen 公司以 120 000 美元价格将存货卖给 Bellgrade 公司，销货成本为 96 000 美元。35% 的这部分存货直到 2011 年才卖给外部方。2010 年，Bellgrade 公司报告的销货成本是 380 000 美元，Hansen 公司报告的销货成本是 210 000 美元。2010 年，合并的销货成本是(　　)。

a. 465 600 美元

b. 473 440 美元

c. 474 400 美元

d. 522 400 美元

5. Top 公司拥有 Bottom 公司 90% 的股权。在当期，Top 公司报告销售收入为 800 000美元，销货成本为 600 000 美元。在同期，Bottom 公司报告销售收入为 300 000美元，销货成本为 180 000 美元。Top 公司卖商品给 Bottom 公司，销售收入为 100 000 美元。年底，子公司仍持有 40% 的存货。Top 公司确定转移价格基于一般的成本加成率。合并的销售收入与销货成本分别是(　　)。

a. 1 000 000 美元和 690 000 美元

b. 1 000 000 美元和 705 000 美元

c. 1 000 000 美元和 740 000 美元

d. 970 000 美元和 696 000 美元

6. 基于第 5 题，但是假设交易是从 Bottom 公司到 Top 公司。合并的销售收入与销货成本分别是(　　)。

a. 1 000 000 美元 720 000 美元

b. 1 000 000 美元和 755 000 美元

c. 1 000 000 美元和 696 000 美元

d. 970 000 美元和 712 000 美元

7. Hardwood 公司拥有 Pittstoni 公司 90% 的股权。2009 年，Pittstoni 公司将存货卖给 Hardwood 公司，销售收入 110 000 美元，销货成本 77 000 美元。价值 40 000 美元的存货直到 2010 年才卖给外部方。2010 年，Pittstoni 公司将存货卖给 Hardwood 公司，销售收入 120 000 美元，销货成本 72 000 美元。2010 年，Hardwood 公司报告净收益 150 000 美元，Pittstoni 公司报告净收益 90 000 美元。2010 年，子公司的收益中，非控制性权益所占份额是(　　)。

a. 8 000 美元

b. 8 200 美元

c. 9 000 美元

d. 9 800 美元

8. Dunn 公司拥有 Grey 公司 100% 股权。2009 年 1 月 2 日，Dunn 公司以 40 000 美元的价格将机器卖给 Grey 公司，账面价值为 30 000 美元。Grey 公司用直线法对并购的机器折旧，使用年限为 5 年。对 2009 年和 2010 年合并净收益进行调整，应该增加（减少）(　　)。

2009	2010
a. \$ （8 000）	\$2 000
b. \$ （8 000）	0
c. \$ （10 000）	\$2 000
d. \$ （10 000）	0

9. Wallton 公司拥有 Hastings 公司 70% 的股权。2008 年 1 月 1 日，Wallton 公司以 300 000 美元并购一栋楼房，使用年限为 10 年。楼房以直线法折旧，且无残值。2010 年 1 月 1 日，Wallton 公司以 280 000 美元将楼房卖给 Hastings 公司。此时，楼房使用年限为 8 年且无残值。编制 2010 年财务报表时，这次转移如何影响合并净收益？（　　）

a. 收益一定减少 32 000 美元

b. 收益一定减少 35 000 美元

c. 收益一定减少 36 000 美元

d. 收益一定减少 40 000 美元

用以下材料回答 10 ~ 15 题。

1 月 1 日，Jarel 公司支付 260 000 美元现金购买 Suarez 公司 80% 的股权。Suarez 公司剩余 20% 股权在并购日公允价值为 65 000 美元。1 月 1 日，Suarez 公司拥有的一台设备（5 年使用年限）账面价值低估 25 000 美元。Jarel 公司评估 Suarez 公司研制的秘密配方为 50 000 美元。这些配方在 Suarez 公司的财务报表中没有报告，估计有 20 年的使用年限。

12 月 31 日，财务报表如下：

	Jarel 公司	Suarez 公司
销售收入	\$ （300 000）	\$ （200 000）
销货成本	140 000	80 000
费用	20 000	10 000
净收益	\$ （140 000）	\$ （110 000）
留存收益，01/01	\$ （300 000）	\$ （150 000）
净收益	（140 000）	（110 000）
已付股利	0	0
留存收益，12/31	\$ （440 000）	\$ （260 000）
现金和应收账款	\$ 210 000	\$90 000
存货	150 000	110 000
对 Jarel 公司的投资	260 000	0
设备	440 000	300 000
总资产	\$ （1 060 000）	\$ （500 000）
负债	\$ （420 000）	\$ （140 000）
普通股	（200 000）	（100 000）
留存收益，12/31	（440 000）	（260 000）
负债和权益总额	\$ （1 060 000）	\$ （500 000）

在这一年中，Jarel 公司以 80 000 美元的价格购买存货，再以 100 000 美元的价格卖给 Suarez 公司。年底，Suarez 公司只支付了购买价格的一半。12 月 31 日，Suarez 公司仍持有 60% 的存货。

10. 合并的销售收入总额是(　　)。

a. 500 000 美元　　b. 460 000 美元

c. 420 000 美元　　d. 400 000 美元

11. 合并的销货成本总额是(　　)。

a. 140 000 美元　　b. 152 000 美元

c. 132 000 美元　　d. 145 000 美元

12. 合并的费用总额是(　　)。

a. 30 000 美元　　b. 36 000 美元

c. 37 500 美元　　d. 39 000 美元

13. 合并资产负债表中，非控制性权益总额是(　　)。

a. 85 500 美元　　b. 83 100 美元

c. 87 000 美元　　d. 70 500 美元

14. 12 月 31 日，设备的合并总额是(　　)。

a. 740 000 美元　　b. 756 000 美元

c. 760 000 美元　　d. 765 000 美元

15. 12 月 31 日，存货的合并总额是(　　)。

a. 240 000 美元　　b. 248 000 美元

c. 250 000 美元　　d. 260 000 美元

16. 略。

17. 2009 年 1 月 1 日，Corgan 公司拥有 Smashing 公司 80% 的股权，支付 980 000 美元现金和其他费用。在合并日，Smashing 公司持有普通股 700 000 美元，留存收益 250 000 美元，非控制性权益公允价值为 245 000 美元。Corgan 公司将超过 Smashing 公司账面价值的金额归于多种协议，使用年限为 20 年，Corgan 公司采用权益法对向 Smashing 公司投资进行会计处理。

在接下来的两年里，Smashing 公司的报告如下：

年份	净收益	股利	从 Corgan 公司购买存货
2009	$ 150 000	$ 35 000	$ 100 000
2010	130 000	45 000	120 000

Corgan 公司以 60% 成本加成率将存货卖给 Smashing 公司。在 2009 年年底和 2010 年 Smashing 公司仍持有当年购买的 60% 的存货。

a. 用权益法核算到 2010 年 12 月 31 日为止，Corgan 公司对 Smashing 公司的投资账户的余额。

b. 编制 2010 年 12 月 31 日 Corgan 公司和 Smashing 公司合并工作底稿。

18. 略。

19. 2009 年 1 月 1 日，Doone 公司支付 300 000 美元的转移定价购买 Rockne 公司的 60% 的股权。在并购日，40% 非控制性权益公允价值为 200 000 美元，Rockne 公司资产和负债的合计公允价值为 500 000 美元。合并过程中无商誉产生。Doone 公司内部报告用权益法核算对 Rockne 公司的投资。Rockne 公司报告 2010 年净收益为 160 000美元。合并之后，Rockne 公司经常以高于成本 25% 的价格向 Doone 公司提供存货。Rockne 公司向 Doone 公司的销售收入 2009 年为 250 000 美元，2010 年为 300 000美元。每一年都有 30% 购入的存货直到下一年才用完。

a. Rockne 公司 2010 年收益中非控制性权益所占份额是多少？

b. 编制 Doone 公司 2010 年公司间存货转移的合并分录。

20. 略。

21. Akron 公司拥有 Toledo 公司的全部股权。自从并购后，专利技术每年摊销费用 15 000 美元。2010 年，公司的账户余额如下：

	Akron 公司	Toledo 公司
销售收入	$ 1 100 000	$ 600 000
销货成本	500 000	400 000
经营费用	400 000	220 000
投资收益	未知	0
已付股利	80 000	30 000

2009 年和 2010 年公司间销售收入为 320 000 美元。每年的商品成本为 240 000 美元。在所有转移的商品中，2009 年 12 月 31 日，持有 70 000 美元，2010 年 12 月 31 日持有 50 000 美元。

a. 出于合并的目的，转移的方向（逆销或顺销）影响报告的余额吗？

b. 编制 2010 年 12 月 31 日合并利润表。

22. 略。

23. Padre 公司拥有 Sonora 公司全部股权。2009 年 1 月 1 日，Padre 公司以 95 000美元价格将设备转移给 Sonora 公司。此设备初始成本为 130 000 美元，账面价值为50 000美元，在转移日使用年限为 5 年。折旧费用采用直线法计算，且无残值。

编制 2011 年合并的财务报表。对于合并的资产，需要编制哪些工作底稿分录？假设母公司采用部分权益法。

24. 略。

25. 2009 年 1 月 1 日，Anchovy 公司拥有 Yelton 公司 90% 的股权。在并购日，Yelton 公司的公允价值，有 60 000 美元归于低估的设备（使用年限为 10 年），80 000 美元归于特许权（折旧年限为 20 年）

并购后，Yelton 公司将存货转移给母公司：

年份	成本	转移价格	年底留存（以转移定价）
2009	$20 000	$50 000	$20 000
2010	49 000	70 000	30 000
2011	50 000	100 000	40 000

2010 年 1 月 1 日，Anchovy 公司以 50 000 美元的价格将一栋楼房卖给 Yelton 公司。这栋楼房初始成本为 70 000 美元，在并购日，账面价值为 30 000 美元。这栋楼房使用年限为 5 年（用直线法摊销且无残值）

2011 年 12 月 31 日，母子公司的账户余额如下：

	Anchovy 公司	Yelton 公司
销售收入	$600 000	$500 000
销货成本	400 000	260 000
经营费用	120 000	80 000
投资收益	未知	0
存货	220 000	80 000
设备（净值）	140 000	110 000
楼房（净值）	350 000	190 000

计算这些账户余额的合并总额。

26. 略。

27. 2009 年 1 月 1 日，Pitino 公司支付 342 000 美元现金购买 Brey 公司 90% 的股权。在并购日，子公司股东的权益总额为 326 000 美元，非控制性权益公允价值为 38 000美元。然而，在 Brey 公司会计报告中一栋楼房（使用价值为 9 年）低估了 18 000美元。Pitino 公司将余下的超出账面价值的公允价值分配给 Brey 公司专利技术（使用年限为 6 年）

Brey 公司报告独自经营获得的净收益 2009 年为 64 000 美元，2010 年为 80 000 美元。Brey 公司分配股利 2009 年为 19 000 美元，2010 年为 23 000 美元。

Brey 公司卖存货给 Pitino 公司，如下：

年份	成本	转移价格	年底留存（以转移定价）
2009	$69 000	$115 000	$25 000
2010	81 000	135 000	37 500
2011	92 800	160 000	50 000

2011 年 12 月 31 日，Pitino 公司卖存货欠下 Brey 公司 16 000 美元。

2011 年 12 月 31 日，两个公司独立的会计账户余额如下：

	Pitino 公司	Brey 公司
销售收入	$ (862 000)	$ (366 000)
销货成本	515 000	209 000
费用	185 400	67 000
投资收益——Brey	(68 400)	0
净收益	$ (230 000)	$ (90 000)
留存收益，01/01/2011	$ (488 000)	$ (278 000)
净收益	(230 000)	(90 000)
已付股利	136 000	27 000
留存收益，12/31/2011	$ (582 000)	$ (341 000)
现金和应收账款	$ 146 000	$ 98 000
存货	255 000	136 000
对 Brey 公司投资	450 000	0
土地、楼房、设备（净值）	964 000	328 000
总资产	$ (1 815 000)	$ (562 000)
负债	$ (718 000)	$ (71 000)
普通股	(515 000)	(150 000)
留存收益，12/31/2011	(582 000)	(341 000)
负债和权益总额	$ (1 815 000)	$ (562 000)

回答以下问题：

a. 并购日公允价值分配产生的年均摊销额是多少？

b. 公司间交易是逆销还是顺销？

c. 2011 年 1 月 1 日，未实现毛利是多少？

d. 2011 年 12 月 31 日，未实现毛利是多少？

e. 2011 年，Pitino 公司投资收益——Brey 账户余额为 68 400 美元，是如何得来的？

f. 2011 年，子公司的净收益中非控制性权益所占份额是多少？

g. 2011 年 12 月 31 日，Pitino 公司对 Brey 公司投资的账户余额为 45 000 美元，是如何得来的？

h. 2011 年合并工作底稿中分录 S 是怎样的？

i. 不通过编制工作底稿和合并分录，计算两家公司合并的会计账户余额。

28. 略。

29. 略。

30. 略。

31. 2009 年 1 月 1 日，Woods 公司与 Scott 公司合并。Woods 公司支付 372 000 美元，拥有 Scott 公司 60% 的股权。并购日，Scott 公司的账面价值是 320 000 美元，余

下的40%非控制性权益公允价值是248 000美元。子公司的一项专利（使用年限10年）在会计报告中低估了70 000美元。一个客户名单在会计报告中未记录，公允价值是45 000美元。其他超额的公允价值分配给商誉。自并购日起，Woods公司内部会计报告采用权益法核算对Scott公司的投资，无商誉损失发生。

两公司间存货销售情况如下：

年份	成本	转移价格	期末余额（以转移定价）
2009	$ 120 000	$ 150 000	$ 50 000
2010	112 000	160 000	40 000

2010年12月31日，两个公司独立的财务报表如下：

	Woods公司	Scott公司
销售收入	$ （700 000）	$ （335 000）
销货成本	460 000	205 000
经营费用	188 000	70 000
投资收益	(28 000)	0
净收益	$ （ 80 000）	$ （ 60 000）
留存收益，01/01/2011	$ （695 000）	$ （280 000）
净收益	（80 000）	（60 000）
已付股利	45 000	15 000
留存收益，12/31/2011	$ （730 000）	$ （325 000）
现金和应收账款	$ 248 000	$ 148 000
存货	233 000	129 000
对Scott公司的投资	411 000	0
楼房（净值）	308 000	202 000
设备（净值）	220 000	86 000
专利（净值）	0	20 000
总资产	$ （1 420 000）	$ （585 000）
负债	$ （390 000）	$ （160 000）
普通股	（300 000）	（100 000）
留存收益，12/31/2011	（730 000）	（325 000）
负债和权益总额	$ （1 420 000）	$ （585 000）

a. 解释Woods公司对Scott公司投资账户余额411 000美元是如何得出的。假设

Woods 公司在 Scott 公司收益所占份额中递延全部公司间顺销所得利润。

b. 编制合并工作底稿，计算 2010 年 12 月 31 日对外财务报告各项目余额。

32. 略。

33. 2009 年 1 月 1 日，Monica 公司支付 665 000 美元购买 Young 公司 70% 股权。在并购日，非控制性权益的公允价值是 285 000 美元。Young 公司报告股东权益账户余额如下：

普通股，每股 10 美元	$ 300 000
资本公积	90 000
留存收益	410 000

在确定购买价格时，Monica 公司提高了 Young 公司资产的价格。认为会计报告低估了一栋楼房（使用年限 5 年）50 000 美元。其他差额公允价值分配给一个特权协议，摊销期为 10 年。

随后几年，Young 公司以 30% 成本加成率将存货卖给 Monica 公司。Monica 公司在合并当年或是下一年将商品卖出。公司合并后三年的转移定价如下：

年份	转移价格	年底留存（以转移定价）
2009	$ 60 000	$ 10 000
2010	80 000	12 000
2011	90 000	18 000

此外，2010 年 1 月 1 日 Monica 公司以 36 000 美元卖给 Young 公司几件完全折旧设备。设备的初始成本是 50 000 美元，Young 公司确定此资产的折旧期限为 6 年。

2011 年，Young 公司获得净收益 160 000 美元，支付现金股利 50 000 美元。2011 年期末，子公司留存收益余额提高至 740 000 美元。同年，Monica 公司报告分配股利收入 35 000 美元，投资账户包含初始价值余额 665 000 美元。

编制 2011 年 Monica 公司和 Young 公司合并工作底稿分录。此外，计算 2011 年子公司净收益中非控制性权益所占份额。

34. 略。

35. 2010 年 12 月 31 日，Gibson 公司和 Keller 公司独立财务报告如下。2009 年 1 月 1 日，Gibson 公司支付对价 570 000 美元购买 Keller 公司 60% 股权。在并购日，非控制性权益的公允价值为 380 000 美元，Keller 公司的账面价值为 850 000 美元。Keller 公司一个公允价值为 100 000 美元的客户名单没有记录在账户中。此无形资产摊销期限为 20 年。

2009 年 1 月 2 日，Keller 公司以 100 000 美元价格卖给 Gibson 公司账面价值为 60 000美元的土地。Keller 公司直至年底仍持有该土地。

Keller 公司经常转移存货给 Gibson 公司。2009 年，以 150 000 美元价格将成本为 100 000 美元的存货转移给 Gibson 公司。2010 年，公司间转移总额为 200 000 美元，初始成本价格仅为 140 000 美元。每一年，20% 的商品直至下一年才卖给外部方。2010 年期末，Gibson 公司欠 Keller 公司 40 000 美元。

	Gibson 公司	Keller 公司
销售收入	\$（800 000）	\$（500 000）
销货成本	500 000	300 000
经营费用	100 000	60 000
投资收益	（84 000）	0
净收益	\$（284 000）	\$（140 000）
留存收益，01/01/2010	\$（1 116 000）	\$620 000）
净收益	（284 000）	（140 000）
支付股利	115 000	60 000
留存收益，12/31/2010	\$（1 285 000）	\$（700 000）
现金	\$177 000	\$90 000
应收账款	356 000	410 000
存货	440 000	320 000
对 Keller 公司的投资	726 000	0
土地	180 000	390 000
楼房和设备（净值）	496 000	300 000
总资产	\$（2 375 000）	\$（1 510 000）
负债	\$（480 000）	\$（400 000）
普通股	（610 000）	（320 000）
资本公积	0	（90 000）
留存收益，12/31/2010	（1 285 000）	（700 000）
负债和权益总额	\$（2 375 000）	\$（1 510 000）

a. 编制工作底稿，合并 Gibson 公司和 Keller 公司的独立财务报表。

b. 如果 Gibson 公司以 100 000 美元卖给 Keller 公司一栋楼房代替土地，账面价值为 60 000 美元，成本为 140 000 美元。a 题中合并分录有什么不同？假设在转移日，楼房使用年限为 10 年。

36. 略。

第6章 变动利益实体、公司间债务、合并现金流量表及其他问题

合并财务信息是一个非常复杂并且包含许多实务难题的过程。本章探讨合并过程中的其他一些问题：

- 变动利益实体；
- 公司间债务；
- 子公司优先股；
- 合并现金流量表；
- 计算合并每股收益；
- 子公司股票交易。

上述每一方面都对会计人员公允地披露企业合并财务报表提出了挑战。

6.1 *FIN 46R*——合并变动利益实体

自20世纪70年代末以来，许多公司开始建立单独的企业结构以对其运营提供优惠的融资。这些结构通常被称为特殊目的实体（SPE）、特殊目的工具或表外融资结构。在本教材中，我们统一将这样的实体称为变动利益实体，即VIE。许多公司通常将VIE包括在它们的合并财务报告中，但有些公司却试图避免合并VIE。

VIE有助于实现合法的商业目的，但是其应用在2001年安然公司倒闭后遭到广泛批评。由于许多公司应用VIE来进行表外融资并且规避合并，这样的实体经常成为隐藏债务和误导投资者的工具。一些评论家指出，有些属于变动利益实体的公司把可疑利润记入销售额，而这些销售并不是以公平交易为基础的。① 2003年12月美国财务会计准则委员会《第46号修订解释公告》“合并变动利益实体”回应了这些质疑，提出设立VIE公司的财务报告问题。②

6.1.1 什么是变动利益实体?

虽然有时VIE既没有独立的管理人员也没有雇员，但它却可以以信托、合伙、合营或公司等形式存在。大多数的VIE为了有效的商业目的而设立，并且涉及VIE的交易十分广泛。VIE活动通常包括金融资产转移、租赁、金融工具套期保值、研究和开发以及其他交易。企业常常设立VIE以实现明确而有限的商业活动，同时提供低成本融资。

设立VIE的主要优势是通过购买资产获得低成本的融资。企业不直接从事交易，而是通过设立VIE来购买资产或者进行资产的融资。VIE然后将资产租赁给设立人。由于VIE经常可以获得较低的利率，因此这一策略可以节省公司的资金。这一优势的原因如下：第一，VIE一般都运营着非常有限的资产——许多情况下仅一项资产。通过将一项资产注入VIE，设立公司的总体风险与此项资产的风险相互独立。因此，VIE的债权人由于该项资产的特定抵押而受到保护。第二，控制性文件能够严格限制

---

① 在2001年第四季度10-Q报告中，安然公司因未能适当合并特殊目的实体（如Chewco和LMJ1）而记录的盈余重述超过4亿美元。安然公司同时承认不适当地省略了7亿美元的特殊目的实体债务，报表重述的1个月内，安然公司申请破产。

② *FIN 46R*是2003年1月发布的*FIN 46*的修订稿。虽然对实施指南的一部分内容进行了修改，但*FIN 46*的基本概念维持不变。

VIE 的商业活动。这些限制通过阻止 VIE 从事协议中未约定的活动而保护贷款人的利益。正如一家会计公司所提到的：

借款人/出让方以相对低廉的成本获得资金。这一优势来源于将资产注入单一实体，并且阻止其从事其他商业活动或承担额外的债务，从而使贷款人/投资者的资产更佳安全。①

由于控制性文件限制了大多数 VIE 的活动及决策制定，因此常常并不需要有投票权的股票。实际上，设立公司持有 VIE 的有投票权的股权比例很少（如果有的话）。在 *FIN 46R* 发布之前，由于这些企业并不是 VIE 的大股东，所以它们在财务报告中并不合并这类实体。通过应用 VIE 作为融资渠道，相关资产及债务被有效地从该企业的资产负债表中移除了。

变动利益实体的特征

类似于企业实体，VIE 通常拥有资产、负债和权益利益的投资者。但是与大多数企业所不同的是，由于 VIE 的活动受到严格限制，权益投资者的作用也十分有限。VIE 可能是专门为公司提供低成本融资而设立的。因此，权益投资者仅仅是技术上一个必不可少的条件使得 VIE 作为法律实体成为可能。由于权益投资者承担了相对较小的经济风险，他们通常得到较低的回报率。

权益投资者较少的股权投资通常不足以使贷款人为 VIE 提供低风险利率的贷款。结果另一方（常为受益于 VIE 活动的设立公司）必须投入相当大的资源——经常是贷款或担保——使 VIE 获得能够实现它目的的额外的融资。例如，设立公司对 VIE 的债务提供担保，因而承担违约风险。其他的契约规定可能限制了权益持有者的收益而参与权却能够增加设立公司获利的潜能以及风险。上述提及的风险和收益使设立人的经济利益随着所创立实体的风险和收益的变化而变动——变动利益实体因此而得名。与传统实体不同，VIE 的风险和收益不是按股权而是按其他变动利益来分配的。图表 6—1 进一步描述了变动利益并且提供了 *FIN 46R* 所列示的几个例子。

图表 6—1　　***FIN 46R* 中变动利益示例**

变动利益实体中的变动利益是随着该实体净资产价值变化而变动的契约利益、所有权利益或其他货币利益。变动利益承担变动利益实体的部分预计损失或获得该实体的部分预计剩余收益。

预计损失和预计剩余收益包括：

- 实体净收益或损失的预期变动
- 实体资产公允价值的预期变动

以下列举了变动利益及其相关潜在损失和收益的例子：

变动利益	潜在损失或收益
• 参与权	• 持有人有权获得剩余利润
• 购买资产选择权	• 持有人有权获得资产公允价值增值的利益
• 担保债务	• 如果 VIE 不能偿付债务，承担债务担保将产生损失
• 次级债务工具	• 如果 VIE 的现金流量不足以偿付所有的优先债，那么需要次级债来承担损失
• 租赁残值担保	• 如果租赁资产的价值下降到残值以下，兑现担保将产生损失

① 毕马威，“确定问题：特殊目的实体的新会计处理，”2002 年 3 月 1 日。

在 VIE 中拥有变动利益的公司，其风险随着所提供资源水平（或担保情况下的潜在水平）的增加而增加。随着风险的增加，对 VIE 的决策施加更大影响的动机也逐渐增强。事实上，拥有变动利益的公司通常通过设立 VIE 的治理文件来限制权益投资者的决策影响力。正如 *FIN 46R* 所指出的：

> 如果总的权益投资不足以允许实体对其活动进行融资，则提供必要的额外次级财务支持方将不允许权益投资者做出违反其利益的决策。

虽然从技术角度来看，权益投资者是 VIE 的所有者，但现实中他们仅保留很少的传统上与所有权相关的责任、风险及利益。实际上，权益投资者常常将 VIE 的财务控制权移交给拥有变动利益的公司，以获得保证的收益率。

6.1.2　合并变动利益实体

在美国财务会计准则委员会于 2003 年 12 月发布《第 46 号修订解释公告》“合并变动利益实体”之前，VIE 和其他实体的资产、负债及经营结果并不与控制该实体公司的对应项目进行合并。这些公司利用了《第 51 号会计研究公告》规定的投票权而不是变动利益来界定控制财务利益的缺失。*FIN 46R* 对此问题阐述如下，

> 《第 51 号会计研究公告》规定，企业合并财务报表包括企业拥有控制财务利益的子公司。这一要求通常适用于企业拥有多数投票权的子公司，但在许多情况下，企业的合并财务报表并不包括具有同样关系的变动利益实体。在确认未通过投票权而获得控制财务利益的实体或权益投资者不承担剩余经济风险的实体财务利益时，投票权方法并不有效。

FIN 46R 首次描述了如何确认不通过投票权而被控制的变动利益实体，并将其纳入合并范围。涉及变动利益实体的企业必须确定它所提供的财务支持是否使其成为变动利益实体活动的主要受益人。变动利益实体的主要受益人需要将变动利益实体的资产、负债及经营成果纳入合并财务报表中。①

确认变动利益实体

根据美国财务会计准则委员会《第 46 号修订解释公告》，如果一实体满足下列条件之一，该实体就可被认定为变动利益实体：

- 如果包括权益持有者在内的任何方不提供额外次级的财务支持，总权益风险不足以使该实体对其活动进行融资。在大多数情况下，如果权益风险小于总资产的 10%，那么风险被认为是不充足的。②
- 变动利益实体中的权益投资者缺少以下三个控制性财务利益特点中的任意一点：

1. 通过投票权或类似权利，直接或间接能够对该实体的活动进行决策。
2. 在发生损失的情况下，承担该实体预计损失的义务（例如，另一公司可能对权益投资者担保一定的收益率）。

---

① 不予合并的例外情况适用于 *FASB 140*“转移的会计处理”，企业仍旧必须报告与其相关特殊目的的实体的权益和义务。

② 另外，10% 或更高的一些权益利益也可能不充足。根据 *FIN 46R* 的规定，“一些实体可能需要高于 10% 资产的权益投资以对其活动进行融资，特别当这些实体从事高风险活动、持有高风险资产或面临未反映在实体已报告的资产和负债金额中的风险时。”

3. 收到该实体预计剩余收益的权利（例如，通过控制性文件或与变动利益持有者的其他协议，投资者的收益可能被限制）。

变动利益实体主要受益人的确认

一旦确定某一企业与某一变动实体具有联系，*FIN 46R* 则要求该企业确定其是否符合变动利益实体主要受益人的条件。主要受益人必须合并变动利益实体的资产、负债、收入、费用及非控制性权益。以下特征指出了在变动利益实体中拥有控制性财务利益的企业符合主要受益人的条件：

- 直接或间接能够对该实体的活动进行决策；
- 在发生损失的情况下，承担该实体预计损失的义务；
- 收到该实体预计剩余收益的权利。

请注意这些特征反映了变动利益实体缺少权益投资者的事实。主要受益者要承担发生损失的大部分风险或有权获得大部分剩余收益。主要受益者是否拥有股份已经并不重要，这是因为这样的股份并不允许权益投资者对其实施有效控制。因此，在评估控制权时，有必要仔细检查变动利益实体的控制性文件和涉及各方的合同规定以确定哪方承担主要风险。

合并企业变动利益实体的效应巨大。例如，迪斯尼公司曾披露其两项主要投资符合变动利益实体并欲将其合并。在其2004年度报告中，迪斯尼公司陈述如下：

> 公司在法国巴黎迪斯尼乐园（也称为欧洲迪斯尼）和中国香港迪斯尼乐园拥有管理权和所有权，香港迪斯尼乐园正在建设之中并预计2005年开园。公司在巴黎迪斯尼乐园和香港迪斯尼乐园分别拥有41%和43%的股份。公司在2004财政年度采用美国财务会计准则委员会《第46号修订解释公告》，合并欧洲迪斯尼和香港迪斯尼在2004年3月31日的资产负债表及2004年4月1日开始的利润表和现金流量表。

由于合并这两个变动利益实体，迪斯尼的总资产增加了39亿美元而负债同时增加了36亿美元。*FIN 46R* 强调，其目的并不是限制变动利益实体的使用，而是改进涉及变动利益实体公司的财务报告。*FIN 46R* 指出，如果一企业在变动利益实体中拥有控制性权益，则变动利益实体的资产、负债及经营成果应该包括在企业相对应的项目之中。

主要受益人和变动利益实体示例

假设 Twin Peaks 电力公司寻求以4亿美元的价格从 Ace 电力公司购买一家发电企业。Twin Peaks 希望扩大其市场份额，并且通过销售发电企业生产的电而获利。

在考虑融资方式时，Twin Peaks 注意到其通用信贷标准允许发行债务的年利率为4%。Twin Peaks 也尝试设立一独立的法人实体，使其拥有发电企业，然后回租给 Twin Peaks 公司。由于独立实体将发电企业与 Twin Peaks 公司其他的风险资产及负债相分离并且能提供特定抵押，债务的年利率可以降为3%，这能够为 Twin Peaks 公司每年节约税前利润400万美元。但为获得较低利率，Twin Peaks 公司必须为独立实体的债务提供担保，另外，该公司还必须维持其自身预先确定的财务比率并限制额外承担债务的数额。

为利用较低利率，Twin Peaks 于2009年1月1日设立了 Power Finance 公司，这一实体设立的目的在于拥有发电企业并且为发电企业提供融资，然后回租给 Twin Peaks 公司。[①] 新实体的控制性文件规定如下：

- Power Finance 的唯一目的在于购买 Ace 公司的发电企业、提供权益和债务融资并将该企业回租给 Twin Peaks 公司。
- 外部投资者将提供 16 000 000 美元以购买 Power Finance 100% 不具有投票权的权益。
- Power Finance 将发行 384 000 000 美元的债务。由于自身的 16 000 000 美元不足以吸引较低利率债务融资，Twin Peaks 公司将为此笔债务提供担保。
- Twin Peaks 公司将从 Power Finance 处租赁该发电企业，初始租赁期为 5 年，固定债务利率及权益投资者的年收益率均为 3%，则每年需支付 12 000 000 美元。
- 在第五年租赁期（或其他期限）末，Twin Peaks 公司必须选择以下方式之一：
- 在权益投资者同意的情况下，续租 5 年；
- 以 4 亿美元购买发电企业；
- 将发电企业销售给独立第三方。如果所得收益不足以偿付权益投资者，Twin Peaks 公司需要向权益投资者支付 16 000 000 美元。

一旦购买发电企业的过程完成，权益和债务发行完毕，Power Finance 公司的资产负债表如下：

Power Finance 公司资产负债表

2009 年 1 月 1 日

发电企业	$400M	长期债务	$384M
		所有者权益	16M
资产总额	$400M	负债和所有者权益总额	$400M

图表 6—2

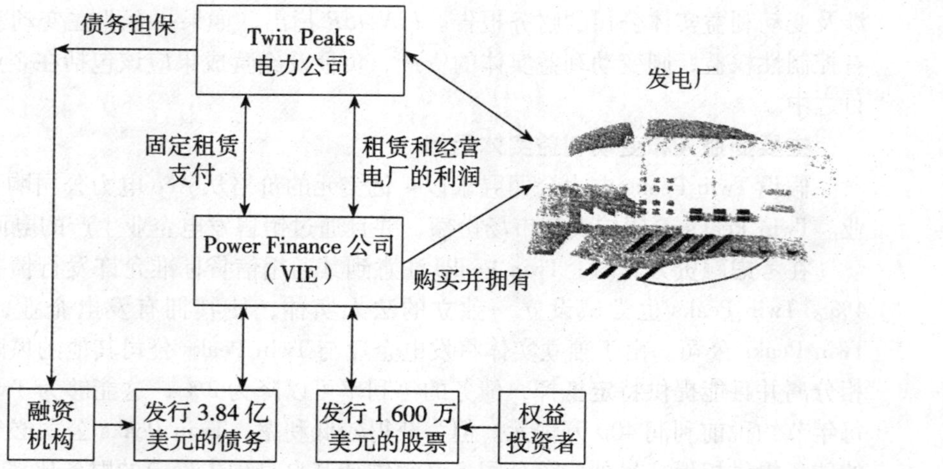

图表 6—2 表示 Twin Peaks、Power Finance、发电厂及购买资产的融资方之间的关系。

① 这一安排类似于公共事业类公司使用的“复合租赁”。由于设立公司出于税收目的将租赁作为资本性租赁进行会计处理，复合租赁也可享受税收优惠。

在评估 Twin Peaks 电力公司是否需要合并 Power Finance 公司时，必须满足以下两个条件：第一，Power Finance 必须符合以下两个条件中的任意一条以证明它是变动利益实体（1）没有额外的次级支持，不能获得融资；（2）缺少承担损失的风险及获得剩余收益的权利。第二，Twin Peaks 公司必须符合 Power Finance 公司的主要受益人条件。

在评估第一个条件时，以下几个因素表明 Power Finance 公司可以作为变动利益实体。Power Finance 的所有者权益仅为总资产的4%，远远低于 *FIN 46R* 所规定的 10% 的标准。另外，Twin Peaks 公司为 Power Finance 公司的债务提供担保，表明没有额外的财务支持，现有权益不足以对其活动提供融资。最后，权益投资者对于发电企业的运营几乎不承担任何风险。以上特征表明 Power Finance 公司符合变动利益实体的条件。

在评估是否需要合并的第二个条件时，需要评估 Twin Peaks 公司是否能够作为 Power Finance 公司的主要受益人。根据 *FIN 46R* 的规定，如果一个企业具有变动利益，该变动利益能够承担实体的大部分预计损失或得到该实体的大部分预计剩余收益，[①] 这一企业必须合并变动利益实体。但什么是 Twin Peaks 公司应计的可能损失或收益？随着 Power Finance 公司财富变化而增加或减少的 Twin Peaks 公司的变动利益又是什么呢？

如变动利益实体协议所述，Twin Peaks 公司将支付固定的费用租赁发电企业，进行经营并且出售电力。如果企业计划成功实施，Twin Peaks 公司将从经营中享有剩余利润，Power Finance 公司的权益投资者收到固定的租赁费用。另一方面，如果电力价格下降，Twin Peaks 公司所取得的收入不足以支付其租赁费用，但 Power Finance 公司的权益投资者却受到保护而不承担这一风险。另外，如果发电企业的公允价值大大增加，Twin Peaks 公司可以固定价格行使购买发电企业的选择权，然后再出售或保留下来以备日后使用。相反，如果 Twin Peaks 公司出售发电企业而发生损失，它必须支付给权益投资者所有的初始投资，损失则由 Twin Peaks 公司承担。上述几点表明 Twin Peaks 公司通过变动利益而成为变动利益实体的主要受益人。作为主要受益人，Twin Peaks 公司必须将 Power Finance 公司的资产、负债及经营成果与其对应的项目进行合并。

6.1.3 合并变动利益实体的程序

正如 Power Finance 公司资产负债表所示，变动利益实体通常拥有很少的资产及负债。另外，它们的企业经营活动通常受到严格限制。因此，合并变动利益实体的程序相对简单。

初始计量问题

正如通过投票权实现的企业合并一样，合并变动利益实体的财务报告原则也要求对资产、负债及非控制性权益进行估价。这些估价初始以公允价值为基础。《美国财务会计准则第 141 号修订公告》（*SFAS 141R*）“企业合并”（B21 段）指出：

这一公告修正了美国财务会计准则《第 46 号修订解释公告》（2003 年 12 月修订），“合并变动利益实体”，澄清变动利益实体的初始合并为企业合并。因此，变动

---

① *FIN 46R* 中所提到的预计损失和预计剩余收益金额来自于预计的现金流量，其计算方法按照《美国财务会计概念框架第 7 号》“在会计计量中应用现金流量信息和现值”的规定来处理。

利益实体的资产、负债和非控制性权益应该按照这一公告的要求进行计量。

前面章节提到，*SFAS 141R* 要求按照企业资产和负债的公允价值对合并的企业公允价值进行分配。在确定合并变动利益实体的总额时，该实体的总企业公允价值为以下两项之和：

- 主要受益人转移的对价
- 非控制性权益的公允价值

类似于通过投票权实现的企业合并，公允价值原则同样适用于合并变动利益实体。如果变动利益实体总的企业公允价值超过其净资产的公允价值，需要相应确认商誉。[①] 相反，如果净资产的公允价值高于总的企业公允价值，主要受益人则需确认折价购买利得。

在前述例子中，假设 Power Finance 公司的债务及非控制性权益以公允价值计量，Twin Peaks 公司在其合并资产负债表中所披露的发电企业的资产为 4 亿美元、长期负债为 3.84 亿美元、非控制性权益为 1 600 万美元。

作为另一个例子，通用电气公司按照 *FIN 46R* 的规定将 Penske 卡车租赁公司作为变动利益实体进行合并。在其 2004 年度报告中，通用电气公司确认来自于 Penske 公司合并的额外 10.55 亿美元商誉及超过 90 亿美元的固定资产。在 2004 年之前，通用电气公司对 Penske 公司的投资按照权益法进行会计处理。

为说明主要受益人所面临的初始计量问题，假设 Vax 公司对变动利益实体 TLH 地产公司投资 500 万美元。在 2009 年 7 月 1 日签订的协议中，Vax 确认自身为 TLH 地产公司的主要受益人。以前，Vax 在 TLH 中没有权益。在 Vax 投资后，TLH 以评估的公允价值披露的财务信息如下：

单位：百万美元

现金	5
土地	20
生产设施	60
长期债务	(65)
Vax 权益投资	(5)
非控制性权益	参见如下几种估价

Vax 将 TLH 地产公司的每一项资产及负债以及公允价值包括在并购日的合并财务报告中。根据 *SFAS 141R* 的规定，TLH 地产公司在并购日企业公允价值高于净资产公允价值的差额被确认为商誉。相反，如果净资产的公允价值超过变动利益实体的企业公允价值，则差额贷记为“折价购买利得”。为说明上述估价原则，我们采用三个简单的例子，由于非控制性权益不同的估计公允价值，每一个例子都具有不同的企业公允价值。

① *SFAS 141R* 将企业定义为整体性活动，而资产能够被管理和使用并且以股利、较低成本和其他经济利益的形式直接提供给投资者、其他所有者以及参与者。如果变动利益实体的活动受到限制而不适合作为企业，则超额公允价值确认为并购损失，而不是商誉。

变动利益实体总的企业公允价值等于评估净资产价值

在此种情况下，假设非控制性权益的公允价值等于1 500万美元。变动利益实体的总公允价值为2 000万美元（500万美元支付对价+1 500万美元非控制性权益）。由于总公允价值等于个别评估净资产公允价值2 000万美元（8 500万美元总资产-6 500万美元长期负债），则商誉和折价购买利得都不需要进行确认。Vax仅以其各自的公允价值合并所有资产和负债。

变动利益实体总的企业公允价值小于评估净资产价值

第二种情况，假设非控制性权益的评估价值仅仅为1 100万美元。在这种情况下，TLH地产公司的总公允价值为1 600万美元（500万美元支付对价+1 100万美元非控制性权益）。TLH地产公司净资产（包括现金）的评估价值2 000万美元与1 600万美元的总公允价值相比多出400万美元。企业合并以1600万美元交换了2 000万美元可辨认净资产公允价值。在此种情况下，与*SFAS 141R*规定相一致，Vax公司在当年合并利润表中确认400万美元的折价购买利得。

变动利益实体总的企业公允价值大于评估净资产价值

最后，假设非控制性权益的评估价值为2 000万美元。在这种情况下，TLH地产公司的总公允价值为2 500万美元（500万美元支付对价+2 000万美元非控制性权益）。TLH地产公司2 500万美元的总公允价值与净资产的评估价值2 000万美元相比多出500万美元。根据*FIN 46R*，由于TLH为一个企业实体，Vax公司在其合并财务状况表中报告500万美元的商誉。

初始计量后，变动利益实体的合并

在初始计量后，将变动利益实体与其主要受益人进行合并同该实体基于投票权的合并过程类似。更为重要的是，主要受益人与变动利益实体之间的公司间交易（包括各种费用、其他来源的收益或损失及公司间存货购买）在合并中必须抵销。最后，变动利益的收益在涉及的各方（如权益投资者和主要受益人）之间进行分配。对于变动利益实体来说，契约安排而不是所有权比例规定着其收益分配。因此，需要仔细检查契约安排以确定用适当的比例分配变动利益实体的收益给权益所有者和持有变动利益的所有者。

6.1.4 *FIN 46* 的其他披露要求

除合并财务报表外，变动利益实体的主要受益人还需要在财务报表附注中披露以下各项：

- 变动利益实体的性质、目的、规模及活动。
- 作为变动利益实体债务抵押物的合并资产的账面价值及分类。
- 如果已合并变动利益实体的债权人（或者相关利益持有者）对主要受益人的一般信用不具有追索权，那么应注明缺乏追索权。

在变动利益实体中持有较大变动利益但并不是主要受益人的企业在财务报表附注中需披露以下信息：

- 与变动利益实体关联的性质及关联的开始时间；
- 变动利益实体的性质、目的、规模及活动；

- 由于与变动利益实体的关联结果，企业的最大损失。

显然，FASB 希望增加对所有变动利益实体的信息披露，由于过去变动利益实体设立的部分目的在于将债务从设立公司的资产负债表中剥离，这些增加的披露是财务报告透明度提高的表现。

6.2 公司间债务交易

上一章探讨了公司间转移存货、土地和可折旧资产所需要的合并程序。在合并这些交易时，所有产生的收入要递延到资产被使用或重新出售给外部方时才得以实现。虽然个别公司合法地确认了利得，但从合并整体角度来看这些利得并未实现，因此递延是非常必要的。每一个公司的个别财务信息在工作底稿上进行调整与“关联公司实际构成单一经济实体”的观点相一致。

上述目标同样适用于合并所有其他的公司间交易：财务报表必须从一个企业的角度而不是一个独立的组织的角度来反映企业合并。因此，在设计公司间交易的合并程序时，首先必须分离个别公司记录的影响。在分析每一行为的影响之后，需要编制工作底稿分录以从企业合并的角度重述这些事项。虽然这一过程与上一章所述的公司间交易存在一些差别并且更加复杂，但从合并整体角度报告财务信息的愿望保持不变。

由于公司间出售存货、土地及可折旧资产会产生类似的合并程序，我们在第 5 章集中介绍了这些转移。在每一种情况下，在合并整体实际收入实现之前，关联公司都确认了该收入。此类交易需登记为工作底稿分录以调整个别财务信息使其与企业合并的观点保持一致。收入会被抵销，同时高估的资产价值转入到历史成本中。

本章的下一部分涉及公司间购买债券及票据业务。虽然将关联公司作为单一经济实体进行会计处理仍然是中心目标，但应用于公司间债务交易的合并程序与第 5 章资产转移的程序却完全不同。

在深入探讨此话题之前，请注意用来转移关联公司间资金的直接贷款并不产生特殊的合并问题。无论是债券还是票据形式的贷款，所产生的应收和应付的余额相等。由于并没有与外部方发生债权或债务关系，在随后的每一合并期间，这些对应账户必须进行抵销。因此，仅需编制工作底稿分录来抵销对应的余额。同时，与直接贷款相关的利息收入/费用账户也用上述相同方式进行抵销。

6.2.1 从外部方获得关联方债务

合并公司间负债所面临的困难与一特定类型的交易相关：从外部第三方购买关联公司债务工具。例如，母公司在公开市场上购入子公司以前所发行的债券。尽管此类交易具有公司间交易性质，但债务仍然是原来发行者的重要义务，由购入方公司记录为一项投资。此后，虽然涉及关联方，但在两组织间定期发生利息支付。

虽然个别公司继续报告债务和投资，但从合并角度考虑，这一债务在购买日已经赎回。从那一时刻起，债务不再是欠企业合并的外部方的债务，随后支付的利息仅仅是公司间的现金转移。为编制合并财务报表，必须编制工作底稿分录以调整各账户余额来反映债务的赎回。

如果购买价格等于债务相应的账面价值，从非关联方购买关联方的债务不会产生重大的合并问题。个别记录的对应余额总是相等的，因此在随后的每一合并期间可以比较容易地进行抵销。

在现实中，当债务从第三方购得，以上提及的对应关系很少存在。许多经济因素导致为购买债券所支付的价格与债务的账面价值产生差异。债务最初在特定时间的市场条件下出售，与发行相关的溢价或折价在债券的寿命期内进行摊销，从而对债券的账面价值进行持续调整。以后购买此债务工具的价格受到当前市场条件、现行市场利率与许多其他财务及市场因素的影响。

因此，购买债务的成本可能高于或低于发行公司财务记录中现行债务的账面价值。对于企业合并来说，由于购买债务有效赎回了债券，这一差异可以看做是利得或损失，债务不再是对外债务。出于外部报告的目的，合并实体必须立即确认该利得或损失。

6.2.2 公司间债务交易的会计处理——个别财务记录

合并公司间债务交易的会计问题涉及以下四点：

1. 尽管投资和债务账户的余额不等，但这两个账户必须在当期和以后每一期进行抵销。

2. 尽管以后利息收入/费用（以及应收/应付利息账户）的余额不等，这些账户也必须进行抵销。

3. 由于摊销过程，上述所有账户的变化均匀地发生。

4. 尽管赎回债务的利得或损失不出现在任何一个公司的财务记录中，但企业合并必须确认这一利得或损失。

假设 Alpha 公司拥有 Omega 公司 80% 发行在外的具有投票权的股票。2007 年 1 月 1 日，Omega 公司发行面值 100 万美元、10 年期、票面利率为 9% 的债券。由于发行日的市场条件，Omega 公司以 938 555 美元出售该债券，实际利率为 10%。出售债券之后不久，主利率开始下降，2009 年 1 月 1 日 Omega 公司决定提前赎回该债券并以当前较低利率再次进行融资。为执行这一计划，Alpha 公司于 2009 年 1 月 1 日在公开市场上以 1 057 466 美元购买全部债券。这一价格基于 8% 的实际收益率，假设收益率与当时的利率一致。

由 Alpha 公司而不是 Omega 公司回购债券可能存在多种原因。例如，赎回日的公司现金水平使 Alpha 公司适合作为购买方。同时，合同限制也可能阻止 Omega 公司回购自身的债券。

在此项企业合并的会计处理中，提前赎回债务已经发生。因此，Alpha 公司支付的 1 057 466 美元与 2009 年 1 月 1 日负债账面价值的差额必须在合并报表中确认为利得或损失。赎回日债务的确切账户的余额依赖于摊销过程。虽然债券最初以 938 555 美元的交换价格发行，但两年后其账面价值增加到 946 651 美元，计算如下：①

① 由于在理论上实际利率法较优，此处举例采用实际利率法。但是，如果采用直线法的余额与采用实际利率法所计算的金额没有实质上的差别，那么也可应用直线法。

应付债券——账面价值——2009 年 1 月 1 日

年度	账面价值	实际利率（10%）	现金利息	摊销	年末账面价值
2007	$938 555	$93 855	$90 000	$3 855	$942 410
2008	942 410	94 241	90 000	4 241	946 651

由于 Alpha 公司支付的 110 815 美元超过已记录的负债（1 057 466 美元-946 651 美元），合并实体必须确认这一损失金额。在损失确认后，债券被认为已经赎回，在 2009 年 1 月 1 日后不需要由合并实体进一步报告。

尽管这一方法非常简单 但两个公司都不会对此事项按照上述方法进行会计处理。Omega 在其单独财务记录中保留了 100 万美元的债务余额，并且每年摊销剩余的折价，同时每年继续支付 90 000 美元的现金利息。Alpha 则以 1 057 466 美元的历史成本记录该投资，此金额也需要定期摊销。作为债券的所有者，Alpha 收到由 Omega 支付的 90 000 美元利息。

为梳理这一合并的方法，应该完整分析每一公司随后的财务记录。假设利息于每年 12 月 31 日支付，在 2009 年 Omega 仅需登记两笔日记账分录：

Omega 公司财务记录

12/31/2009	利息费用	90 000	
	现金		90 000
	记录每年支付面值 $1 000 000、利率 9% 应付债券的利息费用		
12/31/2009	利息费用	4 665	
	应付债券（或应付债券折价）		4 665
	按照初始 10% 收益率将利息费用调整到实际利率（2009 年的账面价值 $946 653 × 10% = $94 665）。账面价值增加到 $951 316		

同时，Alpha 公司登记日记账分录以记录对此项投资的所有权：

Alpha 公司财务记录

1/1/2009	对 Omega 公司债券投资	1 057 466	
	现金		1 057 466
	记录购买 Omega 公司 $1 000 000 债券，此债券票面利率 9%，实际利率 8%		
12/31/2009	现金	90 000	
	利息收入		90 000
	记录收到 Omega 公司债券的现金利息（$1 000 000 × 9%）		
12/31/2009	利息收入	5 403	
	对 Omega 公司债券投资		5 403
	基于初始的 8% 收益率，实际利息收入将减少 $90 000 利息收入（2009 年账面价值 $1 057 466 × 8% = $84 597）。账面价值减少到 $1 052 063		

通过简要回顾这些分录可以看出，在合并过程中将要抵销的对应账户的余额并

不相等。在图表6—3中，我们可以看到这两家公司财务记录中各账户的余额。尽管存在已记录的余额，但是4个公司间账户（负债、投资、利息费用和利息收入）都没有出现在合并财务报表中。*企业合并所报告的唯一数据是赎回债务所产生的110 815美元的损失。*

6.2.3 对合并过程的影响

正如前述讨论所指出，合并过程将个别会计系统产生的信息转换到单一经济实体的角度。因此，在2009年12月31日，需要编制工作底稿分录以抵销图表6—3中所列示的公司间账户余额，同时确认由回购产生的损失。从技术上来说，负债和投资账户以及利息费用和利息收入账户之间的差额来自于投资的购买价格与负债账面价值之间的偏差110 815美元。实际上，确认这一损失缩小了上述两账户数额的差距。

合并分录B（2009年12月31日）		
应付债券	951 316	
利息收益	85 597	
赎回债券损失	110 815	
对Omega公司债券投资		1 052 063
利息费用		94 665
抵销公司间债券和相关的利息账户以及记录提前赎回债务的损失（标识“B”表示债券）。		

图表6—3　**Alpha公司和Omega公司公司间债务交易的影响**
2009年

	Omega公司报告的债务	Alpha公司投资
2009年利息费用*	$ 94 665	$ 0
2009年利息收益†	0	(84 597)
应付债券*	(951 316)	0
对债券投资，12/31/2009†	0	1 052 063
赎回损失	0	0

注意：括号表示贷方余额。

*已调整2009年摊销4 665美元（参见日记账分录）。

†已调整2009年摊销5 403美元（参见日记账分录）。

上述分录有效地将Alpha公司和Omega公司的个别财务报告转换到企业合并的角度。合并过程的目标得到满足：报表披露此债券已于2009年1月1日赎回。债务和相应的投资以及利息账户都得到抵销。仅工作底稿中出现的损失在合并财务报表中披露。

6.2.4 赎回利得和损失

在公司间债务交易会计处理中，最使人感兴趣的或许是由赎回所产生的利得和损失的分配问题。报告的110 815美元损失应该归属于Alpha公司还是Omega公司？从实务角度出发，这一分配仅仅在计算和报告非控制性权益数额时是重要的。但是，至少存在四种不同的分配方法，而每种一方法都有其理论上的优点。

第一，在假想意义上已经注销的债务是发行公司的负债，因此，所产生的收益仅仅与发行方相关。这一方法假设任何债务的赎回仅仅影响发行方。持这一观点的支持者认为，购买公司仅仅作为债券初始发行人的购买方。与之相对应，在上述例子中，来自偿付债务的收益归属于 Omega 公司，这是因为再次融资降低了其利息率。为获得较低的利率，债务赎回产生了损失。因此，在这一假设下，110 815 美元全部分配给债务的发行方 Omega 公司。这一分配方法通常被认为与经济单位观一致。

第二，其他会计人员指出，损失应该仅分配给投资方（Alpha 公司）。依据这一观点的支持者所述，购买债券以及协定价格对收益产生了影响。

第三个假设是产生的利得和损失应该在双方公司间以某种方式进行分配。这一方法与母公司观点和比例合并观点相一致。由于双方都涉及债务，如将收益仅仅分配给一方则是武断和误导。通常情况下，分配基于债务的初始面值。因此，损失中的 57 466美元应该分配给 Alpha 公司，而余下的 53 349 美元则分配给 Omega 公司。

Alpha		Omega	
购买价格	$ 1 057 466	账面价值	$ 946 651
面值	1 000 000	面值	1 000 000
损失-Alpha	$ 57 466	损失-Omega	$ 53 349

以此种方式分配损失颇具吸引力：以后的会计处理过程在个别公司财务记录中进行相同的分配。由于 Alpha 公司的溢价和 Omega 公司的折价必须进行摊销，损失的数据最终会影响两家公司各自所报告的收益。在债券的寿命周期内，Alpha 公司将 57 466美元记录为利息收益的减少，由于摊销折价，Omega 公司增加利息费用53 349 美元。

第四种观点从更实际的角度看待公司间债务交易：母公司主导所有的回购，作为企业合并的控制方，母公司承担赎回债务的最终责任。无论债务的发行人和购买公司具体是哪一公司，此决策产生的利得和损失都应该仅分配给母公司。在此例中，Alpha 公司维持对 Omega 公司的控制权。因此，依据这一理论，回购债券的财务后果由 Alpha 公司承担，因此 110 815 美元的全部损失必须分配给 Alpha 公司。

上述每种论点都具有概念上的优点，如果 FASB 最终确认官方发布的准则，上述任何一种方法（或上述方法的结合）都有可能被接受。但是除非明确表明，否则本教材中与公司间债务交易相关的所有收益影响仅仅分配给母公司，即上述讨论的最后一种方法。因此，注销债务的后果总是归属于最有可能对此项行为承担责任的一方。

6.2.5 公司间债务交易——并购年之后的合并

即使上述分录 B 正确注销本年度 Omega 公司的赎回债券，债务在到期前仍然存在于两家公司的财务记录之中。因此，在后续的每一期间，所有余额必须再次合并，以使得负债总是被报告为于2009年1月1日注销。不幸的是，简单重复分录B是不可能的。摊销过程使各个账户的余额产生持续性的变化，从而使合并工作底稿分录的编制变得复杂起来。因此，作为以后每一次合并的准备步骤，必须首先确认双方所报告的账面价值。

2010年Alpha公司和Omega公司的日记账分录如下，图表6—4表示当年末各账户的余额。

Omega 公司财务记录——2010 年 12 月 31 日

利息费用	90 000	
现金		90 000
记录每年支付面值 $1 000 000、利率 9% 应付债券的利息费用		
利息费用	5 132	
应付债券（或应付债券折价）		5 132
按照初始 10% 收益率将利息费用调整到实际利率（2010 年的账面价值 $951 316 × 10% = $95 132）。账面价值增加到 $956 448		

图表 6—4　ALPHA 公司和 OMEGA 公司公司间债务交易的影响

2010 年

	Omega 公司报告的债务	Alpha 公司投资
2010 年利息费用	$ 95 132	-0-
2010 年利息收益	0	$ (84 165)
应付债券	(956 448)	-0-
对债券投资，12/31/2010	0	1 046 228
赎回损失	94 665	(84 597)

注意：括号表示贷方余额

Alpha 公司财务记录—2010 年 12 月 31 日

现金	90 000	
利息收入		90 000
记录收到 Omega 公司债券的现金利息		
利息收入	5 835	
对 Omega 公司债券的投资		5 835
基于初始的 8% 收益率，其实际利息收入将减少 $90 000（2010 年账面价值 $1 052 063 × 8% = $84 165）。账面价值减少到 $1 046 228		

在图表6—4的信息建立之后，可以编制2010年12月31日的合并分录。这一分录抵销了此日公司间债券所报告的余额和利息账户的余额以反映2009年1月1日债务的注销。由于赎回发生在前一期间，工作底稿调整也必然在留存收益中减少

110 815美元以体现初始损失。

合并分录*B（2009年12月31日）

应付债券	956 448	
利息收益	84 165	
留存收益，01/01/2010（Alpha）	100 747	
对Omega公司债券的投资	1 046 228	
利息费用		95 132
抵销公司间债券和相关的利息账户，并且将留存收益由$10 068（当前记录的借方净额）调整到$110 815（标识“*B”表示以前年度债券交易）。		

分析上述分录强调以下重要几点：

1. 当前会计期间，个别账户的余额发生了变化，所以上面抵销分录与分录B不同，这些改变是摊销过程的结果。为保证工作底稿分录的正确，调整后的余额单独列示在图表6—4中。

2. 正如前面所指出的，来自于公司间债务交易的所有收益影响都分配给母公司。出于此项原因，分录*B中期初留存收益的调整可归入Alpha公司当期收益中增加的10 967美元（消去利息费用95 132美元-消去利息收益84 165美元）[①]。因此，分录*B不影响非控制性权益的余额。

3. 分录*B中2010年期初留存收益的减少额与初始的赎回损失110 815美元不等。各个公司在2010年初已经记录了差额10 068美元（上期利息费用超过利息收益的金额），为计算适当的合并总额，仅仅需要调整100 747美元（110 815美元-10 068美元）。

留存收益余额——合并角度（债务赎回损失）		$110 815
个别留存收益余额，01/01/2010：		
Omega公司（利息费用——2009年）	$ 94 665	
Alpha公司（利息收益——2009年）	(84 597)	10 068
调整合并留存收益，01/01/2010		$100 747

注意：括号表示贷方余额。

每期对应付债券折价和投资溢价账户的摊销影响两公司所记录的利息收入和利息费用。正如上表所示，这两个利息账户不能够正好抵销；第1年后10 068美元的净剩余金额仍然保留在留存收益账户。由于这项余额每年继续增加，随后为记录损失的合并调整在2010年减少到100 747美元，并且以后不断减少。在债券的剩余年限内，摊销过程逐渐使个别公司留存收益账户的总额与合并余额保持一致。

① 如果赎回的影响仅仅归属于债券的初始发行人，当期收益增加的10 967美元将分配给Omega公司（子公司），因此对计算非控制性权益会产生影响。

4. 当母公司采用初始价值法和部分权益法时，编制合并分录*B 是适当的。但是，如果母公司内部报告采用权益法，分录则不同。如第 5 章所讨论，采用权益法可以保证在合并之前母公司的收益以及留存收益已被正确表述。在对投资进行会计处理时，Alpha 公司已经确认此项损失。因此，不需要调整留存收益。在此例中，由于损失已经成为投资账户金额的一部分，分录*B 中的借方 100 747 美元应记入 Omega 公司的债券投资账户。

6.3 子公司优先股

虽然大公司和小公司通常都发行优先股，但子公司权益结构中优先股的存在为合并过程添加了新的问题。对于子公司的优先股以及母公司为获得这些股份所支付的款项应该如何进行财务处理?

虽然不具有投票权，但优先股拥有其他优先于普通股的权利，如累积股利优先权和参与分配权。优先股有时甚至提供有限的投票权。优先股是子公司股东权益的一部分，它在母公司合并财务报告中的财务处理类似于普通股的财务处理。

子公司优先股的存在并没有使合并过程过于复杂。并购法以完全公允价值对企业并购（无论是 100% 还是少于 100% 的并购）进行估价。在对并购存在优先股的子公司进行会计处理时，确定子公司并购日公允价值的必要过程应该保持完整。母公司并不持有的优先股形成一部分非控制性权益，并且包括在子公司公允价值的计算中。由外部方所拥有的子公司普通股和优先股的并购日公允价值成为母公司合并财务报告中非控制性权益的估价基础。

假设在 2009 年 1 月 1 日，High 公司通过购买 Low 公司 80% 的外发普通股和 60% 的不具有投票权的累积优先股而获得了对该公司的控制权。Low 公司拥有的土地在其记录中被低估了 100 000 美元，所有其他资产和负债的公允价值与账面价值相等。High 公司为所购普通股和优先股分别支付了 1 000 000 美元和 62 400 美元。在并购日，20% 普通股的非控制性权益的公允价值为 250 000 美元，40% 优先股的非控制性权益的公允价值为 41 600 美元。

Low 公司并购前的资本结构如下所示：

普通股，面值 $20（发行在外 20 000 股）	$ 400 000
优先股，6% 累积，面值 $100（发行在外 1 000 股）	100 000
资本公积	200 000
留存收益	516 000
股东权益总额（账面价值）	$1 216 000

图表 6—5 列示了 High 公司计算 Low 公司并购日公允价值以及将公允价值与账面价值之间差额分配给土地和商誉的过程。

如图表 6—5 所示，子公司的所有权结构（比如，既包含优先股又包含普通股）并不影响决定合并子公司计价基础的公允价值原则。而且，不管优先股拥有何种优先权，并购法在计算企业公允价值时都遵循相同的程序。任何归属于优先股的累积或者参与分配的优先权（或其他额外的权利）都已包括在并购日优先股的公允价值之中，进而成为合并子公司的估价基础。

图表 6—5　High 公司计算 Low 公司并购日公允价值以及将公允价值与账面价值之间差额分配给土地和商誉的过程

Low 公司

并购日公允价值

2009 年 1 月 1 日

Low 公司 80% 普通股权益的转移对价	$ 1 000 000
Low 公司 60% 优先股权益的转移对价	62 400
Low 公司普通股的非控制性权益（20%）	250 000
Low 公司优先股的非控制性权益（40%）	41 600
公允价值总额 01/01/2009	$ 1 354 000

High 公司并购 Low 公司

公允价值高于账面价值差额的分配

2009 年 1 月 1 日

Low 公司公允价值		$ 1 354 000
Low 公司账面价值		1 216 000
并购日公允价值高于账面价值的差额		$ 138 000
分配给土地	$ 100 000	
分配给商誉	38 000	$ 138 000
		0

通过应用以上信息，我们来构建 2009 年 1 月 1 日（并购日）的基本工作底稿分录。在子公司同时存在普通股和优先股的情况下，将通常的合并分录 S 和 A 合并到一起可以避免在这些权益股份之间分配子公司的留存收益这一不必要的步骤。联合起来的合并分录同时确认了对于低估的土地和商誉的公允价值的分配。由于是并购日，因此不需要其他的合并分录。

合并分录 S 和 A

普通股（Low 公司）	400 000	
优先股（Low 公司）	100 000	
资本公积-股本溢价（Low 公司）	200 000	
留存收益（Low 公司）	516 000	
土地	100 000	
商誉	38 000	
对 Low 公司普通股的投资	1 000 000	
对 Low 公司优先股的投资	62 400	
非控制性权益		291 600
抵销子公司普通股和优先股、确认子公司资产的公允价值以及确认外部所有权		

以上合并分录将并购日的普通股公允价值250 000美元和优先股的公允价值41 600美元之和确认为非控制性权益。与本教材前面章节合并的例子类似，子公司的股东权益部分与母公司的投资账户——本例中为普通股和优先股进行抵销。

6.3.1 分配子公司收益

影响子公司优先股合并的最后一个因素是在两种类型的股票之间分配子公司的收益。在并购日之后的每一期间都必须进行分配，目的是：（1）计算少数股东损益；（2）母公司自身进行确认。对于类似于上述例子的累积或非参与分配优先股，每年仅仅有确定的股利归属于优先股，所有剩余的收益分配给普通股。因此，如果我们假设Low公司2009年报告的收益为100 000美元，支付的优先股年度股利为6 000美元。出于合并目的，我们对收益的分配如下所示：

	收益
子公司总额	$ 100 000
优先股（6%股利率×股票面值 $ 100 000）	$ 6 000
普通股（剩余金额）	94 000

2009年度，作为母公司的High公司，由于持有60%的优先股股权而享有Low公司3 600美元的优先股股利。由于High公司持有Low公司80%的普通股股权，Low公司收益中的75 200美元（94 000美元×80%）归属于母公司。少数股东损益以相同的方式计算如下：

		外部所有权比例	非控制性权益
优先股股利	$ 6 000	40%	$ 2 400
归属于普通股的收益	94 000	20%	18 800
少数股东损益			21 200

6.4 合并现金流量表

《美国财务会计准则第95号公告》规定，公司应将现金流量表包括在其财务报表中。合并现金流量表并不依据个别公司的现金流量表进行编制。在工作底稿中，应首先将母子公司的利润表和资产负债表进行合并，进而根据产生的合并数据进行现金流量表的编制。*因此，合并现金流量表并不是把个别公司的现金流量表进行合并，而是对合并过程所产生的数据所进行编制。*但是，编制合并现金流量表确实引入了一些会计问题。它的编制涉及适当处理超额摊销、公司间交易、子公司股利以及并购当年的其他现金流量等。

摊销

在合并过程中，工作底稿调整（分录E）包含在并购日超额公允价值分配的摊销中。这些费用并不出现在任何一方的财务记录中，而是体现在合并的利润表中。作为收益中减少的非现金项，在间接法下，这些摊销费用应加回到合并净收益中以求得来自于经营活动的现金流量。如果企业合并应用直接法，由于摊销费用不影响现金的金额，这一余额可以不予考虑。

公司间交易

正如本教材前面章节所阐述，构成企业合并的关联公司间经常发生大量的转移。这些公司间活动产生的影响需要在工作底稿中进行抵销以使合并报表仅仅反映其与外部方的交易。同理，合并现金流量表也不应包括这些转移的影响。公司间的购买和销售并不改变企业合并实体所持有的现金数额。由于合并现金流量表的编制以合并资产负债表和合并利润表为基础，所有公司间转移的影响已经抵销，因此，不需要特别的调整来正确披露现金流量。工作底稿分录已经为合并现金流量表准备了正确的余额。

子公司已支付股利

仅当子公司将股利支付给少数股东权益时，子公司支付股利的现金才离开合并实体。因此，子公司支付给母公司的股利并不作为融资活动的现金流出量。但是，子公司支付给非控制性权益的股利却是融资活动现金流出量中的一部分。

并购年度现金流量调整

在企业并购当年，合并现金流量表必须适当反映一些额外需要考虑的问题。对于许多企业合并来说，以下问题经常存在：

• 现金购买企业是一项投资活动。*净现金流出量*（支付的现金减去子公司获得的现金）报告为企业合并中所支付的金额。

• 对于跨期合并，*SFAS No. 95* 规定，资产负债表营运账户（应收账款、存货、应付账款等）变化的调整需要考虑合并中所购子公司账户的金额。因此，在计算将合并的净收益调整到经营活动现金流量时，被并购企业营运资产和营运负债的变化必须以净额进行列报。运用直接法计算营运现金流量的企业还要单独披露扣除了被并购企业相关账户净额后的来自于顾客的现金流入和购买存货的现金流出。

• 产生于子公司收入或者费用（例如，折旧、摊销）的任何调整必须仅反映并购后的发生额。在并购日对子公司的账簿进行结账有利于正确确定并购后子公司对合并实体现金流量的影响。

合并现金流量表例示

假设在 2009 年 7 月 1 日，Pinto 公司以 774 000 美元的现金购买了 Salida 公司 90% 发行在外的普通股。在并购日，10% 的非控制性权益的公允价值为 86 000 美元。图表 6—6 列示了 Salida 公司资产和负债的账面价值与公允价值以及 Pinto 公司并购日公允价值的分配。

图表 6—6 **Salida 公司账面价值和公允价值**

2009 年 7 月 1 日

账户	**账面价值**	**公允价值**
现金	$ 35 000	$ 35 000
应收账款	145 000	
存货	90 000	90 000

续表

账户	账面价值	公允价值
土地	100 000	120 000
建筑物	136 000	136 000
设备	259 000	299 000
数据库	-0-	50 000
应付账款	(15 000)	(15 000)
账面净值	$ 750 000	$ 860 000

Pinto 公司并购 Salida 公司超额公允价值高于账面价值差额的分配

Pinto 公司的转移对价		$ 774 000
非控制性权益公允价值		86 000
Salida 公司总的公允价值		$ 860 000
Salida 公司账面价值		750 000
公允价值高于账面价值的差额		$ 110 000
土地	$ 20 000	
设备（使用寿命 5 年）	40 000	
数据库（使用寿命 25 年）	50 000	110 000
		0

2009 年年末，比较资产负债表和合并利润表如下所示：

Pinto 公司和子公司 Salida 比较资产负债表

	Pinto 公司 2009 年 1 月 1 日	合并 2009 年 12 月 31 日
现金	$ 170 000	$ 431 000
应收账款（净值）	118 000	319 000
存货	310 000	395 000
土地	250 000	370 000
建筑物（净值）	350 000	426 000
设备（净值）	1 145 000	1 380 000
数据库	-0-	49 000
总资产	$ 2 343 000	$ 3 370 000
应付账款	$ 50 000	$ 45 000
长期负债	18 000	522 000
普通股	1 500 000	1 500 000
非控制性权益	-0-	98 250
留存收益	775 000	1 204 750
总负债和权益	$ 2 343 000	$ 3 370 000

Pinto 公司和子公司 Salida 合并收益表

截至 2009 年 12 月 31 日

收入		\$ 1 255 000
销货成本	\$ 600 000	
折旧	124 000	
数据库摊销	1 000	
利息和其他费用	35 500	760 500
净收益		\$ 494 500

其他信息

- 合并收益表总额包括 Salida 公司并购后的收入和费用。
- 2009 年度，Pinto 公司支付 50 000 美元股利。在 2009 年 8 月 1 日，Salida 公司支付 25 000 美元股利。
- 2009 年度，Pinto 公司发行了面值 504 000 美元的长期债务。
- 2009 年度，除 Pinto 公司购买 Salida 公司之外，未发生任何资产购买和处置事项。

在编制合并现金流量表时，请注意每一项调整都基于合并收益表或 Pinto 公司 2009 年 1 月 1 日至 2009 年 12 月 31 日的合并资产负债表的变化。

折旧和摊销 这些费用不代表当期的经营活动现金流出量，因此在将权责发生制下的收益转换到经营活动提供的现金流量时将其加回。

应收账款、存货和应付账款的增加（扣除并购）

SFAS No. 95 规定，影响经营活动的资产负债表账户的变化应反映企业并购中的金额。在此例中，请注意应收账款、存货和应付账款计算如下：

	应收账款	存货	应付账款
Pinto 账户余额，01/01/2009	\$ 118 000	\$ 310 000	\$ 50 000
并购 Salida 增加额	145 000	90 000	15 000
调整后的期初余额	263 000	400 000	65 000
合并余额，12/31/2009	319 000	395 000	45 000
经营活动现金流量调整	\$ 56 000	\$ 5 000	20 000

并购 Salida 公司 现金流量表的投资活动部分表示涉及现金的资产购买和销售的增加以及减少。并购 Salida 公司的现金流出量计算如下：

购买公司 90% 权益所支付的现金	\$ 774 000
由并购而获得的现金	(35 000)
对 Salida 公司投资支付的净现金	\$ 739 000

此处请注意，虽然 Pinto 公司仅仅购买了 Salida 公司 90% 的股份，但是在确定经营活动现金流量时，Salida 公司 100% 的现金与购买价格进行抵销。非控制性权益和

控制性权益之间的所有权分割并不影响合并实体投资活动现金流量的金额。

发行长期债务 Pinto 公司发行的长期债务代表融资活动的现金流入。

股利 支付给 Pinto 公司所有者的股利（50 000 美元）和支付给非控制性权益的股利（2 500 美元）代表融资活动的现金流出量。

基于比较资产负债表和合并收益表的合并数据，就可以编制如下所示的合并现金流量表。Pinto 公司选择采用间接法报告经营活动的现金流量。

Pinto 公司和 Salida 子公司合并现金流量表

截至 2009 年 12 月 31 日

合并净收益		$ 494 500
折旧费用	$ 124 000	
摊销费用	1 000	
应收账款增加（扣除并购效应）	(56 000)	
存货减少（扣除并购效应）	5 000	
应付账款减少（扣除并购效应）	(20 000)	54 000
经营活动提供的净现金		$ 548 500
购买 Salida 公司		
投资活动使用的净现金	(739 000)	$ (739 000)
发行长期债务	504 000	
股利	(52 500)	
融资活动提供的净现金		$ 451 500
现金增加（从 01/01/2009 至 12/31/2009）		$ 261 000

6.5 合并每股收益

合并过程影响到另一中级会计的问题——每股收益（EPS）的计算。正如《美国财务会计准则第 128 号公告》“每股收益”所述，公开上市公司必须披露每一期间的 EPS。

可按以下步骤计算每股收益的数据：

• 通过将净收益（扣除优先股股利）除以当期发行在外的加权平均普通股股数来确定基本每股收益。如果报告实体没有稀释性选择权、认股权证或其他的可转换项目，那么仅仅在利润表上列示基本每股收益。但是，如果存在任何稀释性可转换项目，则必须披露稀释每股收益。

• 将任何稀释性证券的影响与基本每股收益合并起来计算稀释每股收益。股票期权、认股权证、可转换债务以及可转换优先股经常属于稀释性的证券。①

在大多数情况下，企业合并中每股收益的计算遵循通常的计算模式。合并净收益

① 在任何中级会计教材中都可以找到对 EPS 计算的完整介绍。为理解这一过程，必须掌握一些复杂计算程序，包括如下：

• 计算发行在外的加权平均普通股股数。
• 理解计算稀释每股收益的方法，包括认股权、可转换债务和可转换优先股。

与母公司发行在外的股份数量作为计算基本每股收益的基础。任何可能稀释母公司股票的可转换证券、认股权证或股票期权都必须按照前述方法包括进稀释每股收益的计算当中。

但是，如果存在能够稀释子公司收益的认股权证、股票期权或可转换证券，问题会随之产生。虽然母公司并不直接受到影响，但这些项目对合并净收益的潜在影响在计算合并整体的稀释每股收益时必须予以考虑。由于可能转换，包含在合并净收益中的子公司盈余的数据不再适用稀释每股收益的计算。*因此，会计人员必须单独确定计算合并稀释每股收益时的子公司收益的数据。*

最后，在存在非控制性权益的情况下，*SFAS 160* 对 *SFAS 128* 进行了相应修改，要求关注于母公司股东的每股收益。正如 *SFAS 160C. 8a.* 所述，

出于计算合并财务报表每股收益（基本每股收益和稀释每股收益）的目的，如果一个或更多非全资拥有子公司包括在合并集团中，来自于持续经营活动的收益以及净收益应该排除归属于非控制性权益的收益。

因此，在计算合并财务报告的所有每股收益时，应该以归属于母公司权益的合并收益作为分子的计算基础。

每股收益例示

假设 Big 公司在当年拥有 100 000 股发行在外的普通股股票，同时还发行了 20 000股不具有投票权的优先股股票，每年支付的累积优先股股利为每股 5 美元（共计 100 000 美元），每股优先股股票可以转换成该公司 2 股普通股股票。

同时假设 Big 公司持有 Little 公司 90% 的普通股和 60% 的优先股（每年支付 12 000美元的股利）。归属于各种无形资产的年摊销额为 26 000 美元，现需要计算 2009 年的 EPS。在 2009 年，Big 公司报告的个别收益为 600 000 美元，Little 公司赚得 100 000 美元。2009 年简略的合并数据表明合并的净收益为 663 000 美元：

Big 公司 2009 年个别收益		\$600 000
Little 公司 2009 年个别收益	\$100 000	
初始购买价格的摊销费用	(26 000)	
Little 公司扣除摊销后的净收益	\$ 74 000	
非控制性权益在 Little 公司的损益——普通股		
(\$74 000 的净收益扣减 \$12 000 的优先股股利后的 10%)	(6 200)	
非控制性权益在 Little 公司的损益——优先股（40% 的股利）	(4 800)	\$ 63 000
归属于 Big 公司（母公司）的合并净收益		\$663 000

Little 公司发行在外的普通股为 20 000 股，优先股为 4 000 股。优先股每年支付的股利为每股 3 美元，每股优先股可以转换成 2 股普通股（共计 8 000 股）。由于 Big 公司仅仅拥有 Little 公司 60% 的优先股股票，所以每年分发给外部所有者的股利为 4 800美元（12 000 美元优先股股利的 40%）。

最后假设子公司拥有可转换债券 200 000 美元，此债券初始时以面值发行。这一债务的现金及实际利率为 10% （每年 20 000 美元），所有者可以将此债券转换成 Little 公司 9 000 股普通股。Big 公司不拥有任何此种债券，Little 公司的税率为 30%。

为了更清晰地看出这些因素的影响，可转换项目列示如下：

公司	项目	利息或股利	转换	Big 公司拥有比例
Big 公司	优先股	$100 000 /每年	40 000 股	不适用
Little 公司	优先股	12 000/每年	8 000 股	60%
Little 公司	债券	14 000/每年*	9 000 股	0

*债券利息表示为扣除30%税收影响后的净额（$20 000 利息减去 $6 000 美元节税）。由于分配的股利不产生税收影响，所以优先股不计算税收。

图表 6—7　　子公司的稀释每股收益

Little 公司稀释每股收益

截至 2009 年 12 月 31 日

	收益		股数	
Little 公司扣除摊销后的净收益	$74 000		20 000	
优先股股利	(12 000)			
可转换优先股的潜在影响：				
节约的股利	12 000	新股	8 000	$1.50 影响 (12 000/8 000)
债券转换的可能影响：				
节约的利息（税后）	14 000		9 000	$1.56 影响 (14 000/9 000)
稀释每股收益	$88 000		37 000	

由于子公司的可转换项目影响公司发行在外的股份和净收益，所以在确定合并的稀释每股收益之前必须计算 Little 公司的稀释每股收益。如图表 6—7 所示，Little 公司的稀释每股收益为 2.38 美元。上表中的以下两点值得注意：

- 可转换项目的个别影响（优先股为 1.5 美元，债券为 1.56 美元）没有增加每股收益的金额。因此，优先股和债券都不是反稀释性证券，这两项都应该包括在稀释每股收益的计算中。

- 由于可能存在的稀释影响，确定子公司的稀释每股收益是非常必要的。如果子公司不存在可转换债券和优先股，合并的净收益会成为计算合并的每股收益的基础，并且仅仅报告基本每股收益。

根据图表 6—7，Little 公司稀释每股收益的净收益为 88 000 美元。会计人员所面临的问题是，这些金额中的多少应该包括在合并稀释每股收益的计算中。这一分配应基于母公司所控制的股份比例。请注意，如果子公司的优先股和债券转换成普通股，Big 公司的股权比例从 90% 减少到 62%。对于计算稀释每股收益来说，Little 公司的股份为 37 000 股。Big 公司 62% 的股权比例（22 800/37 000）成为将子公司 88 000 美元的净收益分配给母公司的基础。

稀释每股收益的辅助性计算

	Little 公司股数	Big 公司持有百分比	Big 公司持有股数
普通股	20 000	90%	18 000
可能的新股——优先股	8 000	60	4 800
可能的新股——债券	9 000	0	0
总股数	37 000		22 800

Big 公司股权比例（稀释）：22 800/37 000 = 62%（近似）

分配给 Big 公司的净收益（计算稀释每股收益）：

$ 88 000×62% = $ 54 560

现在我们可以确定合并每股收益。子公司净收益中的 54 560 美元适用于计算稀释每股收益。由于使用两种不同的收益数据，基本和稀释每股收益的计算在图表 6—8 中分别列示。因此，这些图表确定，此项合并应该报告的基本每股收益为 5.63 美元，稀释每股收益为 4.68 美元。

图表 6—8　　**BIG 公司与合并的子公司合并基本每股收益**

截至 2009 年 12 月 31 日

	收益		股数	
合并净收益	$ 663 000			
Big 公司发行在外的股份			100 000	
优先股股利（Big）	(100 000)			
基本每股收益	$ 563 000		100 000	$ 5.63

合并基本每股收益

截至 2009 年 12 月 31 日

	收益		股数	
如下计算	$ 654 560*			
Big 公司发行在外的股份			100 000	
优先股股利（Big）	(100 000)			
可转换优先股的潜在影响：				
节约的股利	$ 100 000	新股	40 000	$ 2.50 影响
				(100 000/40 000)
稀释每股收益	$ 654 560		140 000	$ 4.68

*净收益计算：

Big 公司个别收益	$ 600 000	
分配计算稀释每股收益的 little 公司部分收益	$ 54 560	（如辅助性计算所示）
应用于计算稀释每股收益的合并收益	$ 654 560	

6.6　子公司股票交易

Gerber Products 公司的财务报表附注披露了其一子公司的交易：公司全资拥有的

墨西哥子公司将以前尚未对外发行的普通股以高于股份账面净值的价格出售给一家墨西哥食品公司——Group Coral S. A.。财务报表附注同时指出，由于此项股票交易，Gerber 公司的合并资本公积增加了 432 000 美元。

正如上例所示，子公司的股票交易可以改变母公司的持股比例。例如，子公司决定对外发行以前尚未发行的股票以筹集所需资本。虽然母公司可以购买一部分或全部新股，但是通常这些股票全部出售给外部方。子公司也可能从法律上被强制要求出售额外的股票。例如，由于当地法律要求，对外国子公司持有控制权的母公司经常会遇到类似问题。在一国范围内进行经营的先决条件是由当地公司持有外国子公司一定比例的股权，这一法律规定会强制外国子公司对外发行新股。当然，母公司持股比例的变化并不完全来自于出售股票：子公司也可以回购其股份。购买以及回购这些库藏股可以作为减少外部所有权比例的一种方式。

6.6.1 子公司账面价值变化——股票交易

当子公司随后购买或出售其自身股票时，公司的公允价值和账面价值发生非经营性的增加或减少。由于此项交易并未涉及母公司，所以母公司的投资账户没有自动反映此变化的影响。*因此，必须进行单独调整以保持子公司的所有者权益账户与母公司的投资账户相对应。*会计人员需要衡量股票交易对母公司的影响以确定这一影响在合并过程中已被适当记录。

以下例子例示了这一问题的原理。假设在 2009 年 1 月 1 日，Small 公司的账面价值为 700 000 美元，其构成如下所示：

普通股（面值 \$1，已发行在外 70 000 股）	\$ 70 000
留存收益	630 000
股东权益总额	\$ 700 000

基于 70 000 股发行在外的股票，这时 Small 公司的每股账面价值为 10 美元（\$ 700 000/70 000）。

在同日，Giant 公司在公开市场上购买了 Small 公司 80% 的股权（56 000 股发行在外的股票）。为避免不必要的复杂程序，我们假设股票的公允价值为 560 000 美元或每股 10 美元（包括控制性权益和非控制性权益），恰好等于股票的账面价值。我们同时假设此项交易不涉及商誉和资产重估。

在上述条件下，合并过程变得简单。在购买日，仅仅需要一笔工作底稿分录。通过以下普通的分录将投资账户进行抵销，并且同时确认 20% 的非控制性权益。

合并分录 S（2009 年 1 月 1 日）		
普通股（Small 公司）	70 000	
留存收益（Small 公司）	630 000	
对 Small 公司的投资（80%）		560 000
在 Small 公司的非控制性权益（20%）		140 000
抵销子公司的股东权益账户并记录当日非控制性权益余额		

现在我们引入子公司股票交易以例示其对合并过程的影响。假设在 2009 年 1 月

2 日，Small 公司以每股 16 美元的价格将以前尚未发行的普通股出售给外部方。[①] 由于此项交易，Giant 公司在子公司 700 000 美元的账面净值中不再拥有 80% 的权益，而是在子公司 860 000 美元（以前 700 000 美元账面价值加上出售额外股份产生的 160 000 美元资本）的账面净值中拥有 70%（80 000 股中的 56 000 股）的权益。*不受母公司任何行为的影响，此项投资的账面价值从 560 000 美元增加到 602 000 美元（$860 000×70%）*。Small 公司以高于账面价值 6 美元的价格出售股票产生了这一增加值。

Small 公司发行新股使 Giant 公司投资的账面价值增加了 42 000 美元（602 000 美元 –560 000 美元）。因此，尽管外部股权比例增加了，但是合并企业在规模上增加了这一金额，这个变化必须由合并的财务数据进行反映。如上述 Gerber 公司例子所示，这一调整记入资本公积账户。由于子公司的股东权益在工作底稿上需要进行抵销，母公司必须确认归属于合并企业的权益增加额。因此，42 000 美元的增加同时作为投资账户（由于子公司的账面价值增加）和资本公积账户的调整记入 Giant 公司财务记录：

Giant 公司财务记录——2009 年 1 月 2 日		
对 Small 公司投资	42 000	
资本公积		42 000
确认 Small 子公司以高于账面价值额外发行 10 000 股普通股产生的合并权益变化		

在母公司的记录更改之后，合并过程如以前章节所述进行即可。例如，如果在子公司出售股票之后立即编制合并财务报表，可以构建以下工作底稿分录 S。*虽然在此处投资账户与子公司的权益账户进行相应抵销，但是先前在 Giant 公司资本公积账户所记录的变化金额仍然保留在合并数据之中*。因此，子公司以高于账面价值的价格发行股票增加了合并企业所报告的权益金额。

合并分录 S—2009 年 1 月 2 日—子公司发行股票之后		
普通股（Small 公司）	80 000	
资本公积（Small 公司）	150 000	
留存收益（Small 公司）	630 000	
对 Small 公司的投资（70%）		602 000
在 Small 公司的非控制性权益（30%）		258 000
抵销子公司的股东权益账户并记录当日非控制性权益余额。Small 公司的资本账户已经更新以反映以每股 $16 的价格发行面值为 $1 的10 000 股股票。母公司先前记录的投资余额由于有 $42 000 的增加额已经进行了调整		

SFAS 160“合并财务报表中的非控制性权益”，将各种形式的子公司自身股票交易作为权益交易。*SFAS 160* 第 33 段对此陈述如下：

当母公司对子公司保持控制性财务权益时，母公司的所有权的变化应该作为权益

① 这个例子仅仅为例示而设置。显然，母公司在某天以账面价值购买股票而外部方在第二天以高于账面价值 6 美元购买股票是不可能的。通常，在这种情况下价格会非常接近或者两次购买时间间隔较长。在上述任何一种情况下，合并过程基本保持不变。

交易（所有者的投资和对所有者的分配）进行财务处理。因此，在合并净收益和综合收益中不确认利得和损失。非控制性权益账面价值应该进行调整以反映其在子公司所有权的变化。所收到或支付的对价与非控制性权益调整的金额之间的差额应该确认为归属于母公司的权益。

与上述观点保持一致，本教材将来自于子公司股票交易对合并实体的影响记入资本公积账户。

6.6.2　子公司股票交易——例示

没有任何一个例子可以例示不同类型的子公司股票交易所产生的各种可能变化。为提供这一财务处理过程，我们简要分析几个其他方面的情形。以 Small 公司（子公司）和 Giant 公司（持股比例 80% 的母公司）在年初的账面价值的期初余额作为以下例子的基础：

Small 公司（子公司）	
发行在外股票	70 000
公司的账面价值	\$700 000
每股账面价值	\$ 10.00
Giant 公司（母公司）	
持有 Small 公司的股票数	56 000
投资的账面价值	\$560 000（80%）

以下例子都是独立情形，而且所有调整都记入资本公积账户。

情形 1

假设 Small 公司将以前尚未发行的 10 000 股普通股以每股 8 美元的价格出售给外部方。

Small 公司在此例中所发行股票的价格低于当前每股 10 美元的账面价值。折价出售股票给外部方将减少合并资本公积记录的金额。母公司的所有权被稀释，因此导致母公司投资的账面价值减少。这一减少额的计算如下所示：

调整后的子公司账面价值（\$700 000+ \$80 000）	\$780 000
当前母公司持股比例（56 000 股/80 000 股）	70%
与持股比例对应的账面价值	546 000
当前投资的账面价值	560 000
所需的减少额	\$ 14 000

在原来的例子中，子公司以高于 6 美元的价格出售股票，因此增加了合并权益。此例正好相反：子公司以低于账面价值的价格发行股份，导致合并权益的减少。

Giant 公司的财务记录		
资本公积（或留存收益）（Giant 公司）	14 000	
对 Small 公司的投资		14 000
确认以低于账面价值发行 10 000 股 Small 公司普通股所产生的企业合并的权益变化		

情形 2

假设 Small 公司以每股 16 美元发行普通股 10 000 股。Giant 公司购买其中的8 000 股以维持 80% 的持股比例，Giant 公司共支付 128 000 美元，外部方购买了剩余的股票。

在这种情况下，股票交易同时改变了母公司的投资账户和子公司的账面价值。因此，在确定重估权益之前，这两个账户的金额必须进行更新：

调整后的子公司账面价值（＄700 000+＄600 000）	＄860 000
当前母公司持股比例（64 000 股/80 000 股）	80%
与持股比例对应的账面价值	688 000
当前投资的账面价值（包括＄128 000 的额外投资）	688 000
所需的变化额	＄ 0

由于 Giant 公司权益与子公司账面价值保持了对应关系，这一例子不需要调整投资账户和资本公积账户的金额。任何按照以前持股比例购买新股的交易都不影响合并资本公积，交易也不产生成比例的增加或减少。

情形 3

假设 Small 公司不发行新股，而是从外部所有者回购 10 000 股股票，Small 公司为每股库藏股票支付 16 美元。

这一例子例示了另一种类型的子公司股票交易：购买库藏股。虽然子公司的行为已经改变，但是基本的会计处理程序却不受影响。

调整后的子公司账面价值（＄700 000 － ＄160 000）	＄540 000
当前母公司持股比例（56 000 股/60 000 股）	93⅓%
与持股比例对应的账面价值	504 000
当前投资的账面价值	560 000
所需的减少额	＄ 56 000

子公司支付的金额超过库藏股每股 10 美元的账面价值。因此，这一行为会稀释母公司的权益。子公司与非控制性权益的交易产生了这一影响；这一减少并不来自于母公司的购买。类似情形 1，母公司必须报告子公司回购股票所产生的影响，并根据此影响调整资本公积账户，同时相应减少投资账户的金额（此例中减少到 504 000 美元）。另外，出于报告目的，这一交易减少了合并资本公积。

Giant 公司的财务记录		
资本公积（Giant 公司）	56 000	
对 Small 公司的投资		56 000
确认 Small 公司以高于账面价值的价格回购库藏股所产生的企业合并权益变化		

这一实例代表了另外一种子公司股票交易——购买库藏股，因此，有必要列示一下合并分录 S，这一分录例示了当子公司持有库藏股时，合并工作底稿所需要进行的相应抵销。

合并抵销分录 S		
普通股（Small 公司）	70 000	
留存收益（Small 公司）	630 000	
库藏股（Small 公司）（初始价值法）		160 000
对 Small 公司的投资（93⅓%——调整后）		504 000
非控制性权益（账面净值的 6⅔%）		36 000
抵销 Small 公司的权益账户，同时确认非控制性权益，现在 Small 公司的账面价值是 $540 000。		

情形 4

假设当 Small 公司股票的公允价值为每股 16 美元时，Small 公司发放给所有者 10% 的股票股利（7 000 股新股票）。

最后这个实例表明，并不是所有的子公司股票交易都对合并过程产生明显的影响。无论数额多少，股票股利都资本化了发行公司的留存收益，但并不影响账面价值。股东收到股利时仅仅将其确认为每股成本的变化，而不作为投资账户余额的任何类型的调整。由于分配股利对母子公司任何一方都没有净影响，合并过程以通常方式进行即可。因此，在编制工作底稿前，子公司股票股利不需要特别的财务处理。

子公司账面价值（不需要进行调整）	$700 000
当前母公司持股比例（已按 10% 股票股利调整——61 600 股/77 000 股）	80%
与持股比例对应的账面价值	560 000
当前投资的账面价值	560 000
分配股票股利后所需的调整额	$ 0

分配股利后的合并分录 S 如下所示，投资账户金额中的 560 000 美元的部分继续与子公司的股东权益进行抵销，子公司的权益账户由于确认 112 000 美元（7 000 股面值 1 美元的股票，市价为每股 16 美元）的股票股利已经被重新调整：

合并抵销分录 S		
普通股（Small 公司）	77 000	
资本公积（Small 公司）	105 000	
留存收益（Small 公司）	518 000	
对 Small 公司的投资（80%）		560 000
非控制性权益（20%）		140 000
分配股利后，抵销子公司的股东权益账户，同时确认非控制性权益		

小　结

1. 变动利益实体（VIE）一般采取信托、合伙、合资或公司的形式。在大多数情况下，发起公司创立这些实体以从事有限和确定的企业活动。控制变动利益实体通常并不采取权益持有方式，而是采取通过发起公司合同安排的形式实施控制，从而发起公司成为该实体的“主要受益人”。这些合同可以采取租赁、参与权、担保或其他剩余权益的形式。通过合同，主要受益人常常并不拥有具有投票权的股票，但却承担实体的大部分风险以及收到大部分利益。*FIN 46* 要求在变动利益实体中拥有控制性财务利益的企业将该实体纳入到合并财务报表范围之内。

2. 如果企业合并的一方从外部方购买了附属公司的债务工具（例如债券或票据），购买价格常常与负债的账面价值不等。因此，从企业合并角度已经产生了利得或损失。但是，债务和投资仍然保留在两公司的个别财务记录中，而利得和损失并未记录。合并过程必须调整所有相关账户余额以反映债务的实际赎回。

3. 关联方购买一公司的债务后，两公司相应确认利息收入和利息费用。由于这些账户的金额来自于公司间交易，它们的余额与债务和投资的余额一起，在随后每一次合并时也相应抵销。在购买债务之后的每一年，留存收益账户也需要进行调整以记录利得或损失的影响。

4. 由于折价和溢价的原因，对公司间债务和投资余额进行摊销是必要的。因此，双方所报告的利息收入和利息费用的金额就不一致。利息收入和利息费用的余额在每年末都会记入留存收益，而这一过程正好逐渐减少了合并中必须对留存收益这一权益账户的调整额。

5. 许多子公司被并购时既拥有发行在外的普通股，同时也拥有优先股。子公司优先股的存在并没有使合并过程变得复杂。并购法以完整的公允价值对所有的企业合并进行估价。如果子公司拥有优先股，确定并购日公允价值的必要过程保持不变。母公司并不拥有的任何优先股仅仅成为非控制性权益的一部分，并包括在并购日子公司公允价值的计量之中。

6. 每一合并企业必须编制现金流量表，这一报表并不是将独立公司的个别现金流量表进行合并，而是根据合并的利润表和合并的资产负债表进行编制，合并现金流量表来自于上述数据。支付给非控制性权益的股利应该列示为融资活动的现金流量。

7. 对于大多数企业合并来说，合并每股收益应遵循中级会计教材中的列示方式。但是，如果子公司拥有潜在稀释性项目（股票期权、可转换优先股以及可转换债券等），就必须遵循不同的过程。作为准备程序，需要首先计算子公司的稀释每股收益。然后，母公司和外部所有者基于子公司股份的持股比例和稀释性项目，分配上述计算中所用到的收益。企业合并报告的稀释每股收益的确定包括分配给母公司收益的部分。

8. 在形成合并关系之后，子公司可能发生发行额外股份或购买库藏股的交易。与母公司的投资相比，这些行为通常引起子公司权益按比例增加或减少。这些变化需要进行计量，并通过资本公积账户反映在合并报表中。为达到与子公司权益相对应的目的，母公司需要调整投资账户以及自身的资本公积账户。由于工作底稿中并不能抵销母公司的资本公积账户，所需的增加或减少金额结转到合并金额之中。

综合讲解题

问题：合并现金流量表与每股收益

在 2009 年 12 月 31 日，Pop 公司购买了 Son 公司发行在外的 20 000 股普通股的 90%。在并购日的公允价值之中，Pop 公司将 80 000 美元分配给契约合同，并且每年以 2 000 美元进行摊销。2011 年和 2010 年的比较合并资产负债表如下所示：

	2011	2010
现金	$ 210 000	$ 130 000
应收账款	350 000	220 000
存货	320 000	278 000
土地、建筑物及设备（净值）	1 090 000	1 120 000
合同	78 000	80 000
总资产	$ 2 048 000	$ 1 828 000
应付账款	$ 290 000	$ 296 000
长期负债	650 000	550 000
非控制性权益	37 800	34 000
优先股（10% 累积）	100 000	100 000
普通股（发行在外 26 000 股）	520 000	520 000
留存收益，12/31	450 200	328 000
总负债和股东权益	$ 2 048 000	$ 1 828 000

以下是 2011 年的其他信息：

- 合并净收益（已调整所有公司间项目）178 000 美元。
- 合并的折旧和摊销 52 000 美元。
- 在 4 月 10 日，Son 公司将账面价值 40 000 美元的建筑物出售，同时收到现金 50 000 美元。在当月，Pop 公司从当地银行借款 100 000 美元，购买设备支付 60 000 美元。上述交易都是与外部方之间进行的。
- 当年，Pop 公司支付普通股股利 40 000 美元，支付优先股股利 10 000 美元，Son 公司支付普通股股利 20 000 美元。
- Son 公司拥有发行在外的长期可转换债务 180 000 美元，已包括在合并负债中。该公司当年确认债务的利息费用为 16 000 美元（税后）。该债务可以转换为 10 000股子公司的普通股。Pop 公司不拥有该项债务。
- Son 公司记录自身经营活动的净收益为 60 000 美元，非控制性权益在 Son 公司中的净收益为 5 800 美元。

● Pop 公司销售货物给 Son 公司，并记录利润 4 000 美元，在 12 月 31 日，这些货物仍然保存在 Son 公司的仓库中。

● Pop 公司采用权益法核算对 Son 公司的投资，在其账簿上 Pop 公司确认来自 Son 公司的投资收益为 48 200 美元（90%×（60 000 美元-2 000 美元摊销）- 4 000 美元未实现公司间利润）。

要求

a. 为 Pop 公司和 Son 公司编制截至 2011 年 12 月 31 日的合并现金流量表。采用间接法确定正常活动产生的现金数额。[1]

b. 为合并企业计算基本每股收益和稀释每股收益。

答案

a. 合并现金流量表

本题指出，在编制合并现金流量表时采用间接法。因此，所有不属于经营活动现金流量的项目都必须从合并净收益 178 000 美元中扣除。例如，折旧和摊销（非现金项目）以及出售建筑物的利得（非经营性项目）需要进行扣除。另外，如本章所述，非控制性权益在 Son 公司净收益中的份额也是一项需要扣除的非现金项目。同时，合并应收账款、存货和应付账款的变化也对净收益产生了非现金的影响。例如，应收账款增加表明当期的销售金额大于当期所收到的现金数额，所以在编制报表时也需要对应收账款的增加进行调整。

由题中所给信息，仅仅能够确定五项非经营性现金变化：银行贷款、购买设备、出售建筑物、Son 公司支付给少数权益的股利以及母公司支付的股利。上述每一项交易都包括在如图表 6—9 所示的合并现金流量表之中，该表解释了 2011 年度合并实体现金增加 80 000 美元的原因。

图表 6—9　　**Pop 公司和 Son 公司合并现金流量表**

截至 2011 年 12 月 31 日

经营活动现金流量		$ 178 000
合并净收益		
将合并净收益调整到经营活动提供的净现金流量中：		
折旧和摊销	$ 52 000	
出售建筑物利得	(10 000)	
应收账款增加	(130 000)	
存货增加	(42 000)	
应付账款减少	(6 000)	(136 000)
经营活动提供的净现金流量		42 000
投资活动的现金流量		

[1] 在解决这个问题之前，为了弄清编制现金流量表的完整过程，有必要复习一下中级会计学的相关内容。

续表

购买设备	(60 000)	
出售建筑物	50 000	
投资活动使用的净现金流量		(10 000)
融资活动的现金流量		
支付现金股利——Pop 公司	(50 000)	
支付 Son 公司非控制性股东现金股利	(2 000)	
银行借款	100 000	
筹资活动使用的净现金流量		48 000
现金增加额		80 000
现金，2011 年 1 月 1 日		130 000
现金，2011 年 12 月 31 日		$ 210 000

图表 6—10　Pop 公司和 Son 公司合并每股收益

截至 2011 年 12 月 31 日

	收益	股数	
	基本每股收益		
归属于 Pop 公司的合并净收益	$ 172 200		
Pop 公司支付的优先股股利	(10 000)		
基本每股收益	162 200	26 000	$ 6.24（近似）
	稀释每股收益		
归属于 Pop 公司的合并净收益	$ 172 200		
扣除权益收益	(48 200)		
扣除未实现利得	(4 000)		
优先股股利	(10 000)		
发行在外的普通股（Pop 公司）		26 000	
普通股收益——Pop 公司（计算每股收益）	$ 110 000		
Son 公司收益（计算稀释每股收益）	44 400		
稀释每股收益	$ 154 000	26 000	$ 5.94（近似）

b. 合并每股收益

子公司的可转换债务对每股收益具有潜在稀释性影响，因此不能以合并净收益为基础来确定稀释的每股收益。首先，必须计算子公司的稀释每股收益。然后，这一信息可以用于计算合并实体稀释每股收益。

子公司稀释每股收益 2.47 美元确定如下：

Son 公司——稀释每股收益

	收益		股数	
报告金额减去超额摊销	\$58 000		20 000	\$2.90
可转换债务的潜在影响：				
节约的利息（税后）	16 000	新股	10 000	\$1.60 影响
				（16 000/10 000）
稀释每股收益	\$74 000		30 000	\$2.47（近似）

母公司不拥有包括在稀释每股收益计算中的可转换债务，所以 Pop 公司仅持有 30 000 股中的 18 000 股（发行在外普通股的 90%）。因此，在计算整个合并实体的稀释每股收益时，仅仅使用子公司收益中的 44 400 美元（74 000 × 18 000/30 000 = 44 400）。

图表 6—10 中所计算的合并基本每股收益为 6.24 美元，合并稀释每股收益为 5.94 美元。由于子公司的收益数据单独包括在稀释每股收益的计算中，所以母公司个别收益也以相同方式列示。因此，在计算母公司个别收益时，必须考虑权益收益、公司间交易（顺销）和摊销的影响。

问答题

1. 什么是变动利益实体（VIE）？

2. 在实体中的变动利益是什么？它们如何对实体实施财务控制？

3. 什么时候发起公司需要将变动利益实体的财务报表与其自身的财务报表进行合并？

4. 一母公司从第三方购买其一子公司以前发行的债券，这一购买将会产生哪些会计问题？

5. 在问题 4 中，如果债券不是从第三方购买，而是直接从子公司购买，为什么合并过程会简化？

6. 当一公司从第三方购买一附属公司的债务工具，如何计算注销债务的利得和损失？这一余额何时进行确认？

7. 几年前，Bennett 公司购买了 Smith 公司一部分发行在外的债券，这一购买来自于第三方。在今年，这些公司间债券如何在合并过程中进行财务处理？

8. 一公司在公开市场上购买其附属公司发行在外的债务工具。这一交易的利得已经在当年的合并财务报表中进行了确认。在购买年度以后，工作底稿需要进行调整以改正期初的合并留存收益。为什么这一调整金额会逐年减少？

9. 母公司直接从外部第三方购买其子公司发行在外的债券。出于合并目的，这项交易产生了 45 000 美元的利得。这项利得是分配给母公司还是子公司？为什么？

10. Pekins 公司购买了 Butterfly 公司 90% 发行在外的普通股和 55% 的优先股。这些优先股如何在合并过程中进行会计处理？

11. 合并利润表和资产负债表都通过工作底稿编制，但合并的现金流量表却不通过工作底稿编制。在编制合并现金流量表时，应遵循什么样的合并过程？

12. 非控制性权益余额如何影响合并现金流量表？

13. 在许多情况下，合并每股收益的计算基于合并净收益与母公司股份和可转换项目。但是，对于某些合并企业，必须使用不同的计算过程。什么情况下需要不同的计算方法？

14. 子公司拥有可转换优先股和可转换债券，这些项目在计算合并每股收益时如何进行考虑？

15. 为什么子公司决定向企业合并的外部方发行新普通股？

16. Washburn 公司拥有 Metcalf 公司 75% 发行在外的普通股。在当年，Metcalf 公司以高于账面价值的价格向外部方发行额外的股份。这项交易如何影响合并企业？这项影响如何在合并报表中进行记录？

17. 假设 Metcalf 公司发行了 10% 股票股利而没有出售新股，其他的信息与问题 16 相同。这项交易如何影响企业合并？

习　题

1. 子公司拥有一项以前折价发行的债务。年初，母公司从外部方以较低的溢价购买这一债务。下面哪一项叙述是正确的？

a. 无论余额是否一致，以后期间的利息收益和利息费用应该在合并财务报表中报告。

b. 利息收益和利息费用的余额一致，出于合并目的应该进行抵销。

c. 在计算非控制性权益分配时，应该包括利息收益而不包括利息费用。

d. 虽然以后期间的利息收益和利息费用金额不相等，但出于合并目的两项余额都应该抵销。

2. 子公司几年前从外部方以溢价方式购买母公司折价发行的债券。下面哪一项叙述是正确的？

a. 由于购买发生在过去，所该债券对当前合并没有影响。

b. 初始损失应该在今年的合并利润表中进行报告。

c. 出于合并目的，在今年年初必须减少留存收益，但这一减少额小于初始损失。

d. 各种利息余额恰恰抵销，所以不必调整留存收益或利润。

3. 母公司购买子公司所有的股票，但仅拥有 70% 的优先股股票。优先股股票支付 7% 的年度累积股利，在当前没有拖欠股利。少数股东的损益如何计算？

a. 子公司优先股股利的 30%。

b. 由于股利已经支付，并不进行分配。

c. 子公司收益扣减所有已支付股利之后的 30%。

d. 以总面值为基础将受益分配给优先股，其中分配额的 30% 属于少数股东损益。

4. Aceton 公司持有 Voctax 公司 80% 发行在外的普通股。当年，Voctax 公司向 Aceton 公司销售 140 000 美元。这项转移如何影响合并现金流量表？

a. 如果已经支付款项，此项交易应该包括在合并现金流量表中。

b. 由于子公司进行了销售，仅仅转移的 80% 应该包括在合并现金流量表中。

c. 由于转移来自于子公司，现金流量报告为投资活动。

d. 由于公司间转移的性质，交易金额不包括在合并现金流量表中。

5. Warrenton 公司持有 Aminable 公司 80% 的股权。在合并利润表上，少数股东损益报告为 37 000 美元。当年，Aminable 公司支付的现金股利为 100 000 美元。这一事项如何影响合并现金流量表?

a. 支付给外部所有者的股利报告为融资活动的现金流出，但支付给非控制性权益的股利不作为现金流量。

b. 支付给非控制性权益的股利报告为融资活动的现金流出，但是支付给外部所有者的股利完全不用考虑。

c. 无论是支付给非控制性权益还是外部所有者的股利都不用在现金流量表中列示。

d. 无论是支付给非控制性权益还是外部所有者的股利都作为融资活动的现金流出在现金流量表中列示。

习题 6 和 7 基于以下信息:

Iverson 公司和其持有 80% 股份的 Oakley 子公司的比较合并资产负债表如下:

	2010	2009
现金	$ 7 000	$ 20 000
应收账款（净值）	55 000	38 000
商品存货	85 000	45 000
建筑物和设备（净值）	95 000	105 000
商标	85 000	100 000
总额	$ 327 000	$ 308 000
应付账款	$ 75 000	$ 63 000
应付票据，长期	0	25 000
非控制性权益	39 000	35 000
普通股，面值 $ 10	200 000	200 000
留存收益（负数）	13 000	(15 000)
总额	$ 327 000	$ 308 000

2010 年其他信息如下:

- Iverson 公司和 Oakley 公司的合并净收益为 45 000 美元。
- 当年，Oakley 公司支付股利 5 000 美元，Iverson 公司支付股利 12 000 美元。
- 当年，Oakley 公司出售 11 000 美元的商品给 Iverson 公司。
- 当年，没有购买和销售长期资产。

在 Iverson 公司 2010 年度的合并现金流量表中:

6. 经营活动的净现金流量为

a. 12 000 美元

b. 20 000 美元

c. 24 000 美元

d. 25 000 美元

7. 融资活动的净现金流量为

a. （25 000）美元

b. （37 000）美元

c. （38 000）美元

d. （42 000）美元

8. Thuoy 公司正在计算合并每股收益。其一子公司拥有发行在外的认股权证。这些可转换项目如何影响合并每股收益的计算？

a. 由于认股权证仅仅针对子公司股票，所以不产生任何影响。

b. 如果认股权证不是反稀释性的，那么它们就不包括在计算中。

c. 计算合并稀释每股收益时，必须考虑到认股权证对子公司收益额的影响。

d. 认股权证仅包括在基本每股收益的计算中，而不包括在稀释每股收益的计算中。

9. 一母公司在一每股账面价值为 31 美元的子公司拥有控制性权益。在今年末，子公司以每股 45 美元向外部方发行新股，母公司仍然控制该子公司。下面哪一项是正确的？

a. 由于股份全部出售给外部方，母公司的投资账户不受影响。

b. 目前由于母公司持有子公司股票的比例减少，必须减少母公司投资账户的余额。

c. 由于股票以高于账面价值的价格出售，必须增加母公司投资账户的余额。

d. 由于在年末进行的销售，母公司的投资账户不受影响。

10. Rodgers 公司拥有 Ferdinal 公司。2009 年，Rodgers 公司报告净收益为（不考虑对 Ferdinal 公司的投资）200 000 美元，子公司报告净收益为 80 000 美元。在 2009 年 1 月 1 日，母公司发行在外应付债券的账面价值是 212 000 美元，Ferdinal 公司在当日用 199 000 美元购得这一债券。2009 年度，Rodgers 公司报告利息收入为 22 000 美元，Ferdinal 公司报告利息费用为 21 000 美元。合并净收益的金额是多少？

a. 266 000 美元

b. 268 000 美元

c. 292 000 美元

d. 294 000 美元

11. Thompkins 公司拥有 Pastimer 公司，在 2009 年 1 月 1 日，子公司发行在外应付债券的账面价值是 189 000 美元，母公司在当日以 206 000 美元购买了该债券。随后在 2009 年，Pastimer 公司报告利息收益为 18 000 美元，Thompkins 公司报告利息费用为 21 000 美元。合并财务报表的编制时间为 2010 年。2010 年 1 月 1 日，留存收益的余额需要调整多少金额？

a. 减少 20 000 美元

b. 减少 14 000 美元

c. 减少 3 000 美元

d. 减少 22 000 美元

12. Ace 公司报告当期收益为 400 000 美元，同时支付 40 000 美元现金股利。Byrd 公司取得净收益 100 000 美元并支付股利 10 000 美元。几年前，Ace 公司持有 Byrd 公司 70% 的股权，此项投资在并购日的公允价值等于净资产的账面价值。Ace 公司采用初始价值法核算此项投资。

在当年 1 月 1 日，Byrd 公司在公开市场上购买 Ace 公司发行的面值 50 000 美元、利息率为 8% 的债券，这些债券几年前以 92 美元的价格发行，实际利息率为 10%。在购买日，应付债券的账面价值是 48 300 美元，Byrd 公司支付 46 600 美元，在债券的剩余寿命期内的实际利息率为 12%。

当年的合并净收益是多少？

a. 492 160 美元

b. 493 938 美元

c. 499 160 美元

d. 500 258 美元

13. 与问题 12 的信息相同，非控制性权益在子公司收益中的份额是多少？

a. 27 000 美元

b. 28 290 美元

c. 28 620 美元

d. 30 000 美元

14. Able 公司拥有 Baker 公司 80% 发行在外的股票，并且采用部分权益法核算该项投资。在 2006 年 1 月 1 日，Able 公司在公开市场上以 600 000 美元的溢价出售面值 10 000 000 美元（20 年到期）、利率为 9% 的应付债券。在 2009 年 1 月 1 日，Baker 公司从外部方以面值的 96.6% 购买了 Able 公司 40% 的债券。两公司使用直线法摊销利息。对于 2010 年的合并，由于此项购买导致 Able 公司期初留存收益调整的金额是多少？

a. 增加 320 000 美元

b. 增加 326 000 美元

c. 增加 331 000 美元

d. 增加 340 000 美元

15. 在 2009 年 1 月 1 日，Top 公司共支付了 4 384 000 美元取得 Bottom 公司的控制权。其中，支付 424 000 美元取得 Bottom 公司 20% 的优先股，支付 3 960 000 美元取得 90% 发行在外的普通股。在并购日，Bottom 公司 10% 普通股的非控制性权益的公允价值为 400 000 美元。Bottom 公司 80% 优先股的非控制性权益的公允价值为 1 696 000美元。2009 年 1 月 1 日，Bottom 公司的股东权益账户如下所示：

优先股——9%，面值 100 美元，累积参与分配；发行在外 10 000 股	$ 1 000 000
普通股——每股面值 50 美元；发行在外 40 000 股	2 000 000
留存收益	3 000 000
股东权益总额	$ 6 000 000

Top 公司认为 Bottom 公司所有的账户已在公司财务报表中正确估价，应该确认的

合并商誉的金额是多少?

a. 300 000 美元

b. 316 000 美元

c. 364 000 美元

d. 480 000 美元

16. 在 2009 年 1 月 1 日，Michell 公司账面净值 1 500 000 美元的构成如下:

Andrews 公司支付 106 000 美元购买所有发行在外的优先股，同时支付 916 400 美元购买 60% 的普通股。在并购日，Michell 公司非控制性权益的公允价值为 580 000 美元。Andrews 公司认为，Michell 公司一使用寿命为 12 年的建筑物在其财务记录中被低估了 50 000 美元。

1 000 股优先股；每股面值 100 美元；累计，不参加分配，不具有投票权； 每股回购价值 108 美元	$ 100 000
20 000 股普通股，每股面值 40 美元	800 000
留存收益	600 000
总额	$ 1 500 000

来自于此项并购应确认的合并商誉金额是多少?

a. 50 000 美元

b. 51 200 美元

c. 52 400 美元

d. 56 000 美元

17. Aedion 公司拥有对 Breedlove 公司的控制权。Aedion 公司和 Breedlove 公司在 2009 年度所报告的销售收入分别为 300 000 美元和 200 000 美元。当年，成本为 20 000美元的存货以 40 000 美元的价格由 Breedlove 公司转移到 Aedion 公司（逆销）。此项存货中的 25% 仍然保留在年末存货中。在年初和年末，不存在公司间债务。采用直接法，收到来自于顾客的现金合并金额是多少?

a. 430 000 美元

b. 460 000 美元

c. 490 000 美元

d. 510 000 美元

18. Ames 公司持有 Nestlum 公司 100% 的股份。虽然对 Nestlum 公司投资账户的余额为 596 000 美元，但是子公司发行的 12 000 股的每股账面价值仅为 40 美元。在 2009 年 1 月 1 日，Nestlum 公司以每股 50 美元向公众发行 3 000 股股票。这项交易如何影响 Nestlum 公司的投资账户?

a. 由于股份没有出售给外部方，不受影响

b. 增加 24 000 美元

c. 减少 119 200 美元

d. 增加 30 000 美元

问题 19 至 21 基于以下信息。

2009 年 1 月 1 日，Chapman 公司购买 Russell 公司发行的 80% 普通股。Russell 公

司的股东权益账户如下所示：

普通股——发行在外 40 000 股	$ 100 000
资本公积	75 000
留存收益	540 000
股东权益总额	$ 715 000

为购买 Russell 公司权益，Chapman 公司支付了 487 000 美元。任何超额公允价值都分配给商誉。

2010 年 1 月 1 日，Russell 公司报告账面净值为 795 000 美元。通过采用权益法，Chapman 公司应计 Russell 公司账面价值的增加。

以下问题与上述各题不相关：

19. 2010 年 1 月 1 日，Russell 公司以每股 25 美元额外发行了 10 000 股普通股，Chapman 公司购买了 8 000 股。这项交易如何影响母公司的资本公积账户？

a. 没有影响

b. 增加 20 500 美元

c. 增加 36 400 美元

d. 增加 82 300 美元

20. 2010 年 1 月 1 日，Russell 公司以每股 15 美元额外发行了 10 000 股普通股，Chapman 公司没有购买新发行的股票。这项交易如何影响母公司的资本公积账户？

a. 没有影响

b. 增加 16 600 美元

c. 减少 31 200 美元

d. 减少 48 750 美元

21. 2010 年 1 月 1 日，Russell 公司以每股 24 美元回购其发行在外的普通股 8 000 股，回购的股票不属于 Chapman 公司。这项交易如何影响母公司的资本公积账户？

a. 没有影响

b. 减少 22 000 美元

c. 减少 30 500 美元

d. 减少 33 000 美元

22. Hillsborough Country Outfitters 公司与 HCO 媒体有限责任公司签订了一项排他性协议。该协议规定，双方通过共同拥有（各 50%）的网站 HCO. com 从事 Hillsborough 公司电子商务活动。HCO 媒体公司每年按网站总收入的 2% 提成，但总额不超过 500 000 美元。Hillsborough 和 HCO 媒体公司各支付 50% 的网站运营成本。但是，HCO 媒体公司的费用如不够承担 50% 的运营成本，则由 Hillsborough 公司承担额外的损失。

假设 HCO 媒体公司符合变动利益实体的条件，Hillsborough 应该合并 HCO 媒体有限责任公司吗？

23. 略。

24. 2009 年 12 月 31 日，PanTech 公司为其变动利益实体 SoftPlus 公司投资 20 000 美元。在当日签订的协议中，PanTech 公司确定自身为 SoftPlus 公司的主要受益人。

PanTech 公司在 SoftPlus 公司未曾拥有权益。PanTech 公司投资后，SoftPlus 公司披露的资产负债表如下：

现金	$ 20 000	长期债务	$ 120 000
营销软件	140 000	非控制性权益	60 000
计算机设备	40 000	PanTech 权益	20 000
资产总额	$ 200 000	负债和权益总额	$ 200 000

除营销软件外，上述金额代表了 2009 年 12 月 31 日的评估公允市价。

a. 如果营销软件被低估了 20 000 美元，在 PanTech 公司 2009 年 12 月 31 日的合并财务报表中，SoftPlus 公司的金额应该是多少？

b. 如果营销软件被高估了 20 000 美元，在 PanTech 公司 2009 年 12 月 31 日的合并财务报表中，SoftPlus 公司的金额应该是多少？

25. 略。

26. Highlight 公司持有 Kiort 公司所有发行在外的股票。2009 年 12 月 31 日，两公司报告以下账户余额：

	Highlight 公司	Kiort 公司
收入和利息收益	$ (670 000)	$ (390 000)
经营费用和利息费用	540 000	221 000
其他利得和损失	(120 000)	(32 000)
净收益	$ (250 000)	$ (201 000)

2009 年 1 月 1 日，Highlight 公司在公开市场上以 108 000 美元购买以前 Kiort 公司发行的债券，这项投资的实际利率为 8%。该债券的面值为 100 000 美元，现金利率为 9%。在购买日，该债券以账面价值 84 000 美元被列示为 Kiort 公司的负债（基于 11% 的实际利率）。

确定 2009 年度利润表上的各账户余额。

27. 略。

28. Opus 公司持有 Bloom 公司 90% 的股权。2009 年 12 月 31 日，Opus 公司购买了 Bloom 公司 50% 发行在外面值 500 000 美元的债券。该债券于 2007 年 1 月 1 日在公开市场上出售，实际利率为 12%，每年 12 月 31 日支付 10% 的现金利息，该债券计划于 2017 年 12 月 31 日到期。Bloom 公司最初以 435 763 美元发行该债券，为购买这项投资 Opus 公司支付了 283 550 美元，实际利息率为 8%。

a. 假设双方采用实际利率法，在 2009 年度合并利润表上应该报告赎回债务的利得和损失的金额是多少？

b. 假设双方采用实际利率法，在 2010 年 12 月 31 日，Bloom 公司投资账户和 Bloom 公司应付债券账户的余额分别是多少？

c. 假设双方采用直线法，在 2010 年 12 月 31 日如何编制与该债券相关的合并分录？假设母公司不采用权益法。

29. 略。

30. 2009 年 1 月 1 日，Smith 公司的股东权益账户如下所示：

优先股——面值100美元，不具有投票权和不参与分配，8%累积股利	$ 2 000 000
普通股——面值20美元	4 000 000
留存收益	10 000 000

Haried公司支付14 040 000美元购买了Smith公司所有的普通股，优先股仍然由外部方持有。并购日任何超额公允价值都被分配给具有40年使用年限的专营合同。

2009年度，Smith公司报告净收益为450 000美元，支付现金股利360 000美元。Haried公司对此项投资采用权益法。

a. 当期非控制性权益在合并净收益中的份额是多少？

b. 2009年12月31日，Smith公司投资账户的余额是多少？

c. 如何编制2009年的合并分录？

31. 略。

32. 以下信息来自Peak公司和其持股90%的子公司Valley的合并工作底稿：

- Peak公司报告出售建筑物的利得为12 000美元。该建筑物的账面价值为32 000美元，现以44 000美元出售。
- 当期发生公司间存货转移129 000美元。
- 当年Valley公司支付30 000美元股利，其中支付给Peak公司27 000美元股利。
- 当期Peak公司确认所购买的无形资产摊销16 000美元。
- 当期合并应付款减少11 000美元。

怎样在合并现金流量表中反映以上各项事项？

33. 略。

34. Parent公司持有Subsid公司所有的普通股，Parent公司发行在外的普通股为60 000股。2009年，Parent公司取得收益150 000美元，Subsid公司报告收益130 000美元。合并工作底稿上基于原来购买价格的分配所确认的每年摊销是10 000美元。两公司都有发行在外的可转换债券。2009年度，Parent公司和Subsid公司利息费用（税后）分别为32 000美元和24 000美元。Parent公司的债券可以转换成10 000股普通股；Subsid公司的债券可以转换为12 000股普通股，Parent公司拥有Subsid公司20%的债券（直接从Subsid公司购买）。此合并企业的基本每股收益和稀释每股收益分别为多少？

35. 略。

36. Garfun公司持有Simon公司所有的股票。2009年，Garfun公司报告收益480 000美元（不包括投资收益）。Garfun公司具有发行在外的普通股80 000股和优先股5 000股，优先股每年支付股利15 000美元。Simon公司发行在外的普通股为80 000股，当期报告的净收益为290 000美元。Simon公司的应付债券，每份面值为100美元，共10 000美元，每份债券支付年利息8美元，每份债券可以转换成3股普通股。Garfun公司不拥有任何此项债券。假设税率为30%，合并稀释每股收益是多少？

37. 略。

38. Alice公司持有Rughty公司100%的股份。在Alice公司的账簿上，对Rughty

投资账户的余额为731 000美元，子公司的40 000股股票的每股账面价值为12美元。

Rughty公司以每股15.75美元的价格向大众发行了10 000股新股。这项交易如何影响Alice公司财务记录中对Rughty投资账户的余额？

39. 略。

40. 2009年1月1日，Abraham公司购买了Sparks公司90%的股份，当日Sparks公司的账面净值为480 000美元：普通股为200 000美元（面值10美元）、留存收益为280 000美元。

Abraham公司为此项投资支付了584 100美元。并购日10%的非控制性权益的公允价值是64 900美元。与此项并购相关的公允价值超过账面价值的差额被用于增加土地（89 000美元），同时确认了80 000美元的版权（剩余使用年限20年）。Abraham公司对此项投资采用初始价值法。

在2009—2010年间，子公司账面价值增加了100 000美元。在2011年，Sparks公司取得收益80 000美元，同时支付股利20 000美元。在2011年初，为对扩展公司设施进行融资，Sparks公司以每股36美元发行了4 000股普通股。Abraham公司没有购买任何这些额外发行的股票，因此未进行记录。为两公司编制2011年的合并分录。

第7章 外汇交易及其外汇风险套期保值

如今，国际商业活动日趋频繁。据 Lockheed Martin 公司的年报，其2005 年出口收入达50 亿美元，占总收入的14%。即便是小型企业也广泛地参与到世界贸易活动中，例如，Cirrus Logic 公司在2006 年度的报告摘要中提到：外销收入主要集中于亚洲市场，包括对有离岸工厂的美国客户的销售，在2006 年、2005 年、2004 年分别占总收入的66%、67%、72%。出口收汇和进口结汇不一定要用美元结算，还可以使用比索、英镑、日元，或者合同商定的其他支付工具。当外汇汇率变动时，相应的美元的购买力也发生改变。因此，企业发现非常有必要采取一定形式的套期措施来降低汇率波动带来的风险。例如，Altria Group 公布，其外汇远期合同和期权的名义敞口为48 亿美元。

本章讲解了与外汇交易和外汇套期活动相关的会计事项。为了便于学习后续会计问题，本章将先从介绍外汇市场展开；然后伴随着各种套期工具的引入，讲解了进出口交易的会计处理。正是由于远期合同和期权无与伦比的重要性，本章主要集中讨论这两个方面。对于参与国际贸易的企业来讲，掌握对于这些项目的会计处理也是非常有益的。

7.1 外汇市场

各个国家通常使用本币作为买卖商品和服务的结算工具。例如在美国，通货为美元，在墨西哥则为墨西哥比索等。如果一位美国公民去墨西哥旅行，想购买当地特产，墨西哥商人理所当然要求其用墨西哥比索来支付货款。为了达成交易，这位美国人只有先将美元兑换成墨西哥比索。**外汇汇率**就是获得单位外汇需要支付的价格。很多因素决定着两种货币之间的汇率；不幸的是，对于参与国际贸易的企业，汇率可能在很长一段时间内波动不定①。

7.1.1 汇率机制

历史上，汇率并不总是波动的。在1945—1973 年间，各国币值与美元相挂钩，美元则与黄金相挂钩。各国约定币值波动保持在面值1%的区间内。如果某国货币汇率波动即将超出1%，该国中央银行则必须在外汇市场上通过买卖本币来干预。由于供求关系，中央银行买进本币，可使本币停止贬值，而卖出本币，则可使本币停止升值。

固定汇率制的基石是美元和黄金保持恒定的兑换比率，其他外币兑换为美元，并且可以自由地以35 美元兑换1 盎司黄金。但是在20 世纪60 年代，美国贸易赤字加剧，其他国家积累了大量的美元并纷纷开始用美元兑换黄金。这导致美国政府的黄金储备从1949 年的246 亿美元骤降至1971 年的102 亿美元。1971 年，美国暂停了对黄金的兑换，预示着固定汇率制末日的到来。1973 年3 月，大多数国家被允许采用浮

---

① 许多理论试图尝试解释汇率波动。但是至少从短期来看，成效甚微。理解外汇汇率变动的会计处理概念，并不一定必须掌握汇率波动的原因。

动汇率。

今天，存在着众多不同的外汇协定，比较重要的和大多数国家采用的主要有：

1. **独立浮动汇率制**。币值将依据市场力量来自由浮动，而不受或者很少受到该国中央银行的干预（如加拿大、日本、瑞典、瑞士、美国）。

2. **钉住某一货币**。币值与某一特定外汇汇率保持固定，而中央银行则在必要时采取行动以维持这种固定的比率。例如，有 25 个国家本币钉住美元（包括巴哈马和叙利亚共和国）。

3. **欧盟货币体系**。1998 年，加入欧盟货币体系的成员国采用一种新的通货，称为欧元，并且成立了欧盟中央银行①。直到 2002 年，地方币种如德国马克、法国法郎依然流通，但是与欧元保持着固定的汇率。从 2002 年 1 月 1 日起，地方币种退出流通领域，欧元成为 12 个欧盟成员国的流通货币。欧元和其他币种（如美元）保持浮动。

7.1.2 外汇汇率

美元和其他主要外币的汇率每天都会公布在《华尔街日报》和其他主要美国报纸上。为了更好地展示汇率和外汇市场，我们将观察于 2007 年 1 月 23 日（星期二）公布在华尔街日报上的外汇汇率报价，如图表 7—1 所示。

图表 7—1 **《华尔街日报》外汇报价，星期二，2007 年 1 月 23 日**

国家/币种	——周二—— 直接标价	间接标价	US $ vs TYD chg(%)	国家/币种	——周二—— 间接标价	直接标价	US $ vs TYD chg(%)
美洲				欧洲			
Argentina peso*	0.3228	3.0979	1.3	Czech Rep. koruna§	0.04639	21.5560	3.5
Brazil real	0.4691	2.1317	-0.2	Denmark krone	0.1748	5.7208	1.3
Canada dollar	0.8474	1.1801	1.2	Euro area euro	1.3027	0.7676	1.3
1-mos forward	0.8482	1.1790	1.2	Hungary forint	0.005119	195.35	2.6
3-mos forward	0.8496	1.1770	1.2	Malta lira	3.0345	0.3295	1.3
6-mos forward	0.8519	1.1738	1.2	Norway krone	0.1565	6.3898	2.5
Chile peso	0.001851	540.25	1.5	Poland zloty	0.3357	2.9789	2.6
Colombia peso	0.0004445	2 249.72	0.5	Russia ruble**	0.03776	26.483	0.6
Ecuador US dollar	1	1	-	Slovak Rep koruna	0.03736	26.767	2.5
Mexico peso*	0.0914	10.9433	1.3	Sweden krona	0.1434	6.9735	1.9
Peru new sol	0.3134	3.19	-0.2	Switzerland franc	0.8051	1.2421	1.9

① 大多数老牌的欧盟成员国都是欧元区国家。英国作为例外，是因为国民投票不同意加入；而瑞士之所以未加入欧元区，是因为其不是欧盟成员国。

续表

国家/币种	周二 直接标价	周二 间接标价	US $ vs TYD chg(%)	国家/币种	周二 间接标价	周二 直接标价	US $ vs TYD chg(%)
Uruguay peso†	0.0410	24.39	unch	1-mos forward	0.807	1.2385	1.9
Venezuela bolivar	0.000466	2 145.92	unch	3-mos forward	0.8114	1.2324	1.9
亚太地区				6-mos forward	0.8175	1.2232	1.9
Australian dollar	0.7925	1.2618	-0.4	Turkey lira §	0.7077	1.413	-0.2
China yuan	0.1286	7.7765	-0.4	UK pound	1.9818	0.5046	-1.2
Hong Kong dollar	0.1282	7.8	0.3	1-mos forward	1.9816	0.5046	-1.2
India rupee	0.022265	44.15	0.1	3-mos forward	1.9809	0.5048	-1.1
Indonesia ruphia	0.0001	9 083	1.0	6-mos forward	1.9789	0.5053	-1.1
Japan yen	0.008221	121.64	2.2	中东 & 非洲			
1-mos forward	0.008257	121.11	2.2	Bahrain dollar	2.6526	0.3770	unch
3-mos forward	0.008320	120.19	2.2	Egypt pound *	0.1754	5.7016	-0.2
6-mos forward	0.00842	118.78	2.2	Israel shekel	0.2366	4.2265	0.3
Malaysia ringgits‡	0.2856	3.5014	-0.8	Jordan dinar	1.4116	0.7084	-0.1
New Zealand dollar	0.7013	1.4259	0.5	Kuwait dinar	3.4577	0.2892	0.0
Pakistan ruppee	0.01643	60.864	0.1	Lebanon pound	0.0006614	1 511.94	unch
Philippines peso	0.0204	48.996	-0.1	Saudi Arabia riyal	0.2666	3.7509	unch
Singapore dollar	0.6515	1.3549	0.1	South Africa rand	0.1408	7.1023	1.6
South Korea won	0.0010635	940.29	1.1	Un Arab Rep dirhm	0.2723	3.6724	unch
Taiwan dollar	0.3035	32.949	1.1				
Thailand baht	0.02855	35.026	-1.2	SDR††	1.4971	0.668	0.5

注：* 浮动利率制

† 金融机构

‡ 政府利率

§ 以 2005 年 1 月 1 日为基础重新发行

** 俄罗斯中央银行利率

†† 特别提款权（SDR），IMF 发行，以美元、英镑、和日元的汇率为基础。

注释：以银行间 1 000 000 美元以上的交易为基础，路透社 4pm ET 报价。

资料来源：*The Wall Street Journal*, January 24，2007。刊载已获 *Wall Street Journal* 的允许，版权属于 Dow Jones & Company，世界范围内所有权利保留。

这些汇率是东部时间下午 4 点的纽约报价。例如，1 月 23 日（星期二）下午 4 点，1 阿根廷比索的美元报价是 0.3228 美元。在东部时间下午 4 点 01 分，1 阿根廷比索的美元报价可能将会是另一个值。这些汇率是银行间交易额 1 000 000 美元

（含）以上成交所达成的价格，也就是说，它们是银行间的，或者说是批发价格。对于零售客户，比如参与国际贸易的企业，报价会更高一些，这个报价是纽约银行机构的卖出价。银行在买进外汇时愿意支付的价格要低于卖出价。银行在外汇市场上也是从买卖价差中赚取利润。

每天发布的外汇信息包括两栏，第一栏，是购买一单位外汇需要支付的美元数，被称为**直接报价**。瑞典克朗（Swedish krona）在1月23日的直接报价是0.1434美元；换句话说，用0.1434美元可以购买1瑞典克朗。第二栏，表示1美元可以买进的外币数量，被称为**间接报价**，是直接报价的倒数。如果1瑞典克朗可以购买0.1434美元，那么6.9736瑞典克朗可以购买1美元。（这种算法并不总是如此，是因为《华尔街日报》的直接报价只保留四位小数）。为了避免混淆，本章只使用直接报价。

第三栏表示币值从年初到现在变动的百分比。从2007年1月1日—2007年1月23日，巴西里拉（Brazilian real）对于美元的报价跌了2%，同期，墨西哥比索（Mexican peso）升值了1.3%。许多外币，包括巴林第纳尔（Bahraini dinar）和沙特里亚尔（Saudi Arabian riyal），币值没有变化，是因为它们采取钉住美元的汇率政策。

7.1.3 即期和远期汇率

外汇交易可以用远期或者即期汇率执行。**即期汇率**（spot rate）指当天买进或者卖出某一汇率的价格。相反，**远期汇率**（forward rate）是未来某一天外汇交易在今天确定的价格。因为许多国际贸易需要一些时间去成交，那么今天锁定未来购买或者出售某一外汇的价格肯定是有好处的。

大多数《华尔街日报》公布的报价都是即期汇率。另外，它还每日发布纽约银行机构对于主要外汇（如英镑、加元、日元、瑞士法郎）的远期外汇报价。这些只是部分可能的外汇远期合同的清单。一家厂商与其银行可以商定适合公司需要的恰当时段和恰当币种的远期合同，达成这样的远期合同并不需要任何前期成本。

远期汇率在某一时点上可以超过即期汇率，这时外汇在远期市场以溢价交易；其也可以小于即期汇率，这时外汇在远期市场以折价交易。外汇之所以折价或者溢价交易是因为两国利率上的差别。如果某一外国利率高于国内利率，在远期市场上外汇将以折价交易。相反，如果外国利率小于国内利率，在远期市场上外汇将以溢价交易。[①] 远期汇率被认为是未来即期汇率的无偏预测量。

2007年1月23日的英镑即期汇率显示当天1英镑可以购买1.9818美元。同一天，一个月的远期汇率为1.9816美元/英镑。这意味着如果在1月23日达成一项一个月的远期合同，在2月23日就能以1.9816美元购进1英镑。如果在2月23日，外汇即期汇率大于1.9816美元/英镑，则达成这样一项合约是有益的。另一方面，如果在2月23日，外汇即期汇率小于1.9816美元/英镑，则达成这样一项合约是不利的。不论怎样，远期合约是必须遵守的，在2月23日必须以1.9816美元/英镑的单

---

① 这一关系基于利率平价理论，意为国家利率差异等于远期汇率折价或者溢价。这个观点在国际金融的教材中重点进行讲述。

价买进英镑。

结果表明，2007 年 2 月 23 日的即期汇率是 1.9635 美元/英镑，那么在 1 月 23 日达成的 2007 年 2 月 23 日以 1.9816 美元买进 1 英镑的远期合同，实际上造成了损失。

7.1.4 期权合约

为了提供比远期合同更具灵活性的产品，外汇期权市场应运而生。一个外汇期权赋予持有人在未来某个时点交易外汇的权利而不需要承担任何义务。**看跌期权**（put option）是指期权持有人卖出外汇的期权；**看涨期权**（call option）是指期权持有人买进外汇的期权。期权的**执行价格**（strike price）指期权持有人决定执行期权的交易价格。执行价格类似于远期汇率。常常在任一时点会有很多执行价格可供选择。在费城股票交易所、芝加哥商品交易所，或者直接从银行即所谓的场外市场都可以买到外汇期权。

在远期合同中，银行通过买卖利差赚取利润。与其不同，在期权交易中，只有支付期权费才能购买一份期权，期权费是两个变量——内在价值和时间价值——的函数。**期权的内在价值**等于如果马上执行期权就能获得的利得。例如，如果某外汇的即期汇率是 1.00 美元，执行价为 0.97 美元的看涨期权的内在价值等于 0.03 美元，而执行价为 0.97 美元的看跌期权的内在价值等于 0。内在价值大于零的期权为实值期权（in the money），内在价值小于零的期权为虚值期权（out of money）。**期权的时间价值**产生于由于未来期间即期汇率的变动而引起期权价值的变动。即使一笔执行价为 1.00 美元、90 天的看涨期权在即期汇率为 1.00 美元时的内在价值为 0，但它仍然具有时间价值，因为在未来 90 天内，如果即期汇率大于 1.00 美元，那么它就变成了实值期权了。

根据 Black-Scholes 期权定价公式可以计算出外汇期权的价值。这个公式在国际金融学的教材里有详尽的讲述。大概来讲，期权的价值是一个即期汇率和执行价格之差、国内外利率差、权利期间的长度和即期汇率未来波动方差的函数。在本书中，初始所支付的期权费和后续期间直至到期日根据定价公式所计算出来的公允价值都是给定的。

2006 年 12 月 20 日，费城股票交易所联合外汇期权市场显示：一笔 2007 年 1 月的执行价为 1.32 美元/欧元的欧元看涨期权，其期权费为 0.0125 美元/欧元。因此，买入 62 500 欧元按 2007 年 1 月到期的标准合约需要支付 781.25 美元（0.0125 × 62 500）的期权费。如果 2007 年 1 月的即期汇率高于 1.32 美元/欧元，那么将执行这份期权，以 1.32 美元/欧元买进 62 500 欧元。反过来，如果即期汇率低于 1.32 美元/欧元，期权将不会被执行，而将以较低的市场价买进欧元。看涨外汇期权实际上限定了购买欧元时的最高价格，但是当即期汇率小于执行价格时，并不受不利执行价格的影响。

7.2 外汇交易

国际贸易包括出口和进口贸易，如果不同国家的当事人达成一笔外汇交易，双方必须协定用何种货币结算。例如，一家美国电脑生产商销售给一位日本客户一台电脑，他们必须协定这笔交易用美元还是日元计价（支付）。

假定一家美国的出口商（Amerco）向一家德国的进口商销售了商品并且约定用欧元支付，那么 Amerco 已经参与了外汇交易。为了列示这笔买卖，Amerco 必须把欧元折算为以美元计价的账户。之所以这样做是因为 Amerco 的日记账和财务报表都必须以美元来计价。尽管德国进口商参与了这次国际贸易活动，但它并没有参与国际外汇交易（货款将用欧元支付），所以德国进口商并且不需要折算。

假如，作为行业惯例，Amerco 不会要求德国客户立即支付款项而是在未来 30 天后支付。此时 Amerco 将面临着销售日和收款日期间由于美元/欧元汇率变动而收入贬值的风险。如果确实如此，Amerco 的销售收入将会减少，这笔交易也因为赊销而降低盈利性。

在这种情况下，Amerco 就被认为面临着外汇风险敞口。现将这笔外汇交易详细地总结如下：

1. 出口销售：当出口商同意购买方以外币支付并且约定购买方可以在未来一定时期内付款，那么这笔交易就面临着外汇风险。由于在销售日和收款日之间存在外币贬值的可能性，那么出口商将面临着外汇风险，因此最终导致其收到的美元减少了。

2. 进口采购：当进口商被要求用外币支付价款并且将在采购日后未来一定时期内支付，那么这笔交易就面临着外汇风险。由于在购买日和最终支付日期间存在外币升值的可能性，那么进口商将暴露在这种风险之下，最终导致需要为进口货物支付更多的美元。

7.2.1 会计计量

外汇交易**在会计计量上的主要问题**在于：由于外币价值变动，对于出口销售收入和应收账款的本币价值的变动该如何处理（引申出来的问题是在进口时对存货和应付账款的本币价值的变动该如何处理）。例如，Amerco，一家美国公司，向德国客户销售了一批商品，合计价款 1 000 000 欧元，即期汇率为 1.32 美元/欧元。如果当天收款，Amerco 可以收到 1 000 000 欧元，并兑换为 1 320 000 美元；显然销售收入将确认为 1 320 000 美元。如果不是立即交收，而是允许德国客户可在 30 天后付款。在第 30 天末，欧元贬值为每欧元兑换 1.3 美元，Amerco 只能得到 1 300 000 美元。那么 Amerco 对 20 000 美元的贬值该如何进行会计处理呢?

7.2.2 会计方法取舍

从概念上来讲，外汇交易中价值变动的会计处理方法有两种：一次交易观和二次交易观。**一次交易观**的观点是只有当出口收入得到外币并兑换为本币后，交易才算完成（其核心问题是如何根据美元对外币的价值变动来调整应收账款和销售收入）。在这种观点之下，Amerco 最终确认收入 1 300 000 美元，并且现金账户也相应增加这么多。这种观点也受到了批评，因为它隐藏一个事实真相，即如果要求德国客户在销售日付款，Amerco 可以收到 1 320 000 美元。由于汇率波动，Amerco 发生了 20 000 美元的损失，但是损失被销售收入的调整所掩盖了。U. S. GAAP 不认同这种方法。

所以《FASB 第 52 号公告》（FABS *Statement No. 52*）要求公司采用二次交易观

进行外汇交易会计处理。[1] **二次交易观**把出口收入和后续款项的收回确认为两笔不同的交易。因为管理层做了两个决定——（1）出口销售和（2）在外币结算上给客户赊销——所以必须分别报告两个决定下的收入效应。在销售日，美元销售收入即得到确认。此时，销售已经完成了；后续收入账户也不会有任何调整。任何在收款日和销售日美元收入的差异起源于当初在外币结算上给予客户的赊销。此项差异在利润表中作为外汇交易利得和损失，与销售收入分开列报。在 Amerco 出口的这笔交易中，在二次交易观下的会计分录如下：

销售日	应收账款（欧元）	1 320 000	
	主营业务收入		1 320 000

以 1.32 美元/欧元的即期汇率，确认应收账款和主营业务收入。

收款日	外汇交易损失	20 000	
	应收账款（欧元）		20 000

在新的即期汇率为 1.30 美元/欧元时，调整应收账款的账面价值，并且确认了欧元贬值带来的损失。

银行存款	1 300 000	
应收账款（欧元）		1 300 000

确认收到了 1000 000 欧元，在即期汇率为 1.32 美元/欧元时，折合为本币。

收入按照如果没有给予购买方 30 天的赊销期，即能够收到的 1000 000 欧元并且折算为 1 320 000 美元来确认。独立的外币交易损失科目表示由于给予德国客户赊销期和欧元贬值而引起的收入效应，实际上，Amerco 收到了较少的美元。[2]

要注意的是，Amerco 独立于应收账款美元账户之外，又建立了应收账款欧元账户。参与外汇交易的企业需要按照外汇交易币种建立单独的应收和应付账户。每一个币种的应收和应付账户均需在账户中有一个单独的账户编号。

我们把汇率波动与外汇交易利得和损失之间的关系总结如下：

交易	风险敞口	外汇	
		升值	贬值
出口销售	资产	利得	损失
进口采购	负债	损失	利得

源自出口销售的一笔外汇应收款带来了外汇资产类风险敞口。如果外币升值，那么外币资产将增加美元价值，产生外汇交易利得；如果外币贬值，那么外币资产将减少美元价值，产生外汇交易损失。源自进口采购的一笔外汇应付款带来了外汇负债类风险敞口。如果外币升值，那么外币负债将增加美元价值，产生外汇交易损失；如果外币贬值，那么外币负债将减少美元价值，产生外汇交易利得。

---

① FASB, *Statement of Fanancial Accounting Standards No.* 52 "Foreign Currency Translation" （Stamford CT：FASB December 1981）.

② 注意到外汇交易损失之所以产生是因为允许客户用欧元结算，并且授予 30 天付款期。如果这笔交易以美元结算，或者在销售日即收到欧元，将不会产生任何损失。

7.2.3 资产负债表日位于付款日之前

如果资产负债表日在销售日和付款日之间，又该作何调整呢？例如，Amerco 在 2009 年 12 月 1 日向德国客户发出商品，货款将在 2010 年 3 月 1 日收到。2009 年 12 月 1 日，即期汇率为 1.32 美元/欧元，2009 年 12 月 31 日即期汇率为 1.33 美元/欧元，那么在 2009 年 12 月 31 日，是否在结账时需要对欧元升值而引起的应收账款变动进行调整呢？

世界范围内的共识是在资产负债表日调整因外汇汇率变动而引起应收应付款项。在二次交易观下，这意味着在资产负债表日将产生外汇交易利得和损失。下一个问题是由于产生了外汇交易利得和损失但是并没有成为现实的权利或者义务，那么它们需要体现在利润表中吗？

关于未实现外汇交易利得和损失的会计处理方法有两类，递延法和权责发生制法。**递延法下**，未实现外汇交易利得和损失直到在现金真正被收到或被支付前一直在资产负债表列示为递延项，当现金真正被收到或支付时，该项已实现的外汇交易利得和损失才被列示到利润表中。这种方法不被 U. S. GAAP 所接受。

SFAS 52 要求美国公司采用权责发生制计量未实现的外汇交易利得和损失，在权责发生制下，未实现的外汇交易利得和损失在利润表上列示表内期间的外汇汇率的变动。*SFAS 52* 解释说："这种处理方法和权责发生制会计是一致的，运用该法可以反映汇率波动的效应，即汇率波动将引起未来的现金流动。"[①] 因此，任何销售日至资产负债表日之间的汇率波动产生的外汇交易利得和损失将在当期的利润表中列示。资产负债表日至支付日之间产生的第二阶段外汇交易利得和损失将在第二会计期间报告。在权责发生制下，Amerco 的会计分录如下：

12/01/2009	应收账款（欧元）	1 320 000	
	主营业务收入		1 320 000

以 1.32 美元/欧元的即期汇率，确认应收账款和主营业务收入。

12/31/2009	应收账款（欧元）	10 000	
	外汇交易利得		10 000

在新的即期汇率为 1.33 美元/欧元时调整应收账款的账面价值，并且确认了自 2009 年 12 月 1 日欧元升值产生的外汇交易利得。

03/01/2010	外汇交易损失	30 000	
	应收账款（欧元）		30 000

在新的即期汇率为 1.30 美元/欧元时调整应收账款的账面价值，并且确认了自 2009 年 12 月 31 欧元贬值产生的外汇交易损失。

	银行存款	1 300 000	
	应收账款（欧元）		1 300 000

在 2009 年对利润的净效应是销售收入 1 320 000 美元和外汇交易利得 10 000 美元；在 2010 年，Amerco 确认了 30 000 美元的外汇交易损失。这导致留存收益净增加了 1 300 000 美元，现金在两个年度内净增加了相同的金额。

① *SFAS 52* 124 段。

对权责发生制的批判观点，认为当在资产负债表日出现未实现外汇交易利得时，其违背了谨慎性原则。实际上，在 U. S. GAAP 里面，只有两种情形将未实现利得确认在利润表中，这是其中之一（另外一种情形是以公允价值计量的交易性证券）。

SFAS 52 要求在资产负债表日对公司账册上所有的外汇交易资产和负债重新编制报表。除了在进出口交易中产生的应收应付款项，公司仍有可能在境外附属公司享有的应收股利、对外国贷款人的应付债务、应从外国客户收到的以外币计价的应收租赁款等等，这些在资产负债表日都需要重述。每一项以外币计价的资产和负债都存在外汇风险，汇率波动将产生外汇交易利得或损失。

许多美国企业在利润表中把外汇交易利得和损失作为单独一项来列报，名称是“其他收入（费用）”。将其他偶发的利得和损失比如处置资产的损益也列示在此项下。*SFAS 52* 要求如果外汇交易利得和损失很重要，则对其重要性将进行披露。例如，在 2005 年度报告中，Merck 公司利润表中的其他（收入）费用项目，包括 2005 年、2004 年、2003 年分别为 1 610 万美元，1 840 万美元，2 840 万美元的外汇交易利得的净额。

7.3 外汇风险对冲

在前面的例子中，Amerco 给德国客户销售了产品并且给予其三个月的付款期，Amerco 即面临着资产风险敞口。如果未来三个月欧元贬值，将给 Amerco 带来外汇交易损失。对许多公司来讲，一笔出口将产生多少美元进款的这种不确定性是一个非常严重的问题。为了规避这种风险（风险即未来事项的不确定性），公司通常使用外汇交易衍生工具来规避外币不利变动所引起的风险。常用的两种是*外汇远期*合约和*外汇期权*。使用远期合约，Amerco 可以锁定三个月后卖出欧元（换汇成美元）的价格。期权则赋予 Amerco 在三个月之后可以但不必以某一固定价格卖出欧元的权利。如果 Amerco 恰好在销售日达成一笔远期合约或者期权，这种衍生工具即被称为一项**已确认的外币计价资产**（应收账款——欧元）的**对冲工具**（**hedge of a recognized foreign currency denominated asset**）。

更加常见的是当参与外汇交易的公司达成一项不可撤消的销售订单或者一项不可撤销的采购订单时，公司就会签订对冲协议。明确了外汇交易的价格和发货日期的一项不可撤销的订单被称为**外汇交易确定承诺**。比如 6 月 1 日，Amerco 接到一笔 500 万韩元的向韩国客户销售零部件的订单，发货日和收款日都在 8 月 15 日。在 6 月 1 日，即销售发生之前，Amerco 达成了一笔在 8 月 15 日出售 500 万韩元的外汇远期合约。此时，这种衍生工具被称为一项**未确认的外汇交易确定承诺对冲工具**（**hedge of an unrecognized foreign currency firm committment**）。

有些公司的外汇交易很有规律且能够可靠的预测。例如，Amerco 定期向香港供应商采购原材料并用港币支付。即使 Amerco 没有未来采购的合同，当它计划继续向港商采购原材料时，仍然面临着外汇交易风险。比如在 10 月 1 日，Amerco 预计一个月之后要从港商采购原材料。为了锁定港币升值的风险，Amerco 在 10 月 1 日买进一笔一个月以后购进港币的看涨期权。这笔外币期权代表了一项**预测的外币计价交易对**

冲工具（hedge of a forecasted foreign currency denominated tansaction）。

7.4 衍生工具会计

2001 年生效的 *SFAS 133*，“衍生工具和对冲交易会计”指导所有衍生工具（包括外币风险套期工具）的会计处理。为了回应许多公司提出的疑问，*SFAS 138*，“某些衍生工具和某些对冲交易会计”在**已确认的外币计价资产和负债对冲工具的会计方法**方面对 *SFAS 133* 做了修订。

SFAS 133（修订版 *SFAS 138*）对下列外汇风险来源的对冲交易的会计处理提供了指导：

①已确认的外汇计价的资产和负债；

②未确认的外汇交易确定承诺；

③预测的外币计价交易；

④对国外分支机构净投资。

每一类型的外汇对冲使用不同的会计方法。这节将介绍前三种外汇对冲的会计处理方法。

7.4.1 衍生工具会计基本要求

SFAS 133（修订版 *SFAS 138*）的基本要求是公司在资产负债表日对所有衍生工具用公允价值计量。公允价值大于零，在资产负债表中作为资产列报；反之，则为负债项。所以衍生工具会计的第一个问题就是确定公允价值。

衍生工具的公允价值在一定时间中可能发生波动，需要对它的公允价值重新调整。第二个问题是对调整产生的利得和损益如何处理。

7.4.2 确定衍生工具的公允价值

参考合约期限内远期利率的变动，折现未来现金流来确定远期合约的公允价值。在任一时间点上，确定远期合约公允价值都需要三种信息：

1. 达成远期合约时的远期利率。
2. 与所签订远期合约有相同到期日的现远期合约利率。
3. 折现率——通常是公司的边际借款利率。

假定，12 月 1 日，Exim 公司达成一笔远期合约，约定在 3 月 1 日以远期利率 0.085 美元的价格卖出 1 000 000 墨西哥比索，合计 85 000 美元。Exim 达成合约没有发生任何成本，在即期也没有价值。12 月 31 日，当编制资产负债表时，卖出墨西哥比索的远期利率变为 0.082 美元。当天，于 3 月 1 日售出 1 000 000 墨西哥比索的远期合约的现金流入仅为 82 000 美元。这表示 Exim 的远期合约的价值增值 3 000 美元（85 000-82 000）。在 12 月 31 日远期合约的未折现公允价值为 3 000 美元。假定该公司的年边际借款利率为 12%，远期合约的未折现公允价值必须以月折现率为 1% 折现两月（从 12 月 31 日到 3 月 1 日）。所以 12 月 31 日远期合约的公允价值为2 940.90

美元（3 000×0.9803）。①

外汇期权的公允价值取决于该项期权是交易所交易（场内交易）还是柜台交易（场外交易）。交易所交易的期权的公允价值是交易所的市场报价。对于场外交易的期权，公允价值是期权经纪商（如银行）的报价。如果不能获得该报价，公司可以用修正的 Black-Scholes 期权定价模型（前面简要介绍了）对期权估价。不论由谁来计算，类似于 Black-Scholes 期权定价模型的原理都可以被用来决定期权的公允价值。

7.4.3 衍生工具公允价值波动的会计处理

衍生工具公允价值的波动必须包含在*全面收益*（comprehensive income）之中，其被定义为企业在报告期内除去所有者投资和分派所有者款以外的交易、事项和情况所产生的一切权益（净资产）的变动。其他全面收益由两部分组成：*净收益*和*其他全面收益*。其他全面收益涵盖那些已确认但未实现、平时不记入收益表而在资产负债表部分表述的项目，包括外币折算调整项目、最低退休金负债调整、可销售证券的利得或损失。其他全面收益归集起来并在资产负债表所有者权益部分作为单独的一项列示。本书中使用*累计其他全面收益*来描述所有者权益中的这一项。

根据 *SFAS 133*（修订版 *SFAS 138*），衍生工具公允价值变动损益和利得初始确认为下列中一项：（1）利润表里的利润项目，（2）资产负债表中的其他全面收益项目。具体如何处理要看衍生工具的目的是套期保值还是投机。② 对于投机性衍生工具，公司把衍生工具公允价值变动发生的损益立即在利润表里确认。套期保值衍生工具公允价值变动损益的会计处理方法取决于套期保值外汇交易风险的性质和衍生工具是否符合套期保值会计的要求。

7.5 套期保值会计

公司通过套期保值来减少外汇利率变动对现金流量和净利润的不利影响。因此，公司愿意用以下方式计量套期保值：在损益风险对冲的当期把套期保值产生的利得和损失确认在利润表中。这种方法叫做*套期保值会计*（*hedge accounting*）。*SFAS 133* 和 *SFAS 138* 认为只要满足下列三个条件，即可对外汇衍生工具运用套期保值会计：

1. 衍生工具被用来对冲公允价值敞口或者现金流量敞口的外汇交易风险；
2. 衍生工具在抵销与被套期项目有关的公允价值或者现金流量的变动方面是高度有效的；
3. 衍生工具被准确地记录为套期保值工具。

下面将依次讨论上述条件。

7.5.1 对冲风险的本质

当外汇汇率波动能够影响资产负债表中某一资产或负债公允价值时，则定义为存

① 月利率 1% 两个月的现值因子是 $1/1.01^2$，或者 0.9803。

② 公司亦可以用衍生金融工具投机。例如，假设 3 个月的英镑远期利率为 2.00 美元，一位投机者认为 3 个月后的英镑即期汇率为 1.97 美元。这种情况下，投机者就会达成 3 个月远期合约卖出英镑。3 个月后，投机者按照即期汇率 1.97 美元买进英镑，同时以远期合约汇率 2.00 美元卖出英镑，每英镑获取 0.03 美元的利润。当然，因为即期汇率未按预期变动也很容易引起损失。

在公允价值风险敞口。套期保值的必要条件是：如果没有套期保值，公允价值变动的风险即会影响净利润。例如，公允价值风险常常伴随着一项外币应收款项。如果外币贬值，应收款项即因确认一笔损失而减少账面价值，并且损失将确认在利润表中。FASB 规定：外汇交易确定承诺也存在公允价值风险敞口。

如果汇率波动对一笔交易的现金流量产生影响，并且该影响将被确认在利润表中，则定义为存在现金流量风险敞口。例如：一笔外汇应收账款就同时存在公允价值风险敞口和现金流量风险敞口。下列项目存在现金流量风险敞口：（1）确认的外汇资产和负债，（2）外汇交易确定承诺，（3）预期的外汇交易。

运用套期保值会计时，公司必须将衍生工具确认为公允价值套期或现金流量套期。对于确认的外汇资产和负债套期以及外汇交易确定承诺套期，公司必须选择公允价值套期或者现金流量套期其中的一项；而预期的外汇交易套期只能够确认为现金流量套期。两者会计处理程序不同：概括地讲，公允价值套期的变动损益即期就确认在利润表中，现金流量套期的变动损益则包括在其他全面收益中。

7.5.2 套期保值有效性

利用套期保值会计的首要条件就是套期工具在对冲被套期项目变动损益的风险时，应该高度有效。在后续应用中，套期工具也一定能够产生足够的损益去对冲被套期项目的风险。

初始，只有套期工具的关键项目与被套期项目相匹配时，一项外汇衍生工具才能被确认为有效套期工具。关键项目包括外汇币种、外汇金额、结算日期。例如，一笔30 天后交割的买入100 000 加元的远期合约就可能是一笔30 天后结算的100 000 加元的应付款的有效套期。企业应当持续地对套期有效性进行评价，评价方法如分币种累计抵销法。

7.5.3 套期指定

为了应用套期保值会计法，*SFAS 133* 要求在套期开始时（达成一项外汇远期合约或者取得一笔外汇期权），对套期关系（即套期工具和被套期项目之间的关系）有正式指定，并必须准备关于识别被套期项目、套期工具、被套期风险性质、套期有效性评价方法、风险管理目标和套期策略的正式书面文件。

7.6 外币计价的资产和负债的套期工具

外币计价的资产和负债（如应收账款和应付账款）的套期工具，可以划分为现金流量套期或是公允价值套期。划分为现金流量套期，套期工具可以完全抵销外汇应收应付款现金流量的波动。如果套期工具不符合现金流量套期或者企业没有选择将其指定为现金流量套期，那么它就被指定为公允价值套期。下面将归纳总结这两种类型的基础会计方法。

7.6.1 现金流量套期

在每个资产负债表日，下列程序是必须的：

1. 以即期汇率的波动为基础，把被套期资产或负债调整为公允价值，外汇交易利得或损失计入净利润中。

2. 把套期工具调整为公允价值（在资产负债表上列示为资产或者负债），其利得或损益计入累计其他全面收益（AOCI）。

3. 与被套期资产或负债的外汇交易利得或损失相等的数额从累计其他全面收益中转出，转入净利润之中；从而净效益是抵销了被套期资产或负债的利得或损益。

4. 额外的一部分从 AOCI 转出，转入净利润中，反映了：（1）本期对取得时远期合约（如果远期合约是套期工具）折价或溢价的摊销；（2）期权时间价值的变动（如果期权是套期工具）。

7.6.2 公允价值套期

在每个资产负债表日，下列程序是必须的：

1. 以即期汇率的波动为基础，把被套期资产或负债调整为公允价值，在利润表中确认外汇交易利得或损失。

2. 把套期工具调整为公允价值（在资产负债表上列示为资产或者负债），在利润表中确认其利得或损失。

7.7 外币资产套期工具——远期合约

让我们重新回到 Amerco 的例子，在这个例子中，Amerco 公司有一项外币应收账款，我们用此例来说明已确认的外币计价资产的套期保值工具的会计处理。① 在前面的例子中，Amerco 存在欧元应收账款风险敞口。为了对冲欧元贬值的风险，Amerco 签订了一份远期合约。

假设在 2009 年 12 月 1 日，3 个月欧元远期汇率为 1.305 美元/欧元，Amerco 和 New Manhattan 银行签订了一份远期合约，约定 3 个月之后支付 1 000 000 欧元，可得到 1 305 000 美元，当天没有现金变动。因为当天的即期汇率为 1.32 美元/欧元，所以 3 个月远期合约折价销售（远期汇率小于即期汇率），每欧元折价 0.015 美元，较之当天收款，Amerco 少收 15 000（1 320 000－1 305 000）美元。可以将 15 000 美元视为费用，它是向国外客户延展外币信贷的成本。② 理论上讲，该费用类似于出口销售时发生的交易损失。它之所以发生的唯一原因是由于应收账款是以外币计价的。此时，Amerco 可以在销售日明确地知道折价成本，而如果没有套期保值，直到 3 个月之后才能知道这项交易的损失大小（实际上，未被套期应收款也有可能产生盈利而非亏损）。

如果到期即期汇率仅为 1.30 美元/欧元，那么以 1.305 美元/欧元的远期汇率卖出欧元显然要优于没有套期保值：Amerco 公司可以因为套期保值获得额外的 5 000 美元。这可以视为套期保值产生的利得。和折价费用不同，利得的精确值只有在 3 个月之后才能知晓（实际上，远期合约也可能产生额外的亏损。例如，2010 年 3 月 1 日

① 这章后面的综合题讲解了外币负债套期工具的会计处理。
② 不要把它和正常信用风险相混淆，信用风险是到期违约的风险，与交易时用何种币种计价没有任何关系。

的即期汇率大于 1.305 美元/欧元）。

Amerco 必须同时但要分开计量外汇交易和相对应的远期合约。在图表 7—2 中，你更易理解这个过程：

图表 7—2　　**外币应收账款套期远期合约**

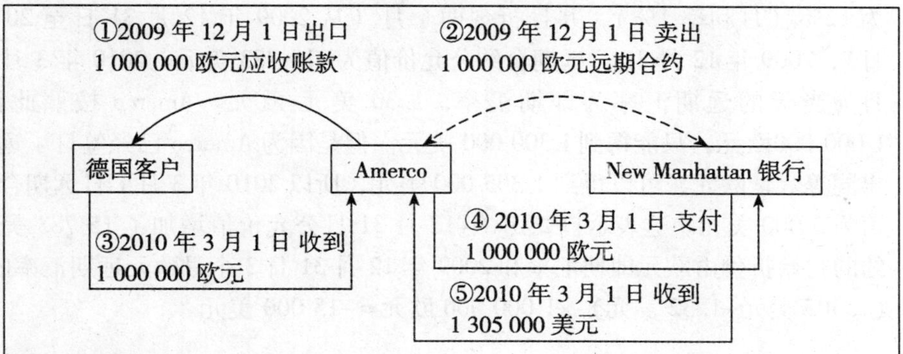

2009 年 12 月 1 日

1. Amerco 向德国客户出口一批产品，应收账款为 1 000 000 欧元
2. Amerco 和银行签订一笔三个月远期合约，远期卖出 1 000 000 欧元，将收到 1 305 000 美元

2010 年 3 月 1 日

3. 德国客户向 Amerco 支付 1 000 000 欧元，Amerco 有 1 000 000 欧元的外币
4. Amerco 向 New Manhattan 银行支付 1 000 000 欧元
5. New Manhattan 银行向 Amerco 支付 1 305 000 美元

由于远期合约的关键项目——结算日期、外汇币种、外汇金额都和应收账款的有关条款相匹配，所以套期预期是非常有效的。如果 Amerco 指定远期合约作为欧元应收账款的套期工具，它将适用套期保值会计。由于它完全地对冲了应收账款现金流量的变动，所以可以指定其为现金流量套期。或者，由于汇率的波动不但影响现金流量而且影响应收账款公允价值，Amerco 也可以选择将远期合同指定为公允价值套期。

不论如何指定，Amerco 总是根据 2010 年 3 月 1 日远期汇率的变动来确定远期合约的公允价值。有关汇率，应收账款的美元价值，远期合约的公允价值计算如下：

日期	即期汇率	应收账款（€）美元价值	应收账款（€）美元价值变动	3/01/2010 的远期汇率	远期合约 公允价值	远期合约 公允价值变动
12/01/2009	$ 1.32	$ 1 320 000	—	$ 1.305	0	—
12/31/2009	1.33	1 330 000.00	+ $ 10 000.00	1.316	$ −10 783 *	− $ 10 783.00
03/01/2010	1.30	1 300 000.00	− $ 30 000.00	1.300	5 000 √	+15 783.00

* （13 050−13 160）=（11 000）×0.9803 =（10 783）美元，其中 0.9803 是年利率 12%（月利率 1%）的两个月的现值因子，$1/1.01^2$。

√ 1 305 000 美元−1 300 000 美元 = 5 000 美元。

在 2009 年 12 月 1 日，Amerco 以零成本签订了一份远期合约，远期合约的公允价值为 0。在 2009 年 12 月 31 日，到期日为 2010 年 3 月 1 日的远期汇率为 1.316 美元/欧元，也就是说，Amerco 可以远期汇率为 1.316 美元/欧元的价格签订一笔交割日为 2010 年 3 月 1 日的 1 000 000 欧元的卖出远期合约。由于 Amerco 已经签订了合约，约定以 1 305 000 美元的价格卖出 1000 000 欧元，所以远期合约的名义价值是 -11 000美元。远期合约的公允价值是名义价值的现值。假定 Amerco 年边际借款利率为 12%（月利率 1%），并且折现两个月（从 2009 年 12 月 31 日至 2010 年 3 月 1 日），2009 年 12 月 31 日远期合约公允价值为-10 783 美元。2010 年 3 月 1 日，到期日为当天的远期汇率为即期汇率，1.30 美元/欧元。Amerco 按照此汇率，卖出 1 000 000欧元，只能得到 1 300 000 美元。但是因为 Amerco 已经签订了远期合约，卖出同等数量欧元，可以得到 1 305 000 美元，所以 2010 年 3 月 1 日远期合约的公允价值为 5 000 美元。这表示自 2009 年 12 月 31 日公允价值增加了 15 783 美元。远期合约的初始折价由欧元即期汇率和 2009 年 12 月 31 日 3 个月欧元远期汇率的差异决定：(1.305 美元-1.32 美元) ×1 000 000 欧元 = -15 000 美元。

7.7.1 远期合约被指定为现金流量套期

假设 Amerco 将此远期合约指定为某一外币计价资产的现金流量套期，则必须对初始远期折溢价在远期存续期内按照实际利率法摊销。该公司计量外汇交易和相关远期合约的会计分录如下：

1. 2009 年会计分录——远期合约被指定为现金流量套期

12/01/2009	应收账款（欧元）	1 320 000	
	主营业务收入		1 320 000

确认销售收入和应收账款 1 000 000 欧元，即期汇率为 1.32 美元/欧元。图表 7—2 中第 1 步。

Amerco 对远期合约未作正式的会计分录，是由于它是一个待执行合同（当天没有发生现金变动），公允价值为 0（图表 7—2 中第 2 步）。

Amerco 在备忘录中指定远期合约为现金流量套期工具，来对冲由于美元/欧元汇率波动所带来的应收账款现金流量变动的风险。

12/31/2009	应收账款（欧元）	10 000	
	外汇交易利得		10 000
	在新的即期汇率为 1.33 美元时调整应收账款，确认从 12 月 1 日起因欧元升值而产生的外汇交易利得。		
	累计其他全面收益（AOCI）	10 783	
	远期合约		10 783
	将远期合约按照公允价值确认为一项负债，相应借记累计其他全面收益。		
	远期合约损失	10 000	
	累计其他全面收益		10 000

续表

	确认远期合约损失对冲应收账款利得，相应贷记累计其他全面收益。		
	折价费用	5 019	
	累计其他全面收益		5 019
	用实际利率法在远期合约的寿命内摊销远期合约折价至净利润，并相应贷记累计其他全面收益。		

12 月 31 日的第一笔分录按照 *SFAS 52* 的要求对应收外币账款重新估值，并确认一笔 10 000 美元的外汇交易利得。第二笔分录按照 *SFAS 133* 的要求将远期合约确认为一笔负债，即 10 783 美元，记入资产负债表中。由于远期合约已经被指定为现金流量套期，所以应该调整累计其他全面收益，即减少所有者权益。第三笔分录依据套期保值会计把损失从累计其他全面收益中转出 10 000 美元，转入远期合约。因此，远期合约损失 10 000 美元和外汇交易利得 10 000 美元二者相抵销，对收益的净影响为 0。由于第二笔和第三笔分录，远期合约作为资产负债表中的一项负债给予列示，其公允价值为 10 783美元。确认 10 000 美元的远期合约损失来抵销外汇交易利得，累计其他全面收益的负数余额为 783（借方）美元。第二和第三笔分录可以合并如下：

12/01/2009	远期合约损失	10 000	
	累计其他全面收益	783	
	远期合约		10 783

累计其他全面收益的负数余额可以被视为部分远期合约损失（远期合约公允价值的减值），没有确认在当期利润表之中，而是被递延于所有者权益。在现金流量套期保值会计下，套期工具（远期合同）的损失只有当它对冲了被套期项目（应收账款）的盈利时才能被确认。

最后一笔分录按照实际利率法将 15 000 美元的远期合约折价作为费用在远期合约期限内摊销在利润表中。企业按照下列方法计算内涵利率：外汇交易资产初始值为 1 320 000 美元，而其远期合约能带来 1 305 000 美元的未来现金流量，折价为 15 000 美元，在未来 3 个月之中摊销，实际利率为 $1-\sqrt[3]{1\ 305\ 000/1\ 320\ 000}=0.0038023$，2009 年 12 月份的在利润表中的摊销额为：$1\ 320\ 000\times0.0038023=5\ 019$（美元）。

对 2009 年度利润的影响为：

营业收入		$ 1 320 000
外汇交易利得	$ 10 000	
远期合约损失	(10 000)	
净损益		0
折价费用		(5 019)
对利润的净影响		1 314 981

对 2009 年 12 月 31 日资产负债表的影响为：

资产		负债和所有者权益	
应收账款（€）	$1 330 000	远期合约	$10 783
		留存收益	1 314 981
		其他全面收益	4 236
			$1 330 000

2. 2010 年会计分录——远期合约被指定为现金流量套期

03/01/2001	外汇交易损失	30 000	
	应收账款（欧元）		30 000
	即期汇率为 1.30 美元时调整应收账款，并且确认自 2009 年 12 月 31 日欧元贬值的外汇交易损失		
	远期合约	15 783	
	累计其他全面收益		15 783
	此时远期合约的公允价值为 5 000 美元，所以调整远期合约账面价值，相应贷记累计其他全面收益		
	累计其他全面收益	30 000	
	远期合约利得		30 000
	确认远期合约利得对冲应收账款的损失，相应借记累计其他全面收益		
	折价费用	9 981	
	累计其他全面收益		9 981
	将剩余远期合约折价摊销计入利润表中（15 000－5 019＝9 981 美元），相应贷记累计其他全面收益		

（综合以上分录，累计其他全面收益科目余额＝4 236 美元＋15 783 美元－30 000 美元＋9 981 美元＝0 美元）

	外汇（欧元）	1 300 000	
	应收账款（欧元）		1 300 000
	收到德国客户货款 1 000 000 欧元，即期汇率为 1.3 美元确认为资产（外币）（图 7—2 第 3 步）		
	银行存款	1 305 000	
	外汇（欧元）		1 300 000
	远期合约		5 000
	交割远期合约（支付 1 000 000 欧元，得到 1 305 000 美元，并终止确认远期合约（图表 7—2 第四、第五步））		

对2010年净利润的影响为（单位：美元）：

外汇交易损失	(30 000)	
远期合约利得	30 000	
净损益		0
折价费用		(9 981)
对利润的净影响		(9 981)

两年来对资产负债表的净影响是银行存款增加了1 305 000美元，同时留存收益相应增加了1 305 000（1 314 981−9 981）美元。折价费用累计15 000美元反映了赋予德国客户信贷展期的成本。

达成远期合约的净收益是5 000美元。这份“利得”通过远期合约净收益和累计折价费用的差异确认在两个期间。

3. 实际利率法和直线法

在实际利率法下，第一个月远期折价摊销了5 019美元，在剩余两个月末摊销了9 981（合计15 000）美元。在直线法下，15 000美元按月份为基础摊销，结果和上述金额大致相近：

12/31/2009	$15 000×1/3 = $5 000
03/01/2010	$15 000×2/3 = $10 000

确定实际利率比较复杂且没有理论上的支持，在本章其他部分，正如FASB的衍生工具实施小组允许的，我们使用直线法摊销远期合约的折溢价。但脑子中必须牢牢记住：本例中，作为一个现金流量套期，一项等于初期远期合约折价的费用在远期合约期限内确认在了利润表中。

如果2009年12月31日的远期利率为1.326美元呢（即在远期市场上欧元溢价销售）？此时，Amerco将通过远期合约收到1 326 000美元，比销售日（1 320 000美元）多收6 000美元。Amerco将这笔远期合约溢价以每月2 000美元的速度增加净收益：2009年12月31日，2 000美元；2010年3月1日，4 000美元。

7.7.2 远期合约被指定为公允价值套期

假定Amerco并没有将这份远期合约指定为现金流量套期，而是指定为公允价值套期。此时，它将远期合约利得和损失直接记入利润表中，并不单独摊销远期合约的初始折价。

1. 2009年会计分录——远期合约被指定为公允价值套期

12/01/2009	应收账款（欧元）	1 320 000	
	主营业务收入		1 320 000
	在即期汇率为1.32美元时，确认1 000 000美元的销售应收账款。		

远期合约不需要正式的分录，而在备忘录上将其指定为对冲由于美元/欧元汇率

波动而引起外币计价应收账款公允价值变动风险的公允价值套期工具。

12/31/2009	应收账款（欧元）	10 000	
	外汇利得		10 000
	按照新的即期汇率 1.33 美元，调整应收账款的价值，确认自 12 月 1 日起欧元升值产生的外汇交易利得。		
	远期合约损失	10 783	
	远期合约		10 783
	在公允价值为 10 783 美元时，确认远期合约为一项负债，并且确认自 12 月 1 日起远期合约公允价值变动而引起的损失。		

2009 年 12 月 31 日的第一笔分录，用来调整外币应收账款的价值，并且根据 *SFAS 52* 确认 10 000 美元的外汇交易利得。第二笔分录根据 *SFAS 133* 将远期合约确认为一项 10 783 美元的负债。由于远期合约已被确认为一笔公允价值套期，第二笔分录的借方把远期合约公允价值的全部变动确认为损失记入利润表中，没有把递延损失记入所有者权益。两笔分录确认的净损失为 783 美元。

对 2009 年度利润的影响为：

营业收入		\$ 1 320 000
外汇交易利得	\$ 10 000	
远期合约损失	(10 783)	
净损益		(783)
对利润的净影响		\$ 1 319 217

对 2009 年 12 月 31 日资产负债表的影响为：

资产		负债和所有者权益	
应收账款（€）	\$ 1 330 000	远期合约	\$ 10 783
		留存收益	1 314 981
			\$ 1 330 000

2. 2010 年会计分录——远期合约被指定为公允价值套期

3/1/2010	外汇交易损失	30 000	
	应收账款（欧元）		30 000
	在新的即期汇率 1.30 美元时，调整应收账款的价值，确认自 12 月 31 日起欧元贬值产生的外汇交易损失。		
	远期合约	15 783	
	远期合约利得		15 783

续表

	按照当前的公允价值调整远期合约，将自12月31日起公允价值的变动确认为远期合约利得。		
	外汇（欧元）	1 300 000	
	应收账款（欧元）		1 300 000
	从德国客户那里收到1 000 000欧元作为资产，按即期汇率1.3美元折算记录入账。		
	银行存款	1 305 000	
	外汇（欧元）		1 300 000
	远期合约		5 000
	记录交割远期合约（支付1 000 000欧元，得到1 305 000美元），并终止确认远期合约。		

对2010年净利润的影响为：

外汇交易损失	\$ (30 000)
远期合约利得	15 783
对利润的净影响	\$ (14 217)

在两期内对资产负债表的净影响是银行存款增加1 305 000美元，留存收益相应增加1 305 000美元（1 319 217-14 217）。

在公允价值套期会计法下，该公司没有在合约期限内系统地摊销初始远期合约折价。而是把折价确认在利润表内，金额等于应收账款的外汇交易利得（损失）和远期合约利得（损失）的差额，即2009年为-783美元，2010年为-14 217美元。两年中对利润表的净影响是-15 000美元，表示给予德国客户赊销期的成本。远期合约的净收益5 000（2009年损失10 783美元，2010年利得为15 783美元）美元，表示Amerco公司对冲欧元应收款的净收益（增加了现金流）。

公司将对冲外汇交易资产或负债风险的远期合约指定为对它们是没有什么影响的。在未指定的情况下，公司对远期合约的会计处理与把它们作为公允价值套期工具的处理方法完全一致。把未指定的远期合约在资产负债表中按照公允价值记入资产或者负债方，把远期合约公允价值的变动及时确认在利润表之中。将远期合约不指定和指定为公允价值套期工具的唯一差别是两者在财务报表附注中说明方式的不同。例如美国杜邦公司在2005年的10-K报告中就相关事宜披露如下：

未被指定为套期关系的衍生工具

公司按照币种，使用远期合约降低外汇计价的货币性资产和负债的敞口风险，不运用套期保值会计，尽管如此，对远期合约必要的估价和相关的外币计价的货币性资产或负债价值的变动对收益还是产生了极小的税后影响。

7.7.3 现金流量套期VS公允价值套期

如果外币计价资产或负债套期工具能够完全抵销被套期工具的现金流风险，那么其可以被指定为现金流量套期或是公允价值套期。二者对于利润表的总影响是相同的。在我们的例子中，Amerco公司确认了15 000美元的费用（或损失），只要达成远期合约，立刻就会知道总费用是多少。

将远期合约指定为现金流量套期的优点是：公司可以知道签订远期合约之后该合约每年对利润表的影响是多少，其值等于远期合约溢折价的期间摊销额。本例中，Amerco公司在2009年12月1日就已经知道，2009年的摊销费用是5 000美元，2010年的摊销费用是10 000美元。如果将其指定为公允价值套期，则无法系统地确认每年的摊销费用，例如2009年的费用是783美元，而2010年是14 217美元。此外，只有到了资产负债表日，对应收账款（欧元）和远期合约重新估值之后，才能准确地知道其对利润表的影响。因为将远期合约指定为公允价值套期具有潜在的巨大波动性，所以很多公司倾向于将对冲外币计价资产或负债的远期合约指定为现金流量套期。

7.8 外汇期权被用来对冲外币资产风险

作为远期合约的替代物，Amerco可以购买一份外汇看跌期权对冲欧元应收账款的外汇风险敞口。一份外汇看跌期权赋予Amerco在2010年3月1日以事先约定的价格卖出1 000 000欧元的权利而非义务。假设在2009年12月1日，Amerco从银行买入一份场外期权，执行价为1.32美元，此时即期汇率为1.32美元/欧元，支付期权费为0.009美元/欧元，[①] 因此，这份期权的购买价是9 000美元。

因为即期汇率和执行价格是相等的，所以内在价值为0。期权费只是基于时间价值，可能欧元在未来贬值，到2010年3月1日，即期汇率小于1.32美元/欧元，那么该份期权就会变成“实值”期权。如果2010年3月1日的即期汇率小于1.32美元/欧元，Amerco将行使权利，按照1.32美元/欧元的价格卖出1 000 000欧元。如果3个月之后的即期汇率高于1.32美元/欧元，Amerco则放弃权利，在市场上以更高的价格卖掉。通过买入期权，Amerco可以保证这笔出口交易至少收到1 311 000美元（1 320 000美元−期权费9 000美元）。而卖掉欧元得到美元的最大额则没有限制。

和其他衍生金融工具一样，*SFAS 133* 要求外汇期权在资产负债表上以公允价值来报告。资产负债表日外汇期权的公允价值参考具有类似到期日的外汇期权的银行报价而定。银行（其他期权的卖方）在资产负债表日把其他相关变量加入修正的Black-Scholes期权定价模型之中，来计算决定现行的期权费。欧元应收账款和外汇期权的变动汇总如下：

---

① 期权的卖方使用Black-Scholes期权定价模型的改动版来决定期权的价格。

日期	即期汇率	应收账款（€）		期权费	外汇期权	
		美元价值	美元价值变动	3/1/2010	公允价值	公允价值变动
12/01/2009	$ 1.32	$ 1 320 000	0	$ 0.009	$ 9 000	0
12/31/2009	1.33	1 330 000	+ $ 10 000	0.006	6 000	− $ 3 000
03/01/2010	1.3	1 300 000	−30 000	0.020	20 000	+14 000

我们可以把外汇期权的公允价值分解成内在价值和时间价值两部分，如下表：

日期	公允价值	内在价值	时间价值	时间价值变动
12/01/2009	$ 9 000	0	$ 9 000	0
12/31/2009	6 000	0	6 000	− $ 3 000
03/01/2010	20 000	$ 20 000	0	−6 000

因为期权的执行价格小于或等于 12 月 1 日或 12 月 31 日的即期汇率，所以期权在这些日期下没有内在价值，全部的公允价值都是时间价值。3 月 1 日，期权满期，时间价值为 0，所以期权的全部公允价值都是内在价值。

7.8.1 期权被指定为现金流量套期

假定 Amerco 公司将该期权指定为外币计价资产的现金流量套期。此时，Amerco 把期权时间价值的变动马上确认在利润表中。该公司对外汇交易和外汇期权的会计分录如下：

1. 2009 年会计分录——期权被指定为现金流量套期

12/01/2009	应收账款（欧元）	1 320 000	
	主营业务收入		1 320 000
	即期汇率为 1.32 美元，确认 1 000 000 欧元的应收账款。		
	外汇期权	9 000	
	银行存款		9 000
	确认公允价值为 9 000 美元的外汇期权作为资产。		
12/31/2009	应收账款（欧元）	10 000	
	外汇交易利得		10 000
	在新的即期汇率为 1.33 美元时调整应收账款，并且确认因 12 月 1 日起欧元升值的外汇交易利得。		
	累计其他全面收益	3 000	
	外汇期权		3 000

将期权的公允价值从 9 000 美元调整到 6 000 美元，并且
相应借记累计其他全面收益。

外汇期权损失	10 000	
累计其他全面收益		10 000

确认外汇期权损失来抵消应收账款产生的外汇交易利得，
相应贷记累计其他全面收益。

期权费用	3 000	
累计其他全面收益		3 000

期权时间价值的变动降低当期利润，相应贷记累计其他
全面收益。

对 2009 年度利润的影响为：

营业收入		$ 1 320 000
外汇交易利得	$ 10 000	
远期合约损失	−10 000	
净损益		0
期权费用		−3 000
对利润的净影响		$ 1 317 000

对 2009 年 12 月 31 日资产负债表的影响为：

资产		负债和所有者权益	
银行存款	$ −9 000	留存收益	$ 1 317 000
应收账款（€）	1 330 000	其他全面收益	10 000
外汇期权	6 000		$ 1 327 000
	$ 1 327 000		

2010 年 3 月 1 日，期权的公允价值增加了 14 000 美元——时间价值下降了 6 000 美元，内在价值上升了 20 000 美元。2010 年的会计分录如下：

2. 2010 年会计分录——期权被指定为现金流量套期

03/01/2010	外汇交易损失	30 000	
	应收账款（欧元）		30 000
	因 12 月 31 日起欧元贬值，将应收账款按照 1.30 美元的新即期汇率进行调整，同时确认外汇交易损失。		
	外汇期权	14 000	

累计其他全面收益（AOCI）		14 000
因为期权的公允价值从6 000 美元调整到20 000 美元，所以调整外汇期权的价值，相应贷记 AOCI。		
累计其他全面收益（AOCI）	30 000	
外汇期权利得		30 000
记录外汇期权利得，用来抵消应收账款产生的外汇交易损失，相应借记 AOCI。		
期权费用	6 000	
累计其他全面收益（AOCI）		6 000
确认外汇期权时间价值变化引起净利润的减少，相应贷记 AOCI。		
外汇（欧元）	1 300 000	
应收账款（欧元）		1 300 000
从德国客户那里收到1 000 000 欧元，按照1.30 美元的汇率确认为一项美元资产。		
现金	1 320 000	
外汇（欧元）		1 300 000
外汇期权		20 000
记录行使外汇期权（支付1 000 000 欧元，得到1 320 000 美元），同时结转期权账户。		

对2010 年净利润的影响为：

外汇交易损失	$ -30 000	
远期合约利得	30 000	
净损益		0
费用摊销		-6 000
对利润的净影响		$ -6 000

在两个会计期间中，Amerco 确认收入1 320 000 美元，累计期权费用为9 000 美元。对利润的净影响为 1 311 000 美元（1 320 000－9 000），留存收益相应增加1 311 000美元（1 317 000-6 000）。

取得期权的净收益为 11 000 美元，Amerco 用外汇期权利得减去累计期权费用（20 000-9 000＝11 000 美元）来在两个会计期间确认这份收益。

7.8.2　期权被指定为公允价值套期

假设 Amerco 没有将外汇期权指定为现金流量套期，而是指定为公允价值套期。

这种情况下，期权的损失和利得直接记入利润表中，并不单独确认期权时间价值的变动。

1. 2009 年会计分录——期权被指定为现金流量套期

12/01/2009	应收账款（欧元）	1 320 000	
	主营业务收入		1 320 000
	即期汇率为 1.32 美元，确认 1 000 000 欧元的应收账款。		
	外汇期权	9 000	
	银行存款		9 000
	确认公允价值为 9 000 美元的外汇期权为资产。		
12/31/2009	应收账款（欧元）	10 000	
	外汇交易利得		10 000
	在新的即期汇率为 1.33 美元时调整应收账款，并且确认自 12 月 1 日起欧元升值的外汇交易利得。		
	外汇期权损失	3 000	
	外汇期权		3 000
	将期权的公允价值从 9 000 美元调整为 6 000 美元，同时把自 2009 年 12 月 1 日起外汇期权公允价值的变动确认为损失。		

对 2009 年度利润的影响为：

营业收入		$1 320 000
外汇交易利得	$10 000	
远期合约损失	–3 000	
净损益		7 000
对利润的净影响		$1 327 000

2. 2010 年会计分录——期权被指定为现金流量套期

12 月 31 日起公允价值变动确认为外汇期权利得。		
外汇（欧元）	1 300 000	
应收账款（欧元）		1 300 000
即期汇率为 1.30 美元，确认从德国客户那里收到 1 000 000欧元。		
现金	1 320 000	
外汇（欧元）		1 300 000
外汇期权		20 000
记录行使外汇期权（支付 1 000 000 欧元得到 1 320 000 美元），并且终止确认外汇期权。		

对2010年净利润的影响为：

外汇交易损失	$ -30 000
外汇期权利得	14 000
对利润的净影响	$ -16 000

在两个会计期间，Amerco报告销售收入为1 320 000美元，累计净损失为9 000美元（2009年净利得为7 000美元，2010年净损失为16 000美元）。对资产负债表产生的净影响是现金增加1 311 000美元（1 320 000-9 000），相应地留存收益增加1 311 000美元（1 327 000-16 000）。取得期权带来的利得是11 000美元，Amerco在两个会计期间将其确认为外汇期权净利得（2009年的净损失为3 000美元，2010年的净利得为14 000美元）记入利润表中。

被用来对冲外币计价资产或负债风险的期权工具不论被指定为公允价值套期，还是当做衍生投资工具，其会计处理方法都是一样的。公允价值套期为期权的唯一优势来自于它在财务报表附注中的说明。

即期汇率高于执行价格

如果2010年3月1日的即期汇率高于执行价格，Amerco将放弃行权。取而代之，它将以即期汇率卖掉外汇。此时外汇期权的公允价值为0。在这种情况下，2009年的会计分录和前面是一样的，在2009年12月31日资产负债表中披露的外汇期权为6 000美元，应收账款为1 330 000美元。2010年3月1日的会计分录如下（假设即期汇率为1.325美元/欧元，而不是1.30美元/欧元）：

03/01/2010	外汇交易损失	5 000	
	应收账款（欧元）		5 000
	新的即期汇率为1.325美元，调整应收账款价值，确认自12月31日起因欧元贬值产生的外汇交易损失。		
	外汇期权损失	6 000	
	外汇期权		6 000
	把外汇期权的公允价值从6 000美元调整到0美元，把自2009年12月1日起公允价值的变动确认为外汇期权损失。		
	外汇（欧元）	1 325 000	
	应收账款（欧元）		1 325 000
	即期汇率为1.325美元，确认从德国客户那里收到1 000 000欧元。		
	现金	1 325 000	
	外汇（欧元）		1 325 000

记录行使外汇期权（支付 1 000 000 欧元得到 1 325 000 美元），并且终止确认外汇期权。

对 2010 年净利润的影响为：

外汇交易损失	$ -5 000
外汇期权损失	-6 000
对利润的净影响	$ -11 000

7.9 未确认的外汇交易确定承诺的套期

到目前为止，所举例子中都是在真实发生了销售之后，才对出口收入进行套期。假设现在是 2009 年 12 月 1 日，Amerco 收到并且接受了一笔向德国客户出口商品的订单，出口日期在 2010 年 3 月 1 日，出口价格是 1 000 000 欧元。进一步假设在销售合同中，在 2010 年 3 月 1 日将货物出口之后，马上将收到货款，即没有给予客户赊销期。虽然 Amerco 公司在 2010 年 3 月 1 日才能发生销售，但是目前它对德国客户有 3 个月之后交货的承诺。现在，Amerco 公司想对冲未来 3 个月欧元价值不利波动的风险。这就是所谓的**外汇交易确定承诺的套期**。尽管 *SFSA 133* 表示只有公允价值套期会计方法对于外汇交易确定承诺的套期是合适的，但是 FASB 衍生工具实施小组随后得出结论现金流量套期会计方法也未尝不可一用。但是公允价值套期会计方法在直觉上更具吸引力，我们在确定承诺中将不涉及现金流量套期会计方法。

在公允价值套期会计方法下，（1）套期工具的利得或损失在当期利润表中确认；（2）源于被套期风险的确定承诺的利得或损失（公允价值的变动）在当期也将确认在利润表中。这种方法要求：（1）计量确定承诺的公允价值；（2）把其公允价值变动确认在利润表中；（3）在资产负债表中将确定承诺确认为一项资产或负债。计算确定承诺的公允价值是非常关键的概念性问题，可以采用下列两种方法：（1）通过参考即期汇率的变动，或（2）通过参考远期汇率的变动。在下面的例子中将讲述这两种方法。

7.9.1 远期合约——确定承诺的公允价值套期工具

为了对冲美元/欧元汇率下降的确定承诺的风险敞口，Amerco 决定在 2009 年 12 月 1 日达成一笔远期合约。假设当天，欧元三个月远期汇率为 1.305 美元/欧元，该公司与 New Manhattan 银行签订了一份远期合约，约定 3 个月之后卖出 1 000 000 欧元，换入 1 305 000 美元。当天现金并没有任何变动，Amerco 选择通过参考远期汇率的变动来计量远期合约的公允价值。由于远期合约的公允价值也是用远期汇率的变动来衡量的，所以确定承诺和远期合约的利得或损益恰好可以抵销。远期合约和确定承诺的公允价值计算如下（单位：美元）：

日期	交割日为 3/01/2010 的远期汇率	远期合约		确定承诺	
		公允价值	公允价值变动	公允价值	公允价值变动
12/01/2009	$1.305	-0-	-0-	-0-	-0-
12/31/2009	1.316	-$10 783*	-$10 783	$10 783*	+$10 783
03/01/2010	1.3（即期）	5 000√	+15 783	-5 000√	-15 783

* -$10 783 =（$1 305 000-$1 316 000）×0.9803，0.9803 是年利率为 12%（月利率为 1%）的现值因子。

√ -$5 000 = $1 300 000-$1 305 000。

在 2009 年 12 月 1 日，Amerco 签订远期合约并没有支付任何费用。当天远期合约和确定承诺的公允价值都是零。在 2009 年 12 月 31 日，到期日为 2010 年 3 月 1 日的远期汇率为 1.316 美元/欧元。如果该天达成一笔远期合约，卖出 1 000 000 欧元，则可以得到 1 316 000 美元。因为 Amerco 公司已经约定以 1 305 000 美元的价格卖出 1 000 000 欧元，所以远期合约的公允价值为-11 000 美元，现值为-10 783 美元，作为负债列示。确定承诺的公允价值同样参考远期汇率的变动来计算。结果是，确定承诺的公允价值等于负的远期合约的公允价值。2009 年 12 月 31 日，确定承诺作为资产，公允价值为 10 783 美元。

2010 年 3 月 1 日，到期日为当天的远期合约的远期汇率就是当天的即期汇率，1.30 美元/欧元。当天，如果卖出 1 000 000 欧元，则可以得到 1 300 000 美元。但是由于 Amerco 已经签订远期合约，卖出 1 000 000 欧元，可以得到 1 305 000 美元，则 2010 年 3 月 1 日远期合约的公允价值为 5 000 美元（一项资产）。确定承诺的公允价值为-5 000 美元（一项负债）。外汇交易确定承诺公允价值套期的远期合约会计分录如下：

1. 2009 年会计分录——远期合约（确定承诺的公允价值套期）

12/01/2009	因为销售合同和远期合约都是待执行合同，所以此时不需任何分录，备忘录中将远期合约指定为对冲由于美元/欧元汇率变动确定承诺的公允价值套期工具。		
12/31/2009	远期合约损失	10 783	
	远期合约		10 783
	将远期合约按公允价值为 10 783 美元确认为一项负债，把自 12 月 1 日起远期合约公允价值的变动确认为损失。		
	确定承诺	10 783	
	确定承诺利得		10 783
	将确定承诺按公允价值为 10 783 美元确认为一项资产，把自 12 月 1 日起公司承诺公允价值的变动确认为利得。		

与套期保值会计的目标相一致，确定承诺利得抵销了远期合约的损失，对 2009

年利润表的净影响为0。在2009年12月31日的资产负债表中，将远期合约确认为一项负债，同时把确定承诺记为一项资产。达到了FASB的目标，即确保衍生工具确认在资产负债表中，并且对净利润的影响为0。

2. 2010年会计分录——远期合约（确定承诺的公允价值套期）

03/01/2010	远期合约	15 783	
	远期合约利得		15 783
	把远期合约公允价值从-10 783美元调整到5 000美元。同时将自12月31日起远期合约公允价值变动确认为利得。		
	确定承诺损失	15 783	
	确定承诺		15 783
	把确定承诺公允价值从10 783美元调整到-5 000美元。同时将自12月31日起确定承诺公允价值变动确认为损失。		
	外汇（欧元）	1 300 000	
	主营业务收入		1 300 000
	即期汇率为1.3美元，确认销售收入和1 000 000欧元的外汇资产。		
	现金	1 305 000	
	外汇（欧元）		1 300 000
	远期合约		5 000
	交割远期合约（支付1 000 000欧元，得到1 305 000美元），终止确认外汇期权。		
	确定承诺	5 000	
	调整净利润		5 000
	终止确定承诺，调整净利润。		

再一次，远期合约的利得和确定承诺的损失相抵销了。最后一笔分录之后，出口销售使2010年的净利润增加到1 305 000美元（1 300 000美元销售收入加5 000美元的以前年度损益调整），恰好等于收到的现金总额。实务中，公司还可以用其他科目来表示终止确定承诺科目所产生的净利润的调整额。

Amerco从确定承诺套期保值工具远期合约中得到净收益5 000美元（2009年10 783美元的损失加上2010年15 783美元的收益）。如果没有该远期合约，Amerco会在2010年3月1日以1.3美元/欧元的即期汇率卖出1000 000欧元，产生现金流1 300 000美元。通过该远期合约，Amerco可以以1 305 000美元的价格出售1 000 000欧元，从而得到5 000美元的利得。

7.9.2 外汇期权——确定承诺的公允价值套期工具

现在假设为了对冲美元/欧元汇率下降的风险敞口，Amerco 购买了一份看跌期权，约定在 2010 年 3 月 1 日卖出 1 000 000 欧元，执行价格为 1.32 美元。这份期权在 2009 年 12 月 1 日的费用为每欧元 0.009 美元。这份期权合约保证了 Amerco 最低的出口收入现金流为 1 311 000 美元（1 320 000 美元的期权执行价减去 9 000 美元的期权费用）。

Amerco 选择参考美元/欧元即期汇率的变动来计量确定承诺的公允价值。这种情况下，Amerco 必须将确定承诺的公允价值折现，确定承诺和外汇期权的公允价值及其变动归纳如下表（单位：美元）：

日期	行权日为 03/01/2010 的期权费	远期合约		即期汇率	确定承诺	
		公允价值	公允价值变动		公允价值	公允价值变动
12/01/2009	$ 0.009	$ 9 000	0	$ 1.32	0	0
12/31/2009	0.006	6 000	- $ 3 000	1.33	$ 9 803 *	+ $ 9 803
03/01/2010	0.020	20 000	+14 000	1.30	-20 000√	-29 803

注：* $ 1 330 000- $ 1 320 000 = $ 10 000×0.9803 = $ 9 803，0.9803 是年利率为 12%（月利率为 1%）两个月的现值因子，$1/1.01^2$。

√ $ 1 300 000- $ 1 320 000 = - $ 20 000。

2009 年 12 月 1 日，假设即期汇率为 1.32 美元/欧元，三个月之后收到 1 000 000 欧元的确定承诺将带来 1 320 000 美元的现金流量。2009 年 12 月 31 日，确定承诺带来的现金流增加至 1 330 000 美元，增加了 10 000 美元。在 2009 年 12 月 31 日，确定承诺的公允价值等于将 10 000 美元以月利率 1% 折现两个月所得的现值。在 2010 年 3 月 1 日，Amerco 公司参考从 2009 年 12 月 1 日至 2010 年 3 月 1 日之间即期汇率的变动来决定确定承诺的公允价值。在这段期间，即期汇率降低了 0.02 美元，在 2010 年 3 月 1 日，收到 1 000 000 欧元的确定承诺的公允价值为-20 000 美元。下面我们用会计分录来解释外币期权和外汇交易确定承诺的会计处理：

1. 2009 年会计分录——外币期权（确定承诺的公允价值套期）

12/01/2009	外币期权	9 000	
	银行存款		9 000
	购买外币期权，并且确认为一项资产。		

销售合同不需要会计分录，是因为销售合同为一项待执行合同。Amerco 在备忘录中将外币期权指定为对冲即期汇率波动而引起确定承诺公允价值变动风险的公允价值套期工具。

12/31/2009	确定承诺	9 803	

确定承诺利得		9 803

按照公允价值确认确定承诺为一项资产，把自12月1日来的确定承诺公允价值变动确认为一项利得。

外币期权损失	3 000	
外币期权		3 000

将期权的公允价值从9 000美元调整到6 000美元，其变动确认为一项损失。

对2009年度利润的影响为：

确定承诺利得	\$9 803
外币期权损失	-3 000
对利润的净影响	\$6 803

对2009年12月31日资产负债表的影响为：

资产		负债和所有者权益	
银行存款	-\$9 000	留存收益	\$6 803
外币期权	6 000		
公司承诺	9 803		
	\$6 803		

2. 2010年会计分录——外币期权（确定承诺的公允价值套期）

03/01/2010	确定承诺损失	29 803	
	确定承诺		29 803

将确定承诺的公允价值从9 803美元调整到-20 000美元，自2009年12月31日起将确定承诺公允价值变动确认为一笔损失。

外汇期权	14 000	
外汇期权利得		14 000

把外汇期权公允价值从6 000美元调整到20 000美元。同时将自12月31日起外汇期权的公允价值变动确认为利得。

外汇（欧元）	1 300 000	
主营业务收入		1 300 000

即期汇率为1.3美元，确认销售收入和1 000 000欧元的外汇资产。

银行存款	1 320 000	

外汇（欧元）		1 300 000
外汇期权		20 000
行使期权，（支付 1 000 000 欧元，得到 1 305 000 美元），终止确认外汇期权。		
确定承诺	20 000	
调整净利润		20 000
终止确认确定承诺，调整净利润。		

对 2010 年度利润的影响为：

营业收入	$ 1 300 000
确定承诺损失	-29 803
外汇期权利得	14 000
净利润调整	20 000
对利润的净影响	$ 1 304 197

在两个会计期间，净利润净增加了 1 311 000 美元（2009 年的 6 803 美元加上 2010 年的 1 304 197 美元），恰好等于出口销售收入的现金流入（行使期权得到 1 320 000美元减去 9 000 美元的期权费）。期权带来的净收益为 11 000 美元（2009 年损失的 3 000 美元加上 2010 年的利得 14 000 美元），表示买入这笔期权所带来的好处。如果没有这笔期权，Amerco 公司将按照 2010 年 3 月 1 日即期汇率 1.30 美元/欧元卖出 1 000 000 欧元，而只能得到 1 300 000 美元。

7.10 预测的外币计价交易套期工具

SFAS 133 允许把现金流量套期会计方法运用到为对冲预测的外币计价交易的现金流量风险而采用的衍生工具上。为了应用套期会计方法，必须满足下列三个条件：

1. 预测的外币计价交易必须是可能发生的；
2. 套期工具在对冲被套期项目外汇波动风险时是高度有效的；
3. 套期关系被恰当地记录下来。

相对于外汇交易确定承诺套期会计方法，预测交易套期会计方法有下面两点不同：

1. 不同于确定承诺会计，不需要确认预测交易或者预测交易的损失或利得；
2. 公司按照公允价值披露套期工具（远期或者期权），但是由于没有对应的预测交易损失或利得去抵销，所以不能将套期工具公允价值波动在利润表中确认为利得或损失，而是记入其他全面收益。在预测交易的发生之日，公司即把其他全面收益（资产负债表项目）转入净利润（利润表项目）。

7.10.1 远期合约——预测交易的现金流量套期工具

为了讲解预测的外币计价交易的会计方法，假设 Amerco 公司与一家德国客户有悠久的合作关系，可靠的预计到德国客户在2010年3月将会从Amerco公司采购价值1 000 000欧元的货物。确信在2010年3月1日，Amerco公司将会收到1 000 000欧元，Amerco公司在2009年12月1日签订了一份远期合约，约定在2010年3月1日，按照1.30美元/欧元的汇率卖出1 000 000欧元。除了这份订单只能等到2010年2月下旬才能收到外，其他各个方面都与确定承诺类似。相关的汇率和远期合约的公允价值见下表：

日期	交割日为3/31/2010的远期汇率	远期合约	
		公允价值	公允价值变动
12/01/2009	\$1.305	-0-	–
12/31/2009	1.316	–\$10 783*	–\$10 783
03/01/2010	1.300	5 000	+\$15 783

*（\$1 305 000–\$1 316 000）×0.9803 = \$（–11 000）×0.9803 = \$ –10 783，0.9803是年利率12%（月利率1%）的现值因子（$1/1.01^2$）。远期合约的初始折价由2008年12月31日的即期汇率和远期汇率之差决定：（\$1.305–\$1.32）×€1 000 000 = \$15 000。

1. 2009年会计分录——远期合约（预测外币计价交易的现金流量套期）

12/01/2009	预测的销售和远期合约都不需要会计分录确认。一份备忘录将远期合约指定为套期工具，用来对冲因即期汇率波动而引起预测销售现金流量变动的风险。		
12/31/2009	累计其他全面收益	10 783	
	远期合约		10 783
	确认远期合约为一项负债，相应借记累计其他全面收益。		
	折价费用	5 000	
	累计其他全面收益		5 000
	直线法摊销远期合约折价：15 000美元×1/3 = 5 000美元。		

折价费用使2009年的利润降低了5 000美元。对2009年12月31日资产负债表的影响见下表：

资产	负债和所有者权益	
没有影响	远期合约	\$10 783
	留存收益	–5 000
	累计其他全面收益	\$ –5 783
		\$0

2. 2010年会计分录——远期合约（预测外币计价交易的现金流量套期）

03/01/2010	远期合约	15 783	

累计其他全面收益		15 783
把远期合约公允价值调整到 5 000 美元。相应贷记累计其他全面收益。		
折价费用	10 000	
累计其他全面收益		10 000
直线法摊销远期合约的折价：15 000 美元×2/3 = 10 000 美元。		
外汇（欧元）	1 300 000	
主营业务收入		1 300 000
即期汇率为 1.3 美元，确认销售收入和 1 000 000 欧元的外汇资产。		
银行存款	1 305 000	
外汇（欧元）		1 300 000
远期合约		5 000
交割远期合约（支付 1 000 000 欧元，得到 1 305 000 美元），终止确认外汇远期合约。		
累计其他全面收益	20 000	
调整净利润		20 000
终止确认确定承诺，调整净利润将累计其他全面收益调整到净利润，终止确认累计其他全面收益。		

对 2010 年净利润的影响如下：

主营业务收入	$ 1 300 000
折价费用	-10 000
以前年度损益调整	20 000
对净利润的影响	$ 1 310 000

在两个会计年度中，对净利润的净影响为 1 305 000 美元，恰好等于销售带来的现金流量。

7.10.2 期权——预测交易的现金流量套期工具

现在假设 Amerco 公司在 2009 年 12 月 1 日购买了一份看跌期权，用来对某笔预测的外币计价交易套期保值，到期日为 2010 年 3 月 1 日，执行价格为 1.32 美元，期权费为每欧元 0.009 美元。这笔期权相关时点的公允价值如下（单位：美元）：

日期	03/01/2010 的期权费	外汇期权				
		公允价值	公允价值变动	内在价值	时间价值	时间价值变动
12/01/2009	$0.009	$9 000	0	0	$9 000	0
12/31/2009	0.006	6 000	-$3 000	0	6 000	-$3 000
03/01/2010	0.020	20 000	+14 000	$20 000	0	-6 000

1. 2009 年会计分录——预测交易的外汇期权套期工具

12/01/2009	外汇期权	9 000	
	银行存款		9 000
	购买了一份期权，并确认为一项资产。		

不需要任何分录来确认预测交易。在备忘录中将外汇期权指定为对冲预测交易现金流量波动风险的套期工具。

12/31/2009	期权费	3 000	
	外汇期权		3 000
	将期权的账面价值调整到公允价值，时间价值的变动确认为一笔费用。		

对 2009 年净利润的影响如下：

期权费	-$3 000
对净利润的影响	-$3 000

在 2009 年 12 月 31 日的资产负债表中，外汇期权价值 6 000 美元，为一项资产。现金减少了 9 000 美元，留存收益减少了 3 000 美元。

2. 2010 年会计分录——预测交易的外汇期权套期工具

03/01/2010	外汇期权	14 000	
	期权费	6 000	
	累计其他全面收益		20 000
	把期权的账面价值调整到公允价值，将时间价值的变动确认为一笔费用，相应贷记累计其他全面收益。		
	外汇（欧元）	1 300 000	
	主营业务收入		1 300 000
	即期汇率为 1.3 美元，确认销售收入和 1 000 000 欧元的外汇资产。		
	银行存款	1 320 000	
	外汇（欧元）		1 300 000

外汇期权		20 000
记录执行期权（支付 1 000 000 欧元，得到 1 320 000 美元），同时终止确认外汇期权。		
累计其他全面收益	20 000	
调整净利润		20 000
将累计其他全面收益调整到净利润，终止确认累计其他全面收益。		

对 2010 年净利润的影响如下：

主营业务收入	$ 1 300 000
期权费	-6 000
以前年度损益调整	20 000
对净利润的影响	$ 1 314 000

在两个会计期间，净利润增加了 1 311 000 美元，等于出口收入所带来的现金净流入（销售收入 1 320 000 美元-期权的购买费用 9 000 美元）。

7.11 套期工具的使用

在规避公司面临的外汇风险时运用套期工具，可能存在不同的公司策略。一些公司简单地要求对于所有的外汇交易都要使用套期工具，而另一些则要求在远期汇率比即期汇率产生更多的现金流入或更少的现金流出时才使用套期工具。还有一些则用一特定的比例（例如 50%，60%，70%）来使用套期工具对冲交易风险。

公司必须在其财务报表附注中披露对冲外汇风险所使用的衍生金融工具。图表 7—3 是 Abbott Laboratories 公司在 2005 年财报中披露的相关内容。Abbott Labs 公司使用远期合约来对冲外汇风险，涵盖的项目包括预测的外汇交易、外币计价的应收应付款项、外债，大多数套期活动与公司内部交易（涉及国外子公司间的交易）相关。在图表 7—3 中披露了如下内容：（1）Abbott Labs 公司的远期合约主要是卖出外币换得美元；（2）在总价 40.92 亿美元的远期合约中，37% 是欧元；（3）除英镑之外，所有的远期合约公允价值为负，在资产负债表中作为负债披露。

Abbott Labs 只使用远期合约管理外汇风险。而 Coca-cola 在外汇风险套期策略中使用了远期合约和外汇期权。在其 2005 年的年报中，Coca-cola 披露其在 2005 年、2004 年、2003 年分别在外汇现金流量套期上增加（减少）累计其他全面收益约 55 000 000美元、6 000 000 美元、（31 000 000）美元。在 2005 年 12 月 31 日，远期合约和期权的公允价值为 39 000 000 美元，在合并资产负债表中的预付费用和其他资产部分表示。

图表 7—3 Abbott Labs 公司 2005 年度财务报表中与外汇风险套期相关的披露

外汇敏感金融工具

Abbott 使用外汇远期合约管理外汇风险敞口，风险项目包括外币标价公司间的债务和交易应付款，第三方交易应收和应付款。合约按照市价估值，产生的利得或损失计入利润表中，大多都被管理的风险项目的损失或利得所抵消。在 2005 年 12 月 31 日和 2004 年 12 月 31 日，Abbott 持有的远期合约分别为 39 亿美元和 33 亿美元，所有这些合约，都将在下一年度到期。

另外 Abbott 的一些外国子公司（通用货币不是美元）签订了外汇远期合约来管理外汇汇率波动所引起预测公司内部交易的风险，这些远期合约被指定为对冲因汇率波动而引起现金流量波动风险的现金流量套期工具，按照市价估值，产生的损益计入累计其他全面收益中。利得或损失在产品销售时计入生产成本，大多数都集中在下一年度。在 2005 年 12 月 31 日和 2006 年 12 月 31 日，Abbott 持有的这类远期合约分别为 2. 22 亿美元和 9. 84 亿美元，所有这些合约，都将在下一年度到期。

在 2005 年 12 月 31 日全部远期合约见下表：

（百万美元）	合约金额	平均汇率	应收（应付）款项的公允和账面价值
收到的主要是以美元兑换的下列货币：			
欧元	1 519	1. 184	–1. 4
英镑	1 148	1. 738	7. 2
日元	513	113. 4	–18. 4
加元	425	1. 176	–2. 1
其他货币	487	N/A	–
合计	4 092		–14. 7

7. 11. 1 欧元

在大多数欧洲国家中启用欧元降低了对冲外汇风险的需要。例如，一家德国公司从西班牙供应商处购买货物将不会产生外汇风险，因为两国都是用欧元结算的。同样，美国母公司与德国子公司之间也不存在外汇风险。但是美国母公司与德国（其他欧元区）子公司间用欧元计价的交易仍然存在外汇风险。

对于美国公司，欧元的一个好处是一笔欧元计价的应收销售（比如销售给荷兰客户）款项是一笔欧元计价的应付款项的天然套期工具。假设具有相同的金额和时间间隔，应收应付款项的任何变动都会互相抵销。此时，公司不需要使用套期工具，例如外汇期权，来对冲应付款项的风险。

7. 12 外币借款

除了进出口产生的应收应付款项，公司常常会为另一项外汇交易做会计记录，即外汇借贷。公司常常为运营活动筹资，或者为了获取更加优惠的利率向外国借款人借款。事实上，由于本金和利息都是外币计价的，二者都会产生外汇风险，所以外币借款的会计计量是比较复杂的。

为了解释外汇债务的会计方法，假设在2009年7月1日，Multicorp International发行一年期票据，筹集了10亿日元，年利率为5%。利息在到期日（2010年7月1日）支付，使用下面的汇率：

日期	美元/日元即期汇率
2009-07-01	$0.00921
2009-12-31	0.00932
2010-07-01	0.00937

在2009年7月1日，Multicorp借款10亿日元，在即期外汇市场上兑换成9 210 000美元。在2010年12月31日，Multicorp必须对日元应付票据重新估值，相应产生的外汇利得或损失，确认在利润表中，同时必须确认应付利息和应计利息费用。按照借款本金（日元）和相应利率计算利息，日元计价的利息应该按照即期汇率转换为美元并做应付利息的分录。在2010年7月1日，把实际支付的日元利息和2009年12月31日的日元利息余额的差异确认为外汇利得或损失。下面是外币借款的详细分录：

07/01/2009	现金	9 210 000	
	应付票据（日元）		9 210 000
	按照即期汇率0.00921美元确认日元应付票据，并且将10亿日元转换成美元。		
12/31/2009	利息费用	233 000	
	应付利息费用（日元）		233 000
	确认7月1日到12月31日的利息：JPY10亿×5%×1/2年=JPY 25 000 000×0.00932美元=233 000美元。		
	外汇损失	110 000	
	应付票据（日元）		110 000
	即期汇率升高了0.00011美元，确认应付票据的增加额。		
07/01/2010	利息费用	234 250	
	应计利息费用（日元）	233 000	
	外汇损失	1 250	
	银行存款		468 500
	票据到期，总利息5 000万日元，按照即期汇率0.00937折合为468 750美元。冲销2010年半年的利息费用，JPY2 500×0.00937美元。确认汇率增加0.00005美元产生的外汇损失。		
07/01/2010	外汇损失	50 000	
	应付票据（日元）		50 000

按即期汇率 0.00937 对日元应付票据重新估值，并且确认外汇损失：JYP10 亿×（0.00937−0.00932）= 50 000 美元。

应付票据（日元）	9 370 000	
银行存款		9 370 000

按照即期汇率 0.00937 美元购买日元，偿还日币票据。

外币贷款

有时公司也会贷款给别的企业，与借入外币款项的情况正好相反。该类业务的会计方法也要不断追踪应收票据和应收利息，这两者都是外币计价的。应收票据和应收利息美元价值的波动所产生的损益将记入利润表中。在 *SFAS 52* 中，也有一种例外，即贷款是一笔长期性的，并且借款人是外国分支结构、子公司、权益法核算的附属机构。“带有长期投资性质（也就是说，还款日期不是预先计划好的或者在可以预见的将来是不可预测的）的公司间的外汇交易”所产生的损益递延计入其他全面收益，直至贷款支付时转入利润。① 只有应收利息产生的外汇损益在当期记入利润表中。

小　结

1. 世界上现存很多汇率体制。在一段时间内，大多数国家的币值相对于其他货币波动。

2. 当支付或收到的款项使用外币计价时，就会产生外汇风险。当外币升值时，如果是收到款项，则会产生外汇利得，如果是支付款项，则会产生外汇损失；反之，当外币贬值时，如果是收到款项，则会产生外汇损失，如果是支付款项，则会产生外汇利得。

3. 在 *SFAS 52* 下，公司将由于当期汇率波动引起得的外汇交易利得或损失确认在利润表中。这是两次交易观和权责发生制的体现。编制财务报表时，企业必须将外币余额按照现行汇率折算为美元价值。这种方法违背了谨慎性原则，因为其将未实现的损益确认为利润了。

4. 通过套期保值可以对冲外汇敞口风险。套期保值是指在目前确立一个价格，作为未来收到外币时卖出外币的价格，或者未来需要支付外币时买入外币的价格。

5. 对冲外汇风险最流行的两种工具是外汇远期合约和外汇期权。远期合约是指按照事先约定的汇率进行外汇交易的约束性合约。期权赋予期权购买者具有按照事先约定的汇率进行外汇交易的权利，而不是义务。

6. 外汇风险套期时金融工具的会计计量适用于 *SFAS 133*（修订版 *SFAS 138*）。如果使用衍生工具对冲公允价值敞口或现金流量敞口的外汇风险，其在抵销被套期项目公允价值或现金流量变动时是高度有效的，且该衍生工具被适当记录，则适用套期保值会计法。套期保值会计法要求在被套期项目损益发生的同期将套期工具的损益确认在利润中。

7. 企业必须在资产负债表中按照公允价值报告所有的衍生工具，包括外汇期权

① *SFAS 52* 20（b）页。

和远期合约。如果被指定为现金流量套期工具，公允价值变动记入其他全面收益；如果被指定为公允价值套期，公允价值变动记入利润。

8. *SFAS 133*（修订版 *SFAS 138*）为以下套期提供了指引：(1) 已确认的外汇计价的资产和负债套期；(2) 未确认的外汇交易确定承诺套期；(3) 预测的外币计价交易套期。现金流量会计适用于上述三类套期，公允价值会计适用于 (1) 和 (2)。

9. 如果一家公司对外汇交易确定承诺套期（公允价值套期），它应该将套期工具和确定承诺的利得或损失确认在净利润中。用来抵销确定承诺的利得或损失的确定承诺账户被视为当潜在交易发生时对交易的一种调整。

10. 如果一家公司对预测交易进行套期（现金流量套期），它应该将套期工具公允价值变动记入其他全面收益。其他全面收益的累计公允价值变动在预测交易初始预期发生的期间转入到净利润中。

11. 外汇借款产生了两类外汇风险敞口。外汇应付账款和外汇应付利息的外汇交易利得或损失在借款的期限内确认在利润表中。

综合讲解题

问题：

Zelm 公司是一家为通讯产业提供电子转换器的公司。Zelm 定期从墨西哥瓜达拉哈拉市的一家供应商处进口零部件，款项用墨西哥比索支付。下表是 8 月份至 10 月份墨西哥比索的即期汇率、远期汇率和期权费。

日期	美元/墨西哥比索		
	即期汇率	到期日为 10 月 31 日的远期汇率	到期日为 10 月 31 日的看涨期权费执行价格 0.080 美元
8 月 1 日	\$0.080	\$0.085	\$0.0052
9 月 30 日	0.086	0.088	0.0095
10 月 31 日	0.091	0.091	0.0110

第一部分

在 8 月 1 日，Zelm 从墨西哥供应商处进口了价款为 1 000 000 墨西哥比索的零件。当天收到了零件，但是直到 10 月 31 日，Zelm 才支付了价款。8 月 1 日，Zelm 签订了一份远期合约，约定在 10 月 31 日购买 1 000 000 墨西哥比索。将其合理地指定为墨西哥比索负债敞口的现金流量套期。Zelm 公司的边际借款利率为年利率 12%（月利率 1%），使用直线法按月摊销远期折价和溢价。

第二部分

其他条件和第一部分相同，只是 Zelm 公司将远期合约合理地指定为墨西哥比索负债敞口的公允价值套期。

第三部分

在 8 月 1 日，Zelm 从墨西哥供应商处进口了价款为 1 000 000 墨西哥比索的零件。当天收到了零件，但是直到 10 月 31 日，Zelm 才支付了价款。8 月 1 日，Zelm 购买了三个月期 1 000 000 墨西哥比索的看涨期权，执行价格为 0.080 美元。将其合理地指定为墨西哥比索负债敞口的现金流量套期。

第四部分

在8月1日，Zelm公司和墨西哥供应商签订了价款为1 000 000墨西哥比索的订单。在10月31日收到零件并且支付了款项。8月1日，Zelm签订了一份在10月31日买进1 000 000墨西哥比索的远期合约，并将该远期合约指定为墨西哥比索确定承诺的公允价值套期。Zelm公司根据远期汇率的波动来计算确定承诺的公允价值。

第五部分

在8月1日，Zelm公司和墨西哥供应商签订了价款为1 000 000墨西哥比索的订单。在10月31日收到零件并且支付了款项。8月1日，Zelm购买了三个月期1 000 000墨西哥比索的看涨期权，执行价格为0.080美元。期权被合理地指定为墨西哥比索确定承诺的公允价值套期。Zelm公司根据远期汇率的波动来计算确定承诺的公允价值。

第六部分

Zelm公司预期不久将从墨西哥供应商处采购零部件。在8月1日，Zelm购买了三个月期1 000 000墨西哥比索的看涨期权，执行价格为0.080美元。期权被合理地指定为墨西哥比索交易的现金流量套期。Zelm在10月31日收到零件，支付了1 000 000墨西哥比索货款。

要求

根据*SFAS 52*，*SFAS 133*，*SFAS 138*编出上述六种不同情形下的会计分录，计算不同情形对9月30日和10月31日试算平衡表的影响。

答案

第一部分　远期合约——已确认的外币负债的现金流量套期

8月1日	存货——零部件	80 000	
	应付账款（墨西哥比索）		80 000
	购买存货，按照即期汇率0.080美元确认应付账款。		

远期合约不需要正式的分录。Zelm在备忘中将其指定为对冲因美元/墨西哥比索汇率变动引起的对供应商应付账款现金流量变动风险的套期工具。

9月30日	外汇交易损失	6 000	
	应付账款（墨西哥比索）		6 000
	在新的即期汇率0.086美元下，调整墨西哥比索应付款，确认自8月1日起墨西哥比索升值产生的外汇交易损失。		
	远期合约	2 970	
	累计其他全面收益（AOCI）		2 970
	按照远期合约的公允价值2 970美元，确认远期合约为一项资产，相应贷记AOCI。		
	累计其他全面收益（AOCI）	6 000	
	远期合约利得		6 000

确认远期合约利得，抵消应付账款的外汇交易损失，相应借记 AOCI。

Zelm 通过计算结算日为 10 月 31 日远期汇率变动得到远期合约的公允价值：(0.088 美元−0.085 美元) ×1 000 000 墨西哥比索 =3 000 美元。按照该公司边际借款利率 12%（月利率 1%）折现得到远期合约的公允价值：3 000 美元×0.9901 = 2 970美元。

溢价费用	3 333	
累计其他全面收益（AOCI）		3 333

将远期合约溢价按直线法每月摊销计入净利润（5 000 美元×2/3）

远期合约的初始溢价按照墨西哥比索的即期汇率和交割日为 8 月 1 日的三个月的远期汇率之差来计算：(0.085 美元−0.080 美元) ×1 000 000 墨西哥比索=5 000 美元。

试算表——9 月 30 日	借方	贷方
存货——零部件	$80 000	0
应付账款（墨西哥比索）		$86 000
远期合约（资产）	2 970	
AOCI		303
外汇交易损失	6 000	
远期合约利得		6 000
溢价费用	3 333	0
	$92 303	$92 303

10 月 31 日	外汇交易损失	5 000	
	应付账款（墨西哥比索）		5 000

在新的即期汇率 0.091 美元下，调整墨西哥比索应付款，确认自 9 月 30 日起墨西哥比索升值产生的外汇交易损失。

远期合约	3 030	
累计其他全面收益（AOCI）		3 030

将远期合约调整到现在的公允价值 6 000 美元，相应贷记 AOCI。

累计其他全面收益（AOCI）	5 000	
远期合约利得		5 000

确认远期合约利得，抵消应付账款的外汇交易损失，相应借记 AOCI。

远期合约的公允价值通过 10 月 31 日的即期汇率和初始远期汇率之差来计算：

（0.091 美元−0.085 美元）×1 000 000 比索=6 000 美元。远期合约此时的公允价值减去 9 月 30 日的账面价值得到 10 月 31 日的远期合约调整：6 000 美元−2 970 美元=3 030美元。

10 月 31 日	溢价费用	1 667	
	累计其他全面收益（AOCI）		1 667
	将远期合约溢价按直线法每月摊销计入净利润（5 000 美元×1/3）		
	外汇（墨西哥比索）	91 000	
	现金		85 000
	远期合约		6 000
	记录交割远期合约：支付 85 000 美元，同时得到 1 000 000 墨西哥比索，并按照 0.091 美元的汇率将这 1 000 000 墨西哥比索确认为资产，同时终止确认远期合约。		
	应付账款（墨西哥比索）	91 000	
	外汇（墨西哥比索）		91 000
	确认向墨西哥供应商汇款 1 000 000 墨西哥比索。		

试算表——10 月 31 日	借方	贷方
现金		$85 000
存货——零部件	$80 000	0
留存收益，9 月 30 日	3 333	0
外汇交易损失	5 000	0
远期合约利得		5 000
溢价费用	1 667	0
	$90 000	$90 000

第二部分　远期合约——已确认的外币负债的公允价值套期

8 月 1 日	存货——零部件	80 000	
	应付账款（墨西哥比索）		80 000
	购买存货，按照即期汇率 0.080 美元确认应付账款。		

远期合约不需要正式的会计分录。在备忘录上需要将其指定为对冲因美元/墨西哥比索汇率波动引起的外币应付账款现金流量波动风险的套期工具。

9 月 30 日	外汇交易损失	6 000	
	应付账款（墨西哥比索）		6 000
	在新的即期汇率 0.086 美元下，调整比索应付款，确认自 8 月 1 日起比索升值产生的外汇交易损失。		

远期合约	2 970	
远期合约利得		2 970
按照远期合约的公允价值2 970美元确认远期合约的公允价值，相应把自8月1日起远期合约公允价值变动确认为一项利得。		

试算表——9月30日	借方	贷方
存货——零部件	$80 000	0
应付账款（墨西哥比索）		$86 000
远期合约（资产）	2 970	0
外汇交易损失	6 000	0
远期合约利得	0	2 970
	$88 970	$88 970

10月31日	外汇交易损失	5 000	
	应付账款（墨西哥比索）		5 000
	在新的即期汇率0.091美元下，调整墨西哥比索应付款，确认自9月30日起比索升值产生的外汇交易损失。		
	远期合约	3 030	
	远期合约利得		3 030
	将远期合约调整到当天的公允价值6 000美元，相应确认在9月30日产生的远期合约利得。		
	外汇（墨西哥比索）	91 000	
	现金		85 000
	远期合约		6 000
	记录交割远期合约：支付85 000美元，同时得到1 000 000比索，并按0.091美元的汇率将这1 000 000墨西哥比索确认为资产，同时终止确认远期合约。		
	应付账款（墨西哥比索）	91 000	
	外汇（墨西哥比索）		91 000
	将1 000 000墨西哥比索支付给墨西哥供应商。		

试算表——10月31日	借方	贷方
现金	0	$85 000
存货——零部件	$80 000	0
留存收益，9月30日	3 030	0
外汇交易损失	5 000	0
远期合约利得	0	3 030
	$88 030	$88 030

第三部分　期权——已确认的外币负债的现金流量套期

下表简列了墨西哥比索看涨期权公允价值组成部分的变动，执行价格为 0.08 美元：

日期	即期汇率	到期日为 10 月 31 日的看涨期权费 执行价格 0.080 美元	公允价值	公允价值变动	内在价值	时间价值	时间价值变动
8 月 1 日	$0.080	$0.0052	$5 200	0	0	$5 200*	0
9 月 30 日	0.086	0.0095	9 500	+$4 300	$6 000†	3 500†	−$1 700
10 月 31 日	0.091	0.0110	11 000	1 500	11 000	0‡	−3 500

* 因为执行价格和即期汇率相同，该期权没有内在价值。公允价值只是期权的时间价值。

† 当即期汇率为 0.086 美元/墨西哥比索，执行价格为 0.08 美元时，该期权的内在价值为 6 000 美元，而剩下的 3 500 美元公允价值则被归为期权的时间价值。

‡ 期权到期的时间价值为 0。

8 月 1 日	存货——零部件	80 000	
	应付账款（墨西哥比索）		80 000
	购买存货零部件，按照即期汇率 0.080 美元确认应付账款。		
	外汇期权	5 200	
	现金		5 200
	将购买的期权确认为一项资产。		
9 月 30 日	外汇交易损失	6 000	
	应付账款（墨西哥比索）		6 000
	在新的即期汇率 0.086 美元下，调整墨西哥比索应付账款，确认自 8 月 1 日起比索升值产生的外汇交易损失。		
	外汇期权	4 300	
	累计其他全面收益（AOCI）		4 300
	按照此时期权的公允价值 9 500 美元调整外汇期权，同时贷记 AOCI。		
	累计其他全面收益（AOCI）	6 000	
	外汇期权利得		6 000
	确认外汇期权利得，抵消应付账款的外汇交易损失，相应借记 AOCI。		
	期权费用	1 700	
	其他累计全面收益（AOCI）		1 700
	将外汇期权的时间价值变动确认为一项费用，相应贷记 AOCI。		

试算表——9月30日	借方	贷方
现金		$5 200
存货——零部件	$80 000	0
外汇期权（资产）	9 500	0
应付账款（墨西哥比索）		86 000
外汇交易损失	6 000	0
外汇期权利得	0	6 000
期权费用	1 700	0
	$97 200	$97 200

		借方	贷方
10月31日	外汇交易损失	5 000	
	应付账款（墨西哥比索）		5 000
	在新的即期汇率0.091美元下，调整墨西哥比索应付款，确认自9月30日起墨西哥比索升值产生的外汇交易损失。		
	外汇期权	1 500	
	累计其他全面收益（AOCI）		1 500
	将外汇期权账面价值调整至其公允价值11 000美元，并相应贷记AOCI。		
	累计其他全面收益（AOCI）	5 000	
	外汇期权利得		5 000
	确认外汇期权利得，用来抵消应付账款波动，相应借记AOCI。		
	期权费用	3 500	
	累计其他全面收益（AOCI）		3 500
	将外汇期权的时间价值波动确认为一项费用，并相应贷记AOCI。		
	外汇（墨西哥比索）	91 000	
	现金		80 000
	外汇期权		11 000
	外汇期权行权：支付80 000美元，换回1 000 000墨西哥比索，按照即期汇率0.091美元确认墨西哥比索的美元价值，并且终止确认外汇期权。		
	应付账款（墨西哥比索）	91 000	
	外汇（墨西哥比索）		91 000
	记录汇给墨西哥供应商1 000 000墨西哥比索。		

试算表——10 月 31 日	借方	贷方
现金（$5 200 贷方余额+$80 000 新增）	0	$85 200
存货——零部件	$80 000	0
留存收益，9 月 30 日	1 700	0
外汇交易损失	5 000	0
外汇期权利得	0	5 000
期权费用	3 500	0
	$90 200	$90 200

第四部分　远期合约——外币确定承诺的公允价值套期

8 月 1 日	远期合约或采购指令不需要正式会计分录。需要在备忘录中将其指定为外币确定承诺的公允价值套期。		
9 月 30 日	远期合约	2 970	
	远期合约利得		2 970
	按照远期合约公允价值 2 970 美元将其确认为一项资产。同时把从 8 月 1 日起远期公允价值变动确认为远期合约利得。		
	确定承诺损失	2 970	
	确定承诺		2 970
	根据远期汇率波动，按公允价值 2 970 美元，将远期合约确认为一项资产。同时自 8 月 1 日起将公允价值波动确认为确定承诺损失。		

试算表——9 月 30 日	借方	贷方
远期合约（资产）	$2 970	0
确定承诺（负债）		$2 970
远期合约利得	0	2 970
确定承诺损失	2 970	0
	$5 940	$5 940

10 月 31 日	远期合约	3 030	
	远期合约利得		3 030
	调整远期合约公允价值到 6 000 美元，并且确认自 9 月 30 日起公允价值变动产生的利得。		
	确定承诺损失	3 030	
	确定承诺		3 030

根据远期汇率的变动将确定承诺价值调整到 6 000 美元，同时记录自 9 月 30 日以来公允价值变动导致的确定承诺损失。

外汇（墨西哥比索）	91 000	
现金		85 000
远期合约		6 000

记录交割远期合约：支付 85 000 美元，得到 1 000 000 墨西哥比索。按照即期汇率 0.091 美元确认墨西哥比索的美元价值，同时终止确认远期合约。

存货——零部件	91 000	
外汇（墨西哥比索）		91 000

采购零部件，向墨西哥供应商支付采购款 1 000 000 墨西哥比索。

确定承诺	6 000	
调整净利润		6 000

将确定承诺调整到净利润，终止确认确定承诺。

注：最后一笔冲销确定承诺以调整净利润的分录，只有在零部件通过计入销货成本影响净利润时才能做，在此之前，确定承诺将一直作为负债列示。

试算表——10 月 31 日	借方	贷方
现金	0	$85 000
存货——零部件（主营业务成本）	$91 000	0
远期合约利得	0	3 030
确定承诺损失	3 030	0
调整净利润	0	6 000
	$94 030	$94 030

第五部分　期权——外币确定承诺的公允价值套期

8 月 1 日	外汇期权	5 200	
	现金		5 200
	将购买的期权确认为一项资产。		
9 月 30 日	外汇期权	4 300	
	外汇期权利得		4 300
	将期权的公允价值 5 200 美元调到 9 500 美元，同时确认 8 月 1 日起公允价值变动产生的利得。		
	确定承诺损失	5 940	

确定承诺		5 940

基于即期汇率的变动，将确定承诺根据其公允价值记录为5 940美元，同时记录自8月1日起因公允价值变动产生的确定承诺损失。

确定承诺的公允价值根据8月1日和9月30日的远期利率计算如下：(0.080美元−0.086美元)×1 000 000墨西哥比索=−6 000美元，然后按照12%年利率（月利率为1%）折现：−6 000美元×0.9901=−5 940美元。

试算表——9月30日	借方	贷方
现金	0	$5 200
外汇期权（资产）	$9 500	0
确定承诺（负债）	0	5 940
外汇期权利得	0	4 300
确定承诺损失	5 940	0
	$15 440	$15 440

10月31日	外汇期权	1 500	
	外汇期权利得		1 500

将期权的公允价值从9 500美元调整到11 000美元，同时确认自9月1日起公允价值变动产生的期权利得。

确定承诺损失	5 060	
确定承诺		5 060

将确定承诺的公允价值从9 500美元调整到11 000美元，同时记录自9月1日起因公允价值变动产生的确定承诺损失。

确定承诺的公允价值根据8月1日和10月31日的即期汇率计算如下：(0.080美元−0.091美元)×1 000 000墨西哥比索=−11 000美元。

外汇（墨西哥比索）	91 000	
现金		80 000
外汇期权		11 000

记录外汇期权行权：支付8万美元得到1 000 000墨西哥比索，按照即期汇率0.091美元将其确认为1 000 000墨西哥比索的资产，同时终止确认外汇期权。

存货——零部件	91 000	
外汇（墨西哥比索）		91 000

采购零部件，向墨西哥供应商支付采购款。

	确定承诺	11 000	
	调整净利润		11 000
	将累计其他全面收益调整到净利润，终止确认累计其他全面收益。		

注：最后一笔冲销确定承诺以调整净利润的分录，只有在零部件通过计入销货成本影响净利润时才能做，在此之前，确定承诺将一直作为负债列示。

试算表——10 月 31 日	**借方**	**贷方**
现金（$5 200 贷方余额+ $80 000 新增）	0	$85 200
存货——零部件（主营业务成本）	$91 000	0
留存收益，9 月 30 日	1 640	0
外汇期权利得	0	1 500
确定承诺损失	5 060	0
调整净利润	0	11 000
	$97 700	$97 700

第六部分　期权——预测的外币交易的现金流量套期

8 月 1 日	外汇期权	5 200	
	现金		5 200
	将购买的期权确认为一项资产。		
9 月 30 日	外汇期权	4 300	
	累计其他全面收益（AOCI）		4 300
	将期权的公允价值从 5 200 美元调整到 9 500 美元，同时调整 AOCI。		
	期权费用	1 700	
	累计其他全面收益（AOCI）		1 700
	将外汇期权时间价值变动确认为费用，同时贷记 AOCI。		

试算表——9 月 30 日	**借方**	**贷方**
现金	0	$5 200
外汇期权（资产）	$9 500	0
累计其他全面收益	0	6 000
期权费用	1 700	0
	$11 200	$11 200

10 月 31 日	外汇期权	1 500	
	累计其他全面收益（AOCI）		1 500

按照期权公允价值 11 000 美元调整外汇期权，相应贷记 AOCI。

期权费用	3 500	
累计其他全面收益（AOCI）		3 500

确认外汇期权的时间价值变动。

外汇（墨西哥比索）	91 000	
现金		80 000
外汇期权		11 000

外汇期权行权：支付 80 000 美元，换回 1 000 000 墨西哥比索，按照即期汇率 0.091 美元确认墨西哥比索的美元价值，并且冲销外汇期权。

存货——零部件	91 000	
外汇（墨西哥比索）		91 000

向墨西哥供应商采购零部件，并且支付采购款。

累计其他全面收益（AOCI）	11 000	
调整净利润		11 000

终止确认其他全面收益，相应调整净利润。

注：最后一笔冲销累计其他全面收益以调整净利润的分录，只有在预测的交易预期发生时做。

试算表——10 月 31 日	借方	贷方
现金（$5 200 贷方余额+ $80 000 新增）	0	$85 200
存货——零部件（主营业务成本）	$91 000	0
留存收益，9 月 30 日	1 700	0
外汇期权费用	3 500	0
调整净利润	0	11 000
	$96 200	$96 200

问答题

1. 外汇交易会计计量方法的二次交易观的概念是什么？
2. 一家公司出口一批外币计价的货物，允许客户一个月后付款。在二次交易观下，权责发生制法下，外汇汇率波动该如何计量？
3. 在外汇交易中，什么因素导致了外汇交易利得？什么因素导致了外汇交易损失？
4. 套期保值是什么？为什么公司会使用套期保值策略？
5. 外汇期权和外汇远期合约的不同之处是什么？
6. 下列三种事项的套期工具在时间上的差别是什么呢？

（1）外币计价的资产和负债；

（2）外汇交易确定承诺；

（3）预测的外币计价交易。

7. 在外汇交易确定承诺套期保值中，相对于远期合约，公司为什么更偏向于外汇期权呢？在外币计价的资产或负债套期保值中，二者中公司为什么更偏向于远期合约呢？

8. 公司在资产负债表上怎么披露例如远期合约和期权这样的外币衍生工具呢？

9. 公司如何决定外币远期合约的公允价值呢？又如何决定期权的公允价值呢？

10. 什么是套期保值会计法？

11. 在什么情况下，公司可以用套期保值会计法核算预测外币交易的外汇期权？

12. 当远期合约被分类为对外币计价的资产或负债的公允价值套期或现金流量套期时，二者在会计核算中的区别是什么？

13 远期合约作为外汇计价的资产或负债的现金流量套期和作为外汇确定承诺的现金流量套期，会计核算有什么区别？

14. 当远期合约作为外汇计价的资产或负债和预测外币交易的公允价值套期时，会计核算有什么区别？

15. 作为现金流量套期工具，期权的公允价值变动怎么核算呢？作为公允价值套期工具呢？

16. 相对于外币应付账款，在会计核算中，外汇借款更加复杂的地方在哪里呢？

习　题

1. 下列哪个组合正确地描述了外汇交易、汇率波动和外汇交易利得与损失的关系？

交易类型	外汇	外汇交易利得或损失
a. 出口销售	升值	损失
b. 进口采购	升值	利得
c. 进口采购	贬值	利得
d. 出口销售	贬值	利得

2. 下列各种外汇交易会计法中，哪种方法被美国采用？

a. 一次交易观：权责发生制法核算外汇交易利得或损失

b. 一次交易观：递延法核算外汇交易利得或损失

c. 二次交易观：递延法核算外汇交易利得或损失

d. 二次交易观：权责发生制法核算外汇交易利得或损失

3. 2009 年 10 月 1 日，一家叫 Mud 的美国公司从一家葡萄牙公司 Terra 处采购了一批零部件，货款将于 2009 年 12 月 1 日支付。如果在 2009 年 Mud 营业利润中不包括外汇交易利得或损失，那么这笔交易可能：

a. 产生了营业外收入。

b. 以美元来计价。

c. 产生了外汇交易利得，在资产负债表上作为递延项披露。

d. 产生了外汇交易损失，在所有者权益中作为单独的一项披露。

4. Post 公司有一笔以客户当地货币标价的应收境外客户账款。在 2009 年 12 月 31 日，Post 公司在资产负债表中正确地将这笔 20 万外币的应收账款折合为 110 000 美元，当 2010 年 2 月 15 日收到这笔款项时，只能折合 95 000 美元。在 Post 公司 2010 年的合并利润表中，应该披露多少外汇交易损失呢？

a. 0 美元。

b. 10 000 美元。

c. 15 000 美元。

d. 25 000 美元。

5. 在 2009 年 7 月 1 日，Houghton 公司通过付息票据从外国贷款人处借得 20 万欧元，票据到期日是 2010 年 3 月 1 日。该票据以欧元标价。票据本金的美元等值款如下：

日期		金额
2009-07-01	借款日	$ 195 000
2009-12-31	资产负债表日	220 000
2010-03-01	偿付日	230 000

在 2010 年利润表中，就此票据该公司应该披露多少外汇交易利得或损失呢？

a. 35 000 美元的利得。

b. 35 000 美元的损失。

c. 10 000 美元的利得。

d. 10 000 美元的损失。

6. 由于对瑞士出口和从墨西哥进口，Slick 公司有一笔以瑞士法郎计价的应收账款和墨西哥比索计价的应付账款。Slick 公司对这两笔款项都确认了外汇交易利得。那么从交易日到结算日外汇是升值还是贬值呢？

	瑞士法郎	墨西哥比索
a.	升值	升值
b.	贬值	贬值
c.	贬值	升值
d.	升值	贬值

7. Grete 在 2009 年发生下列外汇交易：

• 2009 年 1 月 20 日，从外国供应商处采购一批商品，等值美元为 6 万美元，货款在 2009 年 4 月 20 日支付，等值美元为 6.8 万美元；

• 2009 年 9 月 1 日，通过票据向外国贷款人借款，等值美元为 30 万美元，票据以贷款人当地货币计价，偿付日为 2010 年 10 月 1 日。在 2009 年 12 月 31 日，票据本金等值美元为 32 万美元。

在 Grete 公司 2009 年的利润表中，外汇交易损失是多少？

a. 4 000 美元。

b. 20 000 美元。

c. 22 000 美元。

d. 28 000 美元。

8. 一家美国出口商因 4 月 1 日向泰国客户出口产生一笔泰铢计价的应收账款。在 4 月 1 日，该出口商达成一笔售出泰铢的远期合约，并将其指定为应收泰铢账款的现金流量套期。4 月 1 日泰铢的即期汇率为 0. 022 美元/泰铢，远期利率为 0. 023 美元/泰铢。下列哪项将出现在出口商的利润表中呢？

a. 折价费用。

b. 折价收入。

c. 溢价费用。

d. 溢价收入。

9. 3 月 12 日，Lawrence 公司与外国供应商签订了总价为 FC100 000 的零部件采购订单，FC 的即期汇率为 0. 20 美元/FC。当天达成了一笔一个月期限的远期买入 FC100 000 的合约，远期汇率为 0. 21 美元/FC。该合约被恰当地指定为确定承诺的公允价值套期工具。在 6 月 12 日，该公司收到零部件，即期汇率为 0. 23 美元/FC。那么 Lawrence 公司在账簿中零部件存货的金额是多少？

a. 20 000 美元。

b. 21 000 美元。

c. 22 000 美元。

d. 23 000 美元。

10. 在 2009 年 12 月 1 日，一家美国企业 Barnum 公司达成一笔 3 个月的远期合约，远期买入 1 000 000 马来西亚林吉特。相关的汇率如下：

日期	即期汇率	远期汇率 (2010-03-01)
2009-12-01	$0. 044	$0. 042
2009-12-31	0. 040	0. 037
2010-03-01	0. 038	N/A

Barnum 的边际借款利率为 12%。年利率 12%（月利率 1%）的两个月折现因子为 0. 9803。

在 Barnum 公司 2009 年 12 月 31 日的资产负债表中，远期合约是：

a. 资产，金额是 1 960. 60 美元。

b. 资产，金额是 3 921. 20 美元。

c. 负债，金额是 6 862. 10 美元。

d. 负债，金额是 4 901. 50 美元。

阅读下面的背景资料，解答 11 题和 12 题。

MNC 公司（一家美国企业）在 2009 年 12 月 1 日给韩国客户出口了一批货物，应收款为 1 000 万韩元，约定 2010 年 3 月 31 日收款。参考汇率如下：

日期	即期汇率	远期汇率（2010-03-31）
2009-12-01	0.0035	$0.0034
2009-12-31	0.0033	0.0032
2010-03-31	0.0038	N/A

MNC 公司的边际借款利率是 12%。年利率 12%（月利率 1%）的 3 个月折现因子为 0.9706。

11. 假设 MNC 公司没有签订任何远期合约，那么在该公司 2009 年的利润表中该项交易将会产生多少外汇交易利得或损失？

a. 5 000 美元的利得。

b. 3 000 美元的利得。

c. 2 000 美元的损失。

d. 1 000 美元的损失。

12. 假设 MNC 公司于 2009 年 12 月 1 日达成了一项卖出 1 000 万韩元的远期合约，并将其指定为外币应收账款的公允价值套期。此时在 2009 年利润表中由于韩元汇率波动对利润的净影响是多少呢？

a. 对净利润没有影响。

b. 净利润减少 58.8 美元。

c 净利润减少 2 000 美元。

d. 净利润增加 1 941.20 美元。

13. 在 3 月 1 日，Pimlico 公司（一家美国企业）计划于 3 个月之后将从某家瑞典企业采购一批商品。3 月 1 日，瑞典克朗的即期汇率为 0.10 美元/瑞典克朗，该公司达成了一笔按照 0.12 美元/瑞典克朗的远期汇率买入 50 万瑞典克朗的远期合约。3 个月后，即期汇率是 0.115 美元/瑞典克朗，Pimlico 公司采购了这批商品，并支付了 50 万瑞典克朗。此笔预测交易现金流量套期对该公司净利润产生了什么影响呢？

a. 1 万美元的溢价费用加采购货物时正的 7 500 美元的净利润调整。

b. 1 万美元的折价费用加采购货物时正的 5 000 美元的净利润调整。

c. 2 500 美元的溢价费用加采购货物时负的 7 500 美元的净利润调整。

d. 2 500 美元的溢价费用加采购货物时正的 2 500 美元的净利润调整。

14. Palmer 公司是一家美国企业，预期将从某外国供应商处订购一批商品，价款为 20 万英镑，货物和款项的交收日是 4 月 15 日。1 月 15 日，Palmer 公司购买了 20 万英镑的 3 个月看涨期权，并将之指定为预测外汇交易的现金流量套期。期权的执行价格是每英镑 0.25 美元，成本是 2 000 美元。在 1 月 15 日和 4 月 15 日，即期汇率分别是 0.25 美元/英镑和 0.22 美元/英镑。那么在 1 月 15 日到 4 月 15 日这段期间，Palmer 公司在净利润中确认的期权费用是：

A. 600 美元。

B. 1 000 美元。

C. 2 000 美元。

D. 4 400 美元。

阅读以下材料，回答 15 ~17 题。

在 2009 年 9 月 1 日，Jensen 公司收到加拿大客户的采购订单，货款是 10 万加元。在 2010 年 3 月 1 日，Jensen 公司发布商品，并收到货款。在 2009 年 9 月 1 日，Jensen 购买了一项 10 万加元的看跌期权，到期日是 2010 年 3 月 1 日。Jensen 公司将其指定为加元确定承诺的公允价值套期工具。期权费用是 2 000 美元，在 2009 年 12 月 31 日的公允价值是 2 300 美元。确定承诺的公允价值参考即期汇率而定。适用的即期汇率见下表：

日期	即期汇率
2009-12-01	$0.80
2009-12-31	0.79
2010-03-01	0.77

Jensen 公司的年边际借款利率是 12%，两个月的现金因子是 0.9803。

15. 确定承诺公允价值套期工具对 2009 年 Jensen 公司利润表的净影响是：

a. 0 美元。

b. 利润减少 680.30 美元。

c. 利润增加 300 美元。

d. 利润增加 980.30 美元。

16. 确定承诺公允价值套期工具对 2010 年 Jensen 公司利润表的净影响是：

a. 0 美元。

b. 利润减少 1 319.70 美元。

c. 利润增加 77 980.30 美元。

d. 利润增加 78 680.30 美元。

17. 为对冲外汇风险而购买的外汇期权产生的现金流量变动是：

a. 0 美元。

b. 现金流量增加 1 000 美元。

c. 现金流量减少 1 500 美元。

d. 现金流量增加 3 000 美元。

阅读以下材料，回答 18 ~20 题。

2009 年 3 月 1 日，Werner 公司收到一家墨西哥客户的零部件采购订单。货款是 50 万墨西哥比索，交收日是 2009 年 4 月 30 日。3 月 1 日，墨西哥比索的即期汇率是 0.115 美元/墨西哥比索，Werner 公司签订了一笔 2 个月卖出 50 万墨西哥比索的远期合约，远期汇率是 0.12 美元，将其指定为公允价值套期工具，确定承诺的公允价值参考即期汇率而定。在 2009 年 4 月 30 日 Werner 发出零部件，并收到货款，当天墨西哥比索的即期汇率是 0.118 美元/墨西哥比索。2009 年 3 月 31 日，墨西哥比索的即期汇率是 0.123 美元/墨西哥比索，远期合约的公允价值是 1 250 美元。

18. 确定承诺的远期合约套期工具对截止日是 2009 年 3 月 31 日 Werner 公司季度

利润表的影响是：

a. 0 美元。

b. 净利润增加 1 250 美元。

c. 净利润减少 1 500 美元。

d. 净利润增加 1 500 美元。

19. 确定承诺的远期合约套期工具对截止日是 2009 年 6 月 30 日 Werner 公司季度利润表的影响是：

a. 0 美元。

b. 净利润增加 59 000 美元。

c. 净利润增加 60 000 美元。

d. 净利润增加 61 500 美元。

20. 远期合约套期工具对净现金流量增加或减少的影响是：

A. 0 美元。

B. 现金流量增加 1 000 美元。

C. 现金流量减少 1 500 美元。

D. 现金流量增加 2 500 美元。

阅读以下材料，回答 21～22 题。

在 2009 年 11 月 1 日，Dos Santos 公司预测将于 2010 年 2 月 1 日从巴西供应商处采购一批原材料，价款是 20 万巴西里拉。在 2009 年 11 月 1 日，Dos Santos 公司花了 1 500 美元购买了 20 万里拉的 3 个月看涨期权，执行价是每里拉 0.4 美元，Dos Santos 将其适当地指定为预测外汇交易的公允价值套期工具。在 2009 年 12 月 31 日，期权的公允价值是 1 100 美元。适用的即期汇率见下表：

日期	即期汇率
2009-11-01	$0.40
2009-12-31	0.38
2010-02-01	0.41

21. 预测外汇交易的套期工具对该公司 2009 年度的净利润的净影响是：

a. 0 美元。

b. 净利润减少 400 美元。

c. 净利润增加 1 000 美元。

d. 净利润增加 1 400 美元。

22. 假设原材料于 2010 年全部消耗完，并已计入主营业务成本，那么预测外汇交易的套期工具对该公司 2010 年度的净利润的净影响是：

a. 净利润减少 80 000 美元。

b. 净利润减少 80 600 美元。

c. 净利润减少 81 100 美元。

d. 净利润减少 83 100 美元。

23. 2009 年 11 月 1 日，Rabato 公司以赊销的方式从某外国供应商采购了一批商品，价款是 6 万 LCU（当地货币单位）。款项于 2010 年 1 月 15 日支付。1LCU 与美元的汇率如下：

2009-11-01	$0.345
2009-12-31	0.333
2010-01-15	0.359

a. 汇率波动对 Rabato 公司 2009 年的利润表有什么影响？

b. 汇率波动对 Rabato 公司 2010 年的利润表有什么影响？

24. 略。

25. 略。

26. 2009 年 12 月 1 日，Dresden 公司（位于纽约的一家美国企业）从某外国供应商处采购了一批存货，价款是 6 万 LCU。Dresden 公司将在 90 天之后售出商品时支付采购款。实际上 Dresden 公司很快就售完该批商品，并于 2010 年 1 月 28 日结清了应付款。1LCU 与美元的汇率如下：

2009-12-20	$0.88
2009-12-31	0.82
2010-01-10	0.90

请写出 Dresden 公司采购和款项支付的所有会计分录。

27. Acme 公司（一家位于佛罗里达州的美国企业）在 2009 年发生如下进出口交易：

2009-03-01	赊购成本为 5 万比索的存货
2009-06-01	赊销 60% 的存货，赊销款是 4.5 万比索
2009-08-01	收到客户 4 万比索
2009-09-01	向客户支付 3 万比索

2009 年比索和美元的汇率如下：

2009-03-01	$0.17
2009-06-01	0.18
2009-08-01	0.19
2009-09-01	0.20
2009-12-31	0.21

在 Acme 公司 2009 年度财务报表中下列科目的值为多少：

a. 存货

b. 主营业务成本

c. 主营业务收入

d. 应收账款

e. 应付账款

f. 现金

28. 略

29. Benjamin 公司是一家经营进出口业务的企业。这家公司与意大利企业之间有大量的交易，交易都以里拉标价。在 2009 年，Benjamin 以 8 里拉的单价采购了 2 万件晾衣架，货款将于晾衣架售完后支付。里拉与美元的汇率为：

2009-09-01	$0.46
2009-12-01	0.44
2009-12-31	0.48
2010-03-01	0.45

a. 假设 Benjamin 在 2009 年 12 月 1 日购买了这批晾衣架，款项于 2010 年 3 月 1 日支付。那么汇率波动对 2009 年和 2010 年利润的影响是多少？

b. 假设 Benjamin 在 2009 年 9 月 1 日购买了这批晾衣架，款项于 2009 年 12 月 1 日支付。那么汇率波动对 2009 年利润的影响是多少？

c. 假设 Benjamin 在 2009 年 9 月 1 日购买了这批晾衣架，款项于 2010 年 3 月 1 日支付。那么汇率波动对 2009 年和 2010 年利润的影响是多少？

30. 略。

31. Brandlin 公司是一家加利福尼亚州的公司。在 2009 年 12 月 1 日向某外国客户销售零部件。货款为 2 万克朗，将于 2010 年 3 月 1 日结算。在 2009 年 12 月 1 日该公司达成了一笔远期合约，约定在 2010 年 3 月 1 日售出 2 万克朗。相关的汇率如下：

日期	即期汇率	远期汇率 (2010-03-01)
2009-12-01	$2.00	$2.075
2009-12-31	2.10	2.200
2010-03-01	2.25	N/A

Brandlin 公司的边际借款利率是 12%。2 个月的现值因子是 0.9803。Brandlin 公司的结账日和财务报表日是 12 月 31 日。

a. 假设该公司将远期合约指定为外币应收账款的现金流量套期工具，折价或者溢价按照直线法摊销，请按美元为记账货币准备会计分录。其对 2009 年净利润的影响是什么？其对 2010 年净利润的影响是什么？其对这两个会计年度净利润的影响是什么？

b. 假设该公司将远期合约指定为外币应收账款的公允价值套期工具，折价或者溢价按照直线法摊销，请按美元为记账货币准备会计分录。其对 2009 年净利润的影响是什么？其对 2010 年净利润的影响是什么？其对这两个会计年度净利润的影响是什么？

32. 略

33. 在 6 月 1 日，Alexander 公司向外国客户销售了 1 000 000 比索的货物。款项结算日是 9 月 1 日。6 月 1 日，Alexander 公司购买了 3 个月期的期权，执行价格是

0.045 美元，拥有售出 1 000 000 比索的权利。相关汇率和期权费用见下表：

日期	即期汇率	到期日为 9 月 1 日的期权费用（执行价格 0.045 美元）
6 月 1 日	$0.045	$0.0020
6 月 30 日	0.048	0.0018
9 月 1 日	0.044	N/A

Alexander 公司的结账日和二季度财务报表日是 6 月 30 日。

a. 假设该公司将期权指定为应收外币账款的现金流量套期工具，请按美元为记账货币准备会计分录。其对这两个会计期间净利润的净影响是什么？

b. 假设该公司将期权指定为应收外币账款的公允价值套期工具，请按美元为记账货币准备会计分录。其对这两个会计期间净利润的净影响是什么？

34. 略

35. 在 2009 年 11 月 1 日，Ambrose 公司向外国客户销售了 10 万 FCU（外国货币单位）的商品，账款将于 2010 年 4 月 30 日收回。销售日，Ambrose 公司签订了一笔 6 个月期限远期卖出 10 万 FCU 的合约。将其适当地指定为应收外币账款的现金流量套期工具。相关的汇率如下：

日期	即期汇率	远期汇率（2010-04-30）
2009-11-01	$0.53	$0.52
2009-12-31	0.50	0.48
2010-04-30	0.49	N/A

Ambrose 公司的边际借款利率是 12%。4 个月的现值因子是 0.9610。

a. 写出包括 12 月 31 日调整分录在内的确认销售和远期合约的所有分录。

b. 其对 2009 年净利润的影响是什么？

c. 其对 2010 年净利润的影响是什么？

36. 略

37. 在 2009 年 10 月 1 日，Hanks 公司签订了一笔 4 个月期远期卖出 10 万 LCU（当地货币单位），获得 6.5 万美元的合约。LCU 和美元的汇率如下：

日期	即期汇率	远期汇率（2010-1-31）
2009-10-01	$0.69	$0.65
2009-12-31	0.71	0.74
2010-01-31	0.72	N/A

Hanks 公司的边际借款利率是 12%。1 个月的现值因子是 0.9901。Hanks 公司的结账日和财务报表日是 12 月 31 日。

a. 假设 Hanks 公司销售商品日为 2009 年 10 月 1 日，应收账款为 10 万 LCU，并将该远期合约指定为公允价值套期工具。请写出销售和远期合约的所有相关分录。

b. 假设 Hanks 公司预测将于 2010 年 1 月 31 日向某外国客户销售价款为 10 万 LCU 的商品，并将该远期合约指定为确定承诺公允价值套期工具。请写出确定承诺和远期合约的所有相关分录。确定承诺的公允价值参考远期汇率波动而定。

38. 略

39. 在 6 月 1 日，Vandervelde 公司（一家美国制造业企业）接受了一份订单，向一家外国客户销售价值 50 万阿尔巴尼亚列克的货物。Vandervelde 公司将于 9 月 1 日发出商品和收到货款。在 6 月 1 日，Vandervelde 公司购买了一份 3 个月期限的期权，执行价格是每列克兑 1 美元，拥有按照此比价卖出 50 万列克的权利。该公司将其指定为外币确定承诺的公允价值套期工具。确定承诺的公允价值根据即期汇率的波动计算。相关的汇率和期权费用请见下表：

日期	即期汇率	到期日为 9 月 1 日的期权费用（执行价格 1 美元）
6 月 1 日	$1.00	$0.010
6 月 30 日	0.99	0.016
9 月 1 日	0.97	N/A

公司的边际借款利率是 12%，2 个月的现值因子是 0.9803。结账日和二季度财务报表日都是 6 月 30 日。

a. 请编制外汇期权和确定承诺的会计分录。

b. 对两个会计期间的净影响是什么？

c. 因向国外客户销售商品而产生的现金流量是多少？

40. 略

41. 略

42. Vino Veritas 公司是一家进口美酒和香料的美国公司。按照每箱 200 欧元的价格从法国供应商处订购了 1 000 箱的葡萄酒，价款共计 20 万欧元。相关的数据如下：

日期	即期利率	远期汇率（2009-12-31）	到期日为 10 月 31 日的期权费用（执行价格 1 美元）
2009-09-15	$1.00	$1.06	$0.035
2009-09-30	1.05	1.09	0.070
2009-10-31	1.10	1.10	0.100

公司的边际借款利率是 12%。结账日和三季度财务报表日都是 9 月 30 日。

a. 假设葡萄酒在 9 月 15 日收到，款项在 10 月 31 日支付。没有任何外汇风险防范措施，请编制这笔进口交易的会计分录。

b. 假设葡萄酒在 9 月 15 日收到，款项在 10 月 31 日支付。在 9 月 15 日，该公司签订了一笔 45 天期限远期买入 20 万欧元的远期合约。将其适当地指定为外币应付账款的公允价值套期工具。编制进口交易和外币远期合约的会计分录。

c. 假设该公司在 2009 年 9 月 15 日订购葡萄酒，葡萄酒收到的日期和款项的结算日期都为 10 月 31 日。在 9 月 15 日，该公司签订了一笔 45 天期限远期买入 20 万欧元的远期合约。将其适当地指定为外币确定承诺的公允价值套期工具。确定承诺的公允价值参考远期汇率波动而定。编制远期合约、进口交易和确定承诺的会计分录。

d. 假设葡萄酒在 9 月 15 日收到，款项在 10 月 31 日支付。在 9 月 15 日，该公司购买了一项 45 天期限的外汇期权，拥有未来买入 20 万欧元的权利。将其适当地指定为外币应付账款的现金流量套期工具。编制进口交易和外汇期权的会计分录。

e. 假设该公司在 2009 年 9 月 15 日订购葡萄酒，葡萄酒收到的日期和款项的结算日期都为 10 月 31 日。在 9 月 15 日，该公司购买了一项 45 天期限的外汇看涨期权，拥有未来买入 20 万欧元的权利。将其适当地指定为外币确定承诺的公允价值套期工具。确定承诺的公允价值参考即期汇率波动而定。编制外汇期权、进口交易和确定承诺的会计分录。

第8章　外币财务报表折算

◆ 沃尔玛超市公司，根据业内人士，计划从中国采购一条总值10亿美元的日用商品供应链。这笔交易使这家世界上最大的零售商在中国市场上具有最大的食品和超市网络。①

◆ 法国电器设备生产商 Schneider Electric SA 表示，周一已签订合同，将用61亿美元现金从一家美国制造商——American Power Conversion Corp——购买备用动力设备。②

◆ 墨西哥的 Cemex，世界第三大水泥生产商，周五以128亿美元巨额竞标，意欲收购澳大利亚 Rinker 集团公司，以世界上最大的建筑材料公司之一亮相美国。③

在当今世界经济中，此类公告已屡见不鲜。企业跨国经营，原因众多，包括拓展产品市场、低生产成本优势、原材料获取便利等。一些跨国公司的全球化表现更是非同凡响，本国业务逐渐让步于全球业务。例如，2005年，美国公司 International Flavors and Fragrances 在世界31个国家有营业活动，非北美分部资产达67%；Coca-cola 的国外经营活动产生了71%的销售收入，77%的营业利润。

国外经营活动给母公司带来了迥异于国内经营的管理困难，一些困难是源于国内外的文化差异，另一些则是国外经营活动一般都要求遵守投资国的法律法规。例如，大多数国家都要求采用本国货币按照当地会计规则提供财务报表。

为了提供世界范围的合并财务报表，一家美国母公司必须：（1）把外国会计准则下的财务报表转换成美国公认会计准则报表；（2）把外币财务报表转换为美元财务报表。不论外国营业活动的形式是分支机构、合资公司、控股子公司还是权益法核算的联营企业，这种转换过程是必须的。在本章中，我们学习怎么将外币财务报表折算成母公司本位币报表。

此过程牵涉两个问题：（1）采用什么折算方法；（2）在合并财务报表中折算调整在哪里列示。本章中，首先从概念框架上来研究，然后学习美国 FASB 解决该问题的方式方法。

8.1　折算时使用的汇率

在折算财务报表时，使用两类汇率：

（1）历史汇率：交易发生时的汇率。

（2）现行汇率：资产负债表日的汇率。

资产负债表和利润表中哪些项目是按照历史汇率折算的呢？哪些项目是按照现行汇率折算的呢？

假设在下面讨论中的公司在2008年12月31日开始在 Gualos（一个国家）开展营业活动，汇率是0.2美元/vilsek（Gualos 的货币），当西南公司准备2008年12月31日合并资产负债表时，必须用汇率将土地账户折算成美元。它将按照0.2

① “沃尔玛在中国购买超市供应链”，载《华尔街日报》，2006年10月17日，A3页。
② “法国 Schneider 公司意欲购买美国动力设备”，2006年10月30日 www.msnbc.msn.com。
③ “Cemex 以128亿美元收购 Rinker”，2006年10月27日，www.today.reuters.com。

美元/vilsek的汇率将外国子公司价值 150 000vilsek 的土地折算成美元价值。0.2 美元/vilsek是2008 年 12 月 31 日土地账户的历史和现行汇率。

合并资产负债表：2008 年 12 月 31 日	
土地（150 000vilseks× \$ 0.20）	\$ 30 000

在2009 年第一季度末，vilsek 升值了 15%，在 2009 年 3 月 31 日汇率为 0.23 美元/vilsek。为了准备 2009 年第一季度的财务报表，西南公司必须决定子公司资产负债表中价值 150 000 vilseks 的土地是按照历史汇率 0.20 美元/vilsek 还是现行汇率 0.23 美元/vilsek 来折算。

如果在 2009 年 3 月 31 日使用历史汇率，土地在合并资产负债表中仍然是 30 000 美元，与 2008 年 12 月 31 日相比没有变化。

历史汇率——合并资产负债表：2009 年 3 月 31 日	
土地（150 000vilseks× \$ 0.20）	\$ 30 000

如果在 2009 年 3 月 31 日使用现行汇率，土地在合并资产负债表中是 34 500 美元，与 2008 年 12 月 31 日相比增加了 4 500 美元。

现行汇率——合并资产负债表：2009 年 3 月 31 日	
土地（150 000vilseks× \$ 0.23）	\$ 34 500

8.1.1 折算调整

为了保持资产（A）= 负债（L）+所有者权益（OE），汇率波动引起资产（A）增加了 4 500 美元，所以在资产负债表另一边，所有者权益必须增加 4 500 美元以抵销资产的增加。这种调整所有者权益被称为正向折算调整，它有一个贷方余额。

由于 vilseks 升值，土地的美元价值增加，由此产生了一笔正向折算调整，所有 Gualos 子公司资产负债表中的资产按照现行汇率折算是对的。当外币升值，产生正向折算调整时，所有资产都要按照现行汇率折算。

当 vilsek 升值时，所有 Gualos 子公司资产负债表中的负债按照现行汇率折算都会增加美元价值。例如，西南公司可在 2008 年 12 月 31 日把价值 10 000 vilseks 的应付票据按照 2 000 美元来披露，在 2009 年 3 月 31 日，应付票据余额应为 2 300 美元。根据会计恒等式，负债（L）的增加将相应减少所有者权益（OE），产生一笔负向折算调整，它有一个余额减项。当外币上升，产生负向折算调整时，所有负债都要按照现行汇率折算。

8.1.2 资产负债表敞口

当汇率变动时，如果资产负债表项目（资产和负债）按照现行汇率折算，每期余额可能都会不同，这些项目面临折算调整。资产负债表项目如果按照历史汇率折算，在各期中美元价值均不改变，这些项目不会面临折算调整。面临折算调整被称为资产负债表、折算或会计敞口。资产负债表敞口可以从以下角度与第 7 章中由外币应收应付款项产生的交易敞口做比较：交易敞口产生外汇损失或利得，且最终将变为现金；而产生于资产负债表敞口的折算调整并不会直接引起现金的流入或者流出。

每个项目按照现行汇率折算都会面临折算调整。实际上，每一个敞口项目都存在一个单独的折算调整，但是，当汇率增加时，负债负向折算调整都会被资产正向折算调整所抵销。如果全年资产敞口总额和负债敞口总额相等，折算调整（即使单笔非常重大）净轧差为0余额。经折算调整必须使合并资产负债表只有净资产敞口或净负债敞口。

按照现行汇率折算后，当资产大于负债时，境外经营存在净资产资产负债表敞口。反之，存在净负债资产负债表敞口。下表总结了资产负债表敞口、折算调整和汇率波动之间的关系：

资产负债表敞口	外汇（FC）	
	升值	贬值
净资产	正向折算调整	负向折算调整
净负债	负向折算调整	正向折算调整

确切地说，在合并资产负债表中如何处理折算调整争论颇多，争论的焦点在于折算的利得或损益是确认在利润表中还是不影响净利润而计入所有者权益。在学习了折算方法之后，我们将在更深的层次上考虑这一问题。

8.2 折算的方法

现行的两种主要折算方法：(1) 现行（收盘）汇率法；(2) 暂行汇率法。我们将以美国跨国公司为例，讲解如何将外币财务报表折算为美元财务报表。

8.2.1 现行汇率法

现行汇率法的基本假设是公司境外经营的净投资都面临外汇风险。或者，一个境外经营代表着一项外汇净资产，如果外汇相对美元走低，那么外汇净资产的美元价值也缩水了，净投资美元价值的下降将表现在合并财务报表中的负向折算调整上；如果相对美元升值了，净资产的美元价值增加，表现为正向折算调整。

为了计量净投资的外汇风险敞口，全部资产和全部负债都按照现行汇率折算，所有者权益项目则按照历史汇率折算，现行汇率法下的资产负债表敞口等于境外经营的净资产头寸（所有资产减去所有负债）。①

所有资产>所有负债——→净资产敞口

如果外汇升值，产生正向折算调整；如果外汇贬值，产生负向折算调整。

前面提到过，折算调整和外币损益之间的主要差异是折算调整不必然产生现金流入或流出，只有按照现行汇率计算浮盈浮亏时才会存在折算调整。折算调整只有在境外经营出售（相对账面价值），并且将出售所得汇兑为美元时才会发生实际的利得或损失。

对于利润表项目，现行汇率法要求按照会计确认时的实际汇率折算入账。在多数

① 在少数情形下，境外子公司负债可能大于资产（负的所有者权益），此时，在现行汇率法下则存在净负债敞口。

时候，可以假定收入或费用在整个会计期间发生的频率是相等的，所以可以使用一个期间加权平均汇率折算。但是有些利润表项目，如利得或损失，应该采用发生时的汇率折算。①

8.2.2 暂行汇率法

暂行汇率法（以下简称暂行法）的目标是在进行外币财务报表折算时，就当境外经营子公司是用美元开展营业活动的。仍然以 Gualos 子公司为例，美国母公司西南公司，在合并资产负债表中，土地账户应该按照本来能够得到土地的美元价值列示，即当时花钱给子公司购买土地的美元金额。由于是在 0.2 美元/vilsek 时购买的土地，支出了 150 000 vilseks，那么土地的价值应该为 30 000 美元，这也是土地的历史美元成本。下列规则与暂行法的基本目标是一致的：

1. 在子公司资产负债表中的资产和负债是按照历史成本计价的，按照历史汇率折算，所以美元价值不变；

2. 相反，资产和负债是按照现行或未来价值表示的，则按照现行汇率折算，美元价值仍然不变。

这一规则在应用中应当和子公司对资产和负债的会计方法保持一致，另外，所有者权益按照历史汇率折算。

现金、交易性证券、应收款项和其他负债以现行或未来价值计量，在暂行法下则按照现行汇率折算。在暂行法下，究竟是产生净资产还是净负债资产负债表敞口取决于现金、交易性金融资产和应收款项是否大于负债：

现金+交易性金融资产+应收账款>负债→净资产敞口

现金+交易性金融资产+应收账款<负债→净负债敞口

在暂行法下，负债（长期和短期）通常都比资产的折算额大，所以常常会出现净负债敞口。

理解暂行法下敞口概念的一个方法是把子公司所有的现金、交易性金融资产、应收应付款项都看成是母公司在它的财务报表中要承担的项目。例如，一家美国母公司在日本有一家子公司，子公司在日本因销售形成的日元应收款可以看成是美国母公司对日本出口的结果。如果在母公司资产负债表中有日元应收账款，日元相对走低，那么将会形成外汇损失。同样当美国母公司持有日元现金存款或日元标价的交易性证券时，也可能会发生外汇损失，日元应付款产生的利得可以部分或全部抵销这些损失。究竟是净损失还是净利得取决于日元现金、交易性金融资产、应收款项和应付款的相对差额。所以，在暂行法下，对于境外经营的现金、交易性金融资产、应收应付款项的折算调整就好像是实际发生在母公司账簿上一般。

另外，源于暂行法下的折算调整和外汇损失或利得之间的差异在于折算调整不一定通过现金的流入、流出来实现。只有（1）母公司把美元汇给日本子公司偿付日元负债，（2）日本子公司把日元应收款项和交易性金融资产折算成日元现金，兑换成美元，并汇往美国母公司，美元的折算调整才能实现。

---

① 或者，利润表项目也可以按照现行汇率折算，随后我们将展示现行汇率比期间加权平均汇率更有优势。

在暂行法下，利润表项目按照产生收入或费用实际发生时的汇率折算。大多数项目都可以看做是在整个会计年度均匀发生的，所以可以使用期间加权平均汇率折算。但是，有些费用与按照成本计价的资产有关——例如，销货成本、固定资产折旧、无形资产摊销。由于相应的资产按照历史汇率折算，所以这些费用也是按照历史汇率折算的。

现行汇率法和暂行法在美国是被广泛使用的两种方法，同样在全世界也被广泛使用。在这两种方法下，某些财务报表项目的适用汇率总结在图表8—1。

图表8—1　**某些财务报表项目的适用汇率**

	暂行法（汇率）	现行法（汇率）
资产负债表		
资产		
现金和应收款	现行	现行
交易性证券	现行*	现行
存货（市价）	现行	现行
存货（成本价）	历史	现行
预付费用	历史	现行
财产、厂房、设备	历史	现行
无形资产	历史	现行
负债		
流动负债	现行	现行
递延收入	历史	现行
长期债务	现行	现行
所有者权益		
实收资本	历史	历史
资本公积	历史	历史
留存收益	综合	综合
股利	历史	历史

	暂行法（汇率）	现行法（汇率）
利润表		
收入	平均	平均
大多数费用	平均	平均
销售成本	历史	平均
固定资产折旧	历史	平均
无形资产摊销	历史	平均

* 交易性负债证券被划分为持有至到期的，按照成本核算，在暂行法下按照历史汇率折算。

8.2.3 留存收益的折算

在两种方法下，所有者权益都是按照历史汇率折算的，在留存收益折算时就产生了一些问题。这个项目是以前许多交易的累积，如收入、费用、利得、损失和公司存续期间已经宣布的股利。在运营的第一年末，外币留存收益折算如下：

净利润（FC）	[根据利润表项目折算的规则折算]	=净利润（$）
- 股利（FC）	×宣告日的历史汇率	=- 股利（$）
期末留存收益（FC）		期末留存收益（$）

第一年年末的留存收益美元价值等于第二年年初的美元留存收益，第二年（和未来各年）的留存收益的折算如下：

期初留存收益（FC）	（根据前一年折算而来）	= 期初留存收益（$）
+ 净利润（FC）	[根据利润表项目折算的规则折算]	=+ 净利润（$）
- 股利（FC）	×宣告日的历史汇率	=- 股利（$）
期末留存收益（FC）		期末留存收益（$）

在现行汇率法和暂行法下折算留存收益的方法都是一样的，唯一的区别在于两种方法下对于当期利润（外币）的折算是不同的。

8.3 暂行法的复杂之处

在暂行法下，当获得存货、预付费用、购置固定资产和无形资产时都要保持汇率记录，因为这些资产是使用历史成本核算的，折算时也用历史汇率。在现行汇率下就无此必要。与现行法相比，按照历史汇率折算这些资产更加复杂。

8.3.1 计算销货成本（主营业务成本）

在现行汇率法下，销货成本（外币）简单地按照加权平均汇率折算：

销货成本（外币）× 加权平均汇率 = 销货成本（美元）

在暂行法下，销货成本必须分解成期初存货、本期采购和期末存货，每一部分按照适用的历史汇率折算。例如，如果一家公司 2009 年初的存货（先进先出法）都是在 2008 年第四季度均匀采购的，然后它就用 2008 年度第四季度的平均汇率折算期初存货。同理，使用 2009 年第四季度平均汇率折算期末存货。假设 2009 年内采购存货是平均的，采购存货就可以用 2009 年平均汇率折算：

期初存货（FC）	× 历史汇率（2008 年第四季度）	= 期初存货（$）
+ 采购（FC）	× 平均汇率（2009）	= + 采购（$）
- 期末存货（FC）	× 历史汇率（2009 年第四季度）	= - 股利（$）
销货成本（FC）		销货成本（$）

在折算销货成本时，不存在一个单独的汇率被用于将外币直接折算为美元。

8.3.2 成本与市价孰低法的运用

在现行汇率法下，在外币资产负债表中的年末存货都是按照现行汇率折算的，而不管它是成本核算还是更低的市价核算。在暂行法下，外币存货成本和外币市价都按照适当的汇率折算，而在合并资产负债表中列示较低的美元成本和美元市价。所以可能出现，存货在外币资产负债表中是以成本列示的，而在合并资产负债表中又是按照市价列示的，或者相反。

8.3.3 固定资产、折旧和累计折旧

暂行法要求不同期间购置的固定资产按照不同的历史折算。与固定资产相关的折旧和累计折旧也必须采用同样的方法。

例如，一家公司在 2008 年 1 月 1 日购置了一件设备，成本是 FC（外币）1 000，当时的汇率是 1 美元/FC。在 2009 年 1 月 1 日，又耗资 FC5 000 购置了另一设备，汇率为 1.2 美元/FC。两年设备的有效寿命都是 5 年。在 2010 年 12 月 31 日，汇率为 1.5 美元/FC，设备的金额计算如下：

FC 1 000	×	1.00	=	$ 1 000
5 000	×	1.20	=	6 000
FC 6 000				$ 7 000

2010 年暂行法下的折旧费用计算如下：

FC 200	×	1.00	=	$200
1 000	×	1.20	=	1 200
FC 1 200				$ 1 400

2010 年暂行法下的累计折旧费用计算如下：

FC 600	×	1.00	=	$600
2 000	×	1.20	=	2 400
FC 2 600				$ 3 000

无形资产的计算与此类似。

在现行汇率法下，2010 年 12 月 31 日资产负债表中设备的余额为 FC 6 000×1.5=9 000（美元）。折旧费用按照平均汇率（1.4 美元/FC）折算，FC 1 200×1.40=1 680（美元），累计折旧为：FC 2 600×1.50=3 900（美元）。

在这个例子中，这家子公司只有两个固定资产折算。与现行汇率法相比，在暂行法下，有成千上万固定资产的境外子公司将产生非常繁重的工作。

8.3.4 资产处置时的利得或损失

假设折价境外子公司出售土地，成本是 FC 1 000，售价是 FC 1 200。在利润表中，出售土地的利得为 FC 200。获得土地时的汇率为 1.00 美元/FC，出售土地时的汇率为 1.20 美元/FC，资产负债表日的汇率为 1.50 美元/FC。

现行汇率法按照出售日实际汇率确认土地出售利得：FC 200×1.20=240（美元）

暂行法不能直接折算土地的出售利得，反而，它要求将收到的现金和土地的售出成本单独折算为美元，二者的差额为利得。根据暂行法的规则，现金账户按照售出日的汇率折算，土地账户按照历史汇率折算：

现金	FC 1 200	×	1.20	=	$ 1 440
土地	1 000	×	1.00	=	1 000
利得	FC 200				$ 440

8.4 折算调整的列示

外币财务报表折算的第一个问题是选择适当的方法，第二个问题就是在合并财务报表中的哪个地方去列示呢？学术上有两种主流观点：

1. 折算利得或损失：这种处理方法将折算调整看成是一种利得或损失，类似于外汇交易中产生的利得或损失，在汇率波动的当期就确认在净利润中。

这种方法产生了两个概念性问题，其一是它将折算调整当做利得或损失，但是这种利得或损失是未实现的；或者说，与之相伴的现金并没有发生变动。其二是这种利得或损失与经济实质不相符合。例如，外汇贬值，对境外营业来说能够刺激出口和利润，但是这种方法却增加了折算损失。

2. 其他全面收益下的累计折算调整：报告折算调整的另一种方法是将其计入其他全面收益。实际上，这种处理方法将利得或损失递延至所有者权益，直至真正实现时才将其确认。作为资产负债表账户，累计折算调整不会在会计期末结平而是在整个期间都会波动。

两种主要的折算方法和对折算调整的两种不同处理可以有下列四种组合：

组合	折算方法	转换调整的处理方法
①	暂行法	利润表中的利得或损失
②	暂行法	递延至其他全面收益
③	现行汇率法	利润表中的利得或损失
④	现行汇率法	递延至其他全面收益

8.5 美国的规则

在 1975 年之前，对于采用何种方法和在合并财务报表中哪里列示，美国没有正式的规则。不同的公司采用不同的方法组合。作为对该问题重视程度的表示，1974 年刚刚成立的 FASB 发布了首份正式声明，*SFAS 1*，“外币折算信息的披露”。该声明没有对组合的偏好发表意见，只是要求公司披露使用的折算方法和折算调整的处理方法。

由于各个公司间处理的不一致，导致了财务数据的不可比。为了消除这一纰漏，FASB 在 1975 年发布 *SFAS 8*——“外汇交易和外币财务报表折算的会计方法”，强制要求所有公司都采用暂行法，并将折算调整的利得或损失确认在利润表中（前表的组合①)。

全美的跨国公司都强烈抵制 *SFAS 8*，特别是，它们觉得利得或损失没有实现却计入利润表中，这是非常不合适的。另外，由于外汇波动在后续季度内常常会反复，所以在季度盈余中常常会产生虚假的波动。

对该问题处理的两份征求意见稿发布之后，FASB 最终在 1981 年发布了 *SFAS 52*，“外币折算”。这导致了关于外币折算的美国公认会计准则的大争论。而委员会 4 比 3 微弱的支持率足以表明当时对外币折算的争论是多么激烈。

8.5.1 *SFAS 52*

暂行法的内涵是假设美国的境外子公司与母公司的联系是非常紧密的，并且如果它们能够，它们愿意使用美元进行日常营业活动和账务处理。为了反映子公司与母公司之间紧密的联系，折算过程应该产生一套折算成美元后的财务报表，就好像子公司本来就是使用美元的。这就是 *SFAS 8* 中所采用的美元观。

在 *SFAS 52* 中，FASB 认同两种类型的境外实体。第一，一些境外实体与母公司有着非常紧密的联系，大多数业务能够使用美元；第二，其他境外实体，它们是相对独立的，并且已经融入了当地经济，主要是它们在日常营业中大多使用外币。对于第一类的实体，FASB 决定美元观仍然适用，因此，*SFAS 8* 仍然是有用的。

对于第二类相对独立的实体，采用当地货币观折算。对于这类实体，FASB 采用不同的折算方法，比如现行汇率法，来折算并且折算调整应当作为其他全面收益下一个单独的项目报告（前表的组合④）。FASB 要求采用现行汇率法时，使用加权平均汇率来折算利润项目。

为了使折算调整应该放在所有者权益而非利润表中的观点更加合理化，*SFAS 52*（113，114 段）对折算调整的性质提供了两种相悖的论点。一种观点是“净投资的美元等价波动是一项未实现的增项或减项，对于采用外汇为功能货币的子公司的现金流量（由境外实体产生，可能增资或者分配给母公司）是没有任何影响的。”通俗地讲，这种观点认为即期汇率波动产生了利得或损失，但是本质上都是未实现的，所以不应该包括在利润表中。

另一种观点认为“折算调整只是折算过程中产生的一个副产品”。这种观点认为汇率波动没有任何实际的效果，折算调整的结果只是用来使资产负债表左右平衡。

有趣的是，FASB 没有对这两种观点表示偏好，组委会认为没有必要对折算调整的本质做出暗示性的指引，因为这两种观点都主张不影响净利润。因此，资产负债表的数字可能存在上百万美元没有被定义。

8.5.2 功能性货币

为了确定一个特定的境外营业实体与母公司有紧密联系还是相对独立并融入了当地经济，*SFAS 52* 创造了功能货币的概念。功能货币就是境外营业实体所处运营环境的首要货币。它可以是母公司货币（美元）或者是外币（一般是当地货币）。*SFAS 52*功能性货币导向产生了下列规则：

功能货币	折算方法	转换调整
美元	暂行法	利润表中的利得或损失
外币	现行汇率法	其他全面收益下的单独项目（所有者权益）

除了引入了功能性货币的概念，*SFAS 52* 还创造了一些新术语。报告货币是指经济实体在准备财务报表中使用的货币。对于美国本土的公司，它是美元。如果境外实体的功能货币是美元，那么外币余额必须用暂行法重述为美元，折算调整则在利润表中确认为重述利得或损失。当功能货币是外币时，外币余额必须用现行汇率法折算，折算调整列示在资产负债表中。

功能性货币是客观的，但是，*SFAS 52* 申明，在许多情形下，要求管理层通过判断，确认能够使财务数据和关系具有最高相关性和可靠性的功能货币。*SFAS 52* 列举了一些能够帮助管理层确认功能性货币的指南（图表 8—2）。

图表 8—2　　*SFAS 52* 中决定功能性货币的指标

指标	表示功能性货币是	
	外币	母公司货币
现金流量	主要是外币，对母公司现金流没影响	现在直接影响母公司现金流
销售价格	不受短期内汇率变动的影响	受短期内汇率波动的影响
销售市场	活跃的当地销售市场	销售市场主要在母公司所在地或货款主要用母公司货币标价
费用	主要是当地成本	主要来自分摊母公司的成本
融资	主要以当地货币标价，外汇现金流量足以保证履约责任	主要是来源于母公司或以母公司货币标价，或外币现金流没有履约能力
公司内部交易	公司间交易少且小，与母公司运营没有广泛的联系	公司间交易规模大，与母公司运营联系比较广泛

SFAS 52 在确定功能性货币时没有仔细说明指标的权重，所以管理层在决定功能性货币时具有一些灵活性。不同的公司在选择时有不同的方法：

“对我们来说，这非常明显”与“这仅仅是一个程序的比较，我们用这 6 个因素建了一个矩阵。随后我们考虑了美元金额，并且确定了相关点检验的百分比，每一个因素都赋予相同的权重（在应用分析性方法时）”。①

研究表明美国跨国公司在确定外币为功能性货币时使用权重方案可能是有偏的，② 这或许是跨国公司的理性选择，因为当外币为功能性货币时，折算调整被放在所有者权益中，而不会影响利润。

8.5.3　恶性通货膨胀经济

当子公司处于恶性通货膨胀时，跨国公司不需要确定功能性货币，*SFAS 52* 强制

① Jerry L. Arond and William W. Holder, Impact of Statement 52 on Decisions, Financial Reports and Attitudes (Morristown, NJ: Financial Executives Research Foundation, 1986) 89 页.

② Timothy S. Doupnik and Thomas G. Evans, “Functional Currency as a Strategy to Smooth Income”, *Advances in International Accounting*, 1988.

应当使用暂行法将重述利得或损失记入利润表。

当一国3年累计通货膨胀率超过100%时被定义为处于恶性通货膨胀，相当于复利下连续3年26%的通货膨胀率。在实行*SFAS 52*后符合这一条件的国家有阿根廷、巴西、以色列、墨西哥和土耳其。在任何一年，一国是否被归类为通货膨胀取决于其最近3年的通货膨胀率。

这个规则可以避免在恶性通货国家由于采用现行汇率法而导致的“消失的工厂的问题”。前面讲过，在现行汇率法下，所有资产（包括固定资产）按照现行汇率折算。为了理解这个问题，我们来看下面这个例子。

一家美国母公司的巴西子公司在1984年末耗资了10 000 000克鲁赛罗（Cr $），当时汇率为0.001美元/克鲁赛罗。在现行汇率法下，土地在母公司合并资产负债表中金额为10 000美元。

	历史成本		现行汇率		合并资产负债表
1984年	Cr $ 10 000 000	×	0.001	=	$ 10 000

在1985年，巴西经历了200%的通胀。相应的，由于购买力平价，克鲁赛罗与美元的汇率在1985年降至0.00025美元/克鲁赛罗。在现行汇率法下，母公司合并资产负债表中土地的余额为2 500美元，产生了7 500美元的负向折算调整：

1985年10 000 000克鲁赛罗×0.00025=2 500美元

在现行汇率法下，一年中土地损失了75%的美元价值——土地甚至不是可折旧资产。

高通货膨胀继续，在1993年达到顶峰1800%。由于现行汇率法，初始价值为10 000美元的土地在1993年合并资产负债表中还不到1美元。

为*SFAS 52*打下基础的征求意见稿中，FASB建议要求在恶性通货膨胀国家有营业实体的母公司首先重述通货膨胀下的历史成本，然后用现行汇率法折算。例如，在1985年通货膨胀率为200%的情况下，土地账户应该调整到40 000 000克鲁赛罗，然后按照现行汇率为0.00025美元/克鲁赛罗，折算后美元价值为10 000美元，与1984年相等。

公司以许多国家都没有可信赖的通货膨胀指数为由反对去做通胀调整。FASB不再要求重述/折算法，而是在*SFAS 52*中，要求在恶性通货膨胀国家使用暂行法。在前面的例子中，暂行法下，公司每年都按照0.001美元/克鲁赛罗的历史汇率折算土地价值。每年的合并资产负债表中土地都为10 000美元，因此避免了“消失的工厂的问题”。

8.6 折算过程例示

为了展示*SFAS 52*提出的折算和重述程序，我们假设在2008年12月31日，USCO（一家美国本土公司）在瑞士组建了一家全资子公司（SWISSCO）。当天，USCO投资了300 000美元换回子公司全部普通股股权。假设瑞士法郎（以下简称瑞郎）对美元的汇率为0.6美元/瑞士法郎，初始投资额是50万瑞郎，其中15万瑞郎马上投资于存货，其余部分是现金。SWISSCO在2009年1月1日开始运营，所有者权益是500 000 瑞郎，净货币资产是350 000 瑞郎。

SWISSCO 资产负债表

2009 年1月1日

资产	CHF	负债和所有者权益	CHF
现金	CHF 350 000	普通股	CHF 100 000
存货	150 000	资本公积	400 000
	CHF 500 000		CHF 500 000

在2009 年，SWISSCO 赊购了房产、设备、专利和其他存货。商洽了一笔五年期的贷款用来购置设备。销售商品（主要是赊销），发生了费用。它税后的利润为470 000瑞郎，在2009 年10 月1 日其宣告发放股利150 000 瑞郎。

作为在瑞士注册成立的公司，SWISSCO 必须使用瑞士会计准则，这和美国公认会计准则有很多差异。就像本章开头所述，为了准备合并财务报表，USCO 必须首先将SWISSCO 的财务报表折算为美国公认会计准则下的财务报表。SWISSCO 在美国公认会计准则下，2009 年瑞郎标价的财务报表见图表8—3。

图表8—3　**外币财务报表**

SWISSCO 利润表

截止到2009 年12 月31 日

	CHF
主营业务收入	4 000 000
主营业务成本	-3 000 000
毛利润	1 000 000
折旧费用	-100 000
摊销费用	-10 000
其他费用	-220 000
利润总额	670 000
所得税费用	-200 000
净利润	470 000

所有者权益变动表

截止到2009 年12 月31 日

	CHF
留存收益（2009 年1 月1 日）	0
净利润（2009 年）	470 000
减去：股利（2009 年10 月1 日）	-150 000
留存收益（2009 年12 月31 日）	320 000

续表

SWISSCO 资产负债表

2009 年 12 月 31 日

资产	CHF	负债和所有者权益	CHF
现金	130 000	应付账款	600 000
应收账款	200 000	流动负债	600 000
存货*	400 000	长期债务	250 000
流动资产	730 000	总负债	850 000
房产和设备	1 000 000	普通股	100 000
累计折旧	−100 000	资本公积	400 000
专利（净值）	40 000	留存收益	320 000
总资产	1 670 000	所有者权益	820 000
		负债和所有者权益	1 670 000

*存货在成本与市价孰低下按照先进先出法核算，期末存货在第四季度均匀购入。

现金流量表

截止到 2009 年 12 月 31 日

	CHF
经营活动	
净利润	470 000
加：折旧费用	100 000
摊销费用	10 000
应收账款的增加	−200 000
存货的增加	−250 000
应付账款的增加	600 000
经营活动产生的现金流量	730 000
经营活动	
购买厂房和设备	−1 000 000
购买专利	−50 000
投资活动产生的现金流量	−1 050 000
筹资活动	
长期借款	250 000
支付股利	−150 000
筹资活动产生的现金流量	100 000
现金减少	−220 000
现金（2008 年 12 月 31 日）	350 000
现金（2009 年 12 月 31 日）	130 000

为了准确地将瑞郎财务报表折算为美元财务报表，USCO 必须在各个时点及时地收集瑞郎和美元间的汇率。相关汇率如下：

2009 年 1 月 1 日	$ 0.60
购置厂房和设备及获得贷款时的汇率（2009 年 3 月 15 日）	0.61
获得专利的日期（2009 年 4 月 10 日）	0.62
2009 年平均汇率	0.65
股利宣告日（2009 年 10 月 1 日）的汇率	0.67
2009 第四季度平均汇率	0.68
2009 年 12 月 31 日	0.70

你可以发现，瑞士法郎在全年相对美元持续升值。

8.7 外币财务报表折算——现行汇率法

折算外币财务报表的第一步要确定功能性货币，假设瑞郎是功能性货币，按照现行汇率法折算成美元标价的利润表和所有者权益表见图表 8—4。

图表 8—4　　利润表和所有者权益表的折算——现行汇率法

利润表

截止到 2009 年 12 月 31 日

	CHF	折算汇率*	US $
主营业务收入	4 000 000	0.65 A	$ 2 600 000
主营业务成本	−3 000 000	0.65 A	−1 950 000
毛利润	1 000 000		650 000
折旧费用	−100 000	0.65 A	−65 000
摊销费用	−10 000	0.65 A	−6 500
其他费用	−220 000	0.65 A	−143 000
税前收益	670 000		435 500
企业所得税	−200 000	0.65 A	−130 000
净利润	CHF 470 000		$ 305 500

所有者权益变动表

截止到 2009 年 12 月 31 日

	CHF	折算汇率	US $
留存收益（01/01/2009）	0		$ 0
净利润，2009	470 000	上面	305 500
股利，10/01/2009	−150 000	0.67 H	−100 500
留存收益	CHF 320 000		$ 205 000

* 说明采用的汇率，C 表示现行汇率，A 表示平均汇率，H 表示历史汇率。

所有的收入和费用都是按照会计确认日实际汇率折算的。此处使用平均汇率是由于每一笔收入和费用在本例中都是均匀发生的。但是，利润表账户，如利得或损失，当在某一时点发生时，应采用当日的实际汇率。年内折旧和摊销费用按照平均汇率折算。所有的应付费用在年度中都是均匀发生的，即使是为了方便而将它们统一在年末入账。

折算的净利润是从2009年的所有者权益变动表中摘下来的，股利则是按照宣告日的汇率折算的。

8.7.1 资产负债表折算

观察图表8—5，此为SWISSCO公司折算后的资产负债表，所有资产和负债都是按照现行汇率折算的，普通股和资本公积则是按照取得之日的汇率折算的。2009年12月31日的留存收益是从所有者权益变动表中摘下来的。应用这些程序之后，总资产合计1 169 000美元，总负债和所有者权益合计1 100 000美元。正向的折算调整为69 000美元，其使资产负债表左右平衡了，并且增加了所有者权益。

注意2009年的折算调整是正的69 000美元（贷方余额），折算调整（正的或者负的）可以用两个变量的函数表示：（1）资产负债表敞口（资产或负债）的性质；（2）汇率的变动（升值或贬值）。本例中，SWISSCO有一个净资产敞口（现行汇率法下的净资产大于净负债），并且瑞郎升值了，所以产生了正向折算调整。

折算调整可以根据资产负债表的平衡所需来决定，也可以根据汇率波动对期初余额和净资产随后变动的影响计算得出，见下列所述：

1. 年初子公司净资产余额按照当天实际汇率折算。

2. 年内净资产的增减按照增减发生日的实际汇率折算。只有在少数情形下，例如净利润、股利、股票增发或者增加库存股实际上会影响净资产，像购置设备或负债款的偿付对于净资产则没有影响。

3. 将折算后的年初净资产余额（a）和折算后的各个变动（b），相加得到未考虑汇率波动影响的净资产的相对价值。

4. 当所有汇率波动发生后，按照现行汇率将期末净资产折算后决定报告价值。

5. 将汇率变动前的净资产折算后价值（c）和期末折算后价值（d）相比较，差额就是期间汇率波动的结果。如果（c）大于（d），产生负向折算调整；如果（d）大于（c），产生正向变动调整。

图表8—5　　**资产负债表折算——现行汇率法**

SWISSCO 资产负债表

2009 年 12 月 31 日

	CHF	折算汇率	US $
资产			
现金	CHF 130 000	0.7 C	$ 91 000
应收账款	200 000	0.7 C	140 000

续表

存货	400 000	0.7 C	280 000
流动资产	730 000		511 000
房产和设备	1 000 000	0.7 C	700 000
累计折旧	-100 000	0.7 C	-70 000
专利（净值）	40 000	0.7 C	28 000
总资产	CHF 1 670 000		$ 1 169 000
负债和所有者权益			
应付账款	CHF 600 000	0.7 C	$ 420 000
流动负债	600 000		420 000
长期负债	250 000	0.7 C	175 000
总负债	850 000		595 000
普通股	100 000	0.60 H	60 000
资本公积	400 000	0.60 H	240 000
留存收益	320 000	见上	205 000
累计转换调整	——	为了平衡	69 000
所有者权益	820 000		574 000
负债和所有者权益	CHF 1 670 000		$ 1 169 000

折算调整的计算

根据前面几个环节，SWISSCO 的折算调整计算如下：

净资产余额，01/01/2009	CHF 500 000	×	0.6	=	$ 300 000
净资产变动					
净利润，2009	470 000	×	0.65	=	305 500
宣告的股利，10/01/2009	-150 000	×	0.67	=	-100 500
净资产余额，12/31/2009	CHF 820 000				$ 505 000
现行汇率法下的净资产余额，12/31/2009	CHF 820 000	×	0.7	=	-574 000
转换调整，2009（正向）					$ -69 000

因为子公司在本年年初开始营业，69 000 美元的折算调整是唯一适合报告用途的金额，如果以前年度折算已经产生余额，两者应该相加作为所有者权益中其他全面收益的合适年末数。

折算调整一直在其他累计利润中列示，直至境外营业被卖掉或者被清算。

SFAS 52 规定在出售或清算期间，与特定实体相关的累计折算调整必须从其他累计利润中转出，作为出售投资的利得或损失列报。实际上，累计未实现外汇利得或损失被递延计入了其他全面收益直至实体被处置。

8.7.2 现金流量表折算

现行汇率法要求对于现金流量表中的所有经营活动项目都按照平均汇率折算(见图表8—6)。这和折算利润表时使用的汇率相同。尽管资产负债表中的应收账款、存货和应付债款的期末余额按照现行汇率折算，但这些账户的变动适用于平均汇率法则是因为引起它们变动的营业活动（例如销售和购买）都是按照平均法折算的。

图表8—6 **现金流量表折算——现行汇率法**

SWISSCO 现金流量表

截止到2009年12月31日

	CHF	折算汇率	US $
营业活动			
净利润	CHF 470 000	0.65 A	$ 305 500
加：折旧	100 000	0.65 A	65 000
摊销	10 000	0.65 A	6 500
应收账款的增加	–200 000	0.65 A	–130 000
存货的增加	–250 000	0.65 A	–162 500
应付账款的增加	600 000	0.65 A	390 000
营业活动产生的现金流量	730 000		474 500
投资活动			
购置厂房和设备	–1 000 000	0.61 H	–610 000
购买专利	–50 000	0.62 H	–31 000
投资活动产生的现金流量	–1 050 000		–641 000
投资活动			
长期借款	250 000	0 61 H	152 500
支付股利	–150 000	0.67 H	–100 500
筹资活动产生的现金流量	100 000		52 000
现金减少	–220 000		–1 145 000
汇率波动对现金的影响		为了平衡	–4 500
现金余额，12/31/2008	CHF 350 000	0.60 H	210 000
现金余额，12/31/2009	CHF 130 000	0.70 H	$ 91 000

投资活动和筹资活动按照活动发生日的汇率折算，即使资产负债表中长期负债按照现行汇率折算，但是现金流量表中，当发生长期债务时，仍按照历史汇率折算。

“汇率波动对现金的影响”的–4 500美元是总折算调整69 000美元的一部分，它表示部分折算调整归因于现金的减少。

8.8 重述外币财务报表——暂行法

现在假设经过对 *SFAS 52* 中功能性货币指标细致地分析之后，USCO 公司的管理层得出结论：SWISSCO 的功能性货币是美元。此时，瑞士法郎计值的财务报表必须用暂行法重述为美元计值，重述调整中产生的利得或损失在利润表中确认。为了确保重述产生的利得或损失被确认在利润表中，最简单的方法就是首先重述资产负债表（见图表 8—7）。

图表 8—7　　**重述资产负债表——暂行法**

资产负债表

2009 年 12 月 31 日

	CHF	折算汇率	US $
资产			
现金	CHF 130 000	0.7 C	$ 91 000
应收账款	200 000	0.7 C	140 000
存货	400 000	0.68 H	272.000
流动资产	730 000		503 000
财产和设备	1 000 000	0.61 H	610 000
减：累计折旧	(100 000)	0.61 H	(61 000)
厂房（净）	40 000	0.62 H	24 800
资产合计	CHF 1 670 000		1 076 800
负债和所有者权益			
应付账款	CHF 600 000	0.7 C	$ 420 000
流动负债	600 000		420 000
长期负债	250 000	0.7 C	175 000
负债合计	850 000		595 000
股本	100 000	0.6 H	60 000
资本公积	400 000	0.6 H	240 000
留存收益	320 000	为了平衡	181 800
所有者权益合计	820 000		481 800
负债和所有者权益	CHF 1 670 000		$ 1 076 800

按照图表 8—7 里的程序，暂行法下库存现金、应收账款负债按照现行汇率 0.70 美元/瑞士法郎来折算。存货（先进先出法核算）、财产和设备、专利和投入资本账户（股本和资本公积）将按照历史汇率折算。经折算后资产合计 1 076 800 美元，负债和投入资本合计 895 000 美元。为了资产负债表平衡，留存收益必须为 181 800 美元。后面将会证实这个数字的精确性。

8.8.1　重述利润表

图表 8—8 重述了 SWISSCO 公司的利润表和留存收益表。在年度内均匀发生的收

入和费用（销售、其他费用、所得税）按照平均汇率折算。与资产相关的费用（折旧费用和摊销费用）则按照历史汇率折算。

下面的重述程序里，主营业务成本按照历史汇率折算：在1月1日存在的初始存货按照当天汇率（0.60美元/瑞士法郎）折算，年度内均匀购入的存货按照平均汇率（0.65美元/瑞士法郎）折算。期末存货（先进先出法成本核算）是在2009年第四季度均匀购入的，所以按照第四季度平均汇率（0.68美元/瑞士法郎）折算。经过上述程序，主营业务成本为1 930 000美元，计算明细如下：

期初存货，01/01/2009	CHF 150 000	×	0.6	=	$90 000
加：购入，2009	3 250 000	×	0.65	=	2 112 500
减：期末存货，12/31/2009	–400 000	×	0.68	=	–272 000
主营业务成本	CHF 3 000 000				$1 930 500

在资产负债表中留存收益的期末余额和留存收益表中的期末余额存在勾稽关系。因为股利折算为100 500美元，资产负债表中的留存收益余额为181 800美元，所以净利润必须为282 300美元。

图表8—8　**重述利润表和留存收益表——暂行法**

利润表

截止到2009年12月31日

	CHF	折算汇率	US $
营业收入	CHF 4 000 000	0.65 A	$2 600 000
营业成本	–3 000 000	计算得出	–1 930 500
毛利润	1 000 000		669 500
折旧费用	–100 000	0.61 H	–61 000
摊销费用	–10 000	0.62 H	–6 200
其他费用	–220 000	0.65 A	–143 000
利润总额	670 000		459 300
所得税	–200 000	0.65 A	–130 000
重述损失		为了平衡	–47 000
净利润	CHF 470 000		$282 300

留存收益表

截止到2009年12月3日

	CHF	折算汇率	US $
留存收益，01/01/2009	0		$0
净利润，2009	470 000	上面得出	282 300
股利	–150 000	0.67 H	–100 500
留存收益，12/31/09	320 000	为了平衡	$181 800

将留存收益表里面的利润与利润表中的利润相核对，产生了重述损失 47 000 美元。如果没有这笔重述损失，利润表、留存收益表和资产负债表将会不一致。

通过考虑汇率变动对子公司资产头寸的影响，可以计算出重述损失。在暂行法下，SWISSCO 公司的资产负债表头寸通过净货币资产和净负债资产来定义。SWISSCO 在 2009 年初净货币资产（库存现金）是 350 000 瑞士法郎。但是，在 2009 年中，现金的开支和货币性负债所引起的负债（应付账款+长期负债=850 000 美元）超过了货币性资产（现金+应收账款=330 000 美元）。在 2009 年 12 月 31 日，净货币负债头寸为 520 000 美元。重述损失可以通过以下方法计算：

①按照适当的汇率折算期初净货币资产和后续货币性项目变动；

②按照现行汇率计算期末净货币负债的美元价值，并将二者相比较。

计算重述损失

净货币资产，01/01/2009	CHF	350 000	×	0.60	=	$ 210 000
加：货币性项目						
销售，2009		4 000 000	×	0.65	=	2 600 000
减：货币性项目						
采购，2009		−3 250 000	×	0.65	=	−2 112 500
其他费用，2009		−220 000	×	0.65	=	−143 000
所得税，2009		−200 000	×	0.65	=	−130 000
采购财产和设备，03/15/2009		−1 000 000	×	0.61	=	−610 000
购买专利，04/10/2009		−50 000	×	0.62	=	−31 000
股利，10/01/2009		−150 000	×	0.67	=	−100 500
净货币负债，31/12/2009		CHF −520 000				$ −317 000
净货币负债，31/12/2009						
现行汇率下：		CHF −520 000	×	0.70	=	−364 000
重述损失						$ 47 000

如果 SWISSCO 公司将期初净资产头寸（现金）350 000 瑞士法郎持留一整年，将产生重述利得 35 000 美元。期初瑞士法郎美元价值为 210 000 美元（350 000 瑞士法郎×0.60），期末美元价值为 245 000 美元（350 000 瑞士法郎×0.70）。事实上，净资产头寸并没有被一直持有，但净货币负债头寸却增加了。外币升值伴随着净货币负债的增加，产生了一项重述损失。

8.8.2 重述现金流量表

在重述现金流量表时（见图表 8—9），净利润的美元价值直接取自重述后的利润表。折旧和摊销按照利润表中使用的汇率来重述，重述损失被加回净利润中，是因为其是一个非现金项目。与销售和采购相关的应收账款和应付账款的增加按照平均汇率来重述，存货美元价值的增加参照对销货成本的重述来确定。

图表 8—9　　重述现金流量表——暂行法

现金流量表

截止到 2009 年 12 月 31 日

	CHF	折算汇率	US $
营业活动			
净利润	470 000	利润表	$ 282 300
加：折旧费用	100 000	0.61 H	61 000
摊销费用	10 000	0.62 H	6 200
重述损失		利润表	47 000
应收账款的增加	−200 000	0.65 A	−130 000
存货的增加	−250 000	*	−182 000
应付账款的增加	600 000	0.65 A	390 000
净经营活动现金流量	730 000		474 500
投资活动			
购置财产和设备	−1 000 000	0.61 H	−610 000
购买专利	−50 000	0.62 H	−31 000
净投资活动现金流量	−1 050 000		−641 000
筹资活动			
长期债务的增加	250 000	0.61 H	152 500
支付股利	−150 000	0.67 H	−100 500
净筹资活动现金流量	100 000		52 000
现金减少	−220 000		−114 500
汇率波动对现金的影响		为了平衡	−4 500
现金，31/12/2008	CHF 350 000	0.6 H	$ 210 000
现金，31/12/2009	CHF 130 000		$ 91 000

* 在重述前期主营业务成本时，期初存货被重新计量为 90 000 美元，期末存货被重新计量为 272 000 美元，增加了 182 000 美元。

结果，经营活动的净现金流量的美元价值（474 500 美元）几乎等于按照现行汇率法折算后的金额。另外，不管是用现行汇率法还是用暂行法，投资活动和筹资活动的折算方法都一样。原因是现金流入和流出是实实在在的事情，不会因为采用何种方法而改变。

8.8.3　非本币余额

在外币财务报表折算时，还需要考虑一个问题。如果瑞士的子公司某一账户用非瑞士法郎计价，在折算时，首先要将这些余额按照第 7 章的方法折算为瑞士法郎。随后，将外汇余额和任何相关的外汇交易利得或损失折算（或重述）为美元价值。例如，1万英镑的应付票据在折算程序开始之前应该首先重述成瑞士法郎（以下简称瑞郎）标价的负债。

8.9 两种不同方法下结果的比较

确定外国子公司的功能性货币（使用不同的折算方法）将对合并财务报表产生重大的影响。下面的表格显示了在两种不同折算方法下，SWISSCO公司几个关键项目的差异：

项目	折算方法		差异
	现行汇率法	暂行法	
净利润	$305 500	$282 300	+8.2%
总资产	1 169 000	1 076 800	+8.6%
总权益	574 000	481 800	+19.1%
ROE	53.2%	58.6%	-9.2%

在这个例子中如果SWISSCO公司的功能性货币被认为是瑞郎（使用现行汇率法），合并利润表中的净利润将比美元作为功能性货币（使用暂行法）下的净利润高出8.2%。另外，总资产高出8.6%，总权益高出19.1%。但是由于总权益增加较多，现行汇率法下所有者权益将比暂行法下低9.2%。

注意用现行汇率法并不必然比用暂行法折算产生的利润和权益高。例如，如果SWISSCO公司期末保持净货币资产头寸，在折算时，用暂行法将会比用现行汇率法产生更多的重述利得。此外，如果在2009年瑞郎贬值，用暂行法折算将会产生更高的净利润。

重点在于：确定功能性货币和折算方法将对母公司合并财务报表产生重大的影响。合理地确定功能性货币是很关键的一个问题。

"大有玄机"，普华永道会计师事务所合伙人James Weir说，选择功能性货币本质上可以视作管理层的一张牌。甚至于，实际上，Texaco，Occidental和Unocal对大多数境外经营都采用美元作为功能性货币结算，而其竞争对手Exxon，Mobil，Amoco主要选择当地货币作为境外经营的功能性货币结算。[①]

在同一行业中，不同公司选择不同的功能性货币对行业公司间财务报表的可比较性有很大的影响。实际上，FASB理事们对*SFAS 52*持有异议，认为功能性货币的选择可能对同样的情况产生不同的结果。

除了合并财务报表中数据的差异外，SWISSCO公司的例子展示了这两种折算方法还有概念上的差异。

8.9.1 基础估值法

使用暂行法，SWISSCO公司财产和设备重述过程如下：

① John Heins, "Plenty of Opportunity to Fool Around" *Forbes June 2*, 1986, p. 139.

财产和设备 1 000 000 瑞郎×0. 61 H=610 000 美元

通过瑞郎历史成本和历史汇率相乘，得出该资产等价的美元历史成本 610 000 美元。这表示在历史成本为 1 000 000 瑞郎、历史汇率为 0. 61 美元/瑞郎的条件下，母公司获得该项资产所需要支付的金额。

使用现行汇率法，SWISSCO 公司财产和设备重述过程如下：

财产和设备 1 000 000 瑞郎×0. 70 C=700 000 美元

700 000 美元是很难解释的，它既不能代表该项资产的历史成本，该项资产的历史成本是 610 000 美元，也不能代表该项资产的现行等价美元成本，因为 1 000 000 瑞郎不是该项资产现行的成本。它只是把两个数字相乘得到的产物，很难解释其实际含义。

8. 9. 2 基础关系

下表列示了选择的几项财务比率，用来说明在不同的折算方法下原始外币财务报表和折算美元财务报表所产生的结果。

比率（%）	瑞郎	美元暂行法	美元现行汇率法
流动比率（流动资产/流动负债）	1. 22	1. 20	1. 22
负债/权益比（总负债/总权益）	1. 04	1. 23	1. 04
毛利润率	25. 00%	25. 80%	25. 00%
所有者权益	57. 30%	58. 60%	53. 20%

和外币（瑞郎）相比，暂行法歪曲了所有财务比率。子公司看起来流动性降低了，更具杠杆性了，比瑞郎下的所有者权益更具有盈利性。

现行汇率法保持了前三个比率，但是歪曲了所有者权益，之所以会出现这种现象，是因为现行汇率法下，利润是按照期间平均汇率折算的，而所有者权益是按照现行汇率折算的。实际上，利润折算时使用平均汇率而资产和所有者权益折算时使用现行汇率将会歪曲所有与资产负债表和利润表相关的比例，如周转率。

从概念上讲，当使用现行汇率时，利润表项目可以使用平均汇率折算，也可以使用现行汇率折算。*SFAS 52* 要求使用平均汇率。本例中，如果收入和费用按照现行汇率折算，净利润将等于 329 000 美元（470 000 瑞郎×0. 70），所有者权益将等于 57. 3%（329 000/574 000），这和瑞郎计价下财务报表中的所有者权益相等。

8. 10 资产负债表风险敞口对冲

当美元是功能性货币时，或者境外经营处于高通胀环境中，重述损益将被确认在利润表中。因为重述损益将对股价产生潜在的负面影响，美国跨国公司管理层极力想避免将重述损益在利润表中确认。类似的，当外币是功能性货币时，管理层极力想避免不利的折算调整，因为其对负债权益比将产生负面影响。

越来越多的公司在对冲折算风险敞口——跨国资产（厂房、设备和存货）的价值——防止季度数据间巨额的调整。尽管是账面上的利得或损失，但是折算调整将对资产负债表比率产生负面影响，并给分析师和信贷机构留下不好的印象。①

折算调整和重述损益是两个变量的函数：（1）汇率的波动，（2）资产负债表头寸。尽管公司无力影响汇率，母公司仍然可以使用多种技巧对境外经营资产负债表风险敞口套期保值。

母公司可以使用衍生金融工具对资产负债表风险敞口套期保值，例如远期合约或者外汇期权，或者可以使用非衍生性金融工具，如外币借款。例如，假设SWISSCO公司功能性货币是瑞郎，这就产生了净资产负债表风险敞口。USCO坚信瑞郎会贬值，因此将会产生不利的折算调整，进而降低合并所有者权益。USCO公司可以借入一定期限的瑞郎，因此产生了一项可抵销的瑞郎负债风险敞口来对冲资产负债表风险敞口。当瑞郎贬值时，瑞郎借款的美元价值降低，USCO公司可以较少的美元去偿还瑞郎借款。这样产生了外汇交易利得，可以抵销SWISSCO公司财务报表折算中负的折算调整。或者，USCO公司可以购买一项瑞郎看跌期权来对冲资产风险，看跌期权赋予USCO可以用事先约定的汇率出售瑞郎。当瑞郎贬值时，看跌期权的价值增加，产生一项利得。*SFAS 133* 规定对来自于被指定为有效境外经营净投资套期工具的利得或损失可以采用与被套期项目折算调整相同的会计方法处理。所以，瑞郎借款或瑞郎期权的外汇交易利得可以和SWISSCO公司财务报表折算时负的折算调整一起放在其他全面收益项下。当套期工具的利得大于被套期项目的折算调整时，超出部分将计入净利润。

对资产负债表风险敞口进行对冲的矛盾在于在避免未实现的折算调整时，却实实在在地发生了外汇交易利得或损失。继续上例，USCO借入瑞郎来对冲风险，在初始借款日，USCO公司根据即时汇率将瑞郎兑换为美元。当借款到期偿还时，USCO又根据当时的汇率购买瑞郎。在借款期限内汇率的变动将产生利得或损失。如果瑞郎如愿贬值，将产生外汇交易利得来抵销其他全面收益下的折算调整。尽管对应其他全面收益的净影响为零，但是由于套期现金净增加了。如果瑞郎出乎意料升值了，外汇交易损失将被其他全面收益下正的折算调整所抵销，但是现金净减少了。当境外经营净投资套期在消除其他全面收益中负的折算调整可能性的同时，却产生了现金的增加或减少。

8.11 与折算相关的披露

SFAS 52（第31段）要求公司在财务报表中或附注中披露对累计的折算调整账户的分析。许多公司按照要求在所有者权益表中增加了其他全面收益栏目，而另一些公司则在附注中单独披露。见图表8—10 Sonoco Pruducts公司的该项披露。

外汇折算调整栏目的分析显示在2004年有正的折算调整36 917美元，在2005年为负的折算调整12 844美元。通过这些调整的符号可以推断出，总体上，Sonoco公司营业用的外币在2004年升值了，而在2005年贬值了。

① Ida Picker, “Indecent Exposure ”, Institutional Investot, September 1991, p. 82.

图表 8—10　　　　Sonoco Products 公司，2005 年度财务报表

17　累计其他全面损失

下表总结了累计其他全面损失的组成部分和累计全面损失的变动，从 2004 年 12 月 31 日—2004 年 12 月 31 日的适用税后金额。

	外汇折算调整	最低养老金负债调整	衍生金融工具	累计其他全面损失
余额，31/12/2003	$ -83 906	$ -53 826	$ 1 641	$ -136 091
2004 年变动	36 917	-4 479	498	32 936
余额，31/12/2004	-46 989	-58 305	2 139	-103 155
2005 年变动	-12 844	568	9 042	3 234
余额，31/12/2005	$ -59 833	$ -57 737	$ 11 181	$ -99 921

尽管没有明确的要求，许多公司都在其财务报表上附注“重大会计政策总结”，部分描述了其折算程序。下面摘录了 IBM 公司 2005 财年有关该部分的披露：

非美元金额的折算——采用当地币种作为功能性货币的非美国子公司的资产和负债按照年末汇率折算为美元资产。收入和费用按照年度平均汇率折算。折算调整确认在累计利得或损失中，且不会影响合并所有者权益表中的留存收益。

存货、厂房、租赁设备和其他财产的净额，美元结算的非美国子公司或分支机构的其他非货币性资产或负债，以及高通胀环境中的境外营业按照公司取得该项资产或负债时的适当汇率折算。其他所有资产都按照年末汇率折算。销售成本和折旧按照历史汇率折算。所有其他利润和费用项目按照年度内平均汇率折算。这些折算利得或损失在汇率变动的当年即确认在净利润中。

8.12　境外子公司合并

本章的最后一节将讲述母公司在合并子公司财务报表时的程序。当公允价值大于账面价值时需要特别注意。因为该项目是外币计价的，因此超出部分的折算将在合并底稿中产生折算调整记录。

在 2008 年 1 月 1 日，一家美国制造业公司 Altman 获得英国公司 Bradford 有限公司 100% 的股权。支付的对价是 2 500 万英镑，等于该公司的公允价值。

Bradford 有限公司在 2008 年 1 月 1 日的资产负债表如下：

现金	£ 925 000. 00	应付账款	£ 675 000. 00
应收账款	1 400 000	长期债务	4 000 000
存货	6 050 000	普通股	20 000 000
厂房和设备（净）	19 000 000	留存收益	2 700 000
总计	£ 27 375 000	总计	£ 27 375 000

公允价值大于账面价值的溢价 2 300 000 英镑是有土地（厂房和设备的一部分）价值被低估引起的，因此不能摊销。Altman 公司运用所有者权益法来核算其对

Bradford 的这笔投资。

在 2009 年 12 月 31 日，合并两年之后，Bradford 公司为合并提供了以下试算表，贷方余额用括号来表示：

现金	£ 600 000.00
应收账款	2 700 000
存货	9 000 000
厂房和设备（净）	17 200 000
应付账款	(500 000)
长期债务	(2 000 000)
普通股	(20 000 000)
留存收益，01/01/2009	(3 800 000)
营业收入	(13 900 000)
营业成本	8 100 000
折旧费用	900 000
其他费用	950 000
已宣告的股利，06/30/2009	750 000
	£ 0

尽管 Bradford 公司在 2008 年产生了 110 万英镑的净利润，但是它在 2008 年没有宣告或支付任何股利。在 2009 年，除了支付的股利，两个公司之间没有发生任何关联交易。Altman 决定将英镑作为 Bradford 公司的功能性货币。

相关的英镑汇率如下表所示：

	1 月 1 日	6 月 30 日	12 月 31 日	平均汇率
2008 年	$ 1.51	$ 0.00	$ 1.56	$ 1.54
2009 年	1.56	1.58	1.53	1.55

8.12.1 外国子公司试算表折算

外国子公司合并的第一步就是将试算表从英镑折算为美元。因为已经决定将英镑作为功能性货币，折算采用现行汇率法。Bradford 公司普通股和 2008 年 1 月 1 日的留存收益折算时的历史汇率是合并日汇率即 1.51 美元/英镑。

	英镑	汇率	美元
现金	£ 600 000.00	1.53 C	$ 918 000.00
应收账款	2 700 000	1.53 C	4 131 000
存货	9 000 000	1.53 C	13 770 000
厂房和设备（净）	17 200 000	1 53 C	26 316 000
应付账款	−500 000	1 53 C	−765 000
长期债务	−2 000 000	1.53 C	−3 060 000
普通股	−20 000 000	1.51 H	−30 200 000

续表

	英镑	汇率	美元
留存收益，01/01/2009	−3 800 000	*	−5 771 000
营业收入	−13 900 000	1.55 A	−21 545 000
营业成本	8 100 000	1.55 A	12 555 000
折旧费用	900 000	1 55 A	1 395 000
其他费用	950 000	1.55 A	1 472 500
已宣告的股利	750 000	1.58 H	1 185 000
累计折算调整	———		−401 500
	£ 0		$ 0
* 留存收益，01/01/2008	£ 2 700 000	1.51 H	$ 4 077 000
净利润，2008	1 100 000	1.54 A	1 694 000
留存收益，12/31/2008	£ 3 800 000		$ 5 771 000

需要正向的累计折算调整（贷方余额）来使试算表达到平衡。累计折算调整的计算过程如下：

净资产，01/01/2008	22 700 000	1.51 H	34 277 000	
净资产的变动，2008				
净利润，2008	1 100 000	1.54 A	1 694 000	
净资产，12/31/2008	23 800 000		35 971 000	
净资产，12/31/2008，现行汇率	23 800 000	1 56 C	37 128 000	
折算调整，2008（贷方）				$ (1 157 000)
净资产，01/01/2009	23 800 000	1.56 H	37 128 000	
净资产的变动，2009				
净利润，2009	3 950 000	1.55 A	6 122 500	
股利，06/30/2009	(750 000)	1.58 H	(1 185 000)	
净资产，12/31/2009	27 000 000		42 065 500	
净资产，12/31/2009，现行汇率	27 000 000	1.53 C	41 310 000	
折算调整，2009（借方）				753 500
累计折算调整，12/31/2009（贷方）				(401 500)

2008 年的折算调整为贷方余额是因为当年英镑升值了，而 2009 年折算调整余额在借方是因为 2009 年英镑贬值了。

8.12.2 计算长期股权投资余额——权益法

对 Bradford 公司的投资期初金额、该公司净利润及其所支付的股利都是按照英镑计价的。相关的金额必须首先折算为美元，然后 Altman 公司才能按照权益法核算对 Bradford 公司的投资。另外，每年的外汇折算调整都要记入在 Bradford 公司投资账户中以便更新等值美元的外汇投资。同样，也会在 Altman 公司的账簿中登记折算调整。

12/31/2008	对 Bradford 公司的投资	$ 1 157 000	
	累计折算调整		$ 1 157 000
	确认因英镑升值产生的与英国子公司投资相关的正的折算调整。		
12/31/2009	累计折算调整	$ 755 500	
	对 Bradford 公司的投资		$ 755 500
	确认因英镑贬值产生的与英国子公司投资相关的负的折算调整。		

在 2009 年 12 月 31 日，对 Bradford 公司投资的账面价值，如下所示：

对 Bradford 公司的投资	英镑	汇率	美元
期初金额	£ 25 000 000	1.51 H	$ 37 750 000
净利润（Bradford）2008	1 100 000	1.54 A	1 694 000
折算调整，2008			1 157 000
余额，12/31/2008	£ 26 100 000		$ 40 601 000
净利润（Bradford）2009	3 950 000	1.55 A	6 122 500
股利（Bradford）06/30/2009	−750 000	1.58 H	−1 185 000
折算调整，2009			−755 500
余额，12/31/2009	£ 29 300 000		$ 44 783 000

Altman 公司除了对 Bradford 公司 44 783 000 美元的投资外，在 2009 年 12 月 31 日，其还有权益收入，试算余额达 6 122 500 美元。

8.12.3 合并底稿

当把子公司的试算表全部折算为美元，并且计算出投资的账面价值之后，就可以准备 2009 年 12 月 31 日的合并底稿了。与国内子公司的合并一样，投资账户、子公司权益账户、关联交易都要全部抵销。在合并日公允价值大于账面价值的溢价也需要分配到适当的账户中去（本例中，分配到了厂房和设备账户中）。

差别在于，当境外子公司溢价为外币计价时，溢价也必须折算为母公司报告货币计价。当外币是功能性货币时，溢价按照现行汇率折算，产生一笔折算调整。这部分溢价在母公司和子公司的账簿中都不会确认，而只在合并底稿中确认。母公司和子公司都不会确认与溢价相关的折算调整，但是必须在合并底稿中确认。图表 8—11 是 2009 年 12 月 31 日 Altman 和 Bradford 公司的合并底稿。

合并分录的解释：

S——消除本年年初子公司所有者权益账户和对 Bradford 公司投资的初始价值中

的等值账面部分；

A——将获得股权日公允价值大于账面价值的溢价分配至土地账户（厂房和设备），并且在对 Bradford 投资的初始投资中消除该项金额；

I——消除母公司本年确认的对子公司的投资收益，并且用权益法将其记入对 Bradford 公司的投资中；

D——消除子公司支付的股利，用权益法核算对 Bradford 公司减少的投资；

T——在权益法核算下，消除已经包含在 Bradford 公司的投资中的累计折算调整，消除母公司账簿中的折算调整；

E——由于自获得股权日起汇率变动，所以要对溢价重新估值，副本作为增加值确认在合并累计折算调整之中。重估过程如下：

公允价值大于账面价值的溢价					
等值美元，12/31/2009	£ 2 300 000	×	$ 1.53	=	$ 3 519 000
等值美元，01/01/2008	2 300 000	×	$ 1.51	=	3 473 000
与溢价相关的折算调整，12/31/2009					$ 46 000

图表 8—11　　**合并底稿——母公司和外国子公司**

Altman 公司和 Bradford 公司

合并底稿

截止到 2009 年 12 月 31 日

账户	Altman	Bradford	合并分录		合并合计
			借	贷	
利润表					
营业收入	$ -32 489 000	$ -21 545 000			$ -54 034 000
营业成本	16 000 000	12 555 000			28 555 000
折旧费用	9 700 000	1 395 000			11 095 000
其他费用	2 900 000	1 472 500			4 372 500
投资收益（权益性收入）	-6 122 500		(I) 6 122 500		0
净利润	$ -10 011 500	$ -6 122 500			$ -10 011 500
留存收益表					
留存收益，01/01/2009	$ -25 194 000	$ -5 771 000	(S) 5 771 000		$ -25 194 000
净利润，如上	-10 011 500	-6 122 500			-10 011 500
支付的股利	1 500 000	1 185 000		(D) 1 185 000	1 500 000
留存收益，12/31/2009	$ -33 705 500	-10 708 500			$ -33 705 500
资产负债表					
库存现金	$ 3 649 800	$ 918 000			$ 4 567 800
应收账款	3 100 000	4 131 000			7 231 000

续表

账户	Altman	Bradford	合并分录		合并合计
			借	贷	
存货	11 410 000	13 770 000			25 180 000
对 Bradford 公司的投资	44 783 000			(S) 35 971 000	0
				(A) 3 473 000	
			(D) 1 185 000	(I) 6 122 500	
				(T) 401 500	
厂房和设备	39 500 000	26 316 000	(A) 3 473 000		
			(E) 46 000		69 335 000
总资产	$102 442 800	$45 135 000			$106 313 800
应付账款	$ -2 500 000	$ -765 000			$ -3 265 000
长期负债	-22 728 800	-3 060 000			-25 788 800
普通股	-43 107 000	-30 200 000	(S) 30 200 000		-43 107 000
留存收益，12/31/2009	-33 705 500	-10 708 500			-33 705 500
累计折算调整	-401 500	-401 500	(T) 401 500	(E) 46 000	-447 500
负债和所有者权益	$ -102 442 800	$ -45 135 000	$47 199 000	$47 199 000	$ -106 313 800

小　结

1. 因为许多企业与外国有重要的财务联系，所以如何将外币财务报表折算为美元计价的财务报表显得格外重要。折算过程中非常重要的两个问题是：（1）采用什么方法折算；（2）在合并财务报表中如何披露折算调整。

2. 折算方法的差别起因是：哪些账户将按照现行汇率折算，而哪些账户则按历史汇率折算。使用现行汇率折算可能会产生折算调整。不同方法下资产负债表敞口的概念、折算调整的符号和重要程度都不一样。

3. 暂行法按照现行汇率折算市值计价的资产（现金、交易性金融资产、应收账款）和所有负债，按照历史汇率折算历史成本计价的资产和所有者权益。当负债大于现金、交易性金融资产和应收账款之和时，将产生净负债敞口。外汇升值将产生负的折算调整（重述损失），外汇贬值将产生正的折算调整（重述利得）。将历史成本计价的资产按照历史汇率折算，暂行法保留了境外经营的内在估值方法，但是却歪曲了与外币财务报表的关系。

4. 现行汇率法则将所有资产和负债按照现行汇率折算，结果产生了一项净资产敞口。外币升值，产生正的折算调整；外币贬值，产生负的折算调整。把历史成本计价的资产按照现行汇率折算，尽管保持了与外币财务报表之间的关系，但是却歪曲了境外经营所使用的内在估值方法。

5. 从 1975—1981 年，大家使用 FASB 颁布的 *SFAS 8* 中的暂行法来折算境外经营的财务报表。折算调整按照利得或损失在利润表中列示。由于企业界和许多会计师都攻击这种方法，FASB 最终用 *SFAS 52* 替代了它。

6. *SFAS 52* 创造了两类独立的程序来将外币财务报表折算为母公司报告货币的财务报表。当境外经营的功能性货币是外国货币时，使用现行汇率法折算是恰当的。此时，折算调整记入其他全面收益，在资产负债表中所有者权益下单独列示。如果境外经营的功能性货币是美元，则使用暂行法重述是恰当的。此外，在恶性通货膨胀的环境下，使用暂行法重述也是恰当的，此时，折算调整被视为净利润的重述利得或损失。

7. 一些公司通过对资产负债表敞口进行风险对冲来避免在净利润中确认重述损失或者在其他全面收益的负的折算调整中确认重述损失。为对冲境外经营净投资而购买的衍生性或非衍生性投资工具，其产生的利得或损失使用与被套期项目一致的方法列报。

综合讲解题

问题：

Arlington 公司是一家在某国注册的企业，拥有很多外国子公司。合并财务报表的第一步就是将每一家境外经营的财务报表折算为以美元计价。

Arlington 公司的一家瑞典子公司，已经运营了很多年。在 2008 年 12 月 31 日，根据 *SFAS 52*，需要将这家实体的资产负债表从瑞典克朗（实体的功能性货币，SKr）折算为美元计价。此时权益账户明细如下（都是贷方余额）：

股本	SKr 110 000	=	$ 21 000
留存收益	194 800	=	36 100
累计折算调整			3 860

2009 年底，瑞典子公司的试算表如下。试算表包括了当年与中国客户购销之外的所有交易。与中国客户的交易以人民币计价，单独地记录在一个分类账中，分类账在公司的试算表之后。

余额表——瑞典子公司

2009 年 12 月 31 日

	借方	贷方
现金	SKr 41 000	
应收账款	126 000	
存货	128 000	
土地	160 000	
固定资产	228 000	
累计折旧		SKr 98 100
应付账款		39 000

续表

	借方	贷方
应付票据		56 000
应付债券		125 000
普通股		110 000
留存收益，01/01/2009		194 800
主营业务收入		350 000
主营业务成本	165 000	
折旧费用	10 900	
薪酬费用	36 000	
租金费用	12 000	
其他费用	41 000	
支付的股利，07/01/2009	25，000	
合计	SKr 972 900	SKr 972 900

分类账——人民币交易

2009 年 12 月 31 日

	借方	贷方
现金	RMB 10 000	
应收账款	28 000	
固定资产	20 000	
累计折旧		RMB 4 000
应付票据		15 000
主营业务收入		44 000
折旧费用	4 000	
利息费用	1 000	
合计	RMB 63 000	RMB 63 000

其他信息：

◆ 瑞典子公司在年初开始向中国客户销售商品。当时，为了运输，借款 2 万元人民币买了一辆卡车。年末，借款偿还了 1/4。年内，该公司稳定地向中国客户销售商品。

◆ 1SKr 和美元的汇率如下：

2009-01-01	$0.2	=	1SKr
2009 年加权平均汇率	0.192	=	1
2009-06-01	0.190	=	1
2009-12-31	0.182	=	1

◆ 1 人民币和瑞典克朗的汇率如下：

2009-01-01	1. 25SKr	=	1. 00RMB
2009 年加权平均汇率	1. 16	=	1. 00
2009-12-01	1. 10	=	1. 00
2009-12-31	1. 04	=	1. 00

◆ 瑞典子公司该年度的研究和开发费用是 1 万瑞典克朗。根据瑞典的会计准则，该笔成本已被资本化并记入了固定资产账户。这笔花费对 2009 年确认的货币贬值并没有实质上的影响。

要求

编制瑞典子公司截止日为 2009 年 12 月 31 日的年度财务报表，为了编制合并财务报表，根据 *SFAS 52*，请将该报表按美元计价来折算。该瑞典子公司的功能性货币是瑞典克朗。

答案

外币余额重述

由于瑞典子公司的一部分经营活动是以人民币计价的，重述首先应该将这些余额折算为瑞典子公司的功能性货币，即以瑞典克朗来计价。使用暂行法重述这些账户，货币性资产和负债按照现行汇率（1. 04 瑞典克朗/人民币）折算，其他账户按照历史汇率或平均汇率折算。

外币余额折算

	人民币元		利率		瑞典克朗
主营业务收入	RMB 44 000	×	1. 16 A	=	SKr 51 040
利息费用	−1 000	×	1. 16 A	=	−1 160
折旧费用	−4 000	×	1. 25 H	=	−5 000
人民币交易产生的利润	39 000				44 880
现金	10 000	×	1. 04 C	=	10 400
应收账款	28 000	×	1. 04 C	=	29 120
固定资产	20 000	×	1. 25 H	=	25 000
累计折旧	−4 000	×	1. 25 H	=	−5 000
总资产	54 000				59 520
应付票据	15 000	×	1. 04 C	=	15 600
人民币交易产生的利润	39 000				44 880
	54 000				60 480
重述损失					−960
合计					59 520

续表

	人民币元		利率		瑞典克朗
2009 年重述损失的计算					
净货币性资产余额，01/01/2009	0				0
净货币性项目的增加：					
营业活动（销售减去利息费用）	RMB 43 000	×	1.16	=	SKr 49 880
净货币性项目的减少：					
购买卡车，01/01/2009	−20 000	×	1.25	=	−25 000
净货币性资产，12/31/2009	RMB 23 000				SKr 24 880
净货币性资产，12/31/2009					
现行汇率折算	RMB 23 000	×	1.04	=	Skr 23 920
重述损失（利得）					SKr 960

现金+应收账款>应付票据，所以存在净货币资产敞口，但由于当年人民币贬值，所以产生了 960 瑞典克朗的重述损失。

与中国营业活动相关的重述数据必须采取合适的办法汇总到瑞典子公司瑞典克朗计价的试算表中。例如，可以逐项简单地在工作底稿中加总起来。或者，在瑞典子公司会计系统中增加一项年末调整，记录下该笔重述调整，以符合财务报表的要求。

12/31/2009 调整	借方	贷方
现金	10 400	
应收账款	29 120	
固定资产	25 000	
折旧费用	5 000	
利息费用	1 160	
重述损失	960	
累计折旧		5 000
应付票据		15 600
主营业务收入		51 040

将初始人民币计价的外币交易按照瑞典克朗记录。

在将子公司瑞典克朗计价的财务报表折算为母公司报告货币计价之前，还需要做一个调整。根据 *SFAS 52*（Accounting for Research and Development，研究开发会计），研究和开发的成本需要重新按照费用分类。调整之后，瑞典子公司的财务报表将完全与美国的公认会计准则相一致。

12/31/2009 调整	借方	贷方
其他费用	10 000	
固定资产		10 000

为了和美国公认会计准则相一致，调整克朗计价的固定资产和费用。

接下来可以用逐项加总的方法把子公司试算表中的重述和调整余额加起来。例如，子公司主营业务收入合计为401 040瑞典克朗（350 000 + 51 040），现金等于51 400瑞典克朗（41 000 + 10 400）等。建立子公司功能性货币计价的所有账户余额后，就可以将子公司的财务报表折算为以美元计价的财务报表了。在现行汇率法下，在利润表中报告的项目将按照年内平均汇率折算，所有资产和负债按照资产负债表日的现行汇率折算，权益类账户按照权益确认日的历史汇率折算。

瑞典子公司

截止日为 2009 年 12 月 31 日年度利润表

主营业务收入	SKr 401 040	× 0.192 A	=	$ 76 999.68
主营业务成本	(165 000)	× 0.192 A	=	31 680.00
毛利润	236 040			45 319.68
折旧费用	(15 900)	× 0.192 A	=	(3 052.80)
工资费用	(36 000)	× 0.192 A	=	(6 912.00)
租金费用	(12 000)	× 0.192 A	=	(2 304.00)
其他费用	(51 000)	× 0.192 A	=	(9 792.00)
利息费用	(1 160)	× 0.192 A	=	(222.72)
重述损失	(960)	× 0.192 A	=	(184.32)
净利润	SKr 119 020			$ 22 851.84

截止日为 2009 年 12 月 31 日的年度留存收益表

留存收益，01/01/2009	SKr 194 800	题目给出		$ 36 100.00
净利润	119 020		=	22 851.84
股利，07/01/2009	(25 000)	× 0.191 H	=	4 750.00
留存收益，12/31/2009	SKr 288 820			$ 54 021.84

资产负债表

2009 年 12 月 31 日

现金	SKr 51 400	× 0.182 C	=	$ 9 354.80
应收账款	155 120	× 0.182 C	=	28 231.84
存货	128 000	× 0.182 C	=	23 296.00
土地	160 000	× 0.182 C	=	29 120.00
固定资产	243 000	× 0.182 C	=	44 226.00
累计折旧	−103 100	× 0.182 C	=	−18 764.20
合计	SKr 634 420			$ 115 464.44
应付账款	SKr 39 000	× 0.182 C	=	$ 7 098.00
应付票据	71 600	× 0.182 C	=	13 031.20

续表

应付债券	125 000	×	0. 182 C	=	22 750. 00
普通股	110 000		题目给出		21 000. 00
留存收益	288 820				54 201. 84
累计折算调整					-2 616. 60
合计	SKr 634 420				$ 115 464. 44

在 2009 年 12 月 31 日的累计折算调整等于年初余额加上当年的折算调整。

累计折算调整

余额，01/01/2009	$ 3 860. 00
2009 年折算调整	-6 476. 60
余额，12/31/2009	$ -2 616. 60

通过汇率变动对净资产的影响计算出 2009 年的负的折算调整为 6 476. 60 美元。

2009 年的折算调整

净资产，01/01/2009	SKr 304 800	×	0. 20	=	$ 60 960. 00
净资产的增加：					
净利润，2009	119 020	×	0. 192	=	22 851. 84
净资产的减少：					
股利，2009	-25 000	×	0. 190	=	-4 750. 00
净资产，12/31/2009	SKr 398 820 †				$ 79 061. 84
净资产，12/31/2009					
在现行汇率法下：	SKr 398 820 †	×	0. 182	=	72 585. 24
折算调整，2009（负）					$ 6 476. 60

注：2009 年 1 月 1 日的净资产（所有者权益）余额等于普通股 110 000 瑞典克朗加年初留存收益 194 800 瑞典克朗。2009 年 12 月 31 日的净资产等于普通股 110 000 瑞典克朗加本年留存收益 288 820瑞典克朗。

问答题

1. 与外币财务报表折算相关的两个主要问题是什么？

2. 什么引起了面临外汇风险的资产负债表（折算）敞口？资产负债表敞口和交易敞口的异同点是什么？

3. 为什么一家公司想去对资产负债表敞口进行套期保值？与资产负债表敞口套期保值活动相联系的悖论是什么？

4. 在 *SFAS 133* 下，为境外经营净投资套期保值而产生的金融工具利得或损失在合并财务报表中该如何列报呢？

5. 暂行折算法的基本原理是什么呢？现行折算法的基本原理是什么？在这两种方法下资产负债表敞口有什么不同？

6. 对外国子公司的财务报表进行折算时，为什么很难确定留存收益的估值呢？通常又是怎么解决的呢？

7. 应用暂行法和现行汇率法时，二者在程序上主要的差异是什么呢？

8. Clarke 公司有一家境外运营的子公司。就子公司而言，功能性货币是指什么？如何确定功能性货币？

9. 在将境外子公司财务报表折算为以母公司报告货币计量时，必须要计算折算调整，并且列报。那么折算调整怎么计算？该如何列报？

10. FASB 提出了与折算调整内在原理相关的两种理论，这两种理论是什么？FASB 认为哪种是正确的？

11. 何时重述比折算更恰当？重述和折算的区别在哪里？

12. 当境外经营处于恶性通货膨胀环境中时，*SFAS 52* 要求使用哪种方法？强制使用这种方法的合理性在哪里？

习　题

1. 子公司的功能性货币是指(　　)。

a. 母公司的报告货币

b. 交易标价使用的货币

c. 实体收到或者支出现金时主要使用的货币

d. 通常是公司总部国家的货币

2. 折算过程和重述过程相比较，下列哪一个是正确的？(　　)

a. 两种方法下存货的报告余额通常都是一样的

b. 两种方法下设备的报告余额通常都是一样的

c. 两种方法下销售收入的报告余额通常都是一样的

d. 两种方法下折旧费用的报告余额通常都是一样的

3. 在折算过程中，下列哪种表述是正确的（相对于重述过程）？(　　)

a. 折算调整能够影响合并净利润

b. 设备按照购买日有效的历史汇率折算

c. 汇率波动引起的子公司货币性资产相对价值的变动产生折算调整

d. 汇率波动引起的子公司货币性资产和货币性负债相对价值的变动产生折算调整

4. Byner 公司的一家子公司只有一项资产，没有负债。子公司的功能性货币是比索。存货的取得成本是 10 万比索，取得时的汇率是 0.16 美元/比索。现在需要编制合并报表，现行汇率是 0.19 美元/比索。关于合并财务报表，下列哪项表述是正确的？(　　)

a. 必须报告重述利得

b. 必须报告正的折算调整

c. 必须报告负的折算调整

d. 必须报告重述损失

5. 下列外币财务报表的资产负债表账户在折算（而不是重述）成以美元计量时，

应该使用何种汇率？(　　)

累计折旧——设备	设备
a. 现行汇率	现行汇率
b. 现行汇率	年度平均汇率
c. 历史汇率	现行汇率
d. 历史汇率	历史汇率

阅读下面的材料，回答6至7题。

Rose公司某外国子公司的一些资产负债表项目已经以美元来表述：

	表述方法	
	现行汇率	历史汇率
应收账款，流动性	$200 000	220 000
应收账款，长期性	100 000	110 000
预付保证金	50 000	55 000
商誉	80 000	85 000
	$430 000	$470 000

6. 子公司的功能性货币是某外币。上表项目合并在母公司资产负债表中的数值是(　　)。

a. 43万美元

b. 43.5万美元

c. 44万美元

d. 45万美元

7. 子公司的功能性货币是美元。上表项目合并在母公司资产负债表中的数值是(　　)。

a. 43万美元

b. 43.5万美元

c. 44万美元

d. 45万美元

阅读下面的材料，回答8至9题。

Salisbury的一家子公司位于境外，其功能性货币是schweikart（SWK）。该公司在2008年11月1日赊购了一批存货，价款为10万SWK。在2009年1月17日卖出，售价为13万SWK。在2009年1月31日支付了这批存货欠款。1 SWK的相关汇率如下：

2008年11月1日	0.16美元	=	1 SWK
2008年12月31日	0.17	=	1
2009年1月17日	0.18	=	1
2009年1月31日	0.19	=	1
2009年平均汇率	0.20	=	1

8. 在2008年12月31日Salisbury公司的合并资产负债表中存货的报告价值

是(　　)。

a. 1.6 万美元

b. 1.7 万美元

c. 1.8 万美元

d. 1.9 万美元

9. 在截止日为 2009 年 12 月 31 日的 Salisbury 公司的合并利润表中销货成本（主营业务成本）的报告价值是(　　)。

a. 1.6 万美元

b. 1.7 万美元

c. 1.8 万美元

d. 1.9 万美元

阅读下面的材料，回答 10 至 11 题。

Clarke 公司的一家子公司在 2009 年 4 月 1 日购买了交易性权益证券和存货，各花了 10 万比索。全部款项都在 2009 年 6 月 1 日结清。年末时，子公司仍然拥有这些资产。存货按照成本和市价孰低法核算。1 比索相关的汇率如下：

2009 年 1 月 1 日	0.15 美元	=	1 比索
2009 年 4 月 1 日	0.16	=	1
2009 年 6 月 1 日	0.17	=	1
2009 年 12 月 31 日	0.19	=	1

10. 假设子公司的功能性货币是比索，那么在 2009 年 12 月 31 日的资产负债表中二者的报告价值各是多少？(　　)

a. 交易性股权证券是 1.6 万美元，存货是 1.6 万美元

b. 交易性股权证券是 1.7 万美元，存货是 1.7 万美元

c. 交易性股权证券是 1.9 万美元，存货是 1.6 万美元

d. 交易性股权证券是 1.9 万美元，存货是 1.9 万美元

11. 假设子公司的功能性货币是美元，那么在 2009 年 12 月 31 日的资产负债表中二者的报告价值各是多少？(　　)

a. 交易性股权证券是 1.6 万美元，存货是 1.6 万美元

b. 交易性股权证券是 1.7 万美元，存货是 1.7 万美元

c. 交易性股权证券是 1.9 万美元，存货是 1.6 万美元

d. 交易性股权证券是 1.9 万美元，存货是 1.9 万美元

12. 一家美国公司的境外子公司在 2009 年有下列以外国货币单位（Foreign Currency Units）计价的金额：

销货成本（主营业务成本）	FCU 10 000 000
期末存货	500 000
期初存货	200 000

2009 年的平均汇率是 0.80 美元/FCU，期初存货取得时的汇率是 1FCU 兑换 1 美元，期末存货取得时的汇率是 0.75 美元/ FCU。在 2009 年 12 月 31 日的汇率是 0.70

美元/FCU。假设该国处于高通胀环境中，在美元计量的利润表中，境外子公司的销货成本的金额是多少？(　　)

a. 7 815 000 美元

b. 8 040 000 美元

c. 8 065 000 美元

d. 8 090 000 美元

13. Ace 公司在某外国经营子公司。子公司的功能性货币是比索。在 1 月 1 日，Ace 公司支付 2 万比索获得了子公司的所有普通股股权。在 4 月 1 日，子公司采购了一批存货，款项为 2 万比索，将于 5 月 1 日支付。该存货在 8 月 1 日售出，售价是 3 万比索，货款在 10 月 1 日收到。比索的相关汇率如下：

1 月 1 日	0.15 美元	=	1 比索
4 月 1 日	0.17	=	1
5 月 1 日	0.18	=	1
8 月 1 日	0.19	=	1
10 月 1 日	0.20	=	1
12 月 31 日	0.21	=	1

为了准备合并财务报表，Ace 公司在当年年末需要报告的折算调整是多少？(　　)

a. 正的 400 美元（贷方）

b. 正的 600 美元（贷方）

c. 正的 1 400 美元（贷方）

d. 正的 1 600 美元（贷方）

14. 在财务报表折算中，哪种方法保留了外币财务报表内在的估值方法？(　　)

a. 现行汇率法；利润表按照年度平均汇率折算

b. 现行汇率法；利润表按照资产负债表日汇率折算

c. 暂行法

d. 货币/非货币法

15. Houston 在国外经营着一家分支机构，尽管该分支机构交易大多是以比索计价的，但是将美元作为其功能性货币。所以，出于对外披露的目的，需要重述财务信息。年初，该分支机构有 10 万比索的现金，没有其他资产和负债。但是，该分支机构立即支出 6 万比索取得了一件设备。在 5 月 1 日，支出 3 万比索的现金采购存货，存货在 7 月 1 日卖出，售价是 5 万比索。在 10 月 1 日，将 1 万比索汇到母公司。该年度设备计提折旧 6 000 比索。比索的相关汇率如下：

1 月 1 日	0.16 美元	=	1 比索
5 月 1 日	0.18	=	1
7 月 1 日	0.20	=	1

10 月 1 日	0.21	=	1
12 月 31 日	0.22	=	1
年度平均汇率	0.19	=	1

那么在合并利润表中确认的重述利得是多少？(　　)

a. 2 100 美元

b. 2 400 美元

c. 2 700 美元

d. 3 000 美元

16. 在暂行法下，哪项不是使用历史汇率折算的？(　　)

a. 设备的累计折旧

b. 销货成本（主营业务成本）

c. 交易性权益工具

d. 留存收益

17. 根据美国公认会计准则，当境外营业的功能性货币是美元时，哪项折算组合是恰当的？(　　)

	方法	折算调整的列报
a.	暂行法	其他全面收益
b.	暂行法	利润表中的利得或损失
c.	现行汇率法	其他全面收益
d.	现行汇率法	利润表中的利得或损失

18. 一家境外子公司的功能性货币是当地货币，当地没有发生严重的通货膨胀。使用年度平均汇率对下列哪类项目折算是恰当的？(　　)

	薪酬费用	应付职工薪酬
a.	恰当	恰当
b.	恰当	不恰当
c.	不恰当	恰当
d.	不恰当	不恰当

19. Dezoot 公司的英国子公司的功能性货币是英镑，Dezoot 公司借入了一些英镑作为子公司投资的部分套期保值工具。在编制合并财务报表时，Dezoot 公司对子公司投资的负的折算调整大于借款产生的外汇交易利得。那么在合并财务报表中，Dezoot 公司如何列报负的折算调整和外汇交易利得的影响呢？(　　)

a. 折算调整计入资产负债表中的其他全面收益；外汇交易利得计入利润表

b. 折算调整计入利润表；外汇交易利得递延计入资产负债表中的其他全面收益

c. 折算调整减去外汇交易利得之后计入资产负债表中的其他全面收益

d. 折算调整减去外汇交易利得之后计入利润表

20. 外国子公司的功能性货币不是当地货币，在将其财务报表重述为母公司报告货币计量时产生的重述利得应该怎么列报？(　　)

a. 递延外汇交易利得

b. 折算调整计入其他全面收益

c. 营业外支出，扣除所得税

d. 继续营业的部分

21. 外币作为一个境外子公司的功能性货币。下列项目在折算时应该使用什么汇率？(　　)

a. 租金费用

b. 支付的股利

c. 设备

d. 应付票据

e. 销售收入

f. 折旧费用

g. 现金

h. 累计折旧

i. 普通股

22. 略。

23. 下表是2009年12月31日比索计价的部分账户。为了披露，这些账户必须用美元列报。对每个账户，如果折算，使用的汇率是多少？然后，对于同样的账户，如果重述，使用的汇率是多少？这家公司在2000年成立，建筑是在2002年取得的，专利权在2003年取得。

比索相关的汇率如下：

2000年	1 比索	=	0.28 美元
2002年	1	=	0.26
2003年	1	=	0.25
2009年1月1日	1	=	0.24
2009年4月1日	1	=	0.23
2009年7月1日	1	=	0.22
2009年10月1日	1	=	0.20
2009年12月31日	1	=	0.16
2009年度平均汇率	1	=	0.19

	折算	重述
应付账款		
应收账款		
累计折旧		
广告费用		
摊销费用（专利）		
建筑物		

现金

普通股

折旧费用

支付的股利（10/01/2009）

应付票据——2012 年到期

专利（净）

薪酬费用

主营业务收入

24. 在 2009 年 12 月 18 日，Stephanie 公司按照公允价值，支付 370 万瑞士法郎（以下简称瑞郎）取得了一家瑞士公司 100% 的股权。获得日汇率是 0.70 美元/瑞郎。在 2009 年 12 月 18 日，子公司资产和负债的公允价值如下：

现金	瑞郎 500 000
存货	1 000 000
固定资产	3 000 000
应付票据	−800 000

在 2009 年 12 月 31 日，Stephanie 公司编制合并财务报表。当天汇率是 0.75 美元兑换 1 瑞郎。由于年末假期，在合并日前没有发生任何交易。

a. 假设瑞郎是子公司的功能性货币，计算在 Stephanie 公司 2009 年 12 月 31 日的合并资产负债表上，折算调整的值是多少？折算调整的经济意义是什么？

b. 假设美元是子公司的功能性货币，计算在 Stephanie 公司 2009 年的合并利润表上，重述利得或损失是多少？重述利得或损失的经济意义是什么？

25. Fenwicke 公司在 2009 年 1 月 1 日在国外购买了一家子公司 100% 的普通股股权，购价是 4 万 LCU，等于其公允价值。子公司随后发行 5 年期票据筹资 10 万 LCU，票据年利率是 10%，利息每年支付一次，下一支付日是 2010 年 1 月 1 日。然后其购买了一幢建筑物，支付价款 14 万 LCU，预期残值为 0，预期使用寿命 10 年，按照直线法摊销。子公司把建筑物租给一群医生，租期是 3 年，租金是每月 5 000 LCU。年末，收回租金 5 万 LCU，在 10 月 1 日，支出 4 000 LCU 用于维修。在 2009 年 12 月 31 日，子公司向 Fenwicke 支付了 5 000 LCU 的股利。子公司的功能性货币是 LCU。相关汇率如下：

2009 年 1 月 1 日	2 美元	=	1 LCU
2009 年 10 月 1 日	1.85	=	1
2009 年 12 月 31 日	1.80	=	1
2009 年度平均汇率	1.90	=	1

编制子公司 LCU 计价的利润表，留存收益表，资产负债表，然后折算为美元。

26. 参考 24 题的信息，编制 Fenwicke 公司的境外子公司的 LCU 计价的现金流量表，然后折算为美元。

27. 略。

28. Aerkion 公司在 2009 年初成立，建立时只有两项资产：现金 2.2 万 LCU，在 2005 年 4 月 4 日取得的土地，初始成本是 6 万 LCU。在 2009 年 5 月 1 日，Aerkion 向客户提供服务收到现金 3 万 LCU。在 2009 年 10 月 1 日，公司发生 1.8 万 LCU 的营运费用，并立即支付了款项。本年度，没有其他交易。相关汇率如下：

2005 年 4 月 4 日	1 LCU	=	0.23 美元
2009 年 1 月 1 日	1	=	0.24
2009 年 5 月 1 日	1	=	0.25
2009 年 10 月 1 日	1	=	0.26
2009 年度平均汇率	1	=	0.27
2009 年 12 月 31 日	1	=	0.29

a. 假设 Aerkion 公司是一家美国跨国企业的境外子公司，跨国公司的报告货币是美元，而境外子公司的功能性货币是 LCU，那么其在 2009 年的折算调整是多少？

b. 假设 Aerkion 公司是一家美国跨国企业的境外子公司，跨国公司的报告货币是美元，并且境外子公司的功能性货币也是美元，那么其在 2009 年的折算调整是多少？

c. 假设 Aerkion 公司是一家美国跨国企业的境外子公司，在 2009 年 12 月 31 日的资产负债表上，土地折算后的价值是多少？在 2009 年 12 月 31 日的资产负债表上，土地重述后的价值是多少？

29. Lancer 公司于 2008 年 1 月 1 日在境外开始运营子公司。下表是 Kanquo（当地货币）计价的截止日为 2009 年 12 月 31 日的年度账户余额。

主营业务收入	KQ 200 000
存货（购于 03/01/2009）	1 000 000
设备（购于 01/01/2008）	80 000
租金费用	10 000
股利（于 10/01/2009 派发）	20 000
应收票据（2012 年收款）	30 000
累计折旧——设备	24 000
薪酬费用	5 000
折旧费用	8 000

1 美元兑换 KQ 的汇率如下：

2008 年 1 月 1 日	13 KQ
2009 年 1 月 1 日	18
2009 年 3 月 1 日	19
2009 年 10 月 1 日	21
2009 年 12 月 31 日	22
2008 年度平均汇率	14
2009 年度平均汇率	20

Lancer 正在为编制合并财务报表准备账户余额。

a. 假设 Kanquo 是功能性货币，在美元计价的合并财务报表中，这些账户会使用什么汇率呢？

b. 假设美元是功能性货币，在美元计价的合并财务报表中，这些账户会使用什么汇率呢？

30. Board 公司在 2009 年初在境外设立了一家子公司，初始资产是现金为132 000 kites（当地货币的名称），负债为 54 000kites。在经营的第一年，子公司报告净利润为 26 000kites。年内支付了两次股利，第一次于 3 月 1 日派发，第二次于 10 月 1 日派发，每次派发 5 000kites。1kite 的适用汇率如下：

2009 年 1 月 1 日（开业日）	0.8 美元
2009 年 3 月 1 日	0.78
2009 年度平均汇率	0.77
2009 年 10 月 1 日	0.76
2009 年 12 月 31 日	0.75

a. 假设 kite 是子公司的功能性货币，在 2009 年 Board 公司财务报告中折算调整是多少？

b. 假设在 2009 年 10 月 1 日，Board 公司签订了一笔远期合约对境外子公司的净投资套期保值。当天，约定 Board 公司将于 3 个月之后卖出 200 000kites，远期汇率是 0.76 美元/kite。编制远期合约相关的会计分录。

c. 在 b 的情境下，计算 Board 公司 2009 年度计入其他全面收益的折算调整是多少？

31. Kingsfield 公司在 2009 年初在国外设立了一家子公司。该国的货币是 Kumquat（KQ）。Kingsfield 公司投资 10 000KQ 作为启动资金。其中子公司立即用 3 000KQ 购买了设备，随后，在 4 月 1 日，购买了土地。所有子公司的营业活动在 2009 年都是均匀发生的。本年的 KQ 相关汇率如下：

2009 年 1 月 1 日	1.71 美元
2009 年 4 月 1 日	1.59
2009 年 6 月 1 日	1.66
2009 年度的平均汇率	1.64
2009 年 12 月 31 日	1.62

2009 年 12 月 31 日，试算表下的其他项目：

	借方	贷方
现金	KQ 8 000	
应收账款	9 000	
设备	3 000	
累计折旧		KQ 600
土地	5 000	
应付账款		3 000
应付票据（2012 年到期）		5 000
普通股		10 000
派发的股利（2009 年 6 月 1 日）	4 000	
主营业务收入		25 000
薪酬费用	5 000	

折旧费用	600	
其他费用	9 000	
合计	KQ 43 600	KQ 43 600

作为一家密歇根州的企业，Kingsfield 公司使用美元作为报告货币。

a. 假设境外子公司的功能性货币是 Kumquat，请为合并财务报表编制美元计价的试算表。

b. 假设境外子公司的功能性货币是美元，请为合并财务报表编制美元计价的试算表。

32. Livingston 公司是 Rose 公司全资拥有的境外子公司，Livingston 的功能性货币和财务报表币种是 goghs（GH）。其 2009 年的财务报表如下：

利润表

截止日为 2009 年 12 月 31 日

主营业务收入	GH 270 000
主营业务成本	-155 000
毛利润	115 000
减去：营业费用	-5 400
处置设备的利得	10 000
净利润	GH 71 000

截止日为 2009 年 12 月 31 日的年度留存收益表

留存收益，2009 年 1 月 1 日	GH 216 000
净利润	71 000
减去：股利	-26，000
留存收益，2009 年 12 月 31 日	GH 261 000

资产负债表

2009 年 12 月 31 日

资产	
现金	GH 44 000
应收款项	116 000
存货	58 000
固定资产（净）	339 000
合计	GH 557 000
负债和所有者权益	
负债	GH 176 000
普通股	120 000
留存收益，2009 年 12 月 31 日	261 000
合计	GH 557 000

其他信息：

◆ 普通股于2004年发行，当时汇率为1美元兑换0.48 GH，固定资产于2005年购入，汇率为1美元兑换0.50 GH。

◆ 在2009年1月1日，留存收益折算后为395 000美元。

◆ 1美元兑换goghs的相关汇率如下：

2009年1月1日	0.60 goghs
2009年4月1日	0.62
2009年9月1日	0.58
2009年12月31日	0.65
2009年度平均汇率	0.63

◆ 存货在年度内均匀购入。

◆ 在2008年12月31日，资产负债表中披露的折算调整为借方余额85 000美元。

◆ 股利派发日是2009年4月1日，一部分设备在2009年9月1日出售。

请将外币财务报表折算为母公司报告货币（美元）的财务报表。

33. 略。

34. 略。

35. 略。

36. 略。

东北财经大学出版社

Supplements Request Form (教辅材料申请表)

Lecturer's Details（教师信息）			
Name: **(姓名)**		**Title:** **(职务)**	
Department: **(系科)**		**School/University:** **(学院/大学)**	
E-mail: **(邮箱)**		**Lecturer's Address / Post Code:** **(教师通讯地址/邮编)**	
Tel: **(电话)**			
Mobile: **(手机)**			

Adoption Details（教材信息） 影印版 □ 双语版□ 翻译版□			
Title: (中文书名) (英文书名) **Edition:** (版次) **Author:** (作者)			
Local Puber: (外国出版社)			
Enrolment: (学生人数)		**Semester:** (学期起止日期时间)	
通过哪种方式获得我社的图书信息 参加会议 □ 邮寄书目 □ 书店□ 网站□ 他人推荐□			

Please fax or post the complete form to（请将此表格传真或 email 至）：

东北财经大学出版社有限责任公司
电话: (86) 0411-84710878/84712996
传真 : (86) 0411-84710878
邮箱：guohebu@126.com
通讯地址: 辽宁省大连市沙河口区尖山街 217 号东北财经大学出版社
邮编：116025

教师反馈表

麦格劳—希尔教育（McGraw-Hill Education）是美国著名教育图书出版与教育服务机构，以出版经典、高质量的理工科、经济管理、计算机、生命科学以及人文社科类高校教材享誉全球，更以网络化、数字化的丰富的教学辅助资源深受高校教师的欢迎。

为了更好地服务中国教育界，提升教学质量，2003 年**麦格劳—希尔教师服务中心**在北京成立。在您确认将本书作为指定教材后，请您填好以下表格并经系主任签字盖章后寄回，**麦格劳—希尔教师服务中心**将免费向您提供相应教学课件，或网络化课程管理资源。如果您需要订购或参阅本书的英文原版，我们也会竭诚为您服务。

书名：			
所需要的教学资料：			
您的姓名：			
系：			
院/校：			
您所讲授的课程名称：			
每学期学生人数：	______人 ____年级	学时：	
您目前采用的教材：	作者：__________ 出版社：__________ 书名：		
您准备何时用此书授课：			
您的联系地址：			
邮政编码：		联系电话	
E-mail：**（必填）**			
您对本书的建议：		系主任签字 盖章	

东北财经大学出版社

大连市沙河口区尖山街 217 号
邮编：116025
电话：0411-84710715
传真：0411-84710731
电子信箱：ts@ dufe. edu. cn
网址：Http：//www. dufep. cn

McGraw Hill Education

麦格劳—希尔教育出版公司教师服务中心
北京清华科技园科技大厦 A 座 906 室
邮编：100084
电话：010-62790299
传真：010-62790292
教师服务热线：800-810-1936
教师服务信箱：instructorchina@ mcgraw-hill. com
网址：http：//www. mcgraw-hill. com. cn